영업비밀 보호법

이윤원 저

TRADE SECRET PROTECTION ACT

營業秘密保護法

박영사

머 리 말

영업비밀은 기업의 성장을 위한 또 다른 무기이고 그 위력이 날로 증대되고 있다.

지난 50년간 우리 모두 숨 가쁘게 달려왔고, 한국 경제는 세계에서 가장 빠른 속도로 성장하여 이제 선진국의 문턱에 이르렀다. 우리는 과거 선진국의 잘사는 모습이 부러웠고 높은 기술력을 바탕으로 한 그들의 제품들을 동경의 눈으로 바라보면서 늘 그들을 닮아가고자 노력했다. 그간 한국 경제의 경쟁력 비교우위는 모방에 근거한 생산성과 품질 향상에 초점이 두어졌었다.

어느 순간부터 추가적인 경제성장을 위해 또 다른 일이 우리에게 요구되었다. 바로 새로운 기술과 지식의 창출로서, 이는 소위 지식경제를 주도하는 선진국들이 이미 경험해온 일이다. 창작된 지식으로 돈을 벌어 기업이 성장하려면 그 창작된 지식을 바탕으로 시장에서 독과점적인 영역, 즉 블루오션을 창출해야 하는 단계가 필요한데 이는 새로운 지식을 창작하는 일만큼이나 어렵다. 그 이유는 간단하다. 새로운 지식의 창작은 사소해 보여도 어렵고 비용이 많이 들지만, 모방은 저렴하게 할 수 있고 지식은 많은 사람이 모방한다고 해도 소진되지 않는 특성이 있기 때문이다.

그래서 먼저 만들어진 제도가 특허제도로서 산업혁명 이후의 근대 경제를 성립하게 한 핵심의 하나였고, 이후 정보화가 진전됨에 따라 모방과 정보유출이 점차 쉬워지는 환경에 대응하여 기업에 주어진 새로운 수단이 '영업비밀보호 제도'이다.

그러나 안타깝게도 많은 분들이 창작된 기술 중 특허로 출원하고 남은 기술 내용이 특허로 출원한 내용만큼이나 많고 그것들을 제대로 보호하는 것이 블루오션 창출의 핵심이라는 사실을 이해하고 있지 못하다. 더욱이 그런 지식들의 보호를 위해서는 영업비밀보호에 관한 법률에 의해 소위 '법적 효과'가 발생하도록 매우 정교하게 접근해야 한다는 사실을 아는 이가 거의 없다.

정부의 발표에 의하면 영업비밀의 유출을 통해 국내 중소기업 중 13%가 각 기업당 평균 14.9억 원의 피해를 입었다고 한다. 그럼에도 국내에 영업비밀에 관한 서적은 비교적 얇은 2권이 있을 뿐이다.

본 책은 체계적인 해설로 기본서로서의 이론적 내용을 충실히 담고자 했고, 또한 리앤아이피(주)와 프렌즈국제특허법률사무소가 그간 기업에 컨설팅해온 경험을 바탕으로 서식과 예시를 풍부하게 담음으로써 기업 내 실무 담당자가 순서대로 읽고 따라 하는 것만으로도 상당한 수준의 관리 체제를 구축할 수 있도록 하였다. 모쪼록 본 책이 한국의 기술 중심의 기업이 새로운 성장동력을 확보하는 데 도움이 되기를 바란다. 끝으로 본 책이 세상에 빛을 볼 수 있을 때까지 여러 가지로 도와준 홍유미 박사와 허창영 변리사에게도 감사드린다.

저자 씀

차 례

제1부 이론편

제2부 실무편

제 1 부

이론편

trade secret

제 1 장
총　　론

제1절 서 론

현대 사회에서 기업이 타사에 경쟁우위를 확보하는 수단의 하나로서, 타사가 파악하고 있지 않거나 이용할 수 없는 정보, 노하우 등을 유효하게 활용하는 경영의 중요성이 날로 커지고 있다. 즉, 자사만이 이용할 수 있는 정보를 사용하여 타사에는 없는 상품이나 서비스를 제공함으로써 타사의 상품 및 서비스를 차별화하여 수익을 창출하고, 이후에 타사가 유사한 상품이나 서비스를 개발 판매하게 되는 경우에도 그때까지 경쟁우위자로서의 이익을 향유하는 경영전략이 필요한 것이다.

특히 현대사회는 지식사회의 경향이 점점 강해지고 있으며, 부가가치가 높은 제품이나 서비스의 공급에 의하여 이익을 확보하는 것이 각 기업에게 있어서 사활문제가 되었다. 이와 같은 기업 환경에서 살아남는 전제조건이 되는 것이 각 기업의 개성, 즉 자사와 타사를 차별화시키는 능력이며, 경쟁력의 원천으로서 차별화를 확보하는 제반 요소들의 중요성은 더욱 커져가고 있다. 그중 가장 중요한 것이 바로 정보나 노하우, 기술 등의 지식 자산이며, 그중에서도 정보를 비밀로 하여 차별화를 지속시키는 방법이 주목을 받고 있다.

이와 같이 타사에게 파악 또는 이용당하지 않도록 비밀로 유지하며 관리하는 정보, 노하우 등을 영업비밀이라 부르며, 우리나라에서는 「부정경쟁방지 및 영업비밀 보호에 관한 법률」이 영업비밀을 법적으로 보호하는 기본법이 되고 있다.

제2절 영업비밀에 관한 국제규범

영업비밀을 포함한 산업재산권 보호를 규정한 국제조약 중 대표적인 것은 파리조약, WTO/TRIPs협정, 지역무역협정인 NAFTA(북미자유무역협정)이다. 국제조약이 체결되기 이전에는 영업비밀의 보호는 각국이 각자 제정한 국내법에 의해 이뤄지고 있었다. 그러나 세계화·개방화가 진행되면서 나라간의 무역 및 교류가 활발해진 오늘날에는 영업비밀의 보호를 각국마다 보호대상이나 보호방법 등이 서로 다르게 규정된 국내법에 맡기는 것이 불합리하게 되었다. 이러한 불합리성을 개선하고 자유로운 국가간 교류 및 무역을 촉진하기 위한 움직임이 1980년대 말부터 일어나기 시작하였고, 그 결과 파리조약이 체결되었다. 또한 1995년부터 본격적으로 가동된 세계무역기구(WTO)는 공정한 국제무역질서의 확립을 위하여 WTO/TRIPs을 책정하고 회원국에 대해 동 협정을 국내법에 성실하게 반영 또는 적용할 것을 요청하였다. 1994년 발족한 NAFTA도 트레이드 시크릿, 즉 영업비밀에 관한 보호조항을 명시적으로 규정하고 있다.[1)]

1. 파리조약

산업재산권 보호를 위한 파리조약(Paris Convention for the Protection of Industrial Property)은 산업재산권 보호를 위한 최초의 국제조약으로, 본래 특허

1) 홍영서, "산업기술의 유출규제에 관한 법적 고찰 : 부정경쟁방지및영업비밀보호에관한법률과 산업기술의유출방지및보호에관한법률을 중심으로," 한양대학교, 2007, 24면 이하.

권, 상표권, 저작권 등과 같은 산업재산권의 보호를 주목적으로 하는 것으로써 영업비밀보호를 명시하고 있지는 않다. 그러나 동 조약 제10조의2에서 '정직한 산업 또는 상업적 관행에 어긋나는 여하한 경쟁행위'를 금지 대상으로 규정하고 있으므로, 영업비밀의 유출행위를 이러한 부당경쟁행위로 보아 규제할 수 있는 여지가 있다.

2. WTO/TRIPs협정

WTO/TRIPs협정은 제7절 '비공개정보의 보호(protection of undisclosed information)'라는 표제 하에 제39조에서 이에 대한 보호의 내용을 규정하고 있다. 동 협정 제39조 제2항은 '자연인 및 법인은 합법적으로 자신의 통제 하에 있는 정보가 동의 없이 건전한 상업적 관행에 반하는 방법으로 타인에게 공개되거나, 타인에 의해 획득 또는 사용되는 것을 금지할 수 있는 가능성을 가진다'고 규정하고 있다. 이는 영업비밀에 대해, (1) 일정한 유형의 정보를 정상적으로 다루는 자 간에 일반적으로 알려지지 않거나 이러한 자가 용이하게 취득할 수 없는 의미에서 비밀이 되고, (2) 비밀이기 때문에 상업적 가치가 있고, (3) 그 정보를 적법하게 통제하는 자에 의하여 비밀로 유지하는 것이라는 요건을 부여하는 의미로 해석되며, 각 회원국의 국내법의 공통적인 내용들을 반영한 것이라 할 수 있다.

3. NAFTA

NAFTA 제1711조는 회원국이 영업비밀에 대해 특별한 보호조치를 취할 것을 규정하고 있고, 그와 같은 영업비밀이 일반대중에 대해서 비밀로 존재하는 한 영구적으로 보호를 받는다는 점을 강조하고 있다. 또한 회원국 정부는 제품승인을 위해 제출된 비밀 데이터가 공개되지 않도록 할 것을 요구하고 있는데, 이는 회원국 정부에 제출된 보고서나 행정적 기록이 경제 스파이에 의한 영업비밀 유출의 통로가 되는 일이 많았기 때문이다. 단 NAFTA하에서의 영업비밀보호는 고의 또는 중대한 과실로 알지 못하고 영업비밀을 사용한 경우만을 규제하므로 그 외의 경우에는 피해자 구제가 어렵다는 한계가 있다.

제3절 주요국가의 법제

1. 미 국

미국에서는 영업비밀을 트레이드 시크릿(Trade Secret)이라 부르며, 19세기부터 절도, 매수, 비밀유지의무 위반 등의 부정한 수단에 의해 영업비밀을 취득하거나 취득한 영업비밀을 사용, 공개하는 행위에 대하여 금지청구권 또는 손해배상청구권 등을 인정하는 판례가 축적되어 왔다. 이러한 판례의 통일적 해석을 위해, 미국 법률협회는 1939년에 트레이드 시크릿의 정의와 보호요건을 해설한 리스테이트멘트(불법행위 커멘드 b)를 발행하였다. 1979년에는 통일주법위원회 전국회의에서 「통일 트레이드 시크릿법(Uniform Trade Secret Act)」을 작성하여 각 주에 주법으로 채용할 것을 권고하였고, 현재 41개주가 이를 채용하고 있다.[2)]

「통일 트레이드 시크릿법」은 트레이드 시크릿을 '제법(formula), 양식(pattern), 편집(compilation), 프로그램, 고안(device), 방법, 기술 또는 프로세스를 포함하는 다음과 같은 정보를 말한다. (1) 널리 알려져 있지 않고, 따라서 공개 또는 사용에 의해 경제적 가치를 얻을 수 있는 사람을 통하지 않고서는 정당한 수단으로 접근할 수 없는 것으로 이로부터 현실적 또는 잠재적인 독자적인 경제적 가치를 얻을 수 있는 것, (2) 비밀을 유지하기 위한 합리적인 노력의 대상이 되고 있는 것(제1조)'이라고 정의하고 있다.[3)]

또한 트레이드 시크릿에 대한 침해행위(Misappropriation)로서 해당 트레이

---

2) 홍영서 전게논문 32면 이하.

3) 한국발명진흥회, "주요국가 영업비밀 관련법," 발명특허, 178호, 2011.

드 시크릿이 부정한 수단(절도, 매수, 사기, 비밀유지의무 위반, 이와 같은 행위의 교사, 전자적 수단, 기타 스파이 행위 등)에 의해 취득된 것을 알고 있는 자가 그 트레이드 시크릿을 취득, 사용, 공개하는 행위를 들고 있다.

이 외에도, 각 주의 형법에 의해 트레이스 시크릿이 보호되고 있다. 예를 들어 뉴욕주의 형법 165-07조는 '비밀의 과학적 자료를 본인 또는 타인을 위해 도용할 목적으로 권한 없이 또는 권한이 있다고 믿을 수 있는 합리적 이유 없이 당해 비밀의 과학적 자료를 베끼는 행위, 사진을 찍는 행위, 도면을 그리는 행위, 기계적 또는 전자적으로 재생 또는 기록하는 것에 의해 유체적으로 복제하는 행위를 한 경우에는, 비밀 과학 자료의 불법 사용죄로서 처벌된다'고 규정하고 있다. 또한 캘리포니아주의 형법 499C조도 '현직 또는 퇴직한 타인의 종업원, 대리인, 사용인에 대하여 현재 또는 이전의 고용자, 본인, 주인의 소유하는 트레이드 시크릿을 체현하는 물체를 전달, 배달 등의 방법으로 처분하도록 편익, 뇌물, 보수를 약속, 제안, 제공 또는 이를 공모한 자는 주 또는 군의 형무소에서 1년 이하의 징역 또는 5000달러 이하의 벌금에 처한다'라고 규정하고 있다.

2. 영 국

영국은 판례가 중시되는 판례법의 나라이다. 19세기 초, 퇴직한 종업원에 의한 영업비밀의 부정한 사용 및 공개를 금지하는 판결이 나온 이후로, 판례법에 의해 영업비밀이 보호되어 왔다. 계약법, 불법행위, 신뢰 위반(Breach of Confidence) 등의 법원칙을 기초로, 영업비밀을 부정하게 취득·사용·공개하는 자에 대하여 손해배상청구 및 금지청구 등이 인정되어 왔다.

영업비밀에 관해서는 미국의 통일 트레이드 시크릿 법과 같은 성문법은 제정되어 있지 않다. 그러나 판례의 축적으로 영업비밀은 ① 비공지의 ② 비밀의 정보로서 ③ 공개함으로 인하여 그 보유자가 손해를 보거나 경쟁자가 이익을 얻는 것이라고 정의되어 왔다.

또한 불법행위에 관해서도 ① 임원과 회사, 피고용자와 고용자, 대리인과 본인 등 서로에게 신의의무가 있는 당사자가 그 의무에 위반하여 사용・공개하는 행위, ② 비밀유지의무에 위반한 자로부터 이를 알면서 영업비밀을 취득・사용・공개하는 행위가 포함되어 왔다. 따라서 악의의 제3자에 대해서도 당연히 금지청구가 인정되며, 문서화된 영업비밀을 취득한 경우에는 절도죄가 적용된다.

3. 일 본

일본은 부정경쟁행위 규제에 관한 국제적인 흐름에 촉발되어 1934년에 부정경쟁방지법을 제정하고, 1990년 영업비밀에 관한 내용을 추가하는 법 개정을 실시하였다. 동 법은 영업비밀을 '비밀로서 관리되는 생산방법, 판매방법 기타 사업 활동에 유용한 기술상 또는 영업상의 정보로서 공공연히 알려지지 아니한 것'으로 정의하고, 영업비밀에 관한 부정경쟁행위를 부정취득행위와 부정공개행위로 구분하여 규정하고 있다. 여기서 부정취득행위란 절도, 사기, 협박, 기타 부정한 수단에 의해 영업비밀을 취득하는 행위를 말하며 취득행위 후의 부정사용 및 부정공개, 부정취득행위가 개입되었음을 알면서 또는 중대한 과실로 알지 못하면서 이를 취득, 사용, 공개하는 행위를 포함한다(동 법 제2조 1항 4호~6호).

부정공개행위란 영업비밀의 보유자로부터 알게 된 영업비밀을 부정한 이익을 얻을 목적으로 또는 보유자에게 손해를 끼칠 목적으로 사용 또는 공개하는 행위를 말하며 사용 또는 공개행위 후의 비밀유지의무에 위반하는 공개행위를 알면서 또는 중대한 과실로 알지 못하면서 취득, 사용, 공개하는 행위를 포함한다(동 법 제2조 제1항 7호~9호).

부정경쟁행위에 대해서는 보유자의 금지청구권과 손해배상청구권이 인정되며, 특정의 행위에 관해서는 형사적 처벌이 이루어진다.

4. 중 국

중국에서는 「반부정당경쟁법」에 의해 영업비밀을 보호하고 있다. 동 법은 영업비밀을 '일반 공중에게 알려져 있지 않고, 영업비밀 권리자에게 경제적 이익을 줄 수 있고, 실용성을 가지며, 비밀조치를 취한 기술정보와 경영정보'(제10조 제4항)로 정의하고, 영업비밀의 요건으로서 비밀성, 경제적 가치, 실용성, 비밀조치를 요구하고 있다. 여기서 비밀성이란 우리나라의 비공지성에 해당하는 의미로서 공개된 수단으로는 해당 정보를 직접 얻을 수 없다는 것을 말하며, 신규성을 포함하는 의미이다. 경제적 가치란 권리자에게 잠재적, 현실적 경제적 이익 또는 경쟁상의 우위를 가져다주는 것을 말하며, 경제적 가치의 여부 판단은 정보의 객관성을 가지고 판단해야 한다. 실용성이란 정보의 객관적 유용성을 말하며, 그 정보를 사용하면 경제적 이익을 가져올 수 있음을 의미한다. 마지막으로 비밀조치란 비밀성과 밀접한 관계가 있으며 비밀조치의 수준에 대하여 영업비밀의 소유자가 주관적으로 그 정보에 대한 비밀보호 의식이 있어야 하고, 객관적으로 비밀조치를 한 후, 부정한 수단에 의하지 아니하고는 그 정보를 취득할 수 없어야 한다.

5. 독 일

독일에서는 영업비밀을 「부정경쟁방지법(UWG, Gesetz zur Bekämpfung des unlauteren Wettbewerbs, 1896)」, 민법 제823조 및 제826조(불법행위)로 보호하고 있다. 단, 독일 UWG에는 영업비밀(Geschäfts und Betriebsgeheimnis)의 개념이 규정되어 있지는 않으며 판례에 의해 영업비밀이 정의되어 왔다.

구체적으로는 영업비밀이란 (1) 기업경영과 관련이 있고, (2) 제한된 사람들만이 알고 있으며, 즉 공공에 알려져 있지 않으며, (3) 소유자에 의하여 비밀로 유지하려는 의사가 표시되고, (4) 비밀로 유지함에 소유자의 이익이 있는 사실이라고 규정된다. 이들 각 요건을 자세히 살펴보면, (1) 기업경영 관련성(Beziehung zum Geschäftsbetrieb)이 충족되기 위하여 반드시 행위자가 영업비밀을 해당 기업체로부터 직접 취득해야 하는 것은 아니며, 자체로 알려져 있는 공정이나 생산도구를 특정한 기업이 제품의 생산에 사용하고 있다는 점을 비밀로 유지하고 있으면 이러한 사실도 기업체 관련성을 가질 수 있다. (2) 공공에 알려져 있지 않은 것, 즉 비공지성(Fehlende Offenkundigkeit)에 관해서는 비밀보호의무를 부담하는 제3자도 제한된 범위에 포함되나, 당해 영업비밀을 알고 있는 사람의 숫자가 많거나 증가하고 있다고 하여 비밀성이 상실되는 것은 아니라고 해석되어진다. 공지의 사실이란, 어떠한 사실이나 정보가 일반적으로 알려져 있거나 임의의 접근에 노출되어 있어서 이에 관심을 갖고 있는 누구나가 정당한 방법으로 큰 어려움 없이 획득할 가능성이 있는 상태에 있는 경우에 인정된다. (3) 소유자에 의하여 비밀로 유지하려는 의사, 즉 비밀보호의사(Geheimhaltungswille)에 관해서는 모든 개별적 영업비밀에 대하여 존재할 것이 요구되지는 않고, 영업비밀 전체에 대한 의사만 있으면 충분하다. (4) 비밀로 유지함에 소유자의 이익이 있는 것(Geheimhaltungsinteresse)은 통상 영업비밀이 기업체의 경쟁능력을 유지하는 데 의미가 있다면 인정되나, 뇌물제공자 명단과 같이 위법한 정보에 대하여는 원칙적으로 보호가치 있는 이익이 아니므로 이에 포함되지 않는다.

이 요건들을 만족시키는 영업비밀의 예로는, 고객명단, 연말보고서, 시험작(샘플), 비용견적서, 계약서, 보험사의 모집인 명단, 컴퓨터 프로그램(소프트웨어) 등이 있으며, 성인용 도박기계의 조종 프로그램도 영업비밀이 될 수 있다는 판례도 있다.

또한 영업비밀 침해행위에 대하여 부정경쟁방지법은 다음과 같은 행위를 규정하고 있다.

(1) 종업원이 고용관계에서 얻은 영업비밀을 본인 또는 제3자의 이익을 위하여 또는 사업주에게 손해를 끼칠 의도로 공개하는 행위(제17조 제1항)
(2) 권한 없이 영업비밀이 화체된 복제물을 작성하거나 비밀이 화체된 물건을 탈취함으로써 영업비밀을 사용 또는 공개하는 행위(제17조 제2항)

(3) 상기 (1)(2)의 행위로 인해 입수한 영업비밀을 권한 없이 사용 또는 공개하는 행위(제17조 제2항)

(4) 공공질서에 위반하는 경업행위(제1조)

이러한 행위에 대해서는 금지청구, 손해배상청구가 인정되며, 특정의 행위들은 형사처벌된다.

6. 프랑스

프랑스는 영업비밀을 보호하기 위한 특별한 규정을 두고 있지 않다. 그러나 영업비밀은 민법·상법에 의해 보호되어 왔으며, 제3자의 부정경쟁행위에 관해서는 민법 제1382조(불법행위법)에 의해 보호되어 왔다. 특히 최근 20년간 영업비밀의 보호와 부정경쟁에 관한 판례의 축적이 보여지며, 기업이 비밀보호를 위해 노력을 한 경제적 가치가 있는 기업정보에 관한 침해행위에는 악의의 제3자에 대한 금지청구 및 손해배상청구가 인정되고 있다. 또한 종업원 등에 의한 업무상 비밀의 누설은 형법 제418조에 의해 처벌된다.

제4절 관계법령

1. 부정경쟁방지 및 영업비밀보호에 관한 법률

(1) 연 혁

우리나라는 기업과 개인의 영업 또는 그 활동으로부터 발생하는 '영업비밀'을 보호하기 위한 기본법으로 「부정경쟁방지 및 영업비밀보호에 관한 법률」을 제정하고 있다.

동 법은 부정한 수단에 의한 상업상의 경쟁을 방지하여 건전한 상거래의 질서를 유지하기 위한 목적으로 1961년 12월 30일 제정되었다. 제정 당시의 명칭은 「부정경쟁방지법」으로서 잘 알려진 타인의 상호, 상표, 영업표지 등을 부정하게 사용하는 행위 등을 부정경쟁행위로 규정하고, 고의 또는 과실로 부정경쟁행위를 한 자는 손해배상책임을 지도록 하는 비교적 간단한 조항만으로 구성되어 있었다.

그 후 동 법은 1990년대에 출범한 세계무역기구(WTO)체제하에서 펼쳐진 세계무역의 무한경쟁시대 돌입에 대비하기 위하여 1988년부터 약 3년간의 검토과정을 거친 후 1991년 12월 31일 개정되었다. 개정의 주요 내용 중 하나는 무한경쟁에 대처하기 위한 기술투자 및 기술혁신의 확대에 따라 산출되는 기술상・경영상 유용한 정보(영업비밀)를 보호하는 것으로서, 영업비밀 침해행위를 부정경쟁행위로 보고 부정경쟁을 방지하는 내용이 포함되어 있었다. 즉, ① 영업비밀의 부정취득행위 등 영업비밀 침해행위의 유형을 규정하고, ② 영업비밀 침해행위를 부정경쟁행위로 보고 이에 대한 민사적 구제수단으로서 침해행위 금지・예방청구권, 손해배상청구권 및 신용회복조치청구권 등을 규정하였으며, ③ 영업비밀의 선의취득자를 구제하기 위한 특례규정을 두어 침해행위 금지・예방청구권 등의 행사를 제한하였고, ④ 기업의 임・직원이 그 기업 특유의 생산기술에 관한 영업비밀을 제3자에게 누설하는 행위에 대하여는 3년 이하의 징역 또는 3천만원 이하의 벌금을 과할 수 있도록 제재조항을 친고죄로 규정하는 것이 주요 내용에 포함되어 있었다.

그 후 국내 기업과 개인의 기술수준이 향상되고 국제무역의 활성화 및 국제교류의 증대에 따라, 국내 기업과 개인이 보유하는 핵심기술의 유출 등 영업비밀 침해행위가 증가하면서 영업비밀의 중요성이 일반에 보다 널리 인식되기 시작하였다. 따라서 영업비밀을 효율적으로 보호할 수 있도록 관련 규정을 보완하기 위해 1998년 12월 31일, 부정경쟁방지법의 3차 개정이 이루어졌다. 개정법은 부정경쟁방지법에서 영업비밀의 보호에 관한 내용의 비중이 커지고 있는 현실을 반영하여 「부정경쟁방지법」에서「부정경쟁방지 및 영업비밀 보호에 관한 법률」로 명칭이 변경되었고, 형사처벌도 강화되었다. 2004년 1월 20일에는 동 법이 다시 개정되어 '그 기업에 유용한 영업비밀'을 침해하는 행위에 대하여 형사처벌을 하도록 함으로써 종전까지 기술상의 정보만 형사처벌의 대상이었던 것을 영업상의 정보 등 모든 영업비밀을 대상으로 확장하여 엄벌화를 꾀했다.

(2) 주요 내용

「부정경쟁방지 및 영업비밀보호에 관한 법률」은 국내에 널리 알려진 타인의 상표・상호(商號) 등을 부정하게 사용하는 등의 부정경쟁행위와 타인의 영업비밀을 침해하는 행위를 방지하여 건전한 거래질서를 유지함을 목적으로 하고 있다(동법 제1조). 타인의 영업비밀을 침해하는 경우 즉 영업비밀을 부정하게 취득한 경우 취득자는 보유자가 영업비밀로 인해 유지하고 있는 경제적 이익을 침해할 뿐만 아니라, 당해 정보를 얻기 위해 기울여야 하는 노력이나 시간, 비용 등을 절약함으로써 경쟁자를 쉽게 따라잡을 수 있고, 공정한 경쟁자보다 유리한 위치에서 부당한 이익을 확대해 갈 수 있게 된다. 따라서 영업비밀의 보호는 영업비밀 보유자의 재산권 보호뿐만 아니라 시장에서의 공정한 경쟁을 유지하고 건전한 거래질서를 유지하는 것을 목적으로 하게 되며, 이를 보호하는 법률에는 공익적 성격이 강하게 인정된다.

판례도 '영업비밀 침해행위를 금지시키는 것은 침해행위자가 그러한 침해행위에 의하여 공정한 경쟁자보다 '유리한 출발(headstart)' 내지 '시간절약(lead time)'이라는 우월한 위치에서 부당하게 이익을 취하지 못하도록 하고, 영업비밀 보유자로 하여금 그러한 침해가 없었더라면 원래 있었을 위치로 되돌아갈 수 있게 하는 데에 그 목적이 있다 할 것'[4]이라고 판시함으로써 영업비밀보호의 목적이 보유자의 재산권 보호 및 건전한 거래질서 유지에 있음을 명확하게 밝히고 있다.

또한 동 법은 '영업비밀'을 '공공연히 알려져 있지 아니하고(비공지성) 독립된 경제적 가치를 가지는 것으로서(경제적 유용성), 상당한 노력에 의하여 비밀로 유지된(비밀보호성) 생산방법, 판매방법, 그 밖에 영업활동에 유용한 기술상 또는 경영상의 정보'라고 정의하고, 기업이 보유한 모든 정보가 아니라, 동 법의 목적에 비추어 일정한 요건을 갖춘 비밀정보만이 영업비밀로서 보호되는

---

4) 대법원 1998. 2. 13. 선고 97다24528 판결.

것을 명시하고 있다. 따라서 기본적으로 영업활동과 관련된 비밀정보만이 재산권으로서 영업비밀에 해당된다. 또한 침해당해도 건전한 거래질서 유지를 저해하지 않는 비밀정보, 예를 들어 뇌물수수 리스트나 경영자의 스캔들, 탈세 요령이나 자료, 장부 조작법 등의 자료는 당사자가 비밀로 유지하며 누설 시 경제적으로 큰 손해를 입는다 하더라도, 보호대상이 되는 영업비밀에 포함되지 않는다.

「부정경쟁방지 및 영업비밀보호에 관한 법률」이 영업비밀을 보호하기 위해서 금지하는 행위 유형도 동 법의 공익적 성격과 영업비밀의 재산권적 성격을 반영한 특정한 유형의 정보 습득 및 이용 행위로 제한되며, 영업비밀의 보호 기간이나 보호 정도에 있어서도 노동자의 직업선택의 자유 등 다른 이익들과의 조절이 요구된다.

구체적으로는 영업비밀 침해행위를 절취·기망·협박 등 부정한 수단에 의한 영업비밀 취득행위와 그 취득한 영업비밀을 사용하거나 공개하는 영업비밀 누설행위의 두 가지 기본유형으로 설정하고, 이 기본유형의 침해행위에 따르는 사후적 관여행위를 각각 두 가지씩 규정하고 있다(제2조 제3항). 사후적 관여행위에는 부정한 취득행위나 비밀누설행위가 있었다는 사실을 취득 당시부터 알거나 중대한 과실로 알지 못하고 해당 영업비밀을 취득·사용·공개하는 행위와, 부정한 취득행위나 비밀누설행위를 영업비밀 취득 당시에는 알지 못하였으나 취득 후 영업비밀 보유자의 경고 등에 의하여 알게 된 후부터 당해 영업비밀을 사용 또는 공개하는 행위가 포함된다.

이러한 영업비밀 침해행위에 대해서는 침해행위의 금지 또는 예방청구권(제10조 제1항), 침해행위로 만들어진 물건 등의 폐기·제거 청구권(제10조 제2항), 침해행위에 대한 손해배상청구권(제11조), 영업비밀 보유자의 신용회복청구권(제12조) 등의 민사적 구제수단이 인정된다. 단, 영업비밀에 관한 거래의 안정성 확보를 위하여 제3자가 정상적인 거래에 의하여 영업비밀을 취득한 경우, 즉 선의의 취득자에 대해서는 상기 청구권을 제한하는 특례를 두고 있다(제13조).

또한 부정한 이익을 얻거나 그 기업에 손해를 가할 목적으로 그 기업의 특유한 생산기술에 관한 영업비밀을 제3자에게 누설한 자는 5년 이하의 징역 또는 그 재산상 이득액의 2배 이상 10배 이하의 벌금에 처하는 등의 형사적 구제수단도 인정된다(제18조).

2. 산업기술의 유출방지 및 보호에 관한 법률

(1) 연　혁

「부정경쟁방지 및 영업비밀보호에 관한 법률」이 제정되어 있음에도 불구하고, 최근 정부출연 연구기관이나 국공립 대학 등의 공공연구기관을 중심으로 연구자들이 국가핵심기술 등 산업기술을 부당하게 유출하는 사건이 빈번히 일어나게 되었다. 특히 중국, 인도, 동남아시아 등지의 유학생이나 산업 연구생 등의 파견이 늘어나면서, 연구기관 내부 인력뿐만 아니라 이와 같은 단기적인 외부 인력에 의한 유출이 심각한 문제가 되었다. 연구기관의 기술 유출 사건에 대해서는 주로 「부정경쟁방지 및 영업비밀보호에 관한 법률」의 대처 범위로 해석되어 왔으나, 기업이 아닌 정부출연 연구기관이나 공공연구기관 등이 보유한 기술도 영업비밀에 포함되는가의 여부 등 동 법으로 대처하는 것에 대한 많은 의문이 제기되었다.

이에 따라 국내의 핵심기술을 중점적으로 보호하여 산업기술유출 방지 및 근절의 효과를 기대하고, 국가산업경쟁력을 강화시켜 나아가 국가의 안전과 국민경제의 안정을 보장하는 것을 목적으로 하는 「산업기술의 유출방지 및 보호에 관한 법률」(이하, '기술유출방지법')이 2006년 10월 27일에 제정되었다(제1조).

기술유출방지법은 그 후 일부 형사처벌 규정의 법정형을 상향 조정하는 등의 소폭의 개정이 이루어졌다.

(2) 주요 내용

「산업기술의 유출방지 및 보호에 관한 법률」은 산업기술보호위원회의 심의를 거쳐 지정된 필요최소한의 범위의 국가핵심기술을 보호대상으로 하며,

지정 핵심기술을 해외에 매각하기 위해서는 산업기술보호위원회의 승인을 얻거나 신고하는 것을 원칙으로 하고 있다(제11조). 산업기술보호위원회의 승인을 얻지 아니하거나 부정한 방법으로 승인을 얻어 국가핵심기술을 수출한 경우에는 동 위원회가 그 국가핵심기술의 수출중지·금지·원상회복 등의 조치를 취하는 권한이 인정된다.

또한 국가핵심기술을 보유한 기관의 장은 부정한 방법으로 타인의 산업기술을 취득·사용·공개하는 행위, 산업기술에 대한 비밀보호의무가 있는 자가 그 산업기술을 유출·사용·공개하거나 제3자가 사용하게 하는 행위, 국가핵심기술 및 국가연구개발사업으로 개발한 산업기술을 유출하는 행위 등이 발생하거나 발생할 우려가 있는 경우에는 즉시 그 사실을 지식경제부장관 및 정보수사기관의 장에게 신고해야 한다(제14, 15조).

산업기술을 보유한 기업·연구기관·전문기관·대학 등의 임직원 및 이 법에 따른 지정·사전검토·조사·접수·상담·연구개발 및 분쟁조정 등의 업무를 수행하는 자에게는 비밀보호의무가 부과되며, 이러한 비밀보호의무를 위반하거나 산업기술을 부정한 방법으로 유출한 자에 대해서는 형사처벌이 이뤄질 수 있다(제36조).

(3) 부정경쟁방지 및 영업비밀보호에 관한 법률과의 관계

「산업기술의 유출방지 및 보호에 관한 법률」은 '산업기술의 유출방지 및 보호에 관하여는 다른 법률에 특별한 규정이 있는 경우를 제외하고는 이 법이 정하는 바에 따른다'라고 규정하여(동 법 제4조), 산업기술의 보호와 관련하여서는 특별법의 지위에 있으며 다른 법률에 관련 규정이 있더라도 우선 적용됨을 명시하고 있다.

따라서 영업비밀이 「부정경쟁방지 및 영업비밀보호에 관한 법률」에서 규율될 수 있는 경우라 하더라도, 「산업기술의 유출방지 및 보호에 관한 법률」에서 규율될 수 있는 경우라면 특별법인 「산업기술의 유출방지 및 보호에 관한 법률」이 우선 적용된다.

3. 발명진흥법 · 특허법

부정경쟁방지 및 영업비밀보호에 관한 법률은 영업비밀의 소유자로서의 기업을 보호하는 것을 목적으로 하고 있으나, 영업비밀을 최초로 창출하는 것은 기업 내의 종업원이므로, 영업비밀의 창출 시 귀속주체와 보상 등에 관련하여 기업과 기업 내의 종업원과의 이해관계를 조정할 필요가 있다.

이와 관련하여 발명진흥법 제15조 제1항은 '① 종업원 등은 직무발명에 대하여 특허 등을 받을 수 있는 권리나 특허권 등을 계약이나 근무규정에 따라 사용자 등에게 승계하게 하거나 전용실시권을 설정한 경우에는 정당한 보상을 받을 권리를 가진다'라고 규정함으로써 종업원 등의 직무발명에 대하여 정당한 보상이 지급되어야 하는 원칙을 세우고 있다. 그런데, 발명진흥법에서 '발명'이란 '「특허법」·「실용신안법」 또는 「디자인보호법」에 따라 보호 대상이 되는 발명, 고안 및 창작'이라 정의되고, 특허법에서 '발명'이란 '자연법칙을 이용한 기술적 사상의 창작으로서 고도한 것'으로 정의된다. 그리고 발명진흥법에서 '직무발명'이란 '종업원, 법인의 임원 또는 공무원이 그 직무에 관하여 발명한 것이 성질상 사용자·법인 또는 국가나 지방자치단체의 업무 범위에 속하고 그 발명을 하게 된 행위가 종업원 등의 현재 또는 과거의 직무에 속하는 발명'이라 정의된다. 이상을 종합하면 특허법상 출원의 대상이 되지 않거나 출원을 유보하는 '비밀정보', 즉 영업비밀의 경우에는 발명진흥법 제15조 제1항에 해당하지 아니하고 직무발명보상의 대상이 되지 않을 수 있다.

다만, 발명진흥법 제16조는 '사용자 등은 직무발명에 대한 권리를 승계한 후 출원하지 아니하거나 출원을 포기 또는 취하하는 경우에도 제15조에 따라 정당한 보상을 하여야 한다. 이 경우 그 발명에 대한 보상액을 결정할 때에는 그 발명이 산업재산권으로 보호되었더라면 종업원 등이 받을 수 있었던 경제적 이익을 고려하여야 한다'라고 규정함으로써, '비밀정보'인 영업비밀에 대해서도 그것이 본래 특허법상 발명에 해당하고 직무발명으로서 기업에 귀속될 수 있는 경우에는 직무발명과 동일하게 정당한 보상의 대상이 될 여지가 있다.

4. 형 법

(1) 비밀누설죄 · 업무상비밀누설죄

영업비밀보호에 관한 기본법인 「부정경쟁방지 및 영업비밀보호에 관한 법률」이 제정되기 이전에는, 영업비밀의 침해에 관해 형법의 비밀누설죄와 업무상비밀누설죄에 의해 처벌이 이루어졌다.

형법 제316조는 '① 봉함 기타 비밀장치한 사람의 편지, 문서 또는 도화를 개봉한 자는 3년 이하의 징역이나 금고 또는 500만원 이하의 벌금에 처한다. ② 봉함 기타 비밀장치한 사람의 편지, 문서, 도화 또는 전자기록 등 특수매체기록을 기술적 수단을 이용하여 그 내용을 알아낸 자도 제1항의 형과 같다.'라고 규정함으로써 타인의 비밀서류 등을 임의로 개봉한 자를 비밀침해죄로 처벌하고 있으며, 형법 제317조는 '① 의사, 한의사, 치과의사, 약제사, 약종상, 조산사, 변호사, 변리사, 공인회계사, 공증인, 대서업자나 그 직무상 보조자 또는 차등의 직에 있던 자가 그 업무처리 중 지득한 타인의 비밀을 누설한 때에는 3년 이하의 징역이나 금고, 10년 이하의 자격정지 또는 700만원 이하의 벌금에 처한다. ② 종교의 직에 있는 자 또는 있던 자가 그 직무상 지득한 사람의 비밀을 누설한 때에도 전항의 형과 같다.'라고 규정함으로써 업무자의 비밀누설을 업무상비밀누설죄로 처벌하고 있다.

다만, 비밀침해죄와 업무상비밀누설죄는 친고죄로서 고소가 없으면 처벌할 수 없으며, 기본적으로 개인적 비밀을 대상으로 한다는 한계가 있다. 한편 국가 또는 공공단체의 비밀은 형법상 공무상비밀누설죄(제140조 제2항)의 보호대상이 되고, 컴퓨터 해킹을 통하여 컴퓨터 등 정보처리장치에 허위의 정보 또는 부정한 명령을 입력하거나 권한 없이 정보를 입력·변경하여 정보처리를 하게 함으로써 재산상의 이익을 취득하거나 제3자로 하여금 취득하게 하는 경우에는 컴퓨터 등 사용사기죄(제347조의2)에 해당한다.

(2) 업무상배임죄

형법은 타인의 사무를 처리하는 자가 그 임무에 위배하는 행위로써 재산상 이익을 취득하거나 제3자로 하여금 이를 취득하게 하여 본인에게 손해를 가하는 경우를 배임죄로 처벌하고 있고, 특히 업무자가 배임죄를 저지르는 경우에는 업무상배임죄로 가중하여 처벌하고 있다.

따라서 회사의 임직원이 회사의 영업비밀을 누설하는 경우 형사적으로는 부정경쟁방지 및 영업비밀보호에 관한 법률위반 이외에 주로 업무상배임죄가 적용될 가능성이 있다. 판례도 '배임죄는 타인의 사무를 처리하는 자가 그 임무에 위배하는 행위로써 재산상 이익을 취득하거나 제3자로 하여금 이를 취득하게 하여 본인에게 손해를 가함으로써 성립하는바, 이 경우 그 임무에 위배하는 행위라 함은 사무의 내용, 성질 등 구체적 상황에 비추어 법률의 규정, 계약의 내용 혹은 신의칙상 당연히 할 것으로 기대되는 행위를 하지 않거나 당연히 하지 않아야 할 것으로 기대되는 행위를 함으로써 본인과 사이의 신임관계를 저버리는 일체의 행위를 포함하는 것이므로, 회사의 영업비밀을 사외로 유출하지 않을 것을 서약한 그 직원이 경제적인 대가를 얻기 위하여 경쟁업체에 영업비밀을 유출하는 행위는 회사와의 신임관계를 저버리는 행위로서 업무상배임죄를 구성한다'라고 판시함으로써 업무상배임죄의 성립을 인정하고 있다.

제 2 장

영업비밀의 의의

제1절 영업비밀의 개념

기업 또는 개인이 보유하는 영업비밀은 노하우(Know-how), 재산적 정보(Proprietary Information), 미공개정보(Undisclosed Information), 산업비밀 또는 기업비밀 등의 다양한 용어로 불리어 왔으며, 각 용어가 정의하는 범위에 약간의 차이는 있으나 통상 거의 비슷한 개념으로 사용되어 왔다. 이는 영업비밀이 무엇인가에 대한 명확한 개념이 정의되지 않고, 공개되어서는 아니 되는 중요한 정보라는 막연한 인식만이 존재했다는 의미이기도 하다.

그러나 「부정경쟁방지 및 영업비밀보호에 관한 법률」이 제정되면서 어떤 정보가 법으로 보호되는 '영업비밀'인지 명확하게 정의하고 특정할 필요가 생겼다. 실제로 동 법은 '영업비밀'을 '공연히 알려져 있지 아니하고 독립된 경제적 가치를 가지는 것으로서 상당한 노력에 의하여 비밀로 유지된 생산방법, 판매방법 기타 영업활동에 유용한 기술상 또는 경영상의 정보'로 정의하고 있다(동 법 제2조 제2호). 이는 '영업비밀이라 함은 일반적으로 알려져 있지 아니하고 독립된 경제적 가치를 가지며, 상당한 노력에 의하여 비밀로 유지·관리되는 생산방법, 판매방법 기타 영업활동에 유용한 기술상 또는 경영상의 정보를 말하고, 영업비밀 보유자가 직원들에게 비밀보호 의무를 부과하는 등 기술정보를 엄격하게 관리하는 이상, 역설계가 가능하고 그에 의하여 기술정보의 획득이 가능하다 하더라도, 그러한 사정만으로 그 기술정보를 영업비밀로 보는 데에 지장이 있다고 볼 수 없다'라고 한 우리나라 대법원의 판례[5]를 따른 것이나, 이 정의 자체가 다양한 해석이 가능한 함축적인 어휘들을 사용하고 있기 때문에, 여전히 영업비밀의 개념 자체에는 불확실성이 내포되어 있다고 할 수 있다. 실제로 하나의 똑같은 정보가 어떤 소송절차에서는 영업비밀로 인정되고, 다른 하나의 똑같은 정보가 어떤 소송절차에서는 영업비밀로 인정받지 못하는 경우도 생길 수 있고, 영업비밀성의 인정여부가 시간의 흐름에 따라 달라질 수 있다. 따라서 영업비밀의 개념을 이해하기 위해서는 위의 정의에 그치지 않고 끊임없이 우리 법원의 판단이나 외국의 선구적인 판례 등을 주시하고 연구하는 태도가 필요하다.

제2절 영업비밀의 특성

영업비밀은 기업이 보유하는 다른 지식자산과 구별되는 다음과 같은 특성을 가진다.

먼저, 영업비밀로 관리되는 지식자산의 대부분은 현장노동자 및 근로자의 오랜 기간의 노력과 기업의 고액 투자의 결집체로, 기업의 수익을 창출해내는 원천으로서 그 가치를 가진다.

다음으로 영업비밀의 가치는 그 비밀성에 있으므로, 기술상의 비밀도 영업상의 비밀도 일단 공개되어버리면 그 가치가 감소한다. 따라서 그 보호에 있어서 재산적인 가치 외에도 비밀로 유지되는 상태라는 특수성을 고려하지 않으면 아니 되며, 한번 침해받으면 순식간에 확산되어 그 회수가 매우 어렵다는 특성을 갖게 된다. 따라서 영업비밀의 보호는 사후대책보다 예방조치가 중요하다고 할 수 있으나, 비밀성에 그 가치가 있다는 특성 때문에 기본적으

---

5) 대법원 1999. 3. 12. 98도4704 판결; 대법원 2003. 1. 24. 2001도4331 판결; 대법원 2003. 7. 16. 2002마4380 결정 등 다수.

로 영업비밀 보유자의 인적·조직적인 관리에 기댈 수밖에 없다는 점에서 침해행위 예방에 한계가 있다.

또한 영업비밀이라는 개념은 매우 포괄적이며, 영업비밀의 개념 속에는 기술상·영업상의 비밀뿐만 아니라 민사적 또는 형사적인 법적 보호가 이루어지지 않는 것들도 포함되므로, 영업비밀의 보호에 관계하는 각 법률분야의 보호를 통일적으로 파악하는 것이 곤란하다. 게다가 영업비밀은 공개를 전제로 한 지식재산과 달리 영업비밀 보유자의 주관적 판단에 의해서 비밀로 취급하는 것이므로 그 기준이 명확하지 않고, 다른 지식재산과 동일한 보호를 하는 것은 과잉보호가 될 가능성이 있다.

제3절 영업비밀의 종류

영업비밀의 판단이 유동적이고 불확실성을 내포하고 있다 하더라도, 일반적으로 영업비밀의 대상이 될 수 있는 정보들을 살펴보는 일은 영업비밀에 대한 이해를 돕고 영업비밀보호의 실무적 노력에도 크게 유용하다.

부정경쟁방지 및 영업비밀보호에 관한 법률이 규정하는 '영업비밀'의 정의를 보면 알 수 있듯이, 영업비밀의 대상이 될 수 있는 정보는 크게 기술상 또는 경영상의 정보로 분류할 수 있다. 영업비밀을 기술상의 정보와 경영상의 정보로 분류하는 것은 그 정보의 가치를 입증함에 있어 요구되는 노력이나 어려움이 그 정보가 기술상의 정보이냐 경영상의 정보이냐에 따라 다를 수 있고, 침해금지를 명하는 것이 필요하다는 점에 관하여 법원을 설득함에 있어 경영상의 정보보다는 기술상의 정보의 경우가 더 쉽다는 점 등에서 실익이 있다고 한다. 각 정보의 구체적인 내용을 살펴보면 다음과 같다.

1. 기술상의 정보

기술상의 정보는 공업기술에 사용되는 모든 기술을 말하는 것으로, 그 정보가 유형적인 것이든(모형, 도면 등) 무형적인 것이든(방수방법, 혼합방법, 처리방법, 취급방법, 노하우 등) 불문한다. 기술상의 정보로는 설계방법, 설계도면, 제조방법, 제조기술, 제조공정, 청사진, 성분원료와 배합 비율, 강도계산의 운용방법, 기계의 사양, 공장의 배치도 등 기술과 관련된 정보들을 들 수 있다. 연구개발에 관한 정보, 즉 연구개발 전략 및 방법, 연구개발 계획, 연구개발 보고서, 연구개발 일지, 실험데이터, 실험성과 및 분석자료, 신제품에 대한 아이디어나 디자인, 소프트웨어 프로그램도 기술상의 정보라고 할 수 있다.

일반적으로 알려진 화학물질을 단순히 조합한 것은 영업비밀로서의 자격이 없다고 보아야 한다. 그러나 이미 알려진 성분이라도 그 조합의 특별한 방법이나 비율은 영업비밀로서 보호받아야 하고(대표적으로 코카콜라의 경우 많은 성분이 잘 알려져 있다 하더라도, 어떤 중요한 알려져 있지 않은 성분, 그리고 그 독특한 조합법이 최초 생산 시로부터 100년이 흐른 지금까지도 여전히 매우 중요한 영업비밀로 취급받고 있다), A용도로 사용되던 이미 알려진 화학제품의 성분을 숨기기 위하여 원래 상표가 새겨진 라벨만을 떼고, 알려진 A용도가 아닌 새로운 B용도의 다른 제품으로 판매하는 경우에도 영업비밀로서 보호받을 수 있다.

2. 경영상의 정보

경영상의 정보로는 고객명부, 고객의 관리방법, 대리점 명부, 재료나 상품의 구입처, 거래선 루트, 판매가격표, 원가계산표, 판매계획, 판매지침서, 판매마진율, 판매매뉴얼, 시장조사정보, 수입 또는 수출 루트, 재산목록, 고객관리기법, 경영관리기법, 광고나 홍보계획, 선전광고 방법, 미발표의 대차대조표, 제품의 할인시스템, 인사나 조직 및 재무관리기법, 비공개 사업계획 등을 들 수 있다.

3. 관련 판례

(1) 대법원 1999. 3. 12. 선고 98도4704 판결

'영업비밀이라 함은 일반적으로 알려져 있지 아니하고 독립된 경제적 가치를 가지며, 상당한 노력에 의하여 비밀로 유지·관리되는 생산방법, 판매방법 기타 영업활동에 유용한 기술상 또는 경영상의 정보를 말하고, 영업비밀 보유자가 직원들에게 비밀유지 의무를 부과하는 등 기술정보를 엄격하게 관리하는 이상, 역설계가 가능하고 그에 의하여 기술정보의 획득이 가능하다 하더라도, 그러한 사정만으로 그 기술정보를 영업비밀로 보는 데에 지장이 있다고 볼 수 없다.'

(2) 서울고등법원 1996. 2. 29. 선고 95나14420 판결

'원고 회사는 공장 내에 별도로 연구소를 설치하여 관계자 이외에 출입할 수 없도록 하는 한편 직원들에게는 그 비밀을 유지할 의무를 부과하고 연구소장으로 하여금 이 사건 기술정보를 엄격하게 관리하게 하는 등으로 비밀관리를 하고 있으므로, 이 사건 기술정보는 상당한 노력에 의하여 비밀로 유지되고 있는 원고 회사의 영업활동에 유용한 기술상의 정보, 즉 '영업비밀'이라 하겠다. 뿐만 아니라 영업비밀은 절대적인 비밀을 뜻하는 것이 아니고 일부 또는 일정범위의 사람들이 알고 있다고 하더라도 비밀로서 유지되고 있으면 영업비밀에 해당될 수 있고….'

제 3 장

영업비밀의 요건

제1절 비공지성

1. 서 론

영업비밀이 기업의 경쟁력의 원천이 될 수 있는 것은, 당해 정보가 타인에게 공개되어 있지 않음으로써 경쟁자에 대한 우월적 지위를 확보시키기 때문이다. 기업이 비밀로써 관리하고 있는 정보라 하더라도 이미 불특정 다수인에게 알려진 정보라면 당연히 경쟁자도 손쉽게 당해 정보를 이용할 수 있으므로 기업의 우월적 지위는 확보되지 않는다. 이와 같은 정보는 영업비밀의 재산권적 측면에 반하는 것으로 영업비밀 보호의 대상에서 제외된다.

따라서 어떤 정보가 영업비밀로서 보호받기 위해서는 당해 기술 등이 '공공연히 알려져 있지 아니한 것(비공지성)'이라는 요건을 만족시킬 필요가 있다. '공공연히 알려져 있지 아니한'이란 불특정 다수인이 그 정보를 알고 있거나 알 수 있는 상태에 있지 아니한 것으로서, 그 정보가 간행물 등의 매체에 실리는 등 불특정 다수인에게 알려져 있지 않기 때문에 보유자를 통하지 아니하고는 그 정보를 통상 입수할 수 없는 것을 말하고, 보유자가 비밀로서 관리하고 있다고 하더라도 당해 정보의 내용이 이미 일반적으로 알려져 있을 때에는 영

업비밀이라고 할 수 없다.[6]

단, 비공지성은 상대적인 개념으로 보유자 이외의 타인이 당해 정보를 알고 있다 하더라도 보유자와의 사이에 비밀 준수의 의무가 형성된 경우라면 비공지 상태라고 할 수 있으며, 실제로 우리나라 법원은 '영업비밀은 절대적인 비밀을 뜻하는 것이 아니고 일부 또는 일정범위의 사람들이 알고 있다고 하더라도 비밀로서 유지되고 있으면 영업비밀에 해당될 수 있고'라고 판시하고 있다.[7] 이와 같은 상대적 비공지성은 종업원에 대한 제한적 공개를 허용할 뿐만 아니라, 영업비밀 유지의무를 부과하기만 한다면 실시권자에게 이용허락을 하더라도 인정되며, 나아가 비밀보호약정을 하지는 않았더라도 그 정보를 받은 사람도 자기의 이익을 위하여 스스로 그 정보를 비밀로 유지하고 있는 한도에서는 비공지성이 인정된다.

또한, 보유자와 무관한 제3자가 독자개발 등에 의해 동일한 정보를 보유하고 있어도 그 제3자가 당해 정보를 비밀로서 유지하고 있는 경우 역시 비공지성이 인정된다. 상대적 비공지성은 영업비밀 보유자로부터 취득한 것이 아니라 독자적으로 취득하기만 하였다면 둘 또는 그 이상의 다른 사람도 각자 동일한 영업비밀을 보유할 수 있다는 비배타성을 허용하기 때문이다. 단, 당해 정보를 보유하는 사람들이 증가하여 동종업계의 다수의 사람들이 널리 알게 되는 일정한 시점에서는 상대적인 비공지성이라도 상실되었다고 보아야 한다. 따라서 종업원의 전직이 잦은 업계는 그렇지 않은 업계보다 통상 비공지성을 상실하는 시점에 빨리 도달하게 될 가능성이 높다.[8]

덧붙여 영업비밀이 국외에서 공개되어 있는 경우, 오늘날과 같은 세계화, 국제화의 시대에는 해외에서의 공개는 당연히 국내에서의 비공지성을 상실하게 한다고 보는 것이 타당하므로, 국내에서도 영업비밀로서 보호받을 수 없게 된다.

---

6) 대법원 2004. 9. 23. 선고 2002다60610 판결.
7) 서울고법 1996. 2. 29. 선고 95나14420 판결.
8) 김연학, "부정경쟁방지 및 영업비밀보호에 관한 법률상 영업비밀의 개념과 요건," 227면.

2. 특허법상의 신규성과의 비교

특허법 제29조 제1항은 '특허출원 전에 국내에서 공지되었거나 공연히 실시된 발명, 특허출원 전에 국내 또는 국외에서 반포된 간행물에 기재되거나 대통령령이 정하는 전기통신회선을 통하여 공중이 이용가능하게 된 발명'은 특허를 받을 수 없도록 규정하여, 신규성이 있는 발명만 특허권으로 보호되도록 하고 있다.

여기서 '특허출원 전에 국내에서 공지되었다'고 함은 반드시 불특정 다수에게 인식되었을 필요는 없다고 하더라도 적어도 불특정 다수인이 인식할 수 있는 상태에 놓여 있음을 의미한다.[9)]

앞에서 살펴본 바와 같이 영업비밀로 보호되기 위해서는 비공지성이 요구되지만, 이는 특허에서 요구하는 신규성보다는 넓은 의미로 해석되며 특허에서의 신규성이 영업비밀에도 요구되는 것은 아니다. 왜냐하면 특허에 의해 기술의 독점이 허용되는 것은 그 기술을 개발한 사람에 대한 보상의 의미가 있는 반면, 영업비밀에 대한 보호는 당해 영업비밀을 창출한 것에 대한 보상이나 기술개발을 독려하기 위한 것이 아니라 부정한 방법으로 타인의 정보를 이용하는 침해자에 대한 제재의 의미가 강하기 때문이다. 또한 영업비밀은 특허권과는 달리 독점적·배타적 권리로서 보호되는 것이 아니고 사실상 비밀상태에 대한 보호를 받는 데 그치므로, 비공지성은 특허권에서의 신규성과 같이 엄격하게 해석할 필요성이 적다고 할 수 있다.

따라서 특허의 신규성은 발명의 내용을 특정 다수인이 알고 있으나 그들이 비밀보호의무를 부담하지 않는 경우 상실되지만, 영업비밀의 비공지성은 그 특정 다수인이 비밀보호의무를 부담하지 않더라도 사실상의 비밀상태가 유지되고 있는 한 상실되지 않는다고 해석된다.

우리나라 판례도 영업비밀의 비공지성을 특허의 신규성보다 넓은 개념으로 보고 있으며, '특허권, 실용신안권 등과 같은 지식재산권은 어떠한 발명이

---

9) 대법원 2002. 6. 14. 선고 2000후1238 판결.

나 고안 등에 대하여 출원, 등록, 공개 등의 과정을 거쳐 독점적·배타적 전용권을 부여하고 그 권리를 일정한 기간 동안 보호하는 법의 체계인 데 비해, 부정경쟁방지법에 의한 영업비밀보호는 기술상 또는 경영상의 정보 그 자체에 배타적인 전용권을 부여하는 것이 아니라, 비공지성·비밀보호성·경제성·정보성을 가지는 기술상 또는 경영상의 정보에 대한 부정한 염탐이나 누설을 금지함으로써 그 정보가 비밀로 유지되는 상태 자체를 결과적으로 보호하고, 이러한 과정을 통하여 공정한 경쟁 질서를 유지하는 데 법의 목적이 있는 것이므로, 기술상 또는 경영상의 정보가 영업비밀로서 인정되기 위한 요건으로서의 비공지성 또는 경제성은 특허법이나 실용신안법에서 추구하는 정도의 고도의 수준을 요하는 것이 아니고, 어떠한 기술적 사상이 공지된 것으로서 이미 업계에 널리 알려져 있다고 하더라도 그와 같은 기술적 사상을 구체적으로 구현하기 위하여 필요한 세부적인 기술상의 정보 즉, 노하우(know-how)에 독자적인 가치가 있고, 해당 업체에 의하여 그것이 비밀로서 유지·관리되고 있는 경우에는 그 기술상의 정보 자체에 대하여 별도의 비공지성·경제성 등이 인정될 수 있다'라고 판시하고 있다.[10)]

3. 비공지성이 문제가 되는 경우

(1) 역설계(Reverse Engineering)

시장에서 판매되는 제품을 분석함으로써 제품의 기술정보를 입수하는 행위를 역설계라 한다. 역설계는 특별히 계약이나 법률에 의해 금지되지 않는 한 적법한 행위로 인정된다.[11)] 기업이 경쟁사의 제품을 분해하여 해석·평가를 하는 것은 극히 당연한 연구 행위라 할 수 있고, 역설계에 의하여 기술의 개량·향상이 이루어질 수 있으므로, 이를 허용하는 것이 기술의 개발, 촉진에 효과적이기 때문이다.

---

10) 서울고법 2007. 12. 20. 자 2007카합232 결정.

11) 대법원 1998. 2. 13. 선고 97다24528 판결.

문제는 역설계를 통해서 얻을 수 있는 정보는 시장에 공개됨으로써 비공지성을 상실하는가의 여부이다. 일반적인 지식이라고 할 수는 없더라도 역설계가 적법한 이상 해당 분야에 관해 통상의 지식을 가진 자라면 역설계를 통해 쉽게 얻을 수 있는 정보는 비공지성을 상실한다고 보아야 한다. 단, 역설계를 통해서 정보를 얻어내는 데 고도의 전문적 지식이 필요하거나 많은 시간과 비용이 소요되는 경우에는 해당 정보의 보유자가 그 정보를 공개하지 않음으로써 얻을 수 있는 우월적 지위가 지속되고 있다고 할 수 있으므로, 당해 정보는 비공지성을 상실하지 않는다.

이 문제에 관하여 우리나라 법원은 '해당 업체가 외국의 잉크제품을 분석하여 이를 토대로 이 사건 기술정보를 보유하게 되었다거나, 역설계가 허용되고 역설계에 의하여 이 사건 기술정보의 획득이 가능하다고 하더라도 그러한 사정만으로는 그 기술정보가 영업비밀이 되는 데 지장이 없다'[12]고 판시하여 역설계가 가능하다는 것만으로 비공지성이 상실되지는 않는다고 판단하고 있다.

또한 '피해자 회사가 2004. 5.경 A회사에 납품하여 A회사가 그 무렵 B회사가 지정한 장소에 설치한 피해자 회사의 RFM 회로도, ICM1 회로도 및 OSC 회로도가 적용된 무선중계기는 제3자가 그 내부를 전혀 알 수 없고, B회사의 관계자라도 위 무선중계기가 운용되고 있는 이상은 역설계를 위하여 분해하기는 어려운 점, 피해자 회사가 A회사에 납품한 위 무선중계기는 도급계약에 의하여 납품한 제품이어서 역설계를 위해 합법적인 방법으로는 위 무선중계기에 접근하기 어려운 사정, 위 회로도가 그 회로구성이 간단하다고 하더라도 기계장치와는 달리 완성된 제품에서 판독 가능한 회로도를 역설계하는 데에는 일반적으로 많은 시간과 노력이 들고, 각 소자 사이의 연결 관계를 추출해내더라도 각각의 소자가 어떠한 기능과 역할을 하는지 등의 작동과정을 알아내는 데에도 상당한 시간이 소요되는 점 등을 고려하면, 2004. 5.경 위 회로도가 적용된 무선중계기 5대가 설치되었다고 하더라도 피고인이나 다른 경

12) 대법원 1996. 12. 23. 선고 96다16605 판결.

쟁자 등이 이 사건 범죄일시인 2004. 09.경까지 역설계와 같은 합법적인 방법에 의하여 위 회로도에 나타난 기술상 정보를 취득하는 것은 어렵다고 할 것이므로, 이 사건 회로도의 비공지성이 상실되지 않았다'[13]고 판시하여, 역설계가 가능하더라도 전문적 기술이 필요하고 일반적으로 많은 시간과 노력이 드는 경우에는 비공지성이 인정된다는 입장을 명확히 하고 있다.

한편, '…라인트레이서 제품 및 그 회로도 등을 종합하면, 경쟁사 제품에서는 센서 1개만이 경로에서 이탈할 경우에도 라인트레이서가 급회전하게 함으로써 직진성이 저하됨에 비하여 A회사 제품에서는 센서 1개만이 경로에서 이탈한 경우에는 1쪽 바퀴는 직진을 계속하되 다른 쪽 바퀴에는 가변저항을 통하여 그 회전 속도를 조절하여 완만하게 회전하게 함으로써 직진성을 획기적으로 높이는 동작 알고리즘을 가지고 있고, 이러한 알고리즘을 구현하는 회로부의 설계 및 구성이 A회사가 보유하고 있는 핵심적인 기술이라는 것이다. 하지만, 위와 같이 직진성을 향상시키고자 하는 동작원리 자체는 그 원리가 특허권의 등록대상이 되는 것은 별론으로 하고, 피고인의 퇴직 당시 A회사의 제품이 생산, 판매된 이상 이를 사용하는 사람이라면 누구나 쉽게 알 수 있는 것이어서 그 동작원리 자체를 영업비밀이라고 할 수는 없고, 위와 같은 동작원리를 실제 구현하는 위 제품 회로부의 설계나 구성 자체를 놓고 보더라도 위 제품 회로부의 설계나 구성은 전자회로에 관하여 일정한 지식을 가진 사람이라면 그 내용을 쉽게 파악할 수 있는 것이어서 이 또한 부정경쟁방지법에서 보호하는 영업비밀이라고 평가하기 어렵다'[14]고 판시하고 있으므로, 해당 분야에 관해 통상의 지식을 가진 자라면 역설계를 통해 쉽게 얻을 수 있는 경우에는 비공지성이 상실된다는 입장으로 해석된다.

덧붙여 역설계를 소송에서 항변으로 주장하기 위해서는 단순히 역설계가 가능하다는 것뿐만 아니라 실제로 역설계를 통하여 취득하였다는 구체적인 증거를 제시하여야만 한다. 우리나라 법원 역시 역설계가 가능하고 그에 의하

13) 대법원 2008. 2. 29. 선고 2007도9477 판결.
14) 서울중앙지법 2007. 10. 9. 선고 2006고단7142 판결.

여 기술정보의 획득이 가능하더라도, 그러한 사정만으로 그 기술정보를 영업 비밀로 보는 데에 지장이 있다고 볼 수 없다고 판시하고 있다.[15]

(2) 공지의 정보를 가지고 새로운 정보를 만들어 낸 경우

앞에서 살펴본 바와 같이, 일반적인 지식은 물론, 일반적인 지식이라고 할 수는 없더라도 해당 분야에 통상의 지식을 가진 자가 쉽게 얻을 수 있는 정보는 비공지성을 상실한다고 보아야 한다. 그러나 비공지성을 상실한 정보라 하더라도 이들을 조합한 이른바 컴필레이션(compilation)과 컴비네이션(combination)의 경우에는 조합 전의 정보의 일부가 비공지성을 상실하였다는 이유만으로 컴필레이션 전체의 비공지성이 부정되지는 않는다.

따라서 제품생산에 필요한 개별 요소들의 과학적 원리 전부가 해당 분야에 통상의 지식을 지닌 자에게 일반적으로 알려져 있다고 해서 그와 같은 잘 알려진 요소들을 조합한 제품에 관한 비공지성이 당연히 상실되는 것은 아니며 그 과학적 원리를 수정하고 응용한 내용이 있다면 일반적으로 알려진 정보들을 조합하여 만든 것이라 하더라도 비공지성이 인정될 수 있다.

(3) 보유자의 공개

앞에서 살펴본 바와 같이, 영업비밀보유자가 타인에게 영업비밀 보호의무를 부과하며 영업비밀을 공개하는 경우에는, 그 공개의 상대방이 다수에 이르더라도 전체로서 비밀상태가 유지된다고 판단되어 비공지성을 상실하지 않는다. 예를 들어 제품의 구매협상과정에서 공정의 몇 단계를 보여주고 공장을 견학시켰다고 하더라도 상대방이 영업비밀을 유지해야 할 의무가 인정되는 한도에서는 비공지성을 상실하지 아니하고, 레스토랑이 요리의 특정한 조리법을 종업원에게 가르쳐 주었다 하더라도 그 목적이 일상적인 영업이라는 경영상의 목적에서 나온 것인 이상 그 조리법을 가지고 경쟁업체에 전직한 종업원에 대한 비공지성의 포기를 의미하지는 않는다.[16]

---

15) 대법원 2005. 3. 11. 선고 2003도3044 판결.

16) 김연학 전게논문 236면.

따라서 보유자의 공개로 인해 비공지성이 상실되는 것은 일반인에 대한 완전한 공개가 이루어진 경우이다. 이는 일반인에게 적극적으로 공개한다는 의미가 아니라 일반인이 의도한 경우 손쉽게 당해 정보를 입수할 수 있는 상황을 의미하는 것으로, 보유자가 공정의 전부 또는 일부를 수많은 구매희망자에게 공개하면서 아무런 비밀유지조치를 취하지 아니하였다고 인정되는 경우가 이에 해당된다.

한편 보유자가 의도하지 않고 우연 또는 실수로 정보를 공개하게 되었을 경우, 이것이 일반인에 대해 넓게 행해진 것이 아닌 이상 일반적으로 공개로 판단되지는 않는다. 단, 우연 또는 실수로 정보를 공개하게 된 후에도 당해 정보의 사용을 금지하는 등의 조치를 취하지 않는 경우 일반인에 대한 공개로 인정되어 비공지성을 상실할 수 있다.

이 점과 관련하여 현대와 같은 인터넷 시대에는 보유자가 우연 또는 실수로 정보를 공개하였을 경우 즉시 수백 또는 수천만의 사람들에게 확산될 수 있는 가능성이 있으므로, 이를 공개된 것으로 판단하지 않을 것인가가 문제가 된다. 미국 판례에는 관심있는 사람들이 본 인터넷의 뉴스 그룹상의 게시에 의해서는 비공지성이 상실되나, 이름없는 사이트에 잠깐 공개된 것은 비공지성을 상실하지 않는다고 판시한 사례가 있다.[17)]

(4) 침해자에 의한 공개

침해자에 의한 공개는 이로 인해 비공지성이 상실된다고 하면 영업비밀을 침해하여 즉시 공개함으로써 침해행위에 대한 처벌을 회피할 수 있게 되어 영업비밀의 보호가 사실상 무의미하게 된다. 따라서 침해자 자신이 영업비밀 보유자의 의사에 반하여 영업비밀을 공개한 경우에도 원칙적으로 비공지성을 상실하였다고 할 수 없다.

17) 김연학 전게논문 239면.

4. 비공지성의 판단시점 및 입증책임

비공지성의 판단시점은 청구의 유형에 따라 달라진다. 즉 부정경쟁방지 및 영업비밀보호에 관한 법률 제10조에 의한 금지청구에 있어서는 금지명령을 내릴지 여부를 법원이 판단하는 시점까지 당해 정보의 비공지성이 유지되어야 하므로, 비공지성의 판단시점은 사실심 구두변론 종결시가 된다. 한편 동 법 제11조에 의한 손해배상청구에 있어서는 부정행위가 행해진 시점에 당해 정보의 비공지성이 유지되어야 하므로, 비공지성의 판단시점도 부정행위시가 된다.

비공지성의 입증책임은 법규의 구조나 형식에 따라 분배해야 한다는 법률요건분류설이 우리나라 민사소송법계의 통설·판례로 알려져 있다.[18] 따라서 부정경쟁방지 및 영업비밀보호에 관한 법률이 규정하는 금지 또는 손해배상청구권 등의 행사에 있어서, 권리의 존재를 주장하는 원고가 당해 정보가 영업비밀에 해당한다는 사실 즉 비공지성을 유지하고 있다는 사실에 대한 입증책임을 지는 것이 원칙이라 할 수 있다.

그러나 이 비공지성의 입증을 원고에게 엄격하게 부과할 경우에는 원고는 자기 이외의 모든 제3자가 그 정보를 알지 못한다는 소극적인 사실을 입증해야 하나, 이는 사실상 불가능에 가깝다. 그러므로 법률요건분류설을 형식적으로 적용하여 비공지성의 입증책임을 모두 원고에게 부과한다면 원고의 권리행사는 크게 제한되는 문제가 발생한다.

따라서 민사소송의 형평성의 원칙을 고려하여 원고로서는 당해 정보를 일반적으로 입수할 수 없다는 사실을 합리적인 범위 내에서 입증하면 사실상 '공연히 알려져 있지 아니한 상태'라는 점이 추정된다고 해석할 필요가 있으며, 피고로서는 공연히 알려져 있는 것임을 적극적으로 반증하는 것으로 입증책임을 분배해야 한다.

---

18) 이시윤, 「신민사소송법」, 박영사, 2008, 478면.

제2절 비밀관리성

1. 서 론

영업비밀은 부정경쟁방지 및 영업비밀보호에 관한 법률에 의해 보호받으며, 이를 침해한 침해자에 대하여 영업비밀 보유자는 금지청구권이나 손해배상청구권 등의 배타적 권리를 부여받는다는 점에서 다른 지식재산권의 보호와 공통점이 보여진다. 그러나 다른 지식재산권은 등록제도에 의해 권리자 및 그 권리내용이 공시되므로 배타적 권리로서 구성하는 것이 용이하나, 영업비밀은 비밀의 정보라는 근원적 성격 때문에 등록제도를 채용할 수 없으므로 비밀관리되고 있는 것 자체가 객관적으로 명확한 경우에만 배타적 권리를 부여하는 것으로 권리성을 제한할 필요가 있다. 따라서 영업비밀은 이에 접근하는 사원이나 외부자에 대하여 등록제도에 의한 공시에 필적할 정도로 보유자와 그 영업비밀의 비밀관리상태가 객관적으로 인식 가능한 것 즉 비밀관리성이 배타적 권리 부여의 요건이 된다. 또한 보유자가 당해 정보를 비밀로 유지할 의사가 없는 경우까지 배타적 권리를 부여할 필요는 없으므로, 영업비밀 보유자가 당해 정보를 비밀로 하려는 의사의 유무라는 주관적인 측면도 배타적 권리 부여의 요건이라 할 수 있다.

이 점에 관하여 부정경쟁방지 및 영업비밀보호에 관한 법률은 영업비밀의 정의에 '상당한 노력에 의하여 비밀로 유지된' 정보라는 표현을 사용하여 비밀관리성을 요건으로 함을 명확히 하고 있다. 이는 객관적으로 당해 정보가 비밀임을 사원 또는 제3자가 인식할 수 있을 정도로 이를 비밀로 유지하려는 합리적 노력이 존재하는 것과, 주관적으로 영업비밀 보유자가 당해 정보를 비밀로 하는 의사가 존재하는 것이라는 두 가지 측면을 포함한 표현이다.

여기서 영업비밀에 접근하는 사원이나 외부자는 부정경쟁방지 및 영업비밀보호에 관한 법률이 규정하는 절취·기망·협박 등 부정한 수단에 의한 영업비밀 취득행위 또는 이를 사용하거나 공개하는 영업비밀 누설행위를 할 우려가 있는 자라고 할 수 있으나, 한편으로는 적법한 권한에 의해 사용을 허가받는 등 정당한 사용자도 존재한다. 따라서 해당 정보의 유효 활용과 거래 질서의 안정성 유지의 관점에서 당해 정보가 영업비밀에 해당하는지 여부를 객관적으로 판단할 수 있어야 한다.

이는 구체적으로 (1) 그 정보에 접근하는 자에게 그것이 영업비밀이라는 사실을 인식할 수 있도록 문서에 표시를 하는 등의 특별한 조치를 취하는 방법, (2) 그 정보에 접근할 수 있는 자를 제한하거나 이미 접근한 자로부터 취득한 정보를 개인적으로 사용·공개하는 데 일정한 제한을 가하는 방법, (3) 그 정보를 일정한 장소 등에 보관하고, 그 접근이 허용된 자 외에는 물리적으로 그 접근을 제한하는 방법 등이 있을 수 있다.

우리나라 법원도 "상당한 노력에 의하여 비밀로 유지된다'는 것은 그 정보가 비밀이라고 인식될 수 있는 표시를 하거나 고지를 하고, 그 정보에 접근할 수 있는 대상자나 접근 방법을 제한하거나 그 정보에 접근한 자에게 비밀준수의무를 부과하는 등 객관적으로 그 정보가 비밀로 유지·관리되고 있다는 사실이 인식 가능한 상태'인 것을 말한다고 판시하고 있다.[19)]

단, 영업비밀을 보호·관리하는 체제의 구축과 유지에는 상당한 비용이 소요될 뿐만 아니라 각종 인적·물적 조치가 필요하므로, 기업의 규모나 기업형태에 따라 다양한 수준의 관리수준이 존재할 수 있으며, 또한 당해 정보의 성질, 보유 형태 및 정보를 사용하는 자가 주로 사원인가 외부자인가 등에 따라 다양한 방법이 선택될 수 있다. 따라서 비밀관리성이 인정되는지 여부는 일률적인 기준에 따라 판단하기 어려우며, 위에 열거한 3가지 방법을 참고로 각종 요소들을 고려할 필요가 있다.

2. 비밀관리의 방법

앞에서 살펴본 대로 비밀관리의 방법에는 (1) 그 정보에 접근하는 자에게

---

19) 대법원 2008. 7. 10. 선고 2008도3435 판결.

그것이 영업비밀이라는 사실을 인식할 수 있도록 문서에 표시를 하는 등의 특별한 조치를 취하는 방법(영업비밀의 지정 및 표시), (2) 그 정보에 접근할 수 있는 자를 제한하거나 이미 접근한 자로부터 취득한 정보를 개인적으로 사용·공개하는 데 일정한 제한을 가하는 방법(접근권한자 제한 및 영업비밀 보호의무의 부과), (3) 그 정보를 일정한 장소 등에 보관하고, 그 접근이 허용된 자 외에는 물리적으로 그 접근을 제한하는 방법(물리적 제한) 등이 있다.

(1) 영업비밀의 지정 및 표시

이 방법은 비밀관리의 전제가 되는 방법, 곧 비밀관리성이 인정되기 위해 전제적으로 행해져야 할 방법이라 할 수 있다. 왜냐하면 기업이 보유한 수많은 정보들이 비밀관리된다고 하여도 다른 요건과의 관계, 특히 경제적 유용성과의 관계에서 모두 영업비밀로 인정되는 것이 아니므로, 보유한 정보 중에서 영업비밀이 될 만한 정보를 추출하여 특정·구분하고, 이를 표시하는 일이 필수적이기 때문이다.

먼저 기업이 보유하는 정보 중 어떤 정보를 영업비밀로서 취급할 것인가를 선별하고, 영업비밀로서 취급할 정보와 그 외의 정보를 구분할 필요가 있다. 이때 정보를 구분할 시에는 비밀로 취급한 정보가 이후 공지된 정보가 될 수 있으므로, 정기적으로 또는 필요에 따라 정보의 구분을 점검하는 것이 바람직하다.

정보를 구분하였으나 비밀정보의 양이 대량일 경우에는 정보를 일률적으로 동등한 관리체제하에 둘 것이 아니라 정보의 비밀성을 단계로 설정하고, 단계별로 관리 수준 및 관리 방법을 모색하는 방법을 생각할 수 있다. 중요한 정보일수록 관리를 엄격하게 하게 되나, 가장 비밀성이 높은 정보와 동등한 수준의 관리체제를 다른 영업비밀 전체에 적용하게 되면 비용이 과다하게 소요되고 관리의 실효성 확보가 어려워진다. 또한 일률적인 취급은 가장 비밀성이 높은 정보의 상대적 가치를 저하시켜 허술한 관리로 이어질 위험이 있다.

따라서 가장 중요하고 비밀성이 높은 정보, 예를 들어 경영상 매우 중요하고 경영진의 일부 관계자에게만 공개되는 정보 등은 '극비'로 분류하고, 중요성은 적지만 일부 관계자에게만 공개되어야 하는 정보는 '비밀'로 분류하는 등, 각 기업의 상황에 맞는 단계 구분 및 분류를 실시해야 한다. 어느 정도 규모가 큰 기업이나 사내에 보유하는 비밀 정보의 양이 많은 기업이라면 '극비', '비밀'로 지정한 영업비밀의 단계에 따라 관리 수준 및 관리 방법을 설정하는 것은, 관리 비용 절감 및 실효성 확보의 관점에서 필수적이라 할 수 있다.

또한, 거래처 등의 타사에서 공개한 정보에 관해서는 그 정보가 기록된 매체 등에 당해 타사의 비밀 구분이 부여되어 있는 경우가 있으므로, 매체를 반환할 의무가 없거나 그 복제가 허용되는 때에는 타사와의 계약의 취지 등 제반 상황을 고려하면서 자사의 구분에 따라 당해 정보의 재구분을 실시해야 한다. 이때, 타사에서 공개된 정보임을 알 수 있도록 별도의 표시를 하는 것이 좋다.

이와 같은 비밀정보의 특정·구분·표시는 반드시 명확한 문서화가 필요한 것은 아니며 당해 정보를 접한 자가 비밀정보임을 객관적으로 인식할 수 있는 고지가 이루어질 수 있는 방법이면 충분하다. 단, 기업이 보유하는 모든 정보를 영업비밀로 지정하고 아무런 표시가 없더라도 모두 비밀정보로 취급하게 하는 등의 지나치게 포괄적인 방법은 비밀관리성이 인정되지 않을 가능성이 있다. 즉, 영업비밀이 인정되기 위해서는 비밀관리성 외에도 비공지성, 유용성 등의 요건을 만족시킬 필요가 있으며 이 요건들은 서로 명확히 구분되는 것이 아니라 어느 정도 상호보완적인 측면을 가지고 있다. 따라서 비공지성, 유용성 등의 요건을 만족시킬 가능성이 거의 존재하지 않는 정보마저도 영업비밀로서 관리하는 것은 보호에 합당한 정보를 선별하여 배타적 권리를 부여한다는 부정경쟁방지 및 영업비밀보호에 관한 법률의 제도적 취지에 어긋날 수 있기 때문이다.

또한, 비밀정보의 특정·구분·표시와 관련하여 부정경쟁방지 및 영업비밀보호에 관한 법률은 영업비밀 침해자의 주관을 문제시하여 영업비밀을 취득할 당시에 그 영업비밀이 부정하게 공개된 사실 또는 영업비밀의 부정취득행위나 부정공개행위가 개입된 사실을 중대한 과실 없이 알지 못하고 그 영업비밀을 취득한 자를 구제하는 조항을 두고 있다(제13조). 그 취지는 영업비밀에 대한 거래의 안전성을 확보하기 위한 것으로 정상적인 거래에 의하여 영업비밀을 취득한 자의 사용·공개행위에 대하여 영업비밀 침해로 인정할 경우 정상적인 기술거래가 위축되는 것을 방지하는 규정이라 할 수 있다. 동 규정의 해당성을 판단하는 데 있어서 비밀정보의 특정·구분·표시의 정도가 당해 행위자의 주관을 추측하는 객관적인 지표로서 크게 고려될 수 있다는 점에도 유의해야 한다.

(2) 접근권한자 제한 및 영업비밀 보호의무의 부과

영업비밀에 접근할 수 있는 권한을 가진 자 즉 접근권한자를 미리 설정해 두는 것도, 정보의 구분 및 비밀 지정과 함께 비밀관리성이 인정되기 위해 전제적으로 행해져야 할 방법이다. 왜냐하면 실제 소송에서 비밀관리성을 판단하기 위해서는 당해 비밀에 대한 접근 권한의 부재, 즉 기업이 허용한 영업비밀에 접근할 수 있는 권한이 영업비밀의 침해자 등에게 없었다는 것이 판단의 출발점이 되기 때문이다.

구체적으로는 영업비밀 보유자의 종업원이라 하더라도 직무상 그것을 아는 것이 요구되는 사람에게만 공개되어야 하고, 종업원 거의 모두가 안다면 비밀성을 상실하게 된다. 이때, 접근권한자의 이름 등 고유명사에 의한 특정뿐만 아니라, 특정 부문의 장의 허가를 받은 특정 직책의 직원이라는 사내의 직책에 따른 특정도 가능하다.

비밀성의 단계에 따라 영업비밀을 구분·지정하고 있을 경우, 당해 영업비밀을 최소한의 필요한 자에게만 공개하는 것이 중요하므로, 비밀성의 단계에 따라 접근권한자의 범위가 달라지며 비밀성이 높을수록 접근권한자의 수가 적어지는 것이 예상된다. 이와 같이 비밀성의 단계에 따른 접근권한자의 범위 및 허용되는 행위의 유형 등에 관해서는 문서관리규정, 영업비밀 관리규정, 비밀관리규칙, 사규 등 일정한 규정을 제정하여 이를 명확히 해 두는 것이 바람직하다.

또한 영업비밀에의 접근이 허용된 종업원에 대해서도 비밀보호약정을 통해 보유자의 의사에 반하여 영업비밀을 공개하거나 사용하지 아니할 의무를 부과하여야 한다. 다만 반드시 문서화된 비밀보호약정에 서명할 것이 요구되는 것은 아니며, 명시적으로 비밀보호약정을 체결하지 아니하였더라도 신의칙상 비밀보호의무를 부담하게 되는 경우도 있을 수 있다.

(3) 물리적 제한

문서관리규정 등에 의해 영업비밀에 해당하는 정보가 담긴 문서의 작성, 발송, 접수, 보관, 폐기 등의 방법을 규정하고, 문서가 보관된 장소에 잠금장치를 하거나 패스워드 등에 의해 그 출입을 제한하는 것이다.

영업비밀이 기재되어 있는 서류, 도면, 사진, 테이프, 디스켓, CD, 샘플 등 각종 매체에 대하여 필요한 경우 시건장치가 되어 있는 금고나 접근이 허용된 사람에 한하여 카드키 등에 의해 보안이 유지되고 있는 방에 보관을 한다거나, 온라인상으로 접근이 가능한 컴퓨터 파일의 경우에는 접근 권한이 있는 사람이 패스워드를 통해서만 접근할 수 있도록 하는 등의 노력이 필요하다.

3. 비밀관리의 정도

영업비밀의 요건으로서 비밀관리성이 요구되는 이유는, 영업비밀이 정보라는 무형의 재산으로서 공시성이 없기 때문에 보호되어야 할 정보와 그렇지 않은 정보를 명확히 구별하지 않으면, 이를 취득, 사용 또는 공개를 하려는 자에게 있어서 당해 행위가 부정한지 여부를 판단하기 어렵기 때문이다. 또한 이것이 금지청구나 손해배상청구의 대상이 되는가에 대한 예측가능성을 저해하므로 정보의 자유로운 이용을 비롯하여 경제활동의 안정성까지 위태롭게 하기 때문이다.

이와 같은 비밀관리성의 취지를 고려하여 당해 정보를 이용하려는 자가 쉽게 인식할 수 있는 정도로 보호될 정보인 객체의 범위 및 당해 정보에의 접근이 허락된 주체의 범위가 객관적으로 명확한 것이 중요하다.

따라서 비밀관리성의 정도는 영업비밀이 어떠한 경우에도 누설되지 않을 정도의 완벽한 관리를 요구하는 것은 아니며, 개념적으로 '부정한 방법'에 의하지 아니하면 타인이 이를 취득할 수 없을 정도의 노력을 하면 된다. 구체적으로는 해당 정보에 접근한 자가 해당 정보가 영업비밀임을 인식할 수 있는가, 해당 정보에 접근하는 자가 제한되어 있는가 등을 판단요소로 하며, 그 판단에 있어서도 해당 회사의 규모, 정보나 기술의 종류 및 성질, 정보나 기술의 고도성 여부, 종업원의 규모, 인사배치 현황 등을 종합적으로 고려하므로, 결국엔 각 기업 실정에 따른 사례 판단적 요소가 강하다 할 수 있다. 예를 들어 대기업 등 다수의 종업원이 근무하는 경우에는 여러 사람이 영업비밀에 접근할 가능성이 있기 때문에 좀 더 엄격하게 영업비밀로 분류하여 유지・관리할 것이 요구되는 한편, 소수의 종업원만 근무하는 경우에는 그들에게 영업비밀임을 충분히 주지시키고 비밀로 유지하도록 의무를 부과함으로써 충분한 경우도 있을 것이다.

4. 비밀관리성의 판단시점 및 입증책임

비밀관리성의 여부를 판단하는 기준 시점은 비공지성의 경우와 마찬가지로, 부정경쟁방지 및 영업비밀보호에 관한 법률 제11조에 의한 손해배상청구에 있어서는 부정행위가 행해진 시점이나 동법 제10조에 의한 금지청구에 있어서는 사실심 변론종결시로 해석된다.

또한 비밀관리성의 입증책임은 영업비밀임을 주장하는 신청자에게 원칙적으로 부여된다.

5. 관련 판례

위와 같은 방법 외에도, 기업 내의 영업비밀의 보호관리체제를 어떻게 구축할지에 관해서는 국내외의 많은 판례들이 축적되어 있으므로 참고로 할 수 있다.

(1) 우리나라의 판례

(a) 서울지방법원 1995. 3. 27.자 94카합12987 결정

'신청인은 1969. 9. 22.경부터 1993. 12. 28.경까지 사이에 위 회사들과 사이에 각 기술도입계약을 체결할 당시, 위 회사들로부터 도입하는 기술에 관하여 우리 나라에서의 독점적 실시권을 부여받는 대신 그 기술정보를 제3자에게 공개하지 않기로 약정하였고, 신청인의 단체협약과 취업규칙에서 임직원들에게 영업비밀을 제3자에게 공개하지 아니할 의무를 부과하였으며, 모든 직원들로 하여금 영업비밀에 관한 비밀보호의무를 준수하겠다는 내용의 서약서와 각서를 받았다.

피신청인 신용학은 1975. 1. 1.에 신청인 회사에 생산부 직원으로 입사한 이래 1978. 4. 1.부터는 생산부 계장으로, 1984. 1. 15.부터는 기술부 연구담당 과장으로, 1984. 8. 25.부터는 기술부 공정과장으로, 1988. 9. 15.부터는 기술과장으로, 1990. 6. 1.부터는 기술부장으로 이 사건 제품의 생산 및 기술을 담당하는 업무를 수행하고 9회 이상의 해외기술연수를 받음으로써 신청인의 영업비밀을 가장 많이 알고 있으며, 1979년과 1989년에 신청인에게 '영업비밀을 누설하지 아니하고, 퇴직 후에도 이러한 의무를 부담한다'는 내용의 서약서를 각 제출하였다.

피신청인 태광산업 주식회사(이하 피신청인 태광산업이라고 한다)는 1994. 10. 10.경 미국의 몬산토사(Monsanto Company)로부터 이 사건 제품의 제조기술과 촉매의 제조기술을 도입하여 A.N. 모노머 제조사업에 참여하겠다고 발표하였는데, 피신청인 신용학이 같은 해 11. 4. 별다른 사직사유가 없음에도 신청인 회사에 돌연히 사직서를 제출하고 바로 피신청인 태광산업에서 이 사건 제품을 제조하는 A.N. 모노머 제조사업 부문에 종사하고 있으며, 직위는 이사이고 보수는 신청인 회사에서 받았던 것을 훨씬 초과하고 있다.

피신청인이 도입하기로 한 이 사건 제품에 관한 위 몬산토사의 제조기술은 신청인의 것과 동일하지는 않지만, 신청인이 도입한 위 비피 케미컬스 주식회사와 아사히화성공업 주식회사의 제조기술을 토대로 한 것이다.

위에서 판시한 바와 같이 피신청인 신용학은 신청인과 사이에 퇴직 후에도 별지목록 기재의 영업비밀을 준수하기로 약정한 이상 위 영업비밀을 유지하여야 할 의무가 있다고 할 것이고, 또한 신청인은 피신청인 태광산업이 이 사건 제품을 생산하는 A.N. 모노머 제조사업에 신규로 참여하기 전까지 국내에서 유일하게 A.N. 모노머 제조사업을 하고 있었던 점, 신청인이 단체협약과 취업규칙에 영업비밀 준수의무를 규정하고 모든 직원들로부터 영업비밀을 유지하겠다는 내용의 각서와 서약서를 받는 등 영업비밀을 보호하기 위하여 많은 노력을 기울인 점 등에 비추어, 신청인이 보유하고 있는 위 영업비밀은 현재 비밀로서 보호되어야 할 가치가 있는 상태인 것으로 보인다'고 하여 영업비밀성을 인정하였다.

(b) 대법원 1996. 12. 23. 선고 96다16605 판결

'잉크제조의 원료가 되는 10여 가지 화학약품의 종류, 제품 및 색깔에 따른 약품들의 조성비율과 조성방법은…, 그 내용이 일반적으로 알려져 있지 아니함은 물론 원고 회사의 연구소 직원들조차 자신이 연구하거나 관리한 것이 아니면 그 내용을 알기 곤란한 상태에 있어 비밀성이 있고, 원고 회사는 공장 내에 별도의 연구소를 설치하여 관계자 이외에는 그 곳에 출입할 수 없도록 하는 한편 모든 직원들에게는 그 비밀을 유지할 의무를 부과하고, 연구소장을 총책임자로 정하여 이 사건 기술정보를 엄격하게 관리하는 등'으로 비밀관리를 하고 있는 사실을 인정한 후, 따라서 이 사건 기술정보는 부정경쟁방지법 소정의 영업비밀에 해당한다고 판단하였다.

(c) 대법원 1997. 6. 13. 선고 97다8229 판결

'원고 회사는 이러한 영업비밀 중 핵심기술을 문서화하여 그 접근을 제한하는 방법으로 관리하는 한편 1992년 8월경에는 피고를 포함한 거의 전 직원들과 사이에 퇴직 후 3년까지는 위 제조기술과 관련된 정보 및 원고 회사에서 직무상 지득한 영업비밀을 활용하거나 누설하지 아니하며 동 기밀을 사용하거나 사용하려고 하는 동종의 조직에 근무할 수 없기로 하는 내용의 회사기밀보

호계약을 체결한 사실'이 있다는 점에서 영업비밀의 비밀관리성을 인정하였다.

(d) 대법원 2003. 1. 24. 선고 2001도4331 판결

'주식회사 대△(이하 '대△'이라고 한다)의 일일 생산량과 월생산량은 이를 비밀로 유지·관리하는 노력을 하는 정보로 보기 어렵고 관련 업체들 역시 여러 매체를 통한 자사의 생산량을 소개하고 있는 사실에 비추어 그 자체가 정보 취득을 위한 상당한 노력이나 비용을 필요로 하는 경제적 유용성을 가진다고 보기 어려운 점, …대△이 피고인 1 등 다심관 생산에 종사하는 직원들을 대상으로 공장의 기계 배치, 생산량, 부품의 규격 등을 포함하여 그 생산 공정에 대한 비밀을 유지하도록 하는 계약·각서·취업규칙을 작성하거나 이에 대한 보안교육을 시키는 등으로 생산 공정을 비밀로 유지하기 위한 관리 노력을 행한 적이 없는 점 등을 들어 영업비밀에 해당한다고 볼 수 없다'고 판시하였다.

(e) 대법원 2003. 7. 16.자 2002마4380 결정

'영업비밀 침해금지를 명하기 위해서는 그 영업비밀이 특정되어야 할 것이지만, 상당한 정도의 기술력과 노하우를 가지고 경쟁사로 전직하여 종전의 업무와 동일, 유사한 업무에 종사하는 근로자를 상대로 영업비밀 침해금지를 구하는 경우 사용자가 주장하는 영업비밀이 영업비밀로서의 요건을 갖추었는지의 여부 및 영업비밀로서 특정이 되었는지 등을 판단함에 있어서는, 사용자가 주장하는 영업비밀 자체의 내용뿐만 아니라 근로자의 근무기간, 담당업무, 직책, 영업비밀에의 접근가능성, 전직한 회사에서 담당하는 업무의 내용과 성격, 사용자와 근로자가 전직한 회사와의 관계 등 여러 사정을 고려하여야 한다'고 판단시의 고려 요소를 명확히 밝히고 있다.

(f) 대법원 2008. 7. 10. 선고 2008도3435 판결

'원심은 그 채용 증거들에 의하여 인정되는 다음과 같은 사정들, 즉 ① 주식회사 피△아이(이하 '피△아이'라 한다)로부터 피고인들이 부정하게 취득·사

용하였다고 기소된 이 사건 파일 중 광통신수동소자인 스플리터와 AWG 관련 파일은 기존에 이미 일반적으로 널리 알려진 기술과 차별화된 기술이 포함된 것이라거나 독립된 경제적 가치를 지닌 정보가 포함되어 있다고 보기에 부족한 점, ② 이 사건 파일 중 트리플렉서와 관련된 파일은 피△아이에서 연구 또는 생산한 것이라고 볼 증거가 없는 점, ③ 이 사건 파일 중 나머지 부분 역시 이미 공개된 보고서 또는 학회에 발표된 논문을 구성하는 내용이거나 독립된 경제적 가치를 지닌 정보라고 볼 수 없는 점, ④ 피고인들 중 일부가 피△아이에 입사할 때 '업무상 기밀사항 및 기타 중요한 사항은 재직 중은 물론, 퇴사 후에도 누설하지 않는다'는 내용의 일반적인 영업비밀준수 서약서를 작성한 사실은 있으나, 피△아이에서 업무와 관련하여 작성한 파일에 관하여 보관책임자가 지정되어 있거나 별다른 보안장치 또는 보안관리규정이 없었고, 업무파일에 관하여 중요도에 따라 분류를 하거나 대외비 또는 기밀자료라는 특별한 표시를 하지도 않았으며, 연구원뿐만 아니라 생산직 사원들도 자유롭게 접근할 수 있어 파일서버 내에 저장된 정보를 열람·복사할 수 있었고, 방화벽이 설치되지 않아 개개인의 컴퓨터에서도 내부 네트워크망을 통한 접근할 수 있는 등 이 사건 파일들이 상당한 노력에 의하여 비밀로 유지되었다고 보기 어려운 점을 종합하여 보면, 이 사건 파일은 영업비밀에 해당하지 않는다고 판단하였다.

앞서 본 법리와 기록에 비추어 살펴보면, 원심의 위와 같은 사실인정 및 판단은 정당하고, 거기에 상고이유로 주장하는 바와 같은 채증법칙 위반, 구 부정경쟁방지 및 영업비밀 보호에 관한 법률 소정의 영업비밀에 관한 법리오해 등의 위법이 없다.'

(g) 대법원 2009. 7. 9. 선고 2006도7916 판결

'원심판결 이유를 이와 같은 법리와 기록에 비추어 살펴보면, 철도청 및 그 포괄승계인인 한국철도공사(이하 '철도청 등'이라고 한다)로 하여금 계약상대자가 제출하는 기술상 정보를 공개할 경우 계약상대자의 승인을 얻도록 함으로써 비밀보호의무를 부과한 물품구매계약 일반조건 제29조 제1항은 공소 외

1 주식회사와 철도청 사이에 체결된 조달물자구매계약의 내용을 이루는 것으로서 예문에 불과한 것으로 볼 수 없어서 철도청 등은 위 계약 조항에 따라 공소 외 1 주식회사로부터 제출받은 이 사건 캐드파일 및 기술 자료에 관하여 비밀보호의무가 있다 할 것이고, 청외자의 신청에 의하여 도면의 출도·열람을 허가할 수 있도록 한 철도청 도면관리규정은 철도청 내에서 내부적인 구속력만을 갖는 행정규칙인 훈령에 불과하므로 이러한 철도청 도면관리규정의 존재에 의하여 철도청 등이 위 계약 조항에 따라 부담하는 비밀보호의무가 부정된다고 볼 수 없으며, 나아가 공소 외 1 주식회사가 위와 같은 조달물자구매계약에 따라 이 사건 캐드파일 및 기술 자료를 철도청에 제출하였고 그중 일부가 철도차량의 보수·유지를 위한 목적으로 몇 차례 출도·열람되었다는 사정이 있다고 하여 이 사건 캐드파일 및 기술 자료의 비공지성이 상실되었다고 볼 수 없다. 또한 공소 외 1 주식회사는 회사 내부적으로 이 사건 캐드파일 및 기술 자료에 대한 접근을 제한하는 조치 등을 취하고 있었고, 철도청과 조달물자 구매계약을 체결하면서 이 사건 캐드파일 및 기술 자료에 관한 비밀보호의무를 부담하도록 하였으며, 이 사건 캐드파일의 전자매뉴얼 작성을 의뢰한 공소 외 2 및 그 하수급인 공소 외 3 주식회사로 하여금 이 사건 캐드파일에 관한 명시적 또는 묵시적인 비밀보호의무를 부담하도록 한 이상, 이 사건 캐드파일 및 기술 자료는 영업비밀 보유자의 상당한 노력에 의하여 비밀로 유지된 정보라 할 것이고, 공소 외 1 주식회사가 이 사건 캐드파일 및 기술 자료를 완성하는 데 많은 시간과 비용을 투여하였고 공소 외 1 주식회사의 경쟁업체인 공소 외 4 주식회사가 이 사건 캐드파일 등을 사용할 경우 절약되는 시간과 비용이 상당한 점 등에 비추어 볼 때, 이 사건 캐드파일 및 기술 자료가 가지는 경제적 유용성도 충분히 인정된다 할 것이므로, 이 사건 캐드파일 및 기술 자료는 모두 영업비밀에 해당한다.

원심이 그 판시와 같은 이유에서 이 사건 캐드파일 및 기술 자료가 영업비밀에 해당한다고 판단한 것은 정당하다.'

(h) 대법원 2009. 9. 10. 선고 2008도3436 판결

'부정경쟁방지법 제2조 제2호의 '영업비밀'이란 상당한 노력에 의하여 비밀로 유지된 기술상 또는 경영상의 정보이어야 하는데, 여기서 '상당한 노력에 의하여 비밀로 유지된다'라 함은 그 정보가 비밀이라고 인식될 수 있는 표시를 하거나 고지를 하고, 그 정보에 접근할 수 있는 대상자나 접근방법을 제한하거나 그 정보에 접근한 자에게 비밀준수의무를 부과하는 등 객관적으로 그 정보가 비밀로 유지·관리되고 있다는 사실이 인식 가능한 상태인 것을 말한다(대법원 2009. 1. 30. 선고 2006도8498 판결 등 참조). 원심이 적법하게 채택한 증거들에 의하면, 피해회사가 피고인의 퇴직 전날인 2005. 7. 14. 피고인으로부터 '피해회사에서의 업무수행과 관련하여 습득한 제반 정보 및 자료에 대한 기밀을 유지하겠다'는 내용의 회사기밀유지 각서를 제출받은 사실을 알 수 있으나, 다른 한편, 위 각 증거에 의하면, 이 사건 자료는 피해회사의 직원인 김■■가 사용하는 컴퓨터에 저장되어 있었는데, 위 컴퓨터는 비밀번호도 설정되어 있지 않고 별도의 잠금장치도 없어 누구든지 위 컴퓨터를 켜고 이 사건 자료를 열람하거나 복사할 수 있었던 사실, 또한 위 컴퓨터와 네트워크를 통해 연결된 피해회사 내의 다른 컴퓨터를 통해서도 별도의 비밀번호나 아이디를 입력할 필요 없이 누구든지 쉽게 ■■■의 컴퓨터에 접속하여 이 사건 자료를 열람·복사할 수 있었던 사실, 김■■는 이 사건 자료를 정기적으로 CD에 백업하여 사무실 내 서랍에 보관해 두었는데, 김■■가 그 서랍을 잠그지 않고 항상 열어두었기 때문에 누구든지 마음만 먹으면 그 백업 CD를 이용할 수 있었던 사실을 알 수 있는바, 이러한 사정들과 앞서 본 법리에 비추어 보면, 피해회사가 피고인으로부터 위와 같이 일반적인 회사기밀유지 각서를 제출받은 사실만으로는, 피해회사가 소규모 회사라는 점을 고려하더라도, 이 사건 자료가 상당한 노력에 의하여 비밀로 유지되었다고 보기는 어렵다고 할 것이고, 달리 그와 같은 점을 인정할 증거도 없다.

그럼에도 원심은, 이 사건 자료가 부정경쟁방지법 제2조 제2호 소정의 영업비밀에 해당한다고 판단하여, 피고인에 대한 부정경쟁방지법위반의 공소사실을 유죄로 인정한 제1심판결을 그대로 유지하고 말았으니, 이러한 원심의

판단에는 부정경쟁방지법상의 영업비밀에 관한 법리를 오해하여 판결에 영향을 미친 위법이 있다. 이 점을 지적하는 상고이유의 주장은 이유가 있다.'

(2) 미국의 판례

미국의 통일 트레이드 시크릿법은 트레이드 시크릿을 '제법(formula), 양식(pattern), 편집(compilation), 프로그램, 고안(device), 방법, 기술 또는 프로세스를 포함하는 다음과 같은 정보를 말한다. (1) 널리 알려져 있지 않고, 따라서 공개 또는 사용에 의해 경제적 가치를 얻을 수 있는 사람을 통하지 않고서는 정당한 수단으로 접근할 수 없는 것으로서, 이로부터 현실적 또는 잠재적인 독자적인 경제적 가치를 얻을 수 있는 것, (2) 비밀을 유지하기 위한 합리적인 노력의 대상이 되고 있는 것(제1조)'이라고 정의하고 있다. 여기서 '(2) 비밀을 유지하기 위한 합리적인 노력'이 우리나라 부정경쟁방지 및 영업비밀보호에 관한 법률에서 말하는 '상당한 노력에 의하여 비밀로 유지된', 즉 '비밀관리성'에 해당하는 요건이라 할 수 있다.

(a) Surgidev Co.v.Eye Technology, Inc. (8th Circuit Court of Appeals 1987) 828 F.2d 452[20)]

원고 Surgidev사는 피고 Eye Technology사 및 Fitzsimmons를 상대로 백내장용 렌즈의 개발 노하우 및 고객정보의 부정사용, 계약 위반, 신임의무의 위반, 횡령, 계약관계 및 경제적 이익의 불법침해에 대해 제소하고 침해행위의 금지 및 보상적·징벌적 손해배상을 청구하였다.

법원은 이 사건에서 원고의 청구를 인용하고 비밀관리의 요건에 적합한 근거로서,

① 종업원에 대해 영업비밀이란 사실을 통지하고 비밀보호계약을 체결하였으며

② 공장 및 제조설비의 중요한 지역에 대한 방문객의 출입을 제한하고 있

20) 황의창, 「부정경쟁방지 및 영업비밀보호법」, 세창출판사, 2009, 396면 이하 재인용.

었고

③ 중요한 부분이나 제조 공정을 중심설비로부터 분리하였고

④ 비밀서류를 보관하는 시설이 되어 있었으며

⑤ 정보의 배부를 필요한 곳에 한하도록 관리하고 있었다

는 점을 들고 있다.

(b) Sheets v. Yamaha Motors Corp. (5th Circuit Court of Appeals 1988) 7. USPQ 2d

원고 Sheets사는 피고 Yamaha사를 상대로 3륜 오토바이에 장착한 공기주입장치에 대한 영업비밀 침해를 이유로 미 연방법원에 제소를 하였다. 법원은 이 사건에서 원고가 상당한 비밀보호의 노력을 하지 않았다는 이유로 원고의 청구를 기각하였다.

법원은 판결이유에서 비밀관리의 요건을 다음과 같이 제시하였다.

① 비밀보호의 합리적 노력은 종업원에게 영업비밀의 존재를 고지하고 영업비밀에 대한 접근제한, 장치에 대한 접근관리를 포함하고 있다.

② 전시회나 잡지에 발표된 내용 또는 기타 부주의에 의한 공개 또는 전시된 정보는 보호를 받을 수 없다.

③ 비밀보호에 필요한 노력은 주어진 상황하에서 합리적 수준으로 이루어지면 충분하다.

④ 법원이 영업비밀을 보호하기 위해 막대한 비용이 지출되는 것을 요구하는 것은 아니다.

(c) Motorola, Inc. v. Fairchild Camera and Instrument Corp. et al. (Arizona 1973) 177 USPQ 614

1968년 원고 Motorola사는 피고 Fairchild사를 상대로 전직 고위임원 8명이 경쟁사인 피고회사에 전직하면서 영업비밀을 부당하게 제공한 혐의로 즉각 제소하였으나 원고패소 판결을 내렸다.

법원의 패소판결 요지를 살펴보면 다음과 같다.

① 종업원들과의 비밀유지계약은 체결하였으나 어떤 정보가 비밀로 유지되어야 한다는 것을 명시하지 않았으며
② 원고가 주장하는 대부분의 영업비밀이 이미 공개되었거나 특허가 되어 있을 뿐만 아니라 복제공법과 문헌을 통해 쉽게 파악될 수 있는 것이며
③ 해당제품의 생산라인이 정기적으로 외부 방문객에게 공개되었다.

따라서 원고가 영업비밀의 보호를 위해 합리적인 조치를 취하지 않는 등 비밀유지의무를 소홀히 하였으므로 이러한 종류의 비밀누설은 부당한 침해가 될 수 없다고 판시하였다.

(d) Tubular Threding, Inc. v. Scandaliato (Louisiana Court of Appeals 1983) 443 So. 2d 712

원고 Scandaliato사는 원고의 영업비밀을 이용하여 유전용 파이프 시스템을 제조, 납품하고 있는 피고 Tubular Threding사에 대해 자사의 시스템을 제3자를 위해 설계, 제조하고 있다고 의심하여 사용금지신청을 하였다.

법원은 다음과 같은 사실로 미루어보아 비밀관리가 적절하다고 인정하였다.

① 피고의 플랜트는 일반에게는 공개되지 않았고 울타리가 잘 처진 상태에 놓여 있었으며
② 피고의 시스템은 정열용 콘베어 이외에는 금속프레임의 건물 속에 있었고
③ 시스템 가동을 본 사람도 있었지만 이들은 고객, 잠재적 고객 또는 부품을 다루는 근로자들이다.

(e) Gordon Employment, Inc. et al. v. Jewell Steiner et al. (Minnesota 1984) 356 N. W. 2d 738

원고 Gordon Employment사는 피고의 전직종업원 Jewell과 Steiner를 상대로 임시고용 알선업상에 영업비밀인 임시 고용처 및 희망처에 대한 정보의 부

정취득 및 영업방해 등을 이유로 손해배상 및 변호사비용 지급을 청구하였다.

법원은 다음과 같은 이유로 보유자가 비밀유지에 합리적인 노력을 하였다는 것을 인정하지 않았다.

① 그 정보는 열쇠가 없는 파일에 보관되어 있었다.

② 비밀 표시도 되어 있지 않았다.

③ 문서화된 비밀에 관한 사업방침도 없었다.

④ 노사간에 비밀에 관한 어떤 협의된 사실도 없었다.

(f) E. I. Du Pont de Numooours and Co. Inc. v. Christopher et al. (5th Circuit court of Appeals 1973) 166 USPQ 422

원고 Du Pont사는 피고 사진작가 형제가 신원불명자의 의뢰에 의하여 1969년 3월 19일 건설 중인 공장을 항공 촬영한 후 사진을 의뢰자에게 보낸 사건에 대하여 다음과 같은 이유로 손해배상청구와 사진의 유통금지를 인정하였다.

① 신뢰관계 위반이나 사기 등의 위법행위는 영업비밀보호를 위한 요소이지만 비밀보호가 이들의 경우에만 한정된 것은 아니다.

② 경쟁자가 복제공법에 의해 공정을 독자적으로 발견하거나 독자적인 개발에 의해 발견하는 경우에는 영업비밀의 보호대상이 되지 않지만 시간이나 돈을 들여 독자적으로 발견하지 않고 공정의 지식을 획득하는 것은 부정한 것이다.

③ 비밀보호를 위해 보통의 울타리나 지붕을 만들지 않으면 아니 되겠지만 예측하기 어렵고 방어 불가능한 스파이를 차단할 것을 요구할 수는 없다.

④ 따라서 Du Pont사에 대해 미완성의 공장 지붕을 덮을 것을 요구하는 것은 거액의 자본을 요구하는 것이다.

(g) Q-Co Industrial, Inc. v. Hoffman et al. (New York 1985) 228 USPQ 554

원고 Q-Co Industrial사는 자사를 퇴직하여 비슷한 업무를 하는 Computer Prompting사를 설립하여 판촉활동을 개시한 피고 Hofman을 상대로 프로그램 저작권에 입각하여 원고용지가 화면에 비추어지는 퍼스컴용 프로그램과 유사한 프로그램의 판매를 금지하는 판매금지 가처분신청을 법원에 냈다. 그러나 가처분신청은 기각되었으나 영업비밀보호대상으로는 인정되었다.

법원은 다음과 같은 이유로 비밀관리가 적절하다고 인정하였다.

① 원고의 프로그램의 소스 코드(Source code)는 외부에서 접근할 수 없다.

② 원고의 프로그램이 시판은 되고 있으나 구입자가 프로그램을 변경하여 소스코드에 접근할 수 없도록 보호되고 있다.

③ 오픈 쇽 코드(Open Shock Code)는 일반적으로 알려져 있지만 그 내용은 전문가조차 이해할 수 없다.

(h) Defiance Button Machine Company v. C&C Metal Products Corporation (2nd Circuit of Appeals 1985) 225 USPQ 797

DBMC사의 자산(기계, 사무기기, 컴퓨터, 도구 등)을 C&C사에 30만 달러로 매각하였는데, 이때 상표, 상호, 고객명부는 매각하지 않았다.

DBMC사의 고객명부를 포함한 고객파일은 매각된 컴퓨터 파일 안에 포함되어 있었고, 텍스트는 컴퓨터가 DBMC사의 사옥에 운반되기 전, DBMC사의 건물 금고에 보관되어 있었다. C&C사의 사원은 DBMC사의 허락 하에 구입한 자산을 운반하기 위해 DBMC사의 사옥으로 들어가 DBMC사의 전 컴퓨터 오퍼레이터에게 부탁하여 컴퓨터에 저장된 고객 리스트를 프린트할 수 있었다.

이에 DBMC사는 C&C사에 영업행위의 금지 및 손해배상을 청구하였지만, 법원은 다음과 같은 이유로 DBMC의 패소를 판결하였다.

'고객명부는 보관자가 비밀성을 유지하고 있는 한 보호될 수 있지만 부주의나 사고에 의해서 일단 공개되면 영업비밀성은 상실되고, 따라서 보호받을 수 없다. DBMC사는 C&C에 명부를 공개할 의사가 없었으며 또한 열쇠를 채운 건물 안에 텍스트를 잘 보관하고 있었다고 주장하지만, C&C사에 매각한 컴퓨터의 메모리 안에 방치해 두어, 이를 통해 쉽게 고객명부를 알 수 있게 해 주었다. 따라서 메모리를 지우지 않는 이상, 그 정보의 소유권은 C&C사로 이전된다. 따라서 C&C사가 부정한 수단, 즉 전사원에게 돈을 주고 컴퓨터로부터 리스트를 인출하였다고 해도, C&C사에는 영업비밀을 사용한 책임은 발생하지 않는다.'

(3) 일본의 판례[21)]

일본의 부정경쟁방지법은 영업비밀을 '비밀로 관리되고 있는 생산방법, 판매방법 기타 사업 활동에 유용한 기술상 또는 영업상의 정보로서, 공연히 알려져 있지 아니한 것'으로 정의하고 있다(동 법 제2조 제6항). 이는 우리나라의 '공연히 알려져 있지 아니하고 독립된 경제적 가치를 가지는 것으로서 상당한 노력에 의하여 비밀로 유지된 생산방법, 판매방법 기타 영업활동에 유용한 기술상 또는 경영상의 정보'(부정경쟁방지 및 영업비밀보호에 관한 법률 제2조 제2호) 라는 정의와 상당히 유사한 내용이며, '비밀로 관리되고 있는'과 '상당한 노력에 의하여 비밀로 유지된'은 '비밀관리성'이라는 유사한 내용의 요건이라 해석된다. 따라서 일본의 판례에 있어서 어떤 규모의 기업이 어떤 종류의 영업비밀에 관하여 어떤 수준의 관리를 요구하고 있는가를 살펴보는 일은 우리나라 법이 요구하는 영업비밀의 비밀관리성의 구체적 내용을 파악하기 위해 매우 유익하다고 할 수 있다.

(a) 동경지방법원 1999. 7. 23. 판례시보 1694호 138항

미술공예품 판매회사가 미술공예품의 카탈로그를 송부하여 상품을 판매하기 위한 고객명부를 회사의 컴퓨터내의 데이터베이스로서 관리하였으며 그 관리체제가 엄중했다고 하여 비밀관리성을 인정하였다.

---

21) 오사나이 켄, 「기업비밀보호의 이론과 실무」, 민사법연구회, 2010, 142면 이하.

① 고객정보를 사내의 전용컴퓨터 내의 데이터베이스로 저장하고 동사의 전 임원, 종업원에 대하여 각각 개별적으로 패스워드를 부여하고(매월 갱신), 위 패스워드를 사용하지 않는 한 본 고객정보를 꺼내는 것이 불가능하고, 제3자가 이를 꺼낼 수 있는 여지가 없도록 하고 있는 점
② 컴퓨터의 디스플레이로 표시할 때에는 각 부문이 필요로 하는 필요최소한의 고객정보를 표시하도록 하는 시스템을 채용하고 있는 점
③ 고객정보를 출력하여 종이에 인쇄할 시에는 고객 선택 의뢰서의 용지에 필요사항을 기입하고 판매 담당임원 및 정보 관리실 담당임원의 결재를 받도록 한 후에, 정보관리실의 조작 담당자에게 작업을 의뢰하도록 하고 있는 점, 출력의 조작 수순을 아는 자는 3명으로 제한하고 다른 자가 상기 임원들의 결재 없이 본 고객정보를 출력하는 것이 불가능하도록 하고 있는 점
④ 인쇄된 고객명부에 대해서는 사용 후 파쇄기 등을 이용하여 처분하는 것을 원칙으로 하고, 보존하는 경우에는 시건장치가 있는 보관실에 보관하며, 7년 경과 후에 종업원이 입회하여 전문 업자에게 소각을 의뢰하도록 하고 있는 점
⑤ 인쇄된 고객명부를 외부에 반출할 시에는 고객명부 사외반출허가서의 용지에 필요한 사항을 기입하여 사장의 결재를 받도록 하고 있는 점
⑥ 취업규칙에 있어서 사원은 회사가 지시한 비밀사항이 자신의 담당인가와 관계없이 일절 외부에 누설해서는 아니 되고 증인 등으로 비밀사항을 발표해야 하는 상황에는 회사의 허가를 받도록 하는 규정을 두고 있는 점

(b) 동경지방법원 2004. 4. 13. 판례시보 1862호 168항

이벤트의 기획 제작회사(사장과 3명의 종업원)의 고객 리스트, 현장에 파견하는 등록된 아르바이트 요원의 리스트 및 견적서 등의 데이터가 컴퓨터 안에 보관되어 있었으나, 퇴사한 종업원과 아르바이트 요원이 함께 별개 회사를 설립하여 위 종업원이 컴퓨터와 휴대전화 안에 보관하고 있던 고객리스트를 사

용하여 경업한 사건에 관하여, 다음의 이유로 비밀관리성을 부정하였다

① 컴퓨터에 보존되어 있던 데이터는 종업원 전원이 열람 가능하였던 점
② 컴퓨터에 패스워드가 설정되어 있지 않았던 점
③ 인쇄한 고객리스트를 전 종업원에게 배부하고 사후에 회수하지 않았던 점
④ 인쇄한 고객리스트를 종업원이 책상 서랍에 보관하고 가방에 넣어 두었던 점
⑤ 고객리스트를 종업원 소유의 컴퓨터와 휴대전화에 보유하는 것을 허락하였던 점
⑥ 파일의 표지에 '사외비'라는 문구를 기재하였으나 당해 파일이 보관되어 있는 책장에는 시건장치가 없으며 접근자를 제한하지 않았던 점
⑦ 종업원 각자가 소유하는 컴퓨터에 의해 본 정보를 작성하고 있었으나 그 정보를 즉시 소거시키는 등의 조치를 취하지 않았던 점
⑧ 종업원에게 비밀을 유지시키기 위한 취업규칙이나 서약서 등을 작성하지 않았던 점

(c) 동경지방법원 2005. 2. 25. 판례시보 1897호 98항

약국이 그 원재료 조달과 재고 관리에 사용하는 약품리스트를 컴퓨터에 보존하여 관리하고 있었으나 약제사이던 퇴직 종업원이 다른 종업원을 헤드헌팅하여 약국에서 사용되고 있던 약품리스트를 사용하여 근처에 약국을 개설하고 경업한 사건에 관하여 다음과 같은 이유로 비밀관리성을 부정하였다.

① 약품리스트를 데이터로서 보관하고 있던 컴퓨터에 본사 및 당해 약국의 모든 컴퓨터로부터 접근이 가능한 상태였던 점
② 접근 시 필요한 패스워드 설정이 없었던 점
③ 데이터의 복제나 인쇄가 금지되어 있지 않았던 점
④ 취업규칙은 있었으나 대상이 되는 영업비밀을 구체적으로 정하고 있지 않았던 점
⑤ 서약서에도 취업규칙을 준수한다는 문언은 있으나 본 약품리스트에

관한 기재는 없었던 점

(d) 오사카지방법원 2007. 5. 24. 판례시보 1999호 129항

수문개폐장치의 감속기를 제조 판매하는 회사가 그 감속기를 구성하는 각 부품의 도면 중 수작업한 도면을 스캐너를 이용해 전자 정보화하여 기술부 설계과의 서버에 보존하였으나 영업담당의 직원도 각자의 컴퓨터로부터 자유롭게 접근해 열람할 수 있었던 점, CAD도면은 종이매체와 전자데이터의 두 가지로 보존하고 있었으나 종이매체는 봉투에 넣어 시건장치가 없는 책장에 보관하고 설계과의 직원뿐만 아니라 타부서의 직원도 열람 및 복사가 가능했던 점, 전자데이터는 서버에 보존되어 기술과의 직원 전원과 특정한 영업과의 직원도 자유롭게 접속이 가능했던 점, 도면에 영업비밀이라는 표시가 없었으며 내부에서도 관리상의 주의가 이루어진 적이 없는 관리체제였다는 점을 고려하여도, 퇴직 종업원이 내부자이며 기술부 설계과장으로서 영업비밀의 비밀관리성을 인식할 수 있는 부정이용행위자였던 점 및 사외의 고객에 대해 비밀로서 취급하고 있던 점을 중시하여, 다음과 같은 이유로 비밀관리성을 인정하였다.

① 부품도는 고객이 원할 시에도 당연히 배부하는 것이 아니라 제품의 클레임 대응 등을 위해 고객이 원할 시에 설계과의 책임자인 피고의 양해를 얻도록 되어 있었으므로 부품도를 비밀로 취급한다는 것을 사내에서 인식할 수 있는 조치를 취하고 있었다고 할 수 있는 점

② 고객에 부품도를 교부할 시에는 특단의 비밀보호조치를 취하지 않았으나, 교부를 받은 고객(수문 제조업체)이 자사가 시공・납입한 제품에 사용된 부품의 도면을 다른 곳에 공개하는 것은 생각하기 어려운 점

③ 고객과의 관계에서 비밀보호조치를 취하지 않았다 하더라도 퇴직 종업원이 비밀관리성을 인식하지 못했다고는 할 수 없는 점

(e) 나고야지방법원 2008. 3. 13. 판례시보 2030호 107항

알루미늄 다이캐스트제품 취출 로봇 시스템의 전국 1위의 점유율을 갖는 메이커의 프라이스리스트와 설계도를 동 메이커에서 구조를 최초에 고안하고

이를 설계부에 지시하여 제품화한 퇴직 종업원인 피고가 경쟁사에 협력하기 위해 퇴직하여 별개의 회사를 설립하고 퇴직 직전에 프라이스리스트와 설계도를 복사·반출한 사건에서 다음과 같은 이유로 비밀관리성을 인정하였다.

① 컴퓨터상의 데이터로서 관리하고 있던 프라이스리스트는 종업원 중에서도 조달부나 영업부 등의 한정된 인원만이 접근 가능하였던 점

② 접근 시에는 패스워드가 필요했던 점

③ 인쇄 시에는 부문 책임자의 허가가 필요했던 점

④ 프라이스리스트의 외부 제시나 반출이 허락되어 있다고 볼 만한 사정이 존재하지 않는 것

⑤ 이상의 관리체제라면 패스워드를 변경하지 않고, 컴퓨터상에 패스워드를 기재한 포스트잇 등을 붙여둔 자가 존재했으며, 인쇄물에 '사외비' 등의 표시가 없었다 하더라도, 종업원이 당해 정보가 영업비밀임을 객관적으로 인식할 수 있었다고 할 수 있는 점

⑥ 설계도의 원화는 설계실 안의 캐비닛에 보관되어 설계부문의 종업원은 자유롭게 설계실에서 반출할 수 있으나 그 외의 종업원은 반출시 관리대장에 기록해야 했던 점

⑦ 컴퓨터의 서버에 보관되어 있던 설계도 등에 접속할 수 있는 자는 기술부문의 종업원에 한정되어 있던 점

⑧ 설계원본의 복제본을 교부하는 외주업체·거래처의 일부와 '비밀보호에 관한 각서'를 작성하였던 점

⑨ '이상의 관리체제라면 위 설계도 등에 접근한 종업원은 당해정보가 영업비밀이라는 것을 객관적으로 인식 가능하다고 볼 수 있다. 따라서 거래처에 교부된 취급설명서에 설계도 등과 동등한 서류가 첨부되어 단골 거래처에게도 동 취급설명서를 비밀로 하도록 전하거나 비밀유지의무계약 등을 체결하지는 아니하였으나 이로부터 거래처나 매입처에 대한 설계도 등을 제공한 목적 외의 사용을 허락한 것이라고는 할 수 없다. 거래처나 매입처에 대해 요구되는 정보관리가 그 정도로 약한 것이라 인식되어질 수 있다 하더라도 상기 설계도 등에 접근하는

종업원에 있어서 설계도 등이 영업비밀이며 자기 또는 제3자를 위해 유용해서는 아니 된다는 인식 또는 인식 가능성은 상실되지 않는다.'

(f) 동경지방법원 2008. 11. 26. 판례시보 2040호 126항

레코드나 CD 등의 인터넷 통신 판매업을 하고 있는 회사의 매입처정보를 퇴직 후에 경업회사에 취직하여 이용한 사건에서 다음과 같은 이유로 비밀관리성을 부정하였다.

① 매입처정보는 서버 안에 파일의 형태로 보관되어 아르바이트를 포함한 종업원 전원이 ID와 패스워드로 접근 가능했던 점

② 파일 자체에 정보누설을 방지하기 위한 보호수단이 실시되지 않았던 점

③ 종업원과의 사이에서 체결된 비밀보호의무계약도 그 대상이 추상적이며 본 매입처정보가 명시되어 있지 않았던 점

④ 매입처 정보의 내용이 많은 부분 인터넷을 통해 일반적으로 입수할 수 있는 내용을 정리한 것으로서, 종업원에게 있어 이것이 외부로 유출되는 것이 허락되지 않는 영업비밀이라고 인식할 수 있는 상황이라 할 수 없던 점

제3절 경제적 유용성

1. 서 론

영업비밀은 '독립된 경제적 가치를 가지는 것'(부정경쟁방지 및 영업비밀보호에 관한 법률 제2조 제2항), 즉 당해 정보가 보유자의 생산, 판매방법 기타 영업활동에 있어서 경제적으로 유용한 가치를 가지고 있다는 경제적 유용성을 요건으로 한다. '독립된 경제적 가치를 가진다'는 것은 그 정보의 보유자가 그 정보의 사용을 통해 경쟁자에 대하여 경쟁상의 이익을 얻을 수 있거나 또는 그 정보의 취득이나 개발을 위해 상당한 비용이나 노력이 필요하다는 것을 말

한다.[22)]

이는 영업비밀의 보유자가 당해 정보의 사용으로 인하여 경쟁자에 대한 경제적인 이익을 얻을 수 있거나, 당해 정보의 취득 또는 개발을 위해 경쟁자가 상당한 비용이나 노력을 기울여야 하는 경우를 말하며, 현실적으로 당해 정보가 경쟁자를 따돌리는 데 이용되고 있지 않더라도, 그러한 가능성을 내재하고 있는 잠재적으로 유용한 정보도 경쟁자에 대하여 경쟁상 우위를 차지하게 하는 정보로서 그 가치가 인정된다. 예를 들어 다음에 살펴보는 소극적 정보의 일종인 과거에 실패한 연구데이터도, 장기간 특정기술의 연구에 막대한 투자를 한 결과 당해 기술의 실현불가능이 판단된 정보는 경쟁자에게 중대한 경제적 가치가 있을 수 있으므로 경제적 유용성이 인정된다.

한편, 경쟁자가 간단히 다른 곳에서 입수할 수 있는 정보나 동종 업계 종사자라면 통상의 지식과 창의력으로 고안할 수 있는 정보는 경쟁자에 대하여 경쟁상 우위를 차지하게 하는 정보라고 할 수 없으므로, 경제적 유용성은 인정되지 않는다.

또한 특허와 같은 신규성이 있어야 되거나, 그 자체만으로 내재적인 실질적 가치를 가질 필요는 없으나, 이미 동종업계에 알려진 정보와 비교하여 그로 인하여 다른 사람에 비하여 경쟁적 우위를 확보할 수 있는 정도의 중요성을 지니고 있어야 한다. 따라서 단순한 아이디어나 구상단계에 머무르는 것과 같이 실현가능성이 너무 희박하거나 지나치게 추상적인 정보는 유용성을 결한 것으로 보아야 한다.

경제적 유용성은 영업비밀이 인정되는 요건, 즉 법률적인 보호가 필요한 정보를 선별하는 기능을 가지고 있으므로, 그 판단은 보유자의 주관이 아니라 동종업계의 통상의 사업자의 객관적인 판단을 기준으로 하여야 한다. 따라서 보유자가 경제적 유용성을 느끼지 않는 정보라고 하더라도 객관적으로 유용성이 인정되면 영업비밀로서 보호될 수 있다.

실제 소송에서 당해 정보가 경제적 유용성이 있는지 여부는 동종업계에

22) 대법원 2008. 2. 15. 선고 2005도6223 판결.

관한 전문적인 지식이 필요한 어려운 판단이지만, 보유자가 당해정보를 개발하는 데 많은 시간, 노력, 비용 등을 투자했다는 사실은 경제적 유용성을 추측하게 하는 강력한 간접사실이 될 수 있다.

우리나라 법원도, '① 이 사건 다심관 생산 공정은 이미 업계에 공연히 알려져 있는 사실이고, 각 공정의 생산기계는 전문제조업체의 납품을 받아 당해 공장 구조에 맞게 배치하는 것일 뿐이므로 기계 배치 도면의 비공지성·경제적 유용성을 인정하기 어려운 점, ② 주식회사 ●●(이하 '●●'이라고 한다)의 일일생산량과 월생산량은 이를 비밀로 유지·관리하는 노력을 하는 정보로 보기 어렵고 관련 업체들 역시 여러 매체를 통한 회사 소공개 자사의 생산량을 소개하고 있는 사실에 비추어 그 자체가 정보 취득을 위한 상당한 노력이나 비용을 필요로 하는 경제적 유용성을 가진다고 보기 어려운 점, ③ 다심관 생산설비 중 일부인 권취기와 파이프 보관틀은 기계업자들이 용이하게 그 제작·개선을 할 수 있는 단순한 구조의 설비로서 그 제작방법이 비공지성을 지닌 기술이 아니며, 가사 ●●이 작업 편의를 위해 위 설비에 일부 개선을 하였더라도 그 정보의 취득이나 개발을 위하여 상당한 비용이 든 것으로는 보이지 않아 경제적 유용성을 인정하기 어려운 점'[23] 등에서 경제적 유용성을 판단하고 있으며, 이는 정보의 접근 가능성, 정보 취득을 위한 상당한 노력이나 비용 등을 판단요소로 고려하고 있음을 보여준다.

한편, 경제적 가치가 아무리 크다고 할지라도 사회적 타당성을 구비하지 못한 정보라면 영업비밀로서 법에 의해 보호할 필요성이 인정되지 않으므로, 비자금 생산 및 관리방법, 탈세방법, 공해물질의 배출방법 등의 반사회적인 정보는 보유자에게 경제적 이득을 가져오더라도 경제적 유용성은 인정되지 않는다.

---

23) 대법원 2003. 1. 24. 선고 2001도4331 판결.

2. 경제적 유용성이 문제가 되는 경우

(1) 소극적 정보(Negative Information)

소극적 정보라 함은 그 자체로 직접 경영 등에 사용되는 정보는 아니나, 그와 같은 기술 등은 사용이 불가능하다거나 가치가 없다는 등의 소극적 의미로써 경영의 효율을 높일 수 있는 정보를 말한다.

그 대표적인 예로는 실패한 실험의 데이터 등이 있으며, 실패한 자료를 비밀로 관리하지 않을 경우 경쟁사가 이를 입수하여 사용할 때에는 동일한 실패를 하지 않아도 되고 그 자료를 기초로 하여 빠른 시일 내에 개발을 할 수 있어 연구개발비, 시간 등을 절약할 수 있는 점에서 경제적 유용성이 인정된다.

(2) 반사회적인 정보

경영자의 여성문제 등의 스캔들은, 외부로 공개되면 기업의 이미지에 커다란 타격을 주는 등 경제적 손실이 발생할 수 있으므로, 기업 입장에서는 외부에 공개하고 싶지 않으며 경제적인 중요성이 인정되는 정보라 할 수 있다. 그러나 기업의 활동에 있어서 경제적 가치를 올려주는 정보라 할 수는 없으므로, 영업비밀의 요건으로서 요구되는 경제적 유용성은 인정되지 않는다.

또한 기업이 탈세를 하고 있다든가, 공해물질을 흘려보내고 있다는 등의 정보도 기업으로서는 외부에 공개하고 싶지 않은 비밀정보일 수도 있다. 그러나 이러한 행위는 사회적인 타당성이 인정되지 않는 행위이므로, 법에 의해 보호받을 수 있는 경제적 가치가 인정되지 않는다.

따라서 원칙적으로 위와 같은 반사회적 정보는 법적으로 보호할 만한 정당한 가치 즉 경제적 유용성이 인정되지 않으며, 영업비밀에 해당하지 않는다.

단, 반사회적 성질과 영업활동에 유용한 성질이 병존하는 경우에는 영업비밀에 해당될 여지가 있다. 예를 들어 새로운 약품의 부작용에 관한 정보는 인체에 불리한 영향을 미치는 것을 내용으로 하는 정보라는 점에서는 반사회적이지만, 그와 동시에 그 정보가 다른 경쟁업체에 들어갈 경우 유사한 약품의 부작용 방지에 도움이 될 수 있으므로 경제적 유용성이 인정될 여지가 있다. 이러한 정보는 반사회성으로 인하여 원칙적으로 경제적 유용성이 인정되지 않아야 하나, 그 부작용이 인체에 미치는 영향이 미미하여 무시할 수 있을 정도인 반면 다른 경쟁업체에서는 부작용에 관한 정보를 광범위하게 활용하여 큰 경제적 이득을 볼 수 있는 경우에는 법적으로 보호할 만한 정당한 가치가 존재한다고 볼 수 있다. 따라서 이와 같은 경우에는 경제적 유용성이 인정되어 영업비밀로서 보호받을 수 있게 된다.

3. 경제적 유용성의 판단시점 및 입증책임

해당 정보가 경제적 유용성이 있는지 여부를 판단하는 기준시점은 비공지성이나 비밀관리성의 판단과 마찬가지로 부정경쟁방지법 제11조에 의한 손해배상청구에 있어서는 부정행위가 행해진 시점, 동 법 제10조에 의한 금지청구에 있어서는 사실심 변론종결시로 해석된다. 이에 대한 입증책임도 영업비밀임을 주장하는 보유자에게 있는 것은 비공지성이나 비밀관리성과 같으나, 경제적 유용성은 해당 정보가 영업활동에 사용되고 있을 때뿐만 아니라 앞으로 사용될 가능성이 있거나 경쟁업체가 이를 입수함으로써 어느 정도의 경제적 이익이 기대되는 잠재적 유용성으로 충분하므로, 다른 요건에 비해 입증에 특별한 어려움은 없는 경우가 많다.

4. 관련 판례

(1) 우리나라의 판례

(a) 대법원 1996. 12. 23. 선고 96다16605 판결

'필기구 제조업체에 있어서 잉크제조의 원료가 되는 10여 가지의 화학약품의 종류, 제품 및 색깔에 따른 약품들의 조성비율과 조성방법에 관한 기술정보는 가장 중요한 경영요소 중의 하나로서, 그 기술정보가 짧게는 2년, 길게는 32년의 시간과 많은 인적, 물적 시설을 투입하여 연구·개발한 것이고, 생

산 제품 중의 90% 이상의 제품에 사용하는 것으로서 실질적으로 그 기술정보 보유업체의 영업의 핵심적 요소로서 독립한 경제적 가치가 있다.'

(b) 대법원 2003. 1. 24. 선고 2001도4331 판결

'① 이 사건 다심관 생산 공정은 이미 업계에 공연히 알려져 있는 사실이고, 각 공정의 생산기계는 전문제조업체의 납품을 받아 당해 공장 구조에 맞게 배치하는 것일 뿐이므로 기계 배치 도면의 비공지성 · 경제적 유용성을 인정하기 어려운 점, ② 주식회사 대△(이하 '대△'이라고 한다)의 일일 생산량과 월생산량은 이를 비밀로 유지 · 관리하는 노력을 하는 정보로 보기 어렵고 관련 업체들 역시 여러 매체를 통한 회사 소공개 자사의 생산량을 소개하고 있는 사실에 비추어 그 자체가 정보 취득을 위한 상당한 노력이나 비용을 필요로 하는 경제적 유용성을 가진다고 보기 어려운 점, ③ 다심관 생산설비 중 일부인 권취기와 파이프 보관 틀은 기계업자들이 용이하게 그 제작 · 개선을 할 수 있는 단순한 구조의 설비로서 그 제작방법이 비공지성을 지닌 기술이 아니며, 가사 대△이 작업 편의를 위해 위 설비에 일부 개선을 하였더라도 그 정보의 취득이나 개발을 위하여 상당한 비용이 든 것으로는 보이지 않아 경제적 유용성을 인정하기 어려운 점, ④ 대△이 피고인 1 등 다심관 생산에 종사하는 직원들을 대상으로 공장의 기계 배치, 생산량, 부품의 규격 등을 포함하여 그 생산 공정에 대한 비밀을 유지하도록 하는 계약 · 각서 · 취업규칙을 작성하거나 이에 대한 보안교육을 시키는 등으로 생산 공정을 비밀로 유지하기 위한 관리 노력을 행한 적이 없는 점, ⑤ 대△의 관리부 차장인 이□우는 이 사건 관련 민사소송 및 이 사건에서 다심관 생산설비 등에 관한 영업상의 비밀이 없다는 취지로 증언하고 있는 점, ⑥ 다심관은 국내의 생산 · 공급에 비하여 그 수요가 한정되어 있어 대△으로서는 새로운 경쟁업체인 주식회사 동◇정공의 시장 진입을 막기 위한 방편으로 이 사건 고소에 이른 것으로 보이는 점 등의 사정들을 종합하여 보면, 피고인 1이 피고인 2와 □□□에게 제공한 정보들은 부정경쟁방지 및 영업비밀보호에 관한 법률이 보호하는 영업비밀에 해당한다고 볼 수 없다'고 판시한 원심을 지지하였다.

(c) 대법원 2005. 9. 15. 선고 2004도6576 판결

'피고인 3, 4가 피고인 1에게 송부하였던 회로설계도면에 담긴 온도보사 회로도를 비롯한 정보는, 그것이 씨에스티엔 엘씨엠(CSTN LCM) 제작의 핵심 또는 첨단기술에 해당하여 그 도면의 유출로 피해자 A회사의 기술경쟁력에 엄청난 위해를 가져온다고 단정할 수는 없다고 하더라도, 외부로 유출될 경우 경쟁사, 특히 후발 경쟁업체의 엔지니어로서는 같은 종류의 씨에스티엔 엘씨엠을 개발, 제조하는 데에 참고할 만한 가치가 있는 유용한 정보라고 보는 것이 상당하다. 그리고 피해 회사로서는 회로설계도면을 포함한 씨에스티엔 엘씨엠을 개발하기 위하여 상당한 시간과 비용을 들였으며, 피고인 3, 4로부터 비밀보호서약서를 받았다. 그리고 반출증 제도와 산업보안 관리규정을 시행하면서 비밀보호를 위한 상당한 노력을 기울이고 있었으며, 만약 유출될 경우 적어도 경쟁사가 동종 품목을 개발함에 있어 시행착오를 줄일 수 있어 시간을 단축하는 등에 기여할 만한 정보였음을 충분히 인정할 수 있으므로, 결국 회로설계도면에 담긴 정보는 영업비밀에 해당한다.'

(d) 대법원 2008. 2. 15. 선고 2005도6223 판결

'구 부정경쟁방지 및 영업비밀보호에 관한 법률(2004. 1. 20. 법률 제7095호로 개정되기 전의 것) 제2조 제2호의 영업비밀이란 일반적으로 알려져 있지 아니하고 독립된 경제적 가치를 가지며, 상당한 노력에 의하여 비밀로 유지·관리된 생산방법, 판매방법 기타 영업활동에 유용한 기술상 또는 경영상의 정보를 말하고, 이때 정보가 '독립된 경제적 가치를 가진다'는 의미는, 그 정보의 보유자가 그 정보의 사용을 통해 경쟁자에 대하여 경쟁상의 이익을 얻을 수 있거나 또는 그 정보의 취득이나 개발을 위해 상당한 비용이나 노력이 필요하다는 것인바, 어떠한 정보가 위와 같은 요건을 모두 갖추었다면, 위 정보가 바로 영업활동에 이용될 수 있을 정도의 완성된 단계에 이르지 못하였거나, 실제 제3자에게 아무런 도움을 준 바 없거나, 누구나 시제품만 있으면 실험을 통하여 알아낼 수 있는 정보라고 하더라도, 위 정보를 영업비밀로 보는 데 장애가 되는 것은 아니다. 사원이 회사를 퇴사하면서 부품과 원료의 배합비율과 제조공

정을 기술한 자료와 회사가 시제품의 품질을 확인하거나 제조기술 향상을 위한 각종 실험을 통하여 나타난 결과를 기재한 자료를 가져간 경우 이는 절도에 해당하고, 위 자료는 구 부정경쟁방지 및 영업비밀보호에 관한 법률(2004. 1. 20, 법률 제7095호로 개정되기 전의 것)에 정한 영업비밀에 해당한다.'

(e) 대법원 2008. 7. 10. 선고 2006도8278 판결

'''납품가격, 아웃소싱 구매가격, 물류비 등 가격산정에 관한 제반자료'에 관하여 보건대, 피고인이 ○○○을 퇴직한 후 ○○○이 △△△에 납품한 바 있는 제품과 일부 유사한 제품을 ○○○의 △△△에 대한 납품가격보다 낮은 가격으로 △△△에 납품한 사실은 인정된다. 그러나 기록에 의하면, △△△는 납품업체와의 협상 과정에서 다른 경쟁업체가 제시한 납품가격을 알려주면서 가격을 맞추어 줄 것을 요구하거나 경쟁업체보다 낮은 가격으로 납품할 수 있는지를 확인하는 경우도 있어 경쟁업체 사이에서 타 회사의 납품가격은 많은 부분 알려져 있거나 예측이 가능하였던 사실, ○○○은 △△△에 납품하는 대부분의 제품을 국내 업체에 도급을 주어 생산하도록 한 반면, 피고인은 △△△에 납품하는 제품 전부를 인건비가 싼 중국 업체에 도급을 주어 생산하도록 하였기 때문에 ○○○보다 현저히 낮은 가격에 △△△에 납품할 수 있었던 사실을 알 수 있는바, 피고인이 ○○○처럼 국내 업체를 통해 △△△에 납품할 제품을 생산하였다면 ○○○의 △△△에 대한 납품가격, 아웃소싱 구매가격, 물류비 등을 알게 되는 경우 경쟁상의 이익을 얻을 수 있으므로 독립된 경제적 가치가 있다고 볼 수 있으나, 피고인이 ○○○과 달리 중국 업체를 이용하여 제품을 생산한 후 ○○○에 비해 현저히 낮은 가격으로 △△△에 납품을 한 이상 ○○○의 납품가격, 아웃소싱 구매가격, 물류비 등에 대한 정보가 피고인에게 있어 독립된 경제적 가치가 있다고 볼 수 없을 뿐만 아니라 ○○○의 △△△에 대한 납품가격의 대략적인 것은 동종 업계에 알려져 있기도 하므로 위와 같은 정보가 영업비밀에 해당한다고 볼 수 없다.'

(f) 대법원 2009. 4. 9. 선고 2006도9022 판결

'원심판결 별지 범죄일람표 순번 9 문서는 공소 외 2 주식회사가 개발한 휴대전화기용 미들웨어인 '임베디드 게임 기어(Embedded Game Gear)'의 설명문으로서 위 회사가 그 해외마케팅 대행사인 피해 회사에 거래처 배포용 등으로 제공한 것으로 보이는바, 위 문서는 그 내용 중 일부가 피해 회사의 웹사이트에 공개되어 있었고, 위 문서의 내용은 미들웨어에 관하여 기술적으로 중요한 정보가 기재되어 있거나 그 보유자가 경쟁상의 이익을 얻을 수 있는 정보를 담고 있다기보다는 미들웨어의 구성과 기능상의 특징에 관하여 간략히 개괄하고 있는 것에 불과하므로, 위 법리에 비추어 볼 때 위 문서는 공연히 알려져 있는 것이거나 독립된 경제적 가치를 가진다고 할 수 없는 것이어서 영업비밀에 해당하지 아니한다.'

(g) 대법원 2009. 10. 29. 선고 2007도6772 판결

'원심 판시 회로도 또는 회로도 파일, 레이아웃 도면 파일, 공정관련 설계자료 집 파일 및 양산관련 조립규격 파일 등은 비메모리 반도체집적회로의 설계 및 판매 전문회사인 공소 외 주식회사가 상당한 시간과 비용을 들여 연구개발한 것으로서 공소 외 주식회사의 영업에 있어 핵심적인 요소 중의 하나일 뿐만 아니라, 외부로 유출될 경우 경쟁사, 특히 후발경쟁업체가 동종 제△을 개발함에 있어 기간 단축의 효과를 가져올 수 있고, 그 내용이 일반적으로 알려지지 아니함은 물론 공소 외 주식회사가 이를 비밀로 관리해왔으므로, 위 기술정보들은 모두 공소 외 주식회사의 영업비밀에 해당한다.'

(2) 미국의 판례[24)]

(a) Religious Technology Center and Church of Scientology v. Wollersheim et al. 796 F.2d 1076 (1986. 3. 5. 제9순회구 연방항소법원)

법원은 UTSA(캘리포니아법 1985년 제정)d에 의한 청구에 대하여 '쟁점으로

---

24) 황의창 403면 이하.

된 문서(materials)는 종교상의 교전(religious scripture)이며, 이 주장은 캘리포니아법에서 규정하고 있는 보호 가능한 트레이드 시크리트의 요건인 '경제적 가치'에 위배한다. 트레이드 시크릿으로서 Restatement 757조 또는 캘리포니아법으로 보호되기에는 현실적으로나 잠재적으로 상업상의 우위성, 적어도 달러로 환산할 수 있는 것이 필요하다. 교회의 신도가 비신도에 대하여 당해 문서를 사용함으로써 얻어지는 종교상의 우의성에 의거한 트레이드 시크릿을 인정할 수는 없다. 위 Restatement 757조도 트레이드 시크릿을 자기의 사업에 사용되는 정보이며 당해 정보를 모르는 경쟁자에 대하여 우위성을 획득할 수 있는 것으로 정의하고 있다. 법원은 신문명교회가 원고보다도 실질적으로 낮은 가격으로 서비스를 제공하고 있는 점을 강조하고 있으나 원고는 당해 문서를 비밀로 함으로써 어떠한 경쟁 시장에 있어서의 우위성을 가지는가를 명확하게 하고 있지 않다. 신교회의 부정사용에 의한 원고의 손해는 종교상의 손해이다. 따라서 비밀문서의 가치는 정신적인 것으로 상업상의 것은 아니고 독립의 경제적 가치를 가지지 않는다'고 하여 원판결을 파기하고 원고의 청구를 기각하였다.

(b) Ruckelshaus v. Monsanto Co. 81 L. ed. 815

Monsanto의 상업정보가 Restatement 757조에 의한 영업비밀의 정의를 충족시키는 것으로 보아 Missouri주법하의 Property로 간주된다고 판시하였다. 영업비밀의 무체 재산적 성질 때문에 재산권으로서의 권리주장범위는 비밀소유자의 비밀이 타인에게 노출된 때로부터 상실하며, 재산권으로서의 영업비밀에 대한 일반적인 인식은 재산권이라는 토지나 유체물뿐만 아니라 그 이상으로 확대되는데 이는 개인의 '노력과 발명 · 고안'의 산물을 포함하는 것으로 보아 환경청 측의 Property로 인식된다고 판시하였다.

(c) Bristol v. Equitable Life Assur. Soc. Of United States(N.Y.Court of Appeals 1892) 30 N.E. 506,132 N.Y.264

보험가입의 권유를 촉진하는 유력한 선전에 대해 좋은 아이디어를 갖고 있던 사람이 그 아이디어를 보험회사에 제시하고 그 대가로 취직하기를 원했다. 그는 그 아이디어와 자신이 입사하고 싶다는 내용의 편지를 한 보험회사에 보내다. 이를 받아본 보험회사는 그 아이디어는 좋게 생각하였으나 입사는 원치 않아 편지를 돌려보냈다. 그 후 보험회사는 그 아이디어를 사용해 버렸다.

이를 안 그 제안자는 보험회사를 상대로 소송을 제기하였다.

법원은 1, 2심 모두 다음과 같은 이유로 원고제안자의 주장을 기각하였다.

'원고가 피고에 보낸 편지 중에 이 아이디어는 다른 회사에서 사용되고 있지 않음을 지적하고, 배타적 소유권자임을 주장하고 있지 않았다.'

기타 다른 이유로 '(1) 아이디어의 제시에 의해 대가를 얻을 목적이 있음을 상대방에게 분명하게 전달해야 한다. (2) 비밀의 보호, 사용대가의 약속이 없는 경우 보호의 대상이 될 수 없다'고도 판시하였다.

(d) Di Angels v. Scauzillo Ind.(Court of Appeals 1935) 194 N.E.206

피고 Liggett and Meyer Tobacco회사는 Chesterfield담배를 제조, 판매하고 있다. 1925년 12월 원고 Meyer는 담배판촉 선전 문구에 대해 좋은 아이디어가 있음을 편지에 적어 피고에게 보냈다. 이 아이디어는 두 신사가 서서 대화를 하는 장면에서 '담배 피우시겠습니까?'라고 물을 때, 나머지 한 사람은 '고맙습니다만 나는 Chesterfield를 피웁니다'라고 대답하는 것이었다. 원고는 이 아이디어를 보내면서 적정한 대가를 청구할 만한 가치가 있다고 생각한다고 적었다.

그 후 피고회사는 1928년 7월 이 아이디어를 채택한 광고를 미국, 캐나다 등지의 잡지에 게재하였다. 이 광고는 골프장에서 한 사람이 Chesterfield담배를 들고 '나는 Chesterfield만을 피우고 있습니다'라고 말하는 장면을 그린 그림이었다. 원고는 피고에 대해 아이디어의 적정한 대가로 2만 5천 달러를 청구하는 소송을 제기하였다.

피고는 그 광고가 원고로부터 제시된 아이디어를 사용한 것이 아니고 독자적으로 개발한 것임을 주장하였으나 법원은 이를 인정하지 아니하고 원고가 피고에게 보낸 아이디어가 상품으로서 가치가 있음을 인정하였다. 이 사건은 피고가 원고로부터 편지를 받고 곧바로 뜯어보았기 때문에 발생한 것으로 현재 많은 미국회사들이 이러한 결과를 피하기 위해 아이디어를 심사하고 채택하기 전에 회사는 어떠한 책임도 없음을 아이디어 제공자에게 승낙 받은 후 개봉하고 있다.

(3) 일본의 판례

(a) 동경지방법원 2005. 2. 25. 판례시보 1897호 98항

약국을 경영하는 회사가 그 매입과 재고관리에 사용하는 약품리스트에 관하여 다음과 같은 이유로 유용성이 부정되었다.

① 본 약품리스트 중 그 대부분을 차지하는 N병원의 처방전 리스트에 관해서는 동 병원에 문의함으로써 동 병원으로부터 제공받을 수 있는 정보이다.

② 일반적으로 의료기관에 있어서 스스로 처방하고 있는 약품을 비밀로 할 이유가 없으며 근린의 약국에 대하여 스스로 처방하는 약품리스트를 공개하는 편이 유익하다.

(b) 나고야지방법원 2008. 3. 13. 판례시보 2030호 107항

알루미늄 다이캐스트제품 취출 로봇 시스템의 전국 1위의 점유율을 갖는 메이커의 프라이스리스트와 설계도를 복제 반출하여 경업한 사건에서 다음과 같은 이유로 프라이스리스트의 유용성을 인정하였다.

본 프라이스리스트는 동업 타사가 본건의 각 제품번호의 로봇 시스템과 동종의 로봇 시스템을 설계, 제조함에 있어서 그 범용부품 및 매입처, 외주부품의 외주처를 선택할 시 또는 당해 매출처 및 외주처와 가격 교섭을 할 시 유용한 정보이다.

(c) 오사카지방법원 2008. 11. 4. 판례시보 2041호 132항

발열 시멘트체에 관한 기술정보를 가진 회사의 종업원으로부터 부정하게 공개를 받고 이를 이용하여 융설기와 및 융설 보도판을 제작·판매한 경업회사에 대하여 부정경쟁방지법 제2조 제1항 제8호에 의한 금지 및 손해배상을 청구한 사항에서 다음의 이유로 유용성이 부정되었다.

탄소를 융합하는 경우 치우침 없이 균일하게 혼합한다는 것은 동종업계 종사자라면 통상의 창의력과 노력의 범위 안에서 적절히 선택 및 설계를 하는 설계사항에 지나지 않으므로 유용성이 있다고 할 수 없다.

제 4 장

영업비밀 침해행위

제1절 총 론

부정경쟁방지 및 영업비밀보호에 관한 법률 제2조 제3호는 영업비밀 침해행위를 다음의 6가지 유형으로 나누어 한정적으로 열거하고 있다.

가. 절취(竊取), 기망(欺罔), 협박, 그 밖의 부정한 수단으로 영업비밀을 취득하는 행위(이하 "부정취득행위"라 한다) 또는 그 취득한 영업비밀을 사용하거나 공개(비밀을 유지하면서 특정인에게 알리는 것을 포함한다. 이하 같다)하는 행위
나. 영업비밀에 대하여 부정취득행위가 개입된 사실을 알거나 중대한 과실로 알지 못하고 그 영업비밀을 취득하는 행위 또는 그 취득한 영업비밀을 사용하거나 공개하는 행위
다. 영업비밀을 취득한 후에 그 영업비밀에 대하여 부정취득행위가 개입된 사실을 알거나 중대한 과실로 알지 못하고 그 영업비밀을 사용하거나 공개하는 행위
라. 계약관계 등에 따라 영업비밀을 비밀로서 유지하여야 할 의무가 있는 자가 부정한 이익을 얻거나 그 영업비밀의 보유자에게 손해를 입힐 목적으로 그 영업비밀을 사용하거나 공개하는 행위
마. 영업비밀이 라목에 따라 공개된 사실 또는 그러한 공개행위가 개입된 사실을 알거나 중대한 과실로 알지 못하고 그 영업비밀을 취득하는 행위 또는 그 취득한 영업비밀을 사용하거나 공개하는 행위

바. 영업비밀을 취득한 후에 그 영업비밀이 라목에 따라 공개된 사실 또는 그러한 공개행위가 개입된 사실을 알거나 중대한 과실로 알지 못하고 그 영업비밀을 사용하거나 공개하는 행위

위 6가지 유형은 다시 영업비밀의 부정취득과 관련된 침해행위((가), (나), (다)목)와 비밀보호 의무자의 부정공개와 관련된 침해행위((라), (마), (바)목)의 두 가지 유형으로 구분해 볼 수 있다. 여기서 영업비밀의 부정취득과 관련된 침해행위는 (가)목을 기본 유형으로 하고 이에 대한 사후적 관여행위를 (나), (다)목으로 규정하고 있다. 한편 비밀보호 의무자의 부정공개와 관련된 침해행위는 (라)목을 기본 유형으로 하고 이에 대한 사후적 관여행위를 (마), (바)목으로 규정하고 있다.

제2절 부정취득행위

1. 영업비밀을 부정취득 · 사용 · 공개하는 행위

절취(竊取), 기망(欺罔), 협박, 그 밖의 부정한 수단으로 영업비밀을 취득하는 행위(이하 '부정취득행위'라 한다) 또는 그 취득한 영업비밀을 사용하거나 공개(비밀을 유지하면서 특정인에게 알리는 것을 포함한다. 이하 같다)하는 행위

(1) 부정취득행위는 산업스파이 사건이 그 전형으로, 주로 기업의 내부자보다는 산업스파이 등의 제3자에 의해 이루어지며, 형법에 의해 절도죄, 사기죄 또는 강도죄로서 처벌받는 행위인 경우가 많다.

부정취득행위를 처벌하는 취지는 형법상 범죄를 구성하는 등 사회통념에 반하는 수단에 의한 영업비밀의 취득행위를 불법행위의 일종으로 보아 이를 금지하고, 이러한 취득행위에 의해 얻어진 영업비밀을 사용하거나 공개하는 행위도 불법행위의 산물을 사용하거나 공개하는 행위이므로 금지한다는 점이

다. 따라서 불법적인 취득행위뿐만 아니라, 취득 후의 사용 또는 공개행위도 새로운 법익을 침해하는 행위로서 별도의 처벌 대상이 될 수 있다.

(2) '절취, 기망, 협박, 기타 부정한 수단' 등은 전형적인 산업스파이 행위로서, 여기서 규정한 '절취, 기망, 협박'은 부정취득행위의 전형적인 수단을 예시로 한 것이고 반드시 이에 한하지는 않는다. 우리나라 법원도 '부정경쟁방지법 제2조 제3호 (가)목 전단에서 말하는 '부정한 수단'이라 함은 절취·기망·협박 등 형법상의 범죄를 구성하는 행위뿐만 아니라, 비밀보호의무의 위반 또는 그 위반의 유인(誘引) 등 건전한 거래질서의 유지 내지 공정한 경쟁의 이념에 비추어 위에 열거된 행위에 준하는 선량한 풍속 기타 사회질서에 반하는 일체의 행위나 수단을 말한다'[25]고 판시하여 부정취득행위의 수단이 절취, 기망, 협박에 한하지 않음을 분명히 하고 있다.

(3) 여기서 '취득'행위란 영업비밀을 자유롭게 이용할 수 있도록 자기의 지배하에 두는 것을 말한다. 우리나라 법원도 '영업비밀의 취득은 문서, 도면, 사진, 녹음테이프, 필름, 전산정보처리조직에 의하여 처리할 수 있는 형태로 작성된 파일 등 유체물의 점유를 취득하는 형태로 이루어질 수도 있고, 유체물의 점유를 취득함이 없이 영업비밀 자체를 직접 인식하고 기억하는 형태로 이루어질 수도 있으며, 또한 영업비밀을 알고 있는 사람을 고용하는 형태로 이루어질 수도 있는바, 어느 경우에나 사회통념상 영업비밀을 자신의 것으로 만들어 이를 사용할 수 있는 상태가 되었다면 영업비밀을 취득하였다고 보아야 하므로, 회사가 다른 업체의 영업비밀에 해당하는 기술정보를 습득한 자를 스카우트하였다면 특별한 사정이 없는 한 그 회사는 그 영업비밀을 취득하였다고 보아야' 하고, '필기구 제조업체의 연구실장으로서 영업비밀에 해당하는 기술정보를 습득한 자를 고액의 급여와 상위의 직위를 조건으로 스카우트한 회사의 행위는 부정경쟁방지법 제2조 제3호 (가)목 소정의 영업비밀 부정취득행위에 해당한다'[26]고 판시하여, 영업비밀을 자유롭게 이용할 수 있도록 자기의 지배

25) 대법원 1996. 12. 23. 선고 96다16605 판결.

26) 대법원 1996. 12. 23. 선고 96다16605 판결.

하에 두는 행위로서 '취득'을 넓게 해석하고 있다. 구체적으로는 영업비밀이 특정 유체물에 고정되어 있는 경우 그 유체물을 취득하는 유형, 영업비밀 그 자체를 기억 등을 통하여 취득하는 유형, 영업비밀을 지득하고 있는 자를 채용하여 취득하는 유형, 산업스파이 등의 제3자로부터 취득하는 유형 등이 있다.

또한 취득 행위는 부정한 수단으로 영업비밀에 해당하는 정보를 얻는 것에 한정되므로 정당한 수단으로 어떤 정보를 취득하는 것은 영업비밀 침해행위가 아니다. 우리나라 법원은 '영업비밀의 취득이란 사회 통념상 영업비밀을 자신의 것으로 만들어 이를 사용할 수 있는 상태에 이른 경우를 말하는바, 기업의 직원으로서 영업비밀을 인지하여 이를 사용할 수 있는 자는 이미 당해 영업비밀을 취득하였다고 보아야 하므로 그러한 자가 당해 영업비밀을 단순히 기업의 외부로 무단 반출한 행위는 위 조항 소정의 영업비밀의 취득에 해당하지 않는다'[27]고 판시하여 영업비밀의 취득이 부정한 수단에 의할 경우에만 부정경쟁방지 및 영업비밀보호에 관한 법률 제2조 제3호 (가)목에 해당된다고 보고 있으며, 따라서 동 목의 적용을 판단함에 있어서 취득 행위 자체의 존재뿐만 아니라 행위의 정당성에 대한 판단도 수반되어야 함을 알 수 있다.

부정한 수단의 구체적인 예로서는 영업비밀을 다루는 자를 매수하는 방법, 위장취업에 의한 방법, 절취 · 기망 · 협박 등에 의한 방법, 상대방의 동의 없이 도청장치나 복사기, 녹음기 등의 특수장비를 이용하는 방법 등이 있다. 한편, 정당한 취득에 속하는 행위로서 1985년 미국 통일 트레이드 시크릿법 제1조 평론은 ① 독립적으로 개발한 취득, ② 리버스 엔지니어링, ③ 영업비밀보유자의 허가를 얻은 취득, ④ 공개 사용 또는 전시물에 대한 관찰을 통한 취득, ⑤ 공개된 출판물을 통한 영업비밀의 취득행위를 예시로 들고 있는 것을 참고할 수 있다.

(4) '사용'행위란 부정한 수단으로 취득한 영업비밀을 사용하는 행위로서, 전통적인 제조 · 판매 등에 사용하는 행위에 한정되지 않으며, 반드시 사용에 따른 이윤을 남길 필요도 없다. 우리나라 판례는 '영업비밀의 사용은 영업비

27) 대법원 2008. 4. 10. 선고 2008도679 판결.

밀 본래의 사용 목적에 따라 이를 상품의 생산·판매 등의 영업활동에 이용하거나 연구·개발사업 등에 활용하는 등으로 기업 활동에 직접 또는 간접적으로 사용하는 행위로서 구체적으로 특정이 가능한 행위를 가리킨다'[28]고 판시하여 '사용'행위의 개념을 넓게 해석하고 있다. 구체적으로는 상품의 생산, 판매 등 기업의 활동을 위해 영업비밀을 사용하는 행위 즉 기술 정보를 이용한 상품의 생산 행위나 고객명부, 구입처 리스트, 판매 매뉴얼 등을 이용한 판매 행위, 타사의 연구개발 성과를 참고로 한 연구 행위 등이 있다.

'공개'행위란 부정한 수단으로 취득한 영업비밀을 특정 또는 불특정인에게 알리는 행위로서, 영업비밀을 제3자에게 공공연히 알리는 것뿐만 아니라 비밀을 유지하면서 특정인에게 알리는 행위를 포함하며, 사용행위와 마찬가지로 반드시 공개에 따른 이윤을 남기는 것, 즉 유상성을 요건으로 하지 않는다. 구체적으로는 영업비밀이 화체된 매체의 전달이나 구두에 의해 영업비밀의 내용을 타인에게 알리는 행위, 제3자에게 매각 또는 라이센스 계약 등의 방법으로 공개하는 행위 등이 있다. 또한 매체의 전달과 같은 특정인에 대한 구체적인 행위가 아니라 하더라도, 도면이나 모형의 전시와 같은 비교적 불특정인에 대한 행위도 포함되며, 제3자가 영업비밀을 알려고 하는 것을 방해하지 않는 부작위형식에 의한 공개행위도 인정된다.

(6) 본 규정의 부정취득·사용·공개행위의 주체는 영업비밀을 직접 침해한 행위자로 제한되며, 동 행위자로부터 영업비밀을 전득한 자는 본 규정이 아니라 (나)목 또는 (다)목의 규정이 적용된다.

2. 부정취득된 영업비밀을 악의·중과실로 취득·사용·공개하는 행위

> 영업비밀에 대하여 부정취득행위가 개입된 사실을 알거나 중대한 과실로 알지 못하고 그 영업비밀을 취득하는 행위 또는 그 취득한 영업비밀을 사용하거나 공개하는 행위

28) 대법원 2009. 10. 15. 선고 2008도9433 판결.

(1) 본 규정은 (가)목의 영업비밀 부정취득행위 후, 당해 영업비밀의 유통과정에서 악의 또는 중과실로 당해 영업비밀을 취득·사용·공개하는 행위를 부정취득행위와는 별개의 법익을 침해하는 행위로 보고 이를 금지하는 취지이며, (가)목의 부정취득자를 본범으로 하고 본 규정의 전득 행위자를 장물법적인 위치에 놓는 규정이라 할 수 있다.

본 규정은 영업비밀의 부정취득 후 사후 관여로 영업비밀의 보호 상태를 침해하는 것을 처벌근거로 하므로, 부정취득자로부터 직접 취득한 자뿐만 아니라 직접 취득자로부터 영업비밀을 새로이 취득한 제3취득자도 영업비밀의 보호 상태를 악화시키는 자로서 새로운 법익침해행위로 보아 본 규정의 적용대상이 된다. 단, 영업비밀은 비밀로 유지되는 상태 그 자체를 보호대상으로 하며 특허권과 같은 공지성을 가지고 있지 않으므로, 영업비밀의 거래가 빈번해진 상황에서는 이를 모두 금지하는 것이 시장에서의 원활한 거래안전의 관점에서 적절하지 않을 수 있다. 따라서 물권적 청구권과 같이 모든 제3자를 대상으로 인정하는 것이 아니라 악의 또는 중과실을 주관적인 요건으로 요구하여 적용대상을 제한한 규정이라 볼 수 있다.

그러나 영업비밀 보유자가 침해소송에 있어서 주관적 요건인 악의의 증명이 곤란하므로, 행위자의 주관적 요건으로서 악의 이외에 중과실을 요건으로 하여 행위자로서 조금만 주의를 기울였더라면 당연히 알 수 있었을 객관적 상황을 증명하면 중과실로 보아 악의와 동일시함으로써 영업비밀 보유자의 권리 보호를 꾀한 것이다.

(2) 여기서 '악의'란 부정취득행위의 개입사실을 알고 있는 것을 말하며, '중과실'이란 거래상 요구되는 주의의무를 다하면 용이하게 부정취득행위가 존재하는 사실을 알 수 있었음에도 불구하고 주의를 현저하게 태만히 하였기에 이를 알지 못한 것을 말한다. 악의 및 중과실의 대상은 당해 영업비밀에 부정취득행위가 개입한 사실이며, 부정취득행위의 행위자나 행위태양 등에 관해 구체적으로 인식할 필요는 없고 영업비밀이 보유자로부터 자신에게 도달하기까지의 유통과정에 어떤 형태로든 부정취득행위가 개입되어 있었다는 사실의 인식으로 충분하다. 즉, '개입'이란 당해 영업비밀의 유통과정에 부정수단에 의한

영업비밀 취득행위가 존재하는 것으로 정의된다. 이때 악의 및 중과실의 입증책임은 청구권자에게 있다.

(3) 본 목에 규정된 침해행위는 취득·사용·공개하는 행위이며, 침해주체는 부정취득 영업비밀 유통과정 중의 모든 전득자이다.

3. 선의취득 후 악의·중과실에 의한 사용·공개 행위

영업비밀을 취득한 후에 그 영업비밀에 대하여 부정취득행위가 개입된 사실을 알거나 중대한 과실로 알지 못하고 그 영업비밀을 사용하거나 공개하는 행위

(1) 본 규정은 (나)목과 함께 (가)목의 부정취득행위의 사후행위를 처벌하는 유형이라 할 수 있으나, (나)목과 달리 취득 당시에는 당해 영업비밀에 부정취득행위가 개입된 사실을 몰랐으나 취득 후 그 사실을 알았거나 중대한 과실로 알지 못하고 이를 사용하거나 공개하는 행위를 금지하는 규정이다. 이는 영업비밀 취득 당시에는 당해 영업비밀에 부정취득행위가 개입된 사실을 몰랐다 하더라도, 그 후 영업비밀 보유자의 경고나 통고 등에 의해 개입 사실을 알게되었음에도 불구하고 이를 그대로 사용하거나 공개하는 행위를 금지하는 것으로서, 부정취득행위로 인해 영업비밀이 일단 침해되었다 하더라도, 비밀성이 유지되는 한 이를 사용 또는 공개하여 영업비밀을 새로이 침해하는 일을 방지하는 취지이다.

앞에서 살펴본 바와 같이 영업비밀은 비밀로 유지되는 상태 그 자체를 일차적 보호대상으로 하며, 영업비밀 자체에 배타적 권리성이 부여되는 것은 아니다. 그러나 한번의 부정취득행위로 영업비밀의 비밀상태의 침해가 발생한다 하더라도, 침해의 정도에는 다양한 콘트러스트가 존재할 수 있으며, 영업비밀이 비밀로 유지되는 상태, 즉 비공지성을 상실했다고 판단될 때까지는, 현 상황에서 비공지성을 상실하는 단계까지 단계적인 비밀상태의 침해를 상정할 수 있다. 따라서 부정취득행위 이후의 사용 또는 공개행위에 의해서도 새로운 법익 침해가 발생한다고 보고 이를 보호할 필요성이 인정되는 것이다.

(2) 단, 이와 같이 사후적 악의자의 사용 및 공개행위를 침해행위의 유형으로 포함시킴으로써 선의 무중과실로 영업비밀을 취득한 자의 기업활동을 제한시키고 시장에서의 거래 안전을 손상시킬 위험이 있다. 따라서 부정경쟁방지 및 영업비밀보호에 관한 법률은 제13조에 선의자에 대한 특례를 규정함으로써, 일정한 요건을 만족시킨 선의취득자의 행위는 침해행위에서 제외된다.

(3) 본 규정에 관하여 악의 중과실의 대상은 (나)목과 마찬가지로 부정취득행위가 개입한 사실이며, 부정취득행위의 주체나 양태에 대한 구체적인 인식까지는 요구되지 않는다. 악의 중과실의 입증책임은 청구권자인 영업비밀보유자에게 있으며, 금지청구 시에는 늦어도 구두변론 종결 시까지 침해행위자의 악의 중과실을 입증하는 것으로 충분하다.

4. 관련 판례

(1) 대법원 1996. 12. 23. 선고 96다16605 판결

'부정경쟁방지법 제2조 제3호 (가)목 전단에서 말하는 '부정한 수단'이라 함은 절취·기망·협박 등 형법상의 범죄를 구성하는 행위뿐만 아니라 비밀유지의무의 위반 또는 그 위반의 유인(誘引) 등 건전한 거래질서의 유지 내지 공정한 경쟁의 이념에 비추어 위에 열거된 행위에 준하는 선량한 풍속 기타 사회질서에 반하는 일체의 행위나 수단을 말한다.'

(2) 대법원 1998. 6. 9. 선고 98다1928 판결, 대법원 1996. 12. 23. 선고 96다16605 판결

'영업비밀의 '취득'은 문서, 도면, 사진, 녹음테이프, 필름, 전산정보처리조직에 의하여 처리할 수 있는 형태로 작성된 파일 등 유체물의 점유를 취득하는 형태로 이루어질 수도 있고, 유체물의 점유를 취득함이 없이 영업비밀 자체를 직접 인식하고 기억하는 형태로 이루어질 수도 있고, 또한 영업비밀을 알고 있는 사람을 고용하는 형태로 이루어질 수도 있는바, 어느 경우에나 사회통념상 영업비밀을 자신의 것으로 만들어 이를 사용할 수 있는 상태가 되었다면 영업비밀을 취득하였다고 보아야 하므로, 회사가 다른 업체의 영업비밀에 해당하는 기술정보를 습득한 자를 스카우트하였다면 특별한 사정이 없는 한 그 회사는 그 영업비밀을 취득하였다고 보아야 하고, 한편 영업비밀의 '사용'은 영업비밀 본래의 사용 목적에 따라 이를 상품의 생산·판매 등의 영업활동에 이용하거나 연구·개발사업 등에 활용하는 등으로 기업활동에 직접 또는 간접적으로 사용하는 행위로서 구체적으로 특정이 가능한 행위를 가리킨다고 할 수 있다.'

(3) 서울지방법원남부지원 1995. 2. 22. 선고 94가합3033 판결

'부정경쟁방지법 제2조 제3호는, '영업비밀 침해행위'라 함은 다음 각목의 1에 해당하는 행위를 말한다고 규정하면서 (가)목 전단에서 '절취·기망·협박 기타 부정한 수단으로 영업비밀을 취득하는 행위(이하 '부정취득행위'라 한다)', (라)목에서 '계약관계 등에 의하여 영업비밀을 비밀로서 유지하여야 할 의무가 있는 자가 부정한 이익을 얻거나 그 영업비밀의 보유자에게 손해를 가할 목적으로 그 영업비밀을 사용하거나 공개하는 행위'를 들고 있다.

그런데 위 (가)목 전단에서 말하는 부정한 수단이라 함은 절취·기망·협박 등 형법상의 범죄를 구성하는 행위뿐만 아니라 비밀유지의무의 위반 또는 그 위반의 유인(誘引) 등 건전한 거래질서의 유지(부정경쟁방지법 제1조 참조) 내지 공정한 경쟁의 이념에 비추어 위에 열거된 행위에 준하는 선량한 풍속 기타 사회질서에 반하는 일체의 행위나 수단을 말한다고 할 것이고 …피고들은 독자적인 연구개발을 통하여 또는 역설계방법 등에 의하여 이러한 제품을 개발하였음을 보여줄 수 있는 개발일지 같은 자료를 제출하지도 못하고 있는 점, 피고 이동섭이 원고 회사로부터 진정당하여 수사기관에서 조사를 받게 되자 피고 이동섭이 평소 이 사건 노트를 넣어 가지고 다니던 가방이 피고 회사의 직원 누군가에 의하여 치워진 점 등에 비추어 보면, 피고 회사는 단지 피고 이동섭이 원고 회사에서 다년간 근무하면서 지득한 일반적인 지식, 기술, 경험 등을 보고 그를 고용한 것이 아니라 피고 이동섭이 비밀유지의무를 부담하면서 원고 회사로부터 습득한 특별한 지식, 기술, 경험 등을 보고 그를 고용하여 이러한 비밀을 누설하도록 유인하는 등 부정한 수단으로 원고 회사가 보유하는 이 사건 잉크 등 제조방법을 취득한 것으로 추인된다고 할 것이고, 이는 부정경쟁방지법 제2조 제3호 (가)목 전단 소정의 '영업비밀침해행위'의 유형에 속한다고 할 것이다.'

제3절 비밀유지의무 위반행위

1. 비밀유지의무자가 영업비밀을 부정공개 · 사용하는 행위

계약관계 등에 의하여 영업비밀을 비밀로서 유지하여야 할 의무가 있는 자가 부정한 이익을 얻거나, 그 영업비밀의 보유자에게 손해를 가할 목적으로 그 영업비밀을 사용하거나 공개하는 행위

(1) 본 규정은 정당하게 영업비밀을 취득한 자가 비밀보호의무가 있음에도 불구하고 부정한 목적을 가지고 이 의무를 위반하여 당해 정보를 사용 또는 공개하는 행위를 규제하는 취지이며, 영업비밀의 취득 과정의 부정성이 아니라 그 사용 또는 공개가 갖는 신의칙 위반이라는 부정성에 그 처벌근거가 존재한다. 즉, 영업비밀의 취득 자체는 적법한 자가 영업비밀의 보유자와의 계약관계 또는 신뢰관계를 파괴하고 부정하게 이용하는 행위를 대상으로 하는 것이다. 구체적으로 기업체의 종업원, 영업상 거래관계자, 영업비밀 실시권자 등과 같이 계약관계 등에 의하여 영업비밀을 비밀로 유지하여야 할 의무가 있는 자가 재직 중이나 퇴직 후, 계약기간 중 또는 계약 만료 후에, 부정한 대가로서 금전을 취득하거나 고위직에 오를 목적 등으로 또는 그 영업비밀 보유자에게 손해를 입힐 목적으로 그 영업비밀을 스스로 사용하거나 공개하는 행위가 규제 대상이 된다.

(2) 본 규정에 의한 침해행위의 요건은 (a) 계약관계 등에 의하여 비밀보호의무가 있을 것, (b) 부정한 이익을 얻거나 손해를 가할 목적, (c) 영업비밀을 사용 또는 공개하는 행위의 존재이다.

(a)의 '계약관계 등'이란 반드시 계약 등과 같은 일정한 형식에 의해서만 발생하는 것이 아니라, 사용자와 종업원간 또는 영업비밀보유자와 실시권자간의 신의관계에 의해서도 발생하며, 쌍방간의 계약뿐만 아니라 일방의 서약서 또는 다수자를 대상으로 하는 약관, 취업규칙이나 사내규정, 사양서 등에 의해서도 발생한다. 단, 이러한 일방적인 규정들은 과다하게 영업비밀의 보호의무를 부과하는 규정이 되기 쉬우므로, 보호의무의 내용에 대해서는 쌍방의 관계성을 포함한 다른 제반 요소들을 고려하여 합리적으로 제한하여야 한다. 또한, 계약관계가 명시적일 필요는 없으며, 쌍방간에 영업비밀을 보호할 신의관계가 발생했다고 인정될 만한 관계이면 묵시적인 계약관계도 인정된다.

우리나라 대법원은 "'계약관계 등에 의하여 영업비밀을 비밀로서 유지할 의무'라 함은 계약관계 존속 중은 물론 종료 후라도 또한 반드시 명시적으로 계약에 의하여 비밀보호의무를 부담하기로 약정한 경우뿐만 아니라 인적 신뢰관계의 특성 등에 비추어 신의칙상 또는 묵시적으로 그러한 의무를 부담하기로 약정하였다고 보아야 할 경우를 포함한다'[29]고 판시하고 있다. 따라서 비밀보호의무는 법률에서 그 의무를 명시한 경우는 물론, 개별적인 계약관계가 있는 경우 또는 이러한 계약관계가 없더라도 이에 준하는 신뢰관계가 있는 경우에는 신의칙상 비밀보호의무가 발생하며, 재직중이거나 퇴직 후 또는 계약중이거나 계약만료 후를 묻지 않는다.

그러나 신의칙상 또는 묵시적 비밀보호의무를 인정한다 하더라도 헌법상 보장된 직업선택의 자유를 본질적으로 제한하는 행위는 금지되어야 한다. 따라서 퇴직 후 종업원의 비밀보호의무는 재직중의 의무와 본질적으로 차이를 두어야 하며, 특히 묵시적인 의무의 존재를 인정하는 것에는 신중한 자세를 보여야 한다.

---

29) 대법원 1996. 12. 23. 선고 96다16605 판결.

퇴직 후 종업원의 비밀보호의무와 관련하여 영미법상 확립된 판례는 종업원이 일반기능・지식・훈련・경험(General skill, knowledge, training, and experience)을 통하여 얻은 정보는 비록 고용기간중 사용자의 자원을 투입한 것이라 하더라도 사용자는 자기의 영업비밀이라고 주장할 수 없으며, 이와 같이 영업비밀과 종업원의 일반기능・지식・훈련・경험과의 구별하는 목적은 영업비밀보호와 종업원 이동간의 관계를 합리적으로 조정하기 위한 것이라고 서술하고 있다.

우리나라 법원도 '피고회사는 단지 피고가 원고회사에서 다년간 근무하면서 지득한 일반적인 지식, 기술, 경험 등을 활용하기 위하여 그를 고용한 것이 아니라, 피고가 비밀보호의무를 부담하면서 원고 회사로부터 습득한 특별한 지식, 기술, 경험 등을 사용하기 위하여 그를 고용하여…'[30]라고 판시하고 있어 영미법의 이러한 원칙을 인정하고 있는 것으로 해석된다.

이와 같은 퇴직 후 종업원의 비밀보호의무의 존재를 판단하는 것은 다양한 제반 요소를 고려해야 하는 복합적인 사례 판단이므로 객관적인 기준을 세우기는 어려우나, 축적된 판례를 통해 우리나라 법원이 상정하는 개략적인 상한선을 추측해 볼 수는 있다. 자세한 내용은 다음 절에서 별도로 설명한다.

(b)의 '부정한 이익을 얻거나'란 비밀보호의무를 위반하여 이익을 얻는 행위를 말하며, 비밀보호의무 위반자의 이익뿐만 아니라 제3자의 이익을 얻게 하는 것도 포함된다. 또한 '손해를 가할 목적으로'란 영업비밀보유자의 실제 손해발생여부와 관계없이 손해를 가할 의도로 영업비밀을 사용하거나 공개하는 행위이어야 한다. 이와 같은 침해 행위의 목적을 입증하는 책임은 침해 행위의 존재를 주장하는 영업비밀 보유자에게 있으나, 행위의 목적이라는 주관적인 요건은 입증이 용이하지 않다. 따라서 영업비밀 보유자의 보호를 위하여 영업비밀의 거래 경위나 보상 관계 등으로부터 판단하여 영업비밀을 사용함으로써 얻어지는 경쟁우위가 손상되는 객관적인 사실이 존재하고, 행위자에게 이에 대한 인식이 있었다면 위 목적이 존재한다고 보아야 한다.

---

30) 대법원 1996. 12. 23. 선고 96다16605 판결.

2. 부정공개된 영업비밀을 악의 · 중과실로 취득 · 사용 · 공개하는 행위

영업비밀이 (라)목의 규정에 의하여 공개된 사실 또는 그러한 공개행위가 개입된 사실을 알거나 중대한 과실로 알지 못하고 그 영업비밀을 취득하는 행위 또는 그 취득한 영업비밀을 사용하거나 공개하는 행위

본 규정의 취지는 (라)목의 비밀보호의무 위반자의 영업비밀 공개 후, 그 유통과정에서 악의 또는 중과실로 인하여 당해 영업비밀을 취득하거나, 취득한 영업비밀을 사용 또는 공개하는 행위를 금지시키려는 규정으로 구체적 내용은 (가)목의 부정취득행위가 개입한 영업비밀에 대한 (나)목의 행위와 동일하다.

따라서 영업비밀을 취득 · 사용 · 공개한 자가 취득 당시 영업비밀 보유자에 대하여 부정한 이득을 얻거나 손해를 가할 목적이 없었다고 하더라도 본 규정에 의해 영업비밀 침해행위로 인정될 수 있다.

우리나라 법원은, '신청인 회사에서 마그네슘 금형제작 기술 개발을 돕던 피신청인 직원 C씨는 '93년 1월초 회사를 그만둔 후, 신청인이 독자개발한 합성수지 레이스 제조용 마그네슘 금형을 '93년 4월부터 제작하여 피신청인 U씨외 2인에게 납품하여 왔고, 피신청인 U씨외 2인은 피신청인 C씨와 신청인과의 관계를 알면서도 C씨로부터 동 영업비밀을 제공받아 합성수지 레이스를 다량으로 제조 · 판매한 행위는 부정경쟁방지법 제2조 제3호 (마)목 소정의 영업비밀침해행위에 해당된다'[31]고 판시하여, 부정한 이득을 얻거나 손해를 가할 목적이 없었다고 하더라도 부정공개행위가 개입하였음을 알고 있었다면 본 규정의 적용대상이 될 수 있음을 명확히 하고 있다.

---

31) 대법원 1998. 6. 9. 선고 98다1928 판결.

3. 선의취득 후 악의 · 중과실에 의한 사용 · 공개 행위

> 영업비밀을 취득한 후에 그 영업비밀이 (라)목의 규정에 의하여 공개된 사실 또는 그러한 공개행위가 개입된 사실을 알거나 중대한 과실로 알지 못하고 그 영업비밀을 사용하거나 공개하는 행위

본 규정은 영업비밀 취득시에는 선의 · 무과실이었으나, 영업비밀 보유자의 통지 등에 의하여 악의 · 중과실로 전환하여 처벌하려는 규정이며, 구체적 내용은 '제2조 제3호 (다)목'과 동일하다. 본 규정에 대하여는 일정한 요건하에 '선의자에 관한 특례'가 적용된다.

제 5 장

영업비밀 침해행위의 구제

제1절 민사적 구제

1. 서 론

부정경쟁방지 및 영업비밀보호에 관한 법률은 영업비밀의 침해행위(제2조 제3항)에 대하여 민사적 구제수단으로서 침해행위의 금지·예방 청구권(제10조 제1항), 침해행위를 조성한 물건의 폐기나 침해행위에 제공된 설비의 제거청구권, 침해행위로 인해 발생한 금전적 손실을 배상하기 위한 손해배상청구권(제11조), 침해행위로 인해 발생한 신용의 훼손을 회복하기 위한 신용회복조치 청구권(제12조)을 규정하고 있다. 특히 손해배상청구권의 경우에는 그 손해의 입증 및 손해액의 산정이 어려운 점을 고려하여 영업비밀 보유자의 보호를 꾀하기 위한 손해액의 추정 규정(제14조의2), 침해자에 대한 자료 제출 명령(제14조의3)을 규정하고 있다.

2. 영업비밀 침해행위에 대한 금지 또는 예방 청구권

(1) 의 의

> 第10條(영업비밀 침해행위에 대한 금지청구권 등) ① 영업비밀의 보유자는 영업비밀 침해행위를 하거나 하려는 자에 대하여 그 행위에 의하여 영업상의 이익이 침해되거나 침해될 우려가 있는 경우에는 법원에 그 행위의 금지 또는 예방을 청구할 수 있다.
> ② 영업비밀 보유자가 제1항에 따른 청구를 할 때에는 침해행위를 조성한 물건의 폐기, 침해행위에 제공된 설비의 제거, 그 밖에 침해행위의 금지 또는 예방을 위하여 필요한 조치를 함께 청구할 수 있다.

부정경쟁방지 및 영업비밀보호에 관한 법률이 영업비밀을 보호하는 목적은 영업비밀을 창출하는 데 공정한 비용과 노력을 쏟은 자에게 그 이익을 유지시킴으로써 건전한 거래질서를 유지하는 데에 있다. 따라서 영업비밀에 대한 침해행위가 일어났을 경우, 영업비밀 보유자의 이익에 대한 침해를 중지시키고 침해가 없던 상태로 보유자의 위치를 회복시키고, 침해자가 얻은 이익을 박탈하기 위하여 침해행위의 금지청구가 인정된다. 우리나라 법원도 '영업비밀 침해행위를 금지시키는 것은 침해행위자가 침해행위에 의하여 공정한 경쟁자보다 유리한 출발 내지 시간절약이라는 우월한 위치에서 부당하게 이익을 취하지 못하도록 하고, 영업비밀보유자로 하여금 그러한 침해가 없었더라면 원래 있었을 위치로 되돌아갈 수 있게 하는 데에 그 목적이 있'[32]다라고 판시하고 있다.

영업비밀 침해행위에 대한 금지청구권은 부정취득행위, 부정사용행위, 부정공개행위 등의 금지를 구하는 부작위채무 이행청구권이다. 영업비밀은 비밀로 유지되는 상태 그 자체로 인하여 경쟁자에 대한 비교우위를 차지하게 하는 것을 그 경제적 유용성의 핵심으로 하므로, 부정취득행위 등에 의하여 비밀로

32) 서울고법 1996. 2. 29. 선고 95나14420 판결.

유지되는 상태가 침해당하면 영업비밀의 경제적 가치를 완전히 상실시킬 수 있다. 따라서 이와 같은 행위를 금지하는 것이 영업비밀 보호제도에 있어서 가장 중요한 구제 수단이라 할 수 있다. 즉, 분쟁의 초기단계에는 권리침해의 염려를 제거하기 위하여 예방적인 구제결과의 실현이 금지 청구의 목적이 되며, 또 권리침해가 현실화된 후에는 그 시점에 있어서 침해상태의 배제와 장래에의 침해발생의 저지라는 본래적인 구제결과의 실현이 기대된다.

일반적으로 부정 '사용' 행위는 계속적인 사용 상태의 지속인 경우가 많으므로, 이로 인해 영업비밀이 비밀로 유지되는 상태가 그 경제적 유용성을 소멸시킬 정도로 상실되지 않도록 이를 금지시키는 것이 유효한 구제 수단이 될 수 있다. 그러나 부정 '취득' 행위 및 부정 '공개' 행위는 단발적인 행위로 완료되는 경우가 많으므로, 이를 금지시키는 것에 실효성이 있다고 보기는 어렵다. 이와 같은 경우에는 손해배상청구나 신용회복청구 등의 사후 구제수단에 의한 회복을 꾀하는 수밖에 없을 것이다.

또한 금지청구의 요건을 만족시킨다 하더라도, 금지청구는 피청구자의 행동의 자유를 직접적으로 강제하는 형태의 수단이므로, 금지의 필요성에 관해서는 신중한 판단이 필요하다. 법원은 금지명령을 내리는 데 있어서 구체적으로 금지명령이 없으면 원고에게 회복불능의 손해가 발생할 가능성 여부, 금지명령이 없으면 원고가 입는 불이익과 금지명령으로 인하여 피고가 받을 불이익과의 비교형량, 제3자 또는 지역사회에 미치는 영향, 금지명령을 내릴 경우 그 실시를 용이하게 감독할 수 있는가 여부, 금지명령의 대상이 되는 행위와 관련하여 원고측에게 비행이 없는가의 여부를 종합적으로 고려하여 결정하게 된다.

덧붙여 금지청구에 관한 소송을 제기하더라도 그 절차에 소요되는 시간동안 침해상태의 확대가 우려되므로 소송제기 이전부터 또는 동시에 법원에 금지청구권 등의 집행·보전을 위한 영업비밀침해행위금지가처분 신청을 하는 것이 필요하다.

(2) 금지청구의 당사자

(a) 청구권자

영업비밀보호를 위한 금지청구에서는 청구자의 영업비밀을 보호하는 이익뿐만 아니라 피청구자의 당해 정보를 사용하는 이익도 고려하여 청구권자의 범위를 적절하게 제한할 필요가 있다. 영업비밀의 보호가 영업비밀이라는 경제적 가치가 있는 정보를 부정한 침해로부터 보호하는 것을 목적으로 하므로, 청구권자의 범위도 경제활동에 있어서 이해를 갖는 자에게 한정하는 것이 합리적이다.

따라서 영업비밀침해에 대해서 금지청구를 할 수 있는 청구권자는 원칙적으로 영업비밀 침해행위에 대해서 영업상의 이익이 침해되거나 침해될 우려가 있는 영업비밀 보유자 또는 당해 영업비밀에 관하여 고유한 이익이 있는 자로 해석된다. 또한 이와 같은 이익을 보호받기 위해서는 그 이익이 정당한 권원에 의할 필요가 있으므로, 보유자라고 함은 정당한 권원에 의해서 영업비밀을 보유하고 있는 자로 부정한 방법에 의한 보유자는 포함하지 않는다. 보유 주체는 영리를 목적으로 하는 기업에 한정되지 아니하며 영업비밀의 보호로 인해 지켜야 할 영업상의 이익을 가진 주체를 폭넓게 포함한다.

당해 영업비밀에 관하여 고유한 이익이 있는 자란 영업비밀의 보유자와 마찬가지로 영업비밀의 사용 등에 정당한 권한을 가진 자를 말하며 구체적으로 영업비밀의 최초개발자, 정당한 양수인, 허락을 받은 사용자 등이 포함된다.

영업비밀 보유자에 대하여 우리나라 법원은 '부정경쟁방지법 제10조 제1항 등에서 말하는 영업비밀의 '보유자'라 함은 그 보유에 관하여 정당한 권원을 가지는 자뿐만 아니라 사실상의 보유자도 포함하는 개념이므로 가사 피고들 주장과 같이 원고 회사가 외국의 잉크제품을 분석하여 이를 토대로 이 사건 기술정보를 보유하게 되었다 하더라도 이 사건 기술정보가 영업비밀이 되는 데 지장이 없으며, 역설계가 허용되고 역설계에 의하여 이 사건 기술정보의 획득이 가능하다고 해서 결론을 달리하지 않는다'[33]고 판시하고 있다.

---

33) 대법원 1996. 12. 23. 선고 96다16605 판결.

'영업상의 이익이 침해되거나 침해될 우려가 있다'에서 '영업'이란 계속적 또는 집단적으로 동종의 영리행위를 행하는 것을 말하며, 결과적으로 이윤이 발생하지 않는다 하더라도 널리 경제상 영리의 수지계산 위에서 행해지는 사업을 넓게 포함한다. '영업상의 이익'이란 영업비밀 보유자가 사업활동을 통해 누리게 되는 이익을 말하며 경제적인 의미의 이익으로 충분하고 법률상의 이익일 필요는 없다. 영업비밀에 관한 영업상의 이익이란 구체적으로 당해 영업비밀을 독자적으로 사용함으로써 얻어지는 경제적인 우위나 영업상의 신용유지 등이 있다.

'우려'의 정도는 실제로 영업상의 이익이 침해되는 것까지는 요구하지 않으나, 단지 침해의 개연성이 있는 정도만으로는 부족하며 장래의 이익이 침해받을 개연성이 상당히 있는 것을 말한다. 단, 영업비밀에 대한 침해행위가 있거나 침해행위가 발생할 우려가 있다면 원칙적으로 영업상의 이익도 침해되거나 침해될 우려가 있다고 볼 수 있다.

이에 대해 우리나라 법원은 '단순히 침해될 가능성만으로는 부족하고 침해될 것이 확실히 예상되는 개연성을 의미하지만, 원래 영업비밀은 그것이 공개되는 순간 비밀성을 상실하게 되어 보호적격마저 부인되는 특성을 가지고 있고, 한편 그 어느 때보다도 기업경쟁이 치열한 오늘날 개발하거나 획득한 영업비밀의 유지는 그 기업의 사활이 걸린 중대한 문제이므로, 일단 상대방이 부정한 수단으로 영업비밀을 취득한 것이 입증되면 특별한 사정이 없는 한 그 부정취득자에 의하여 영업비밀이 사용되거나 공개되어 영업비밀 보유자의 영업상의 이익이 침해될 우려가 있다고 보아야 할 것이다'[34]라고 판시하고 있다.

덧붙여 영업비밀 침해에 대한 금지청구는 침해자의 행위가 객관적으로 부정경쟁방지 및 영업비밀보호에 관한 법률이 규정하는 침해행위의 유형에 해당되는 것, 즉 객관적인 위법성을 요건으로 할 뿐, 침해자의 고의 또는 과실 등의 주관적 요건을 요구하지 않는다. 왜냐하면 객관적으로 위법성을 지니면 영업비밀 보유자의 정당한 이익을 저해하며 침해자의 주관적 요건에 따라서

34) 서울고법 1996. 2. 29. 선고 95나14420 판결.

보유자의 이익을 보호할 필요성이 달라지지는 않기 때문이다. 따라서 기업이 중도채용한 사원이 이전 기업에서 취득한 영업비밀을 침해하려는 고의 또는 과실 없이 사용하였다 하더라도, 객관적으로 영업비밀을 침해하고 있다면 이에 대한 금지청구가 인정된다.

(b) 피청구권자

금지청구의 피청구권자는 영업비밀을 침해하는 자 또는 침해하고자 하는 자로서, 침해행위에 착수하였거나 착수할 개연성이 상당히 높은 자이다. 침해행위를 용이하게 하는 자, 즉 교사자나 방조자도 여기에 포함된다.

(3) 금지청구의 범위

위에서 살펴본 바와 같이 영업비밀 침해행위를 금지시키는 목적은 침해행위로 인해 침해자가 공정한 경쟁자보다 우월한 위치에서 부당한 이익을 취하는 일이 없도록 하고, 침해가 없었더라면 영업비밀 보유자가 유지하고 있을 경제적 이익을 회복시키는 데 있다. 한편, 금지청구는 정당한 행위자의 영업비밀 사용을 부당하게 위축시키거나 종업원들의 직업 선택 및 수행의 자유를 부당하게 제한하여 그 체득한 지식과 능력을 발휘하는 것을 저해할 우려가 있다. 따라서 영업비밀 침해행위에 대한 금지청구의 범위는 금지청구의 위 목적을 달성하기 위하여 필요 충분한 범위로 한정하는 것이 중요하다.

즉, 법원이 침해금지 청구를 인정하여 침해행위의 금지를 명할 경우, 그 존속기간이 법의 규정의 의해 정하여져 있는 특허권, 실용신안권 등과 달리, 영업비밀은 그 존속기간이 특별히 규정되어 있지 않으므로, 침해행위를 당한 영업비밀 보유자의 이익뿐만 아니라 침해행위자에게 정당한 이익이 존재하는 경우 이들을 조화시켜 금지청구의 시간적 범위를 제한할 필요가 있는 것이다.

이에 대해 우리나라 법원은 먼저 '영업비밀 침해행위를 금지시키는 것은 침해행위자가 그러한 침해행위에 의하여 공정한 경쟁자보다 '유리한 출발(headstart)' 내지 '시간절약(lead time)'이라는 우월한 위치에서 부당하게 이익을 취하지 못하도록 하고, 영업비밀 보유자로 하여금 그러한 침해가 없었더라면 원래 있었을 위치로 되돌아갈 수 있게 하는 데에 그 목적이 있다. 따라서, 영업비밀 침해행위의 금지는 이러한 목적을 달성함에 필요한 시간적 범위 내에서 기술의 급속한 발달상황 및 변론에 나타난 침해행위자의 인적·물적 시설 등을 고려하여 침해행위자나 다른 공정한 경쟁자가 독자적인 개발이나 역설계와 같은 합법적인 방법에 의하여 그 영업비밀을 취득하는 데 필요한 시간에 상당한 기간 동안으로 제한하여야 하고, 영구적인 금지는 제재적인 성격을 가지게 될 뿐만 아니라 자유로운 경쟁을 조장하고 종업원들이 그들의 지식과 능력을 발휘할 수 있게 하려는 공공의 이익과 상치되어 허용될 수 없다'[35]고 판시하여, 금지청구의 시간적 범위를 제한하는 근거 및 원칙을 명확히 하였다.

또한, '영업비밀 침해행위를 금지시키는 것은 침해행위자가 침해행위에 의하여 공정한 경쟁자보다 유리한 출발 내지 시간절약이라는 우월한 위치에서 부당하게 이익을 취하지 못하도록 하고, 영업비밀 보유자로 하여금 그러한 침해가 없었더라면 원래 있었을 위치로 되돌아갈 수 있게 하는 데에 그 목적이 있으므로 영업비밀 침해행위의 금지는 공정하고 자유로운 경쟁의 보장 및 인적 신뢰관계의 보호 등의 목적을 달성함에 필요한 시간적 범위 내로 제한되어야 하고, 그 범위를 정함에 있어서는 영업비밀인 기술정보의 내용과 난이도, 영업비밀 보유자의 기술정보 취득에 소요된 기간과 비용, 영업비밀의 유지에 기울인 노력과 방법, 침해자들이나 다른 공정한 경쟁자가 독자적인 개발이나 역설계와 같은 합법적인 방법에 의하여 그 기술정보를 취득하는 데 필요한 시간, 침해자가 종업원(퇴직한 경우 포함)인 경우에는 사용자와의 관계에서 그에 종속하여 근무하였던 기간, 담당 업무나 직책, 영업비밀에의 접근 정도, 영업비밀보호에 관한 내규나 약정, 종업원이었던 자의 생계 활동 및 직업선택의 자유와 영업활동의 자유, 지식재산권의 일종으로서 존속기간이 정해져 있는 특허권 등의 보호기간과의 비교, 기타 변론에 나타난 당사자의 인적·물적 시설 등을 고려하여 합리적으로 결정하여야 하고(대법원 1998. 2. 13. 97다24528 판결), 기업활동에 있어서의 공정한 경쟁의 보장과 개인의 영업의 자유가 적절하

35) 대법원 1996. 12. 23. 96다16605 판결.

게 조화되어야 한다(대법원 2003. 7. 16.자 2002마4380 결정)'고 판시하여, 제한 시의 고려요소 등을 자세하게 해설하고 있으나, 일률적인 판단보다는 각 사건에 따른 사례판단적 요소가 크다고 하겠다.

실제 법원의 판결로는 다음과 같은 것이 있다.

(a) 서울지방법원 남부지원 2002. 10. 11.자 2002카합1269 결정

신청인은 2000. 10. 10.경부터 2002. 5.경까지 약 200여억원의 개발비를 투자하여 IMT-2000 주장비시스템의 연구, 개발에 주력해 온 회사이고, 피신청인들은 신청인 회사에서 IMT-2000 관련 연구를 한 사람들인데 2002. 5. 25.경부터 2002. 6. 26.사이 채권자 회사를 퇴직하였다. 피신청인들 중 2명은 이미 전직하였고, 3명은 전직을 고려 중이다. 한편, 피신청인들은 재직 중 기업비밀준수약정을 하였는데, 그 주요 내용은 퇴사 후에도 기업비밀 이용금지, 공개금지, 전직금지(신청인 회사의 근무경력에 따라 3개월부터 12개월까지 차등이 있다) 등이다. 이에 대하여 법원은, 영업비밀 침해금지기간의 일반적 고려 요소를 나열한 다음, 이어 피신청인들의 근무기간, 담당업무, 직책, 퇴직의 자유, 이 사건 약정을 체결한 시기, 신청인의 기술력, 전직금지 기간 동안에 대한 보상이 이루어졌는지 여부, 다른 경력사원의 전직금지 기간과의 형평성들을 고려하여 전직 및 영업비밀의 사용 또는 공개를 금지하는 기간으로 각 퇴직일로부터 각 9개월(1년 청구), 8개월(1년 청구), 6개월(9개월 청구), 4개월(6개월 청구)을 인정하였다.

(b) 서울민사지방법원 1990. 11. 7.자 90카72988 결정

화학제품을 판매하는 채권자 회사의 판매대리인 계약을 체결하고 제품 판매 업무에 종사하던 피신청인들이 사직한 후 유사한 제품을 판매하는 신청외 회사에 입사하여 제품판매 및 교섭업무를 하자 이들을 상대로 경업금지를 구한 사건으로, 1년의 경업금지계약을 체결한 사실은 인정되나, 피신청인들의 담당 업무가 제품의 판매행위에 국한되어 있고, 주로 접촉하였던 고객들을 이탈시킬 가능성이 있다는 점이 경업제한의 필요성으로 인정되는 점 등의 사정

을 고려하여 퇴직일로부터 6개월의 경업금지만을 인정한 다음, 결정 당시 이미 6개월이 경과하였다는 이유로 신청을 기각하였다.

(c) 서울고등법원 1998. 10. 29. 선고 98나35947 판결

서울지방법원 97카합758 전업금지 및 영업비밀침해금지가처분 사건에 대한 이의 사건인, 같은 법원 98카합1469 가처분 이의 사건에 대한 항소심 판결이다. 채권자 회사는 미국 회사인 Baxter Healthcare Corporation의 국내 현지법인으로서 위 미국본사 등으로부터 신장병 치료약 및 치료기구 등을 수입하여 국내에 판매하는 회사인데, 채무자는 마케팅/영업부장으로 입사하여 1997. 2. 28. 퇴사하였고, 퇴사하기도 전인 1997. 2. 1.부터 동종 제품의 수입, 판매를 영위하는 회사의 국내책임자로 근무하였다. 이에 채권자 회사는 서울지방법원 97카합758호로 전업금지 등의 가처분을 신청하였다. 법원은 입사 당시 작성한 서약서{서약서에는 비밀준수의무(confidentiality)라는 항목 아래 "채무자가 채권자 회사에 고용됨으로 인하여 알게 되는 비밀정보와 채권자 회사에 대한 위 정보의 가치를 고려하여, 채권자 회사의 퇴사 후 1년 동안, 채무자는 채권자 회사와 경쟁관계에 있는 조직에 대하여, 실제 채권자 회사와 경쟁을 하거나 경쟁을 하게 될 지역에 있어서, 경쟁제품과 관련하여서는 직, 간접으로 용역을 제공하지 아니하는 것이 고용의 조건이다"라는 조항이 들어 있다}의 경업금지 약정 기간(1년) 등을 고려하여 퇴직 후 1년 간의 경업금지를 인정하였다. 그러나, 가처분이의 사건 고지일인 1998. 6. 19.에는 위 1년의 기간이 경과되어 결국 가처분신청이 기각되었다.

(d) 서울고등법원 2003. 4. 23. 선고 2002나42935 판결

악기제조업을 영위하는 법정관리회사인 채권자 회사의 중국현지법인 대표이사 등이 법정관리인의 경영방침에 불만을 품고 채권자 회사의 직원들을 규합하여 피아노 제조회사를 새로 설립하고, 채권자 회사의 상당수 직원들이 채권자 회사를 사직하고 위 회사에 입사한 상태에서, 피아노, 기타 등의 제조에 관한 핵심기술을 가진 채무자들을 상대로 전직금지를 구한 사안으로 퇴직 후 2년 간의 경업금지약정에 따라 퇴직일로부터 2년 간 전직금지를 인정하였

다(위 새로 만든 회사뿐 아니라 다른 피아노, 기타의 제조, 판매회사에 전직하여서도 안 되는 것으로 결정).

(e) 대법원 1998. 2. 13. 선고 97다24528 판결(원심판결 서울고등법원 1997. 4. 29. 선고 95나49805 판결)

채권자 회사는 다이아몬드 공구 제조업체로서 공업용 다이아몬드 공구제작에 관한 많은 영업비밀을 가지고 있다. 채권자 회사는 이러한 영업비밀을 보호할 목적으로 1992. 8.경 거의 전 직원들과 사이에, 직무상 취득한 영업비밀을 누설하거나 허락 없이 이용하지 아니하고, 퇴직 후 3년 내에는 어떠한 목적으로도 고용 중에 취득한 비밀을 활용, 누설하거나 이러한 기밀을 사용하는 동종조직에서 근무할 수 없으며, 퇴직 후 의무에 위반하면 3,000만원의 손해배상금을 지급하기로 하는 내용의 회사기밀보호계약을 체결하였다. 한편, 채무자 A는 채권자 회사의 품질경영부 부장으로 근무하면서 회사의 영업비밀을 많이 알게 되었는데, 1993. 3. 25.경 채권자 회사에서 퇴직하고, 그 후 몇 달 사이에 퇴직한 채무자 B, C, D, E 등과 같이 채무자 F회사를 설립하여, 1993. 12.말경부터 채권자회사가 제조하는 제품과 같은 종류의 다이아몬드공구를 제조하여 판매하기 시작하였다. 이에 채권자는 채무자 A 등을 상대로 인천지방법원 94카합1107호로 경업행위등금지 가처분 신청을 하였으나, 채무자들이 잘못을 시인하고 추후 영업비밀침해행위를 하지 않을 것을 약속하여 위 가처분신청을 취하하였으나, 그 후에도 채무자들이 여전히 침해행위를 계속하자 다시 인천지방법원 95카합1772 부정경업행위등금지가처분 신청을 하여 1995. 12. 19. 가처분결정을 받았다. 이에 채무자들이 가처분결정에 이의신청(같은 법원 95카합652)을 하였고, 위 법원이 1996. 11. 25. 가처분결정을 취소하는 내용의 판결을 선고하자(뒤 고등법원에서의 이유와 같은 것으로 보인다), 채권자가 항소(서울고등법원 96나49805 사건), 항소심 법원은 1997. 4. 29. 채무자들에게 비밀보호 및 경업금지의무가 있음을 인정한 다음, 그 기간을 채무자들이 채권자 회사를 퇴직한 후 3년이 경과한 시점까지 인정함이 합리적이라고 한 다음, 변론종결일인 1997. 3. 18. 현재 그 기간이 지나 비밀보호의무가 더 이상 없음을 이유로 항소를 기각하였고, 그 상고심인 대법원 97다24528사건에서도 원심의 판단을 정당한 것으로 보고 상고를 기각하였다.

(f) 인천지방법원 2003. 10. 17. 선고 2000가합1798 판결

위 본안사건에 대한 가처분 사건(인천지법 2000. 11. 1.자 2000카합668 결정)에 대한 이의사건은 인천지방법원 2003. 10. 17. 선고 2000카합3200 판결로, 사실관계는 다음과 같다. 원고 회사는 목걸이 등의 재료로 사용되는 볼체인(Ball Chain)을 생산하는 제조업체이고, 피고들은 원고 회사에서 근무하다가, 피고 A는 1998. 3. 17.경, 피고 B는 1999. 5. 24.경 각 퇴직하여 볼체인을 제조할 목적으로 공동사업체를 차렸다. 피고들은 원고 회사에 근무할 당시 퇴직 후에도 영업비밀을 누설하지 않을 것을 서약하는 각서를 제출하였다. 피고들은 원고 회사에 근무하던 때인 1997. 11.말경 원고 회사의 제작기계와 동일한 제조기계를 만든 다음, 1998. 3.경부터 이태리 등으로부터 수입한 금형 복사본과 위 제조기계를 이용하여 볼체인을 생산하였으나 뜻대로 되지 아니하자, 원고 회사 직원인 소외인에게 원고 회사의 금형을 절취하도록 하여 이를 이용하여 1998. 5. 4.경부터 1999. 12. 16.경까지 볼체인을 생산, 판매하였다. 이에 대하여 법원은 249,452,693원의 손해배상을 명하는 한편, 판결 확정일로부터 6개월이 경과하기까지 원고의 영업비밀을 이용하여 볼체인을 제조하거나, 제조방법의 제3자에의 제공, 공개를 금하는 내용의 판결을 선고하였다(영업비밀침해금지부분에 관하여는 가집행을 선고하지 아니하였다).

(g) 서울지방법원 2001. 12. 7. 선고 2001가합19320 판결

원고 회사는 화장품 제조회사로서 방문판매기법으로 화장품을 판매하는 회사이고, 피고 회사 A 회사는 직판기법으로 화장품을 판매하던 소외 화장품 제조 회사가 원고 회사와 같은 방문판매기법으로 화장품을 판매할 목적으로 설립한 회사이다. 피고 B, C, D, E, F는 원고 회사에서 방문판매기법과 관련된 업무에 종사하다가, 1999. 2. 28.부터 2000. 3. 1. 사이에 원고 회사를 퇴직하여 각 퇴직 무렵 피고 회사에 입사하였다. 피고 B, C, D, E, F는 원고를 퇴

사하면서 퇴사 후 2년 간 원고의 영업비밀을 제3자에게 공개하거나, 누설하지 아니하고, 경쟁관계에 있는 회사 또는 제3자를 위하여 원고의 영업비밀을 사용하지 아니할 것을 서약하였다. 이에 법원은 원고의 영업비밀인 이 사건 경영정보가 1999년도 원고의 방문판매영업에 관한 통계자료 또는 2000년도 방문판매제도 개선안 등의 내용으로 이루어져 위 경영정보가 효과적으로 사용될 수 있는 기간이 제한되어 있는 점, 원고가 이 사건 경영정보를 조사, 연구, 개발하는 데 소요된 기간이 비교적 단기로 추측되고, 소외 회사와 피고 회사를 비롯한 다른 공정한 경쟁자가 독자적인 조사, 연구, 개발 등의 합법적인 방법에 의하여 원고의 이 사건 경영정보를 취득하는 데에 소요되는 기간 또한 비교적 단기로 예상되는 점, 서약서 상의 비밀보호기간이 2년인 점 등을 고려하여, 피고들에게 경영정보의 사용 또는 공개금지의무를 판결확정일로부터 1년이 경과하기까지만 인정하는 것이 합리적이라고 판시하였다.

(h) 대법원 2001. 3. 15. 선고 2001다71293 판결(원심판결: 대구고등법원 2001. 9. 28. 선고 2000나2291 판결)

채권자는 1989. 1. 9. 계자도선권선장치(모터의 계자에 도선을 자동으로 감아주는 장치이고 계자는 '축이 없는 전기자'를 말한다)에 대한 특허를 출원하고, 1992. 3. 12. 특허권을 부여받아 1992. 7. 9. 특허등록을 마친 후, 위 특허발명을 이용하여 '아마추어 와인딩머신'이라는 명칭의 전기자 권선기(Armature Winder)를 제작, 판매하여 오다가, 이후 수억원의 자금을 투자하여 위 기술의 개량, 발전에 노력하여, 권선을 감는 속도를 월등히 높이는 기술의 개발에 성공하여 1998년 초경 완전한 새로운 성능의 기계 제작{와인딩 머쉰 600 권선기(제품명 : W/M-600)}에 성공하였다. 채무자는 1997. 3. 29.경부터 채권자로부터 위 '아마추어 와인딩머신' 등의 일부 부품 제작을 하청받아 제작, 납품하여 오면서 위 기계의 제작에 필요한 일부 기술을 축적하였는데, 위 기계의 상품성이 좋아 보이자, 1998. 3.경 채권자의 직원을 시켜 위 기계에 대한 설계도면을 빼내 오게 하고, 역시 채권자의 직원들 여러 명을 입사시켜 납품 과정에서 익힌 기술을 이용하여 위 기계의 제작에 성공한 다음 1999. 7. 25.경부터 다른 곳에 위 기계를 납품하고 있다. 이에 채권자는 채무자를 상대로 위 기계의 제작, 판매 금지 등을 구하는 가처분 신청을 하여 인용되었으나(대구지방법원 1999. 12. 30.자 99카합424 결정), 그 이의사건에서는 가처분 결정이 취소되어 가처분 신청이 기각되었고(대구지방법원 2000. 3. 28. 선고 2000카합20 판결), 항소심에서는 판결확정일로부터 2년 동안 영업비밀의 사용, 제3자에의 공개, 제작한 기계의 판매, 반포를 금지하는 내용의 판결을 선고하였고(대구고등법원 2001. 9. 28. 2000나2291), 대법원에서 상고기각으로 확정되었다(대법원 2002. 3. 15.선고 2001다71293 판결).

(i) 대법원 1996. 12. 23. 선고 96다16605 판결

필기구 제조업체에 있어서 잉크제조의 원료가 되는 10여 가지의 화학약품의 종류, 제품 및 색깔에 따른 약품들의 조성비율과 조성방법에 관한 기술정보는 가장 중요한 경영요소 중의 하나로서, 그 기술정보가 짧게는 2년, 길게는 32년의 시간과 많은 인적, 물적 시설을 투입하여 연구·개발한 것이고, 생산 제품 중의 90% 이상의 제품에 사용하는 것으로서 실질적으로 그 기술정보 보유업체의 영업의 핵심적 요소로서 독립한 경제적 가치가 있으며, 그 내용이 일반적으로 알려져 있지 아니함은 물론 당해 업체의 직원들조차 자신이 연구하거나 관리한 것이 아니면 그 내용을 알기 곤란한 상태에 있어 비밀성이 있고, 당해 업체는 공장 내에 별도의 연구소를 설치하여 관계자 이외에는 그 곳에 출입할 수 없도록 하는 한편 모든 직원들에게는 그 비밀을 유지할 의무를 부과하고, 연구소장을 총책임자로 정하여 그 기술정보를 엄격하게 관리하는 등으로 비밀관리를 하여 왔다면, 그 기술정보는 부정경쟁방지법 소정의 영업비밀에 해당하고, 당해 업체가 외국의 잉크제품을 분석하여 이를 토대로 이 사건 기술정보를 보유하게 되었다거나, 역설계가 허용되고 역설계에 의하여 이 사건 기술정보의 획득이 가능하다고 하더라도 그러한 사정만으로는 그 기술정보가 영업비밀이 되는 데 지장이 없다고 한 사례.

(j) 수원지방법원 성남지원 2003. 5. 30. 선고 2003카합195 판결

신청인 회사는 이동통신단말기 활용을 위한 소프트웨어 개발 등을 하는 회사인데, 1995년경 CDMA(코드분할다중접속방식) 방식 이동통신단말기의 상용화에 성공한 이래 다양한 디지털 셀룰러폰(Digital Cellular Phone), PCS 및 WLL{Wireless Local Loop(무선가입자망)} 단말기 등을 생산하고 있고, 피신청인 회사는 주로 셀룰러폰 액세서리를 생산, 판매하다가 최근에는 WLL 단말기 제품을 생산, 판매하고 있다. WLL 단말기를 생산하기 위해서는 신청인 회사가 미국 퀄컴(Qualcomm)사로부터 사용에 대한 라이선스를 받은 원천 소프트웨어 소스코드{source code(원시코드), 인간이 인식할 수 있는 컴퓨터 언어로 작성된 프로그램으로서 이를 컴퓨터가 읽고 이해할 수는 없으나 컴파일러(compiler)라고 부르는 일종의 번역프로그램을 거쳐서 0과 1의 나열에 의한 목적코드(object code)로 변환하면 컴퓨터를 작동시킬 수 있다} 외에도 Memory, CDMA Controller, Power, Handset 등을 구동하기 위한 원천 소프트웨어 소스코드의 수정 및 추가 개발을 하여야 하며, 이러한 소프트웨어 소스코드를 개발하기 위하여서는 통상적으로 WLL 기술분야연구원 7명 내지 8명 정도가 8개월 내지 10개월 정도의 기간이 소요된다. 그런데, 신청인 회사에서 WLL 기술분야를 연구하던 신청 외 7명은 2001. 2. 20.경부터 2001. 9. 20.경까지 사이에 신청인 회사를 퇴직하였는데, 퇴직하면서 WLL 단말기 소프트웨어 소스코드를 CD-ROM에 저장하여 외부로 반출하였고, 피신청인 회사에 입사하였다. 피신청인은 이를 이용하여 WLL 단말기를 생산판매하고 있다. 위 신청외인들은 퇴직한 후 3년 간 경업관계에 있는 업체에 취업하거나 영업비밀을 이용하지 않기로 약정하였다. 이에 대하여 법원은 위 경업금지기간이 3년인 점, 위 WLL 단말기 소프트웨어 소스코드를 개발하기 위하여 통상적으로 걸리는 시간 등의 사정을 종합하여, 이 결정 효력 발생일로부터 약 8개월이 경과하는 2003. 12. 31.까지 신청인 회사의 소프트웨어 사용의 사용 또는 공개를 금지하는 것이 합리적이라고 하면서, 같은 날까지 공개, 사용 등을 금지한 가처분결정(수원지방법원 성남지원 2003. 4. 17.자 2002카합422 결정, 전직금지는 신청하지 않은 것으로 보인다)을 인가하였다.

(k) 청주지방법원 2002. 6. 12.자 2001카합679 결정

보일러 제조에 관한 영업비밀에 관련하여, 이 사건 보일러는 아이디어나 전문기술이 있는 상태에서 지속적으로 연구, 개발하더라도 최소한 3개월은 걸려야 제조할 수 있으므로 피신청인 측에서 독자적으로 합법적인 방법에 의하여 연구, 개발할 경우 이보다는 훨씬 많은 시간이 걸릴 것인 점 등의 사유를 고려하여 가처분 결정일로부터 1년간, 피신청인 회사에 대하여 위 기술을 보유한 신청외인들을 위 영업비밀관련 업무에 종사하게 한다거나 영업비밀을 사용한다든가 하는 행위를 금지시켰다.

(l) 대구고등법원 2001. 12. 11.자 2000라22 결정

신청인 회사의 대표이사인 A는 1987. 11.경 일본 고주파열연 주식회사로부터 그 회사가 특허 등록한 기술방법에 의한 이 사건 크랭크샤프트코일을 포함한 자동차 크랭크샤프트의 표면경화열처리용 고주파유도가열장치에 관한 기술도입계약을 체결하고(기술협력의 대가로 순판매 가액의 2% 상당액을 로열티로 지불), 1988. 2. 위 일본 회사와 합작하여 신청인 회사를 설립한 다음, 위 고주파유도가열장치 등을 생산하여 왔다. 피신청인은 1990. 2. 3. 신청인 회사에 입사하여 고주파유도가열장치에 장착되는 각종 코일 제조기술자로 근무하다가(피신청인은 신청인 회사에서 위 일본 회사로부터 크랭크샤프트 제조기술을 전수받는 전담기술자로 발탁되어, 1991. 4. 15.부터 1994. 12. 11.경까지 7회에서 걸쳐 일본에서 파견된 기술자로부터 기술지도를 받았고, 1991. 8. 11.경부터 1991. 10. 27.경까지는 일본 현지연수도 받았다), 1996. 4. 30. 퇴사한 다음, 1996. 5. 17.부터 신청인 회사에서 익힌 기술로 고주파유도가열장치에 장착되는 각종 코일의 제조, 수리, 판매업을 하고 있다. 피신청인이 퇴사한 다음 피신청인이 하던 업무를 하는 신청외 B는 대부분의 일반 코일을 제작할 수 있는 기술을 습득한 상태에서도 2년 이상 이 사건 크랭크샤프트코일의 생산 업무를 직접 맡아 한 이후에야 비로소 이 사건 크랭크샤프트코일 생산 기술을 습득할 수 있었다(신청인 회사에서는 입사한 후 최소 6개월은 지나야 일반 코일 제작 업무에 참여시키고, 일반 코일 제작 업무에 참여한 지 짧게는 1년 6개월에서 길게는 3년 이상이 지난 다음에야 이 사건 크랭크샤프트코일 생산

담당 직원으로 투입시키고 있다). 이 사안에서 법원은 2001. 11. 16.자 가처분결정에서 피신청인에게 이 결정 고지받은 날로부터 1년 동안 신청인 회사의 기술방법을 사용하여 크랭크샤프트 제품을 제조, 판매, 수리하여서는 아니 된다는 취지의 결정을 하였다.

(m) 대구지방법원 2003. 7. 18.자 2002카합816 결정

채권자 회사의 대표이사 A는 1988. 4. 25.부터 개인 명의로 산업용 기계 및 설비를 제작 판매하여 오다가, 1998. 12. 30. 채권자 회사를 설립하여 그 동안의 연구결과를 바탕으로 대, 소형 모터의 핵심부품인 아마츄어(Armature, 전기적 에너지를 동력으로 변환하는 장치)의 조립용 자동화 설비라인을 제작판매하면서, 계속하여 위 기술을 연구개발하여 이에 대한 독자적인 기술을 보유하게 되었다. 그런데, 위 A의 동생인 신청외 B는 채권자 회사의 공장장으로 근무하다가 A와의 의견충돌로 2000. 8.말경 퇴사한 다음, 개인업체를 만들어 채권자 회사에서 퇴직한 사람들과, 채권자 회사의 거래업체 직원들 및 외주업체 직원들을 채용하였고, 자신이 채권자 회사에서 빼내 온 설계도면 등을 이용하여 2000. 9. 5.경부터는 채권자 회사와 동일한 설비라인을 제작, 판매하기 시작하였고, 2002. 2. 27. 채무자 회사를 설립하여 동종의 영업을 하고 있다. 이에 대하여 법원은 침해금지기간의 일반적인 고려요소를 나열한 다음, 이 사건에 있어서의 금지기간을 제반사정을 감안하면 결정일로부터 2년간으로 정함이 상당하다고 하였다.

(n) 대구고등법원 1997. 5. 28.자 96라8 결정

신청인 회사는 1986. 9. 24. 설립된, 화학섬유제조설비부품인 스핀 팩 필터(SPIN PACK FILTER)의 제조업체인데, 설립 이후 다른 회사로부터의 기술도입, 독자적인 기술개발 끝에 위 스핀 팩 필터 제조에 관하여 상당한 제조기술을 보유하게 되었다. 한편, 신청외 A는 1991. 7. 8.부터 1992. 8. 7.까지 신청인 회사의 공동대표이사로 재직하였는데, 1992. 8. 31.에는 피신청인 회사를 설립하여 그 대표이사가 되었고, 신청인 회사의 위 스핀 팩 생산기술책임자인 신

청외 B, 영업과장 신청외 C, 영업대리인 신청외 D 등으로 하여금 신청인 회사의 기술 관련 자료를 임의로 자져오게 하거나 스핀 팩 필터 제조에 관한 핵심 기술을 복사하게 한 후 신청인 회사를 퇴사하게 한 다음, 피신청인 회사에 입사시키고, 신청인 회사의 자료 내지 핵심기술을 토대로 신청인 회사에서 제조하는 것과 유사한 스핀 팩 필터의 제조에 필요한 공장설비를 갖추고, 1992. 11. 11.경에는 다른 회사에 스스로 제조한 스핀 팩 필터의 샘플을 제공하기도 하고, 1993. 2.경부터는 신청인 회사에서 생산하는 것과 유사한 스핀 팩 필터를 본격적으로 제조하여 신청인 회사의 거래처 등에 신청인 회사의 제품보다 훨씬 싼 가격으로 판매하기 시작하였다. 이에 신청인 회사는 피신청인 회사를 상대로 기술생산 독점권 사용 및 모조품 판매 금지를 구하는 가처분을 신청하였으나 기각되었고(대구지방법원 1994. 6. 21.자 94카합498 결정- 영업비밀 침해행위에 해당되지 않는다는 것이 요지임), 그 항고도 기각되었으나(대구고등법원 1995. 4. 19.자 94라13 결정- 침해금지청구권이 부정경쟁방지법 제14조에 의하여 소멸시효 완성으로 소멸되었다는 것이 요지임), 그 재항고가 받아들여짐으로써 파기환송되었고(대법원 1996. 2. 13.자 95마594 결정- 소멸시효는 신청인의 피신청인에 대한 경고장 발송 등의 행위에 의하여 중단되었다는 것이 요지임), 이에 대구고등법원이 1997. 5. 28.자 96라8 결정에서 마침내, 신청인 회사의 신청을 받아들여 '원결정을 취소하고, 피신청인에게 신청인 회사의 기술방법을 사용한 제품의 제작, 판매를 하여서는 아니 된다'는 취지의 결정을 하였다. 주문에는 금지기간에 대한 언급이 없으나, 판결 이유에서 "신청인 회사의 스핀 팩 필터 제조기술이 다소 개량된 특수한 점이 있다고 하더라도 일반적인 스핀 팩 필터 제조기술은 공지의 것으로 현재 여러 회사들이 스핀 팩 필터를 제조하고 있는 점, 신청인 회사는 1986. 9.경 설립되어 그때부터 스핀 팩 필터를 제조하여 오고 있고, 제품제조기술의 향상을 위하여 상당한 투자를 하여 온 점, 피신청인 회사는 설립한 지 얼마 되지 아니하여 신청인 회사의 기술을 이용하여 단시간 내에 같은 종류의 제품을 생산한 점, 피신청인 회사가 신청인의 영업비밀을 침해한 지 5년 정도의 기간이 경과한 점 등을 종합적으로 고려하면 이 사건 제조기술의 사용 금지기간은 이 결정 송달일로부터 2년간으로 정함이 상당하다 할 것이지만 권리보전절차에 불과한 이 사건에서는 그 금지기간을 명시적으로 정할 필요가 없고"라고 판시하고 있다. 그 뒤, 이 결정에 대하여 피신청인이 이의를 신청, 위 가처분 결정은 유지되었으나(대구고등법원 1997. 12. 3. 선고 97카합44 판결), 결국 대법원에서 이 판결은 파기되었다(대법원 1998. 6. 9. 선고 98다1928 판결-영업비밀침해행위가 1991. 12. 31.개정된 부정경쟁방지법 시행 전에 이루어졌으므로 같은 법의 적용이 없어 결국 침해금지청구하지 못한다는 것이 요지임).

(o) 수원지방법원 1998. 10. 22. 선고 98가합2115(가처분사건 같은 날 선고 98카합209 판결)

원고 A(오스트리아 국적의 법인이고, 나머지 당사자들은 전부 우리나라 회사이다)는 터널의 굴착에 관한 기술의 하나인 Conex 공법의 연구 개발자인데, 한국전력공사가 발주한 신당-한남간 전력구건설공사에 코넥스 공법이 도입되자, 1995. 3. 1. 원고 B, 피고 C, 소외 E와 사이에 업무협력계약을 체결한 다음, 피고 C로 하여금 위 공법에 따른 공사에 필요한 일부 자재를 생산케 한 다음, 원고 B를 통하여 수입된 자재와 함께 공사업체에 납품케 하였다. 한편, 위 업무협력계약에 따르면 계약 당사자들은 계약기간 동안 기밀 정보에 대한 비밀을 유지해야 되고, 그 후에도 당해 정보가 더 이상 기밀 정보에 해당하지 아니할 때까지 비밀을 유지하여야 한다. 계약이 해지되는 경우 원고 A를 제외한 나머지 계약 당사자는 코넥스 기술에 대한 기밀 정보를 사용할 권한을 상실한다고 되어 있다. 그런데, 원고 B가 공급한 자재의 하자 유무에 대하여 원고들과 피고 C 사이에 분쟁이 발생하여 피고 C는 1997. 3. 11. 원고들의 귀책사유로 계약이 해지되었다고 최종 통보하였다. 위 분쟁으로 인하여 피고 C는 원고 B가 공급하는 자재를 제때에 공급받지 못하자 그 대용품으로 자체 개발하였다는 물품의 제작을 피고 D에게 의뢰하여 납품받았다. 그러나, 위 자체 개발하였다는 물품은 원고의 제품과 사실상 동일한 제품이다. 한편, 피고 C는 이와는 별도로 1996. 12. 24. 한국전력공사가 발주하는 영등포-영서간 전력구공사에 위 자체 개발하였다는 자재를 납품하기로 수의계약하였다. 이에 원고들이 피고들을 상대로 영업비밀사용금지, 피고들 제작 물품의 폐기 등을 청구하였고, 법원은 이를 인정하였다(본안에 관하여는 가집행도 선고하였다). 피고들은 항소를 제기하는 한편, 특별사정(원고들의 손해는 금전보상이 가능하고, 가처분이 취소되지 않으면, 별도로 수주한 계약에 따른 납품을 할 수 없어 광명시, 영등포 지역의 전력부족 현상을 피할 수 없어 사회적으로 막대한 손해가 생긴다는 등)에 기한 가처분취소청구(같은 법원 98카합1002)를 하였으나 1999. 1. 7. 기각되었다. 그 뒤 항소심에서 소가 취하되었다.

(p) 부산지방법원 동부지원 2001. 12. 11.자 2001카합620 결정

피신청인이 입사당시 영업비밀준수약정, 경업금지약정을 한 사안으로서, 거래처명단, 공장자동화용 제품에 관한 거래내용 특히 신청인 회사에 제시한 주문가격, 감액가격 및 결정된 가격 등을 신청인 회사의 수주에 결정적인 영향을 미치는 영업비밀이라고 인정한 다음, 영업비밀이 보호되는 시간적 범위는 2002. 12. 31.까지로 제한함이 상당하다고 하면서 그때까지 영업비밀의 공개, 사용금지를 명하면서, 경업금지부분에 대하여는 기각하였다.

(q) 동경지방법원 1994. 9. 29. 판례시보 1543호 134항

원고는 기업연수 등을 주요 업무로 하는 회사이며 피고는 원고에 입사하여 영업담당, 인스트럭터로서 근무하였다. 피고는 원고를 퇴사하면서 원고와의 고용관계 종료 후 1년간은 원고가 교육이나 컨설팅을 담당, 권유했던 상대에 대하여 원고와 경합하여 교육이나 컨설팅 또는 그 권유를 하지 않는다는 내용의 경업금지계약을 체결하였다. 그러나 피고는 피고가 재직 중 사원 교육, 연수를 실시했던 A에 대하여 교육, 연수를 실시하였다. 원고는 피고에 대하여 채무불이행 또는 불법행위를 이유로 하는 손해배상 청구를 하였다.

법원은 본건 경업금지계약은 '피고의 주장대로 피고의 영업활동을 제약하는 것이나, 그 금지 기간, 업무의 범위 등에 비추어 공서양속에 반한다고 인정할 정도로 피고의 영업활동을 과도로 제한한다고 볼 수는 없다'라고 판시하였다.

(r) 우라와지방법원 1997. 1. 27. 판례시보 1618호 115항

원고는 이벤트 경영 등을 주요 업무로 하는 회사이며, 피고들은 원고의 종업원으로서 근무하고 있었으나 퇴직 시 원고가 준비한 퇴직확인서에 서명날인을 하였다. 동 확인서에는 취업규칙의 규정에 따라 퇴직 후 3년간은 동종타사에 취직하는 것 및 개인 또는 회사로서 동종의 일을 일절 하지 않겠다는 경업금지특약이 포함되어 있었다.

법원은 '피고들에게 부과되는 경업금지의 부담은 퇴직 후 3년간 모든 경업행위를 모든 지역에서 금지하는 내용이며, 그 기간, 지역, 직종 등의 범위를 보았을 때 경업을 하려고 하는 피고들에게 중대한 제약이므로' 공서양속에 반하여 무효라고 판시하였다.

(s) 오사카지방법원 1998. 12. 22. 지식재산관계민사행정재판례집30권4호1000항

원고는 산업기기 및 설비의 내식가공 및 내식탱크 등의 제조판매를 주요 업종으로 하는 회사로서, 피고들은 원고의 임원 또는 종업원이었다. 피고들은 원고를 퇴직하면서 경쟁사의 임원으로 취임하였다. 피고들은 원고에 재직 중 '회사를 퇴직한 후 5년간은 회사의 영업의 부류에 속하는 사업을 하는 타기업에의 근무 또는 자가영업을 하지 않고, 기타 회사의 기술, 정보 등을 이용하여 회사에 손해를 끼치는 행위를 일체 하지 않겠다'는 조항이 기재된 서약서를 원고에 제출하였다. 원고는 피고들에 대하여 부정경쟁방지법 제3조에 의거하여 불소수지 시트라이닝을 시술한 탱크의 제조에 관한 노하우의 사용 금지를 청구하는 동시에 계약 또는 신의칙상의 의무위반을 이유로 경업행위의 금지와 불법행위 또는 고용계약상의 채무불이행을 이유로 손해배상을 청구하였다.

법원은 '본건 계약서에 의한 경업금지의 규정은 그 대상이 매우 광범위하고 지역적인 한정이 없으며 기간이 너무 길고 대상조치가 없거나 불충분하므로, 영업비밀의 공개, 사용의 금지 이상으로 경업금지를 인정할 합리성이 부족하며 공서양속에 반하는 무효로 보아야 한다'고 판시하였다.

(t) 오사카지방법원 2003. 1. 22. 노동판례 846호 39항

피고는 실험용 동물의 사육 및 판매, 의약, 농약 등의 개발 연구를 위하여 약리시험 등의 실시를 업으로 하는 회사로서 제약회사 등으로부터 의약품 등의 개발 업무를 수탁하는 개발업무 수탁기관으로서 의약품 등의 치험을 실시하고 있다. 원고는 피고와의 임상개발사업본부에 근무하여 동 본부의 임상개발부에 설치된 임상개발 그룹에서 하나의 소그룹 매니저의 지위에 있었다. 원고는 피고와 취직 및 퇴직 시 퇴직 후 1년 이내에 피고 또는 피고 그룹사와 경쟁관계에 있는 회사에 취직하지 않고, 이를 위반할 경우에는 손해배상의무를 부담한다는 내용의 합의를 하였다. 그러나 원고는 피고를 퇴직한 후 A사에 취직하여 신약의 개발에 관한 치험의 실시 및 모니터링 업무에 종사하였다. 피고는 원고의 A사에서의 취업이 경업금지의무에 위반된다고 주장하여 경업행위의 중지를 요청하였다. 이에 원고는 위 경업금지계약은 공서양속에 위반하는 무효이며 퇴직 후 A사에 취업한 것에 의한 손해배상의무를 부담하지 않는다며, 그 의무의 부존재의 확인을 구하여 소송을 제기하였다.

법원은 '원고가 받는 불이익이 경업금지의무에 의해 지키려고 하는 피고회사의 이익보다 훨씬 큰 점, 급여 지급 기간 중 월 4000엔의 비밀보호수당이 지불되었을 뿐 퇴직금 기타 대상조치는 아무것도 취하지 않았던 점을 고려하면, 원고가 피고회사를 퇴직할 시에 한 합의는 경업금지의무의 기간이 1년에 지나지 않는 점을 감안해도 그 제한이 필요하고 합리적인 범위를 넘는다고 할 수 있으며, 공서양속에 반하는 무효로 보아야 한다'고 판시하였다.

(u) 동경지방법원 2006. 5. 24. 판례시보 1956호 160항

원고는 기업, 단체, 개인에 대한 프로젝트 매니지먼트(PM)에 관한 강좌를 제공하는 것을 주요 업무로 하는 회사이며, 피고는 원고의 종업원이었다. 피고는 입사시 원고와 고용계약서를 작성하였으며 그 내용에 (1) 고용기간 및 고용계약 해약 후 2년간 피고는 원고의 고객들에 대하여 피고 개인으로서 또는 피고가 타 기업에 속하여 직접 혹은 간접적으로 원고의 업무분야의 영업 또는 권유활동을 하지 않는다, (2) 피고는 고용계약 해약 후 2년간은 원고의

고객에 대하여 동종 업무분야의 서비스를 제공하지 않는다는 경업금지조항이 포함되어 있었다. 그 후 피고는 원고를 퇴직하였으나 자기의 컴퓨터에 원고의 교재 등을 복제하여 전자 데이터로서 소지하고 있었다. 원고는 피고에 대해 경업금지의 합의에 기초하여 퇴사로부터 2년간 프로젝트 매니지먼트의 교육업무 및 컨설팅업무에 관한 자기 또는 제3자의 영업 또는 권유를 위하여 원고의 고객에 대해 접촉해서는 아니 되고 그와 같은 업무를 해서는 아니 된다 등의 내용의 금지청구를 신청하였다.

법원은 '(1) 경업금지조항 제정의 목적은 채권자의 교재 등의 내용이나 노하우를 보호하고 다른 경쟁업자의 손에 넘어가지 않도록 하는 것으로 정당하다고 평가할 수 있는 점, (2) 피고는 원고의 입사 전에는 프로젝트 매니지먼트의 교육업무 및 컨설팅업무에 종사한 경험이 없고 또한 당해 업무의 노하우를 가지고 있지 않았으며, 퇴직 후 2년간 원고에서 일하며 익히게 된 프로젝트 매니지먼트의 위 업무를 행하는 것을 제한하는 것에는 합리적 이유가 있으며, 피고의 직업선택의 자유를 부당하게 제한하는 결과라고까지는 하기 어려운 점, (3) 경업금지기간은 퇴직 후 2년간으로 동종 타사도 같은 내용의 규정을 두고 있으며 기간이 장기간으로 피고에게 혹독한 제한이라고는 하기 어려운 점, (4) 영업·권유활동을 행해서는 안 되는 대상이 되는 고객은, 여태까지 원고의 연수를 받는 등 이미 거래관계가 형성되어 있는 회사를 말하며, 대상 범위가 너무 넓다고는 할 수 없는 점, (5) 피고가 원고로부터 지급받은 보수의 일부분은 퇴직 후의 경업금지에 대한 대가가 포함되어 있다고 할 수 있는 점 등을 종합적으로 고려하면, 본 경업금지조항은 노동자의 직업선택의 자유를 부당하게 제약하는 결과라고까지는 할 수 없으며, 유효하다고 해석함이 상당하다'라고 판시하였다.

(4) 경업금지의무와 전직금지명령

근로자의 전직으로 인한 영업비밀 침해 또는 침해의 우려가 있는 경우 영업비밀의 침해행위에 대한 금지청구권을 행사하여 근로자에 대한 전직금지명령을 구하는 것이 일반적으로 인정되어 있다. 즉, 우리나라 법원은 '회사가 다이아몬드공구의 제조공정에 있어서 일반적 지식 또는 기능이라고 할 수 없는 특수한 기술상의 비밀정보를 가지고 있고 이러한 비밀정보는 일종의 객관화된 지식재산이므로, 퇴직사원의 영업비밀 침해행위에 대하여 회사와의 사이에 침해행위 중지 및 위반시 손해배상약정금을 정한 합의가 이루어진 경우, 그 합의서의 내용을 회사의 영업비밀을 지득하는 입장에 있었던 사원들에게 퇴직 후 비밀보호의무 내지 경업금지의무를 인정하는 것으로 해석하는 것이 직업선택의 자유에 관한 헌법규정에 반하지 않는다,'[36] '첨단기술 분야에 종사하면서 특정한 연구개발을 수행하던 근로자가 소속 회사와 사이에 퇴직 후 1년 동안 경쟁업체에 취업하지 않고 영업비밀을 제3자에게 공개하거나 직접 사용하지 않겠다는 내용의 약정을 체결한 경우, 그 경업금지약정이 헌법상 개인의 직업선택의 자유를 부당하게 제한하는 것이라고 볼 수 없다는 이유로 유효하고, 그 경업금지의무 및 영업비밀의무의 존속기간은 퇴직 후 1년까지로 인정함이 상당하다'[37]라고 판시하여, 전직금지명령의 전제가 되는 경업금지의무를 부과하는 합의를 유효하다고 보고 있다.

경업금지의무를 부과하는 데에 그치지 않고 전직금지의무를 부과하는 약정에 대해서도, '사용자와 피용자 사이에 체결되는 전직금지약정은 일종의 경업금지약정으로서, 그 체결된 배경이나 그 내용 및 기간에 합리성이 인정되는 경우에는 헌법상 보장된 직업 선택의 자유를 침해하지 않는 것으로서 공서양속 위반으로 볼 수 없으며, 경업금지약정의 목적이 피용자로 하여금 퇴사 후 그가 취직 중 알게 된 판매 방법 등에 관한 정보 및 고객 명단 등을 이용하여 동종의 영업 분야에서 일하거나 다른 경쟁 판매회사 등에 취업함으로써 결국 그가 소속했던 회사에 손해를 끼치는 행위를 막기 위한 것이라는 점, 금지기간이 1년으로서 그 피용자에게 과도한 제약이 되지 아니하는 점을 고려하면 그 약정은 유효하다'[38]고 하여 이를 인정하고 있다.

---

36) 대법원 1997. 6. 13. 97다8229 판결.

37) 수원지법 2000. 6. 7. 2000카합95 결정.

38) 서울지방법원 1997. 6. 17. 97카합758 결정.

단, 경업금지의무 또는 전직금지의무를 전제로 한 전직금지명령은 근로자의 직업선택의 자유라는 헌법상의 권리를 크게 제한하는 것이므로, 다른 금지청구와 비교하여 직업선택의 자유를 배려한 신중한 판단이 요구된다.

이에 대해 우리나라 법원은, '영업비밀을 가지고 있는 자로 하여금 동종 업체에 전직하는 것 자체를 금지시키는 것은 영업비밀 침해행위에 대한 금지 또는 예방 청구권의 범위를 넘는 것으로서 영업비밀을 보호하기 위한 적절한 조치라고 볼 수 없을 뿐만 아니라, 영업비밀을 가지고 있는 자의 인격을 과도하게 침해하는 결과로 되어 헌법상 직업선택의 자유에 대한 본질적인 침해가 될 것이나, 부정경쟁방지법상의 영업비밀에 관한 규정의 취지 및 내용, 영업비밀을 보호할 필요성이 있는 상태에 있고 영업비밀을 보호하기 위하여 많은 노력을 기울인 점, 영업비밀을 가지고 있는 자가 동종 업체에서 동종 제품 제조 등 업무에 종사하는 것을 금지하지 않고서는 영업비밀을 보호할 수 없는 점 등에 비추어 보면, 영업비밀을 보호하기 위하여 영업비밀을 가지고 있는 자를 경쟁 동종 업체의 동종 제품 제조·판매 및 그 보조업무에 종사하지 못하게 하는 것이 헌법상 직업선택의 자유를 본질적으로 침해하는 것이라고 볼 수 없다'[39]라고 판시하여, 금지청구권으로 전직금지명령을 명하는 것을 인정하면서도 그 범위는 근로자의 직업선택의 자유를 본질적으로 침해하지 않는 범위로 제한해야 함을 분명히 하고 있다.

구체적으로 전직을 금지하더라도 특별한 사정이 없는 한 영업비밀의 존속기간을 넘는 기간까지 전직을 금지할 수는 없으며, 영업비밀의 존속기간은 영업비밀을 취급하던 업무에서 실질적으로 이탈한 시점부터 기산하여 사용자가 합리적으로 정한 영업비밀 보호기간이라 해석된다.[40]

덧붙여 근로자의 전직을 막는 방법은 금지청구뿐만 아니라 예방청구에서도 인정된다. 우리나라 법원은 '근로자가 회사에서 퇴직하지는 않았지만 전직을 준비하고 있는 등으로 영업비밀을 침해할 우려가 있어서 이를 방지하기 위

39) 서울지방법원 1995. 3. 27. 94카합12987 결정.
40) 대법원 2003. 7. 16. 2002마4380 결정.

한 예방적 조치로서 미리 영업비밀 침해금지를 구하는 경우에는… 영업비밀이 존속하는 기간 동안에는 영업비밀의 침해금지를 구할 수 있는 것이므로, 근로자가 퇴직한 이후에 영업비밀 침해금지를 구하는 경우에도 근로자가 영업비밀 취급업무에서 이탈한 시점을 기준으로 영업비밀 침해금지 기간을 산정함이 타당할 것이다'[41]고 판시하여 퇴직 전의 금지청구 즉 예방청구를 할 수 있음을 인정하고 있다.

(5) 침해사실의 입증

입증책임에 관한 법률요건분류설에 따르면, 영업비밀 침해에 대한 금지청구의 조문의 구조상 금지청구의 청구권자가 영업비밀 침해자의 '영업비밀 침해행위'의 존재를 입증하는 것이 원칙이다. 부정경쟁방지 및 영업비밀보호에 관한 법률은 제14조의 2 제1항은 영업상의 이익을 침해당한 자가 영업비밀 침해행위가 없었다면 판매할 수 있었던 물건의 수량을 영업상의 이익을 침해한 자가 영업비밀 침해행위로 양도한 물건의 양도수량에 의해 추정하는 규정으로 손해배상액의 추정이 가능함을 규정하고 있으나, 이는 어디까지나 손해배상의 액수에 관한 추정 규정에 지나지 않으므로, 금지청구의 청구권자 즉 영업비밀 보유자가 영업비밀 침해행위의 존재를 입증해야 함에는 변함이 없다.

어떠한 행위가 이루어졌을 때 영업비밀 침해행위가 존재한다고 인정되는가는 다양한 사례가 존재할 수 있다. 예를 들어 회사의 종업원이 영업비밀을 아는 채로 퇴사하였다가 경쟁회사에 취직한 경우, 그와 같은 사실만으로 영업비밀을 누설하였다거나 경쟁회사가 영업비밀을 침해하였다고 추정할 수는 없으나, '필기구 제조업체의 연구실장으로서 영업비밀에 해당하는 기술정보를 습득한 자가 계약관계 및 신의성실의 원칙상 퇴사 후에도 상당 기간 동안 비밀보호의무를 부담함에도 불구하고 타 회사로부터 고액의 급여와 상위의 직위를 받는 등의 이익을 취하는 한편 타 회사로 하여금 잉크를 제조함에 있어서 그 기술정보를 이용하여 시간적·경제적인 면에서 이익을 얻게 하기 위하

41) 대법원 2003. 7. 16. 2002마4380 결정.

여 타 회사로 전직하여 타 회사에서 그 기술정보를 공개하고 이를 사용하여 잉크를 생산하거나 생산하려고 한 경우, 그러한 행위는 공정한 경쟁의 이념에 비추어 선량한 풍속 기타 사회질서에 반하는 부정한 이익을 얻을 목적에서 행하여진 것으로서 부정경쟁방지법 제2조 제3호 (라)목 소정의 영업비밀 유지의무 위반행위에 해당한다'[42]라고 판시한 판례가 있다.

한편, 회사의 종업원이 종전 회사에서 종사하던 업무와 동일한 업무에 종사한다거나 경쟁회사가 특별히 연구에 힘써오지 않았던 분야에 회사의 종업원을 스카우트한 이후 단기간 내에 동일한 기술을 개발하였다는 등의 사정은 영업비밀을 침해하였다는 추정을 뒷받침하는 강력한 간접사실이 될 수 있다.

(6) 예방청구권

영업비밀에 관계하는 부정행위에 의해 영업상의 이익을 해칠 우려가 있는 경우에는 그 영업비밀에 관계되는 부정행위의 예방청구권이 영업비밀 보유자에게 인정된다. 단, 예방청구는 부정행위가 존재하기 이전에 실시하는 사전적 조치이므로, 영업비밀에 관계하는 행위가 예방청구에 의해 부당하게 제약되지 않도록 '영업상의 이익을 해칠 우려'는 단순한 가능성의 존재만으로는 부족하고 상당한 가능성의 존재, 즉 개연성이 있어야 한다. 개연성은 적어도 장래 침해행위가 발생할 가능성이 상당히 있다고 인정되는 객관적 상황이 존재함으로써 인정될 수 있으며, 나아가 침해행위자가 침해행위를 실행하려고 결의하였다는 등의 주관적 의지의 존재에 의해 보강된다. 단, 영업비밀에 관계하는 행위 중 부정공개행위의 경우, 정당한 행위가 예방청구에 의해 제약됨으로써 발생하는 불이익에 비해 부정한 행위로 공개되어 발생하는 피해가 크다는 점을 고려하여, 다른 행위보다 개연성의 판단을 더 유연하게 할 필요가 있다.

(7) 폐기 및 제거청구

영업비밀의 보유자는 영업비밀 침해행위자를 상대로 하여 그 침해행위로

---

42) 대법원 1996. 12. 23. 선고 96다16605 판결.

조성한 물건의 폐기, 침해행위에 제공된 설비의 제거 기타 침해행위의 금지 또는 예방을 위하여 필요한 조치를 함께 청구할 수 있다(부정경쟁방지 및 영업비밀 보호에 관한 법률 제10조 제2항). 그 취지는 영업비밀의 침해한 자의 수중에 침해행위를 조성한 물건이나 침해행위에 제공된 설비를 그대로 존치하는 경우에는 침해행위 재발의 우려가 있으므로 영업비밀의 법적가치보호에 만전을 기하기 위함이다. 폐기 및 제거청구는 부작위청구권인 금지 및 예방청구에 그치지 않고 장래의 침해행위를 확실하게 방지하기 위해 상대방에게 적극적인 조치를 요구하는 작위청구권으로서, 이는 상대방에게 일정 행동을 강제하고 영업의 자유 등을 제한하므로 상대방의 불이익에 대한 충분한 고려가 필요하며 필요최소한의 범위에 제한되어야 한다. 특히 영업비밀을 선의로 취득한 후 상당한 투자를 하여 실질적인 지위의 변경을 가져온 경우 또는 영업비밀의 사용이 전 제조공정이나 영업활동과 일체적인 상태를 형성하여 불가분적일 경우에는 폐기 및 제거청구로 인해 상대방에게 발생하는 손해가 매우 크므로, 민법상의 권리남용이 되지 않도록 그 범위를 제한해야 한다.

또한 폐기 및 제거청구의 목적은 어디까지나 영업비밀 침해행위로 인한 물적 침해상태의 제거를 통해 장래의 침해 재발을 막아 금지청구의 실효를 거두기 위함에 있으므로, 단독으로 독립하여 행사할 수 없으며 반드시 금지 또는 예방청구권에 수반되어야 하는 부대청구권으로 해석된다.

'침해행위를 조성한 물건'이란 그 물건이 존재하는 한 침해행위를 일으키는 즉 당해 물건이 없다면 침해행위도 없는 물건(영업비밀이 화체된 도면·사양서·설명서·메모 노트·설계도·고객리스트 등)으로 침해행위에 의하여 생산한 물건(부정 취득한 영업비밀을 이용하여 생산한 제품)도 포함된다.

'침해행위에 제공된 설비'란 영업비밀을 침해하는 데 제공된 도청 장비 또는 부정 사용행위에 쓰이는 금형, 제조기계 및 생산설비 등을 말한다. 단, 이러한 물건 중 극히 일부분에만 영업비밀이 화체되어 있거나 생산된 제품 중 극히 일부분의 부품 등이 영업비밀 침해와 관련이 있을 경우, 또는 극히 일부분만 침해행위에 제공된 경우, 그 전부에 대하여 폐기 또는 제거를 청구하는 것은 위에서 언급한 대로 상대방에게 발생하는 손해가 매우 크며 과잉청구에 해당될 수 있으므로, 어디까지나 민법상의 권리남용이라고 판단되지 않는 범위 안으로 제한된다.

또한 이와 같은 물건이나 설비에 대하여 폐기 및 제거를 청구하기 위해서는 그와 같은 물건이나 설비가 현존하는 사실의 입증과 동시에, 청구의 상대방이 적절한 것, 즉 상대방이 그 물건 · 설비에 대하여 소유권 등의 처분권한을 가지고 있어 폐지 및 제거 명령에 따를 수 있음을 입증하여야 한다. 먼저, 폐기 및 제거 청구권은 일종의 방해배제청구권이므로, 보유자의 권리에 대한 방해의 현존, 즉 침해행위자가 침해행위로 인하여 조성한 물건 등을 현실적으로 점유 · 관리하고 있음을 주장 · 입증하여야 한다. 또한 침해행위가 있었다고 하더라도 그 침해행위자가 침해행위에 제공된 공장 등 설비의 소유권이나 처분권을 가지고 있지 않은 경우에는 그 폐기 등을 명할 수는 없기 때문에 처분권한도 주장 · 입증하여야 한다.

이에 대해 우리나라 법원은 '영업비밀 보유자에게 고용되어 영업비밀을 취득한 자가 그 영업비밀을 자신의 노트에 기재한 행위 자체는 영업비밀의 침해행위에 해당하지 아니하나, 타 회사에 스카우트되어 그 노트에 기재된 영업비밀을 이용하여 영업비밀 침해행위를 하고 있다면 그 노트는 부정경쟁방지법 제10조 제2항 소정의 '침해행위를 조성한 물건'에 해당되며, 영업비밀 침해행위가 계속될 염려가 있다면 그 노트에 대한 폐기를 명할 수 있고, 당해 노트에 대한 폐기는 노트의 현존 여부를 밝힌 다음 그 소유자나 처분 권한이 있는 자에게 명해야 한다'고 판시하여, 위와 같은 입장을 명확히 밝히고 있다.[43)]

마지막으로 '기타 필요한 조치'란 장래에 침해행위를 금지 또는 예방하기 위한 조치로서 이를 보장하기 위한 담보제공 또는 공탁 등을 들 수 있다.

---

43) 대법원 1996. 12. 23. 96다16605 판결.

(8) 시 효

> 제14조(시효) 제10조제1항에 따라 영업비밀 침해행위의 금지 또는 예방을 청구할 수 있는 권리는 영업비밀 침해행위가 계속되는 경우에 영업비밀 보유자가 그 침해행위에 의하여 영업상의 이익이 침해되거나 침해될 우려가 있다는 사실 및 침해행위자를 안 날부터 3년간 행사하지 아니하면 시효로 소멸한다. 그 침해행위가 시작된 날부터 10년이 지난 때에도 또한 같다.

영업비밀 침해행위의 금지 또는 예방을 청구할 수 있는 권리는 영업비밀 침해행위가 계속되는 경우에 영업비밀 보유자가 그 침해행위에 의하여 영업상의 이익이 침해되거나 침해될 우려가 있는 사실 및 침해행위자를 안 날부터 3년간 이를 행사하지 아니하거나, 그 침해행위가 시작된 날부터 10년을 경과한 때에는 시효로 인하여 소멸한다.

민법 제166조 제2항은 부작위를 목적으로 하는 채권의 소멸시효는 위반행위를 한 때로부터 진행한다고 규정하고 있는 점, 동조 제1항은 소멸시효는 권리를 행사할 수 있는 때로부터 진행한다고 규정하고 있는 점에 비추어보면, 「부정경쟁방지 및 영업비밀 보호에 관한 법률」 제10조 제1항이 규정하는 영업비밀 침해행위의 금지 또는 예방청구권의 경우에도 소멸시효는 침해행위가 개시되고 영업비밀 보유자가 그 청구권을 행사할 수 있는 때, 즉 그 침해행위에 의하여 자기의 영업상의 이익이 침해되거나 또한 침해될 우려가 있는 사실 및 침해행위자를 알았을 때부터 진행한다고 해석되어야 한다. 예를 들어 침해행위자가 영업비밀 보유자의 영업비밀을 이용하여 제품을 생산 판매하려고 회사를 설립하였고 영업비밀 보유자가 그 사실을 알고 있었다고 하더라도, 아직 회사의 설립 단계에 지나지 않을 때에는 영업비밀 침해행위가 개시되었다고 보기 힘들므로 소멸시효는 진행되지 않는다.

이에 대해 우리나라 법원은 "영업비밀보유자가 그 침해행위에 의하여 영업상의 이익이 침해되거나 침해될 우려가 있는 사실 및 그 침해행위자를 안 날'이라 함은 영업상의 이익이 침해되거나 침해될 우려가 있는 사실 및 그 침해행위자를 현실적이고도 구체적으로 인식하는 것을 뜻하고', '원고 회사는 피고가 퇴사하면서 이 사건 잉크 등 제조방법이 기재되어 있는 이 사건 노트를 가지고 갔다는 사실을 알게 된 것만으로는 부족하고 적어도 피고 회사의 스카웃 제의를 받고서 피고가 이를 가지고 피고 회사에 취업하였다는 점까지를 인식하여야만 한다'[44]고 판시하고 있다. 또한, '피신청인 회사가 신청인 회사의 영업비밀을 이용하여 신청인 회사가 생산한 스핀 팩 필터와 유사한 필터를 생산·판매하려고 회사를 설립하였다고 하더라도, 그와 같은 사정만으로는 피신청인 회사를 설립한 시점에 바로 침해행위가 공개되었다고 단정할 수 없으므로 피신청인 회사가 설립된 때부터 바로 소멸시효가 진행된 것으로 볼 수는 없다 할 것이다. 그리고 기록에 의하면 피신청인 회사는 1993. 2월경에야 신청인 회사의 거래처에 스핀 팩 필터의 매출을 시작하였고, 신청인 회사는 1993. 12. 17.자로 피신청인 회사에게 침해행위의 중지를 요구하는 경고장을 보낸 것으로 인정되는바, 사정이 이와 같다면 이 사건 신청을 제기할 당시 그 소멸시효가 완성되었다고 단정하기는 어렵다 할 것이다'[45]고 판시하고 있어, 위의 설명과 동일한 입장임을 밝히고 있다.

3. 영업비밀 침해행위에 대한 손해배상 청구권

(1) 의 의

제11조(영업비밀 침해에 대한 손해배상책임) 고의 또는 과실에 의한 영업비밀 침해행위로 영업비밀 보유자의 영업상 이익을 침해하여 손해를 입힌 자는 그 손해를 배상할 책임을 진다.

제14조의2(손해액의 추정 등) ① 부정경쟁행위나 영업비밀 침해행위로 영업상의 이익을 침해당한 자가 제5조 또는 제11조에 따른 손해배상을 청구하는 경우 영업상의 이익을 침해한 자가 부정경쟁행위나 영업비밀 침해행위를

44) 서울지법 남부지원 1995. 2. 22. 선고 94가합3033 판결.

45) 대법원 1996. 2. 13.자 95마594 결정.

하게 한 물건을 양도하였을 때에는 제1호의 수량에 제2호의 단위수량당 이익액을 곱한 금액을 영업상의 이익을 침해당한 자의 손해액으로 할 수 있다. 이 경우 손해액은 영업상의 이익을 침해당한 자가 생산할 수 있었던 물건의 수량에서 실제 판매한 물건의 수량을 뺀 수량에 단위수량당 이익액을 곱한 금액을 한도로 한다. 다만, 영업상의 이익을 침해당한 자가 부정경쟁행위나 영업비밀 침해행위 외의 사유로 판매할 수 없었던 사정이 있는 경우에는 그 부정경쟁행위나 영업비밀 침해행위 외의 사유로 판매할 수 없었던 수량에 따른 금액을 빼야 한다.

1. 물건의 양도수량
2. 영업상의 이익을 침해당한 자가 그 부정경쟁행위나 영업비밀 침해행위가 없었다면 판매할 수 있었던 물건의 단위수량당 이익액

② 부정경쟁행위나 영업비밀 침해행위로 영업상의 이익을 침해당한 자가 제5조 또는 제11조에 따른 손해배상을 청구하는 경우 영업상의 이익을 침해한 자가 그 침해행위에 의하여 이익을 받은 것이 있으면 그 이익액을 영업상의 이익을 침해당한 자의 손해액으로 추정한다.

③ 부정경쟁행위나 영업비밀 침해행위로 영업상의 이익을 침해당한 자는 제5조 또는 제11조에 따른 손해배상을 청구하는 경우 부정경쟁행위의 대상이 된 상품 등에 사용된 상표 등 표지의 사용 또는 영업비밀 침해행위의 대상이 된 영업비밀의 사용에 대하여 통상 받을 수 있는 금액에 상당하는 금액을 자기의 손해액으로 하여 손해배상을 청구할 수 있다.

④ 부정경쟁행위나 영업비밀 침해행위로 인한 손해액이 제3항에 따른 금액을 초과하면 그 초과액에 대하여도 손해배상을 청구할 수 있다. 이 경우 그 영업상의 이익을 침해한 자에게 고의 또는 중대한 과실이 없으면 법원은 손해배상 금액을 산정할 때 이를 고려할 수 있다.

⑤ 법원은 부정경쟁행위나 영업비밀 침해행위에 관한 소송에서 손해가 발생된 것은 인정되나 그 손해액을 입증하기 위하여 필요한 사실을 입증하는 것이 해당 사실의 성질상 극히 곤란한 경우에는 제1항부터 제4항까지의 규정에도 불구하고 변론 전체의 취지와 증거조사의 결과에 기초하여 상당한 손해액을 인정할 수 있다.

> 제14조의3(자료의 제출) 법원은 부정경쟁행위나 영업비밀 침해행위로 인한 영업상 이익의 침해에 관한 소송에서 당사자의 신청에 의하여 상대방 당사자에 대하여 해당 침해행위로 인한 손해액을 산정하는 데에 필요한 자료의 제출을 명할 수 있다. 다만, 그 자료의 소지자가 자료의 제출을 거절할 정당한 이유가 있는 경우에는 그러하지 아니하다.

영업비밀은 지식재산권의 하나로 영업비밀을 비밀로 유지하면서 사용하는 이익은 하나의 배타적인 권리로서 파악할 수 있다. 따라서 영업비밀 보유자가 영업비밀을 비밀로 유지하면서 사용하는 이익을 침해하는 행위, 즉 영업비밀 침해행위는 법적 이익의 부당이용이라는 불법행위로 해석되며, 원칙적으로 민법 제750조의 불법행위의 규정이 적용된다. 따라서 부정경쟁방지 및 영업비밀보호에 관한 법률이 제11조에 의해 고유의 손해배상제도를 창설하고 있는 것이 아니라, 어디까지나 민법 제750조가 적용된다는 사실의 확인적 규정이라 할 수 있다.

민법 제750조의 불법행위에 의한 손해배상책임은 ① 법익침해의 사실, ② 침해자의 고의 또는 과실이 있다는 것, ③ 손해의 발생, ④ 그 손해가 침해행위에 의하여 발생했다는 것이라는 4개의 성립요건을 갖추어야 한다는 것이 우리나라 민법학의 일반적인 해석이므로, 영업비밀의 침해행위를 민법 제750조에 기초하여 손해배상을 청구하는 경우에는 이들 요건을 갖추어야 한다.

먼저 ① 법익침해의 사실에 관해서는 앞에서 서술한 대로 영업비밀에는 영업비밀 자체에 배타적인 권리성이 인정되는 것은 아니지만 영업비밀을 비밀로 유지하면서 보유자만이 사용할 수 있다는 상태 자체를 하나의 배타적인 권리로서 부정경쟁방지 및 영업비밀보호에 관한 법률이 보호하고 있으므로, 이러한 상태에 대한 침해, 즉 영업비밀 침해행위에는 일반적으로 법익침해의 사실이 인정된다.

② 침해자의 고의 또는 과실에 관해서는 민법 제750조의 성립요건으로서 당연히 요구되는 것으로 부정경쟁방지 및 영업비밀보호에 관한 법률 제11조

의 문언은 이러한 요건을 확인적으로 표현한 것이라 할 수 있다.

여기서 '고의'란 부정경쟁행위라는 것을 알면서 감히 이를 행하는 심리상태를 말하며, '과실'이란 일정한 결과가 발생한다는 것을 알고 있어야 함에도 불구하고 부주의로 그것을 알지 못하고 어떤 행위를 하는 심리상태를 말한다. 고의 또는 과실의 대상은 자신의 행위가 영업비밀을 침해할 수 있다는 사실이다.

단, 영업비밀 침해행위의 존재 즉 ① 법익침해의 사실이 인정될 경우 사실상 과실의 존재가 강력한 추정을 받는다고 할 수 있다. 부정경쟁방지 및 영업비밀보호에 관한 법률은 명문의 추정규정을 두고 있지는 않으나, 영업비밀 외의 지식재산의 하나인 특허에 대해 규정하는 우리나라 특허법 제130조는 특허권의 침해행위에 대하여 과실이 있는 것으로 추정하고 있으며, 실용신안법 제46조와 의장법 제65조도 과실의 추정에 대하여 규정이 존재한다.

③ 손해의 발생에 관해서는 침해행위로 인하여 실질적으로 손해가 발생해야 한다. 따라서 비록 영업비밀을 침해했다고 하여도 실질적으로 손해가 발생하지 않았거나 침해로 인하여 생산한 침해품을 판매하지 않았다면 아무런 손해가 발생하지 아니하였으므로 농 요건을 충족시키지 못한 것이다.

또한 영업비밀의 침해로 발생한 손해에 대하여 손해가 발생한 사실뿐만 아니라 그 구체적인 액수까지 영업비밀의 침해로 인한 손해배상청구를 하고 있는 영업비밀 보유자가 입증할 책임이 있다는 것이 민법상의 손해배상청구에 관한 일반적인 해석이다. 그러나 손해가 발생했다고 하여도 그 배상액을 산정하는 것이 곤란한 경우가 많으므로, 부정경쟁방지 및 영업비밀보호에 관한 법률 제14조의2는 보유자의 입증책임을 완화시켜서 영업비밀에 대한 보호를 강화하기 위하여 손해액의 추정 등에 관한 규정을 두고 있다. 자세한 내용은 다음 항에서 서술한다.

④ 그 손해가 침해행위에 의하여 발생했다는 것, 즉 침해행위와 손해 사이의 인과관계에 관해서도 민법 제750조의 해석과 마찬가지로 상당인과관계의 입증이 필요하다.

여기서, 손해액의 추정에 관한 부정경쟁방지 및 영업비밀보호에 관한 법률 제14조의2의 규정이 상당인과관계의 입증에 영향을 미치는가가 문제가 된다.[46] 영업비밀과 같이 기업의 지식재산 중의 하나인 특허나 상표에 관하여 마찬가지의 취지의 규정이 특허법 제128조와 상표법 제67조가 존재하므로, 부정경쟁방지 및 영업비밀 보호에 관한 법률의 추정규정의 성격을 검토함에 있어서는 특허법 제128조와 상표법 제67조에 관한 기존의 해석론을 살펴보는 것이 좋은 참고가 될 수 있다.

특허법 제128조 제3항의 해석에 관해서는, 특허발명은 그 자체로서 경제적 가치가 있는 것이기 때문에 권리자의 현실적인 실시여부를 불문하고 실시료 상당의 손해를 법정최저배상액으로 규정한 것이라고 보는 것이 일반적인 견해이다. 즉, 위 특허법 규정에 의해 손해의 발생은 물론이고 나아가 침해행위와 손해 사이의 인과관계 및 손해액 모두가 의제된다는 것이다.[47]

반면, 상표는 특허발명과 달리 단순한 출처표시수단에 불과하고 그 자체로서 경제적 가치가 있는 것이 아니므로, 상표가 전혀 사용되고 있지 않다는 등의 이유로 권리자에게 손해가 발생하였다고 볼 수 없는 경우에까지 실시료 상당의 손해를 법정최저배상액으로 인정해 주어야 할 논리필연적인 이유가 없기 때문에, 상표법 제67조 제3항의 경우에는 손해발생 자체가 의제되는 것은 아니라고 해석된다.[48]

또한 영업비밀이 보유자가 당해 정보를 비밀로 유지하며 사용하는 상태 그 자체를 보호대상으로 하는 이상 보유자의 의사에 반하는 방법으로 제3자에게 공개되는 것만으로도 영업비밀로서의 객관적·경제적 가치가 감소되었다고 볼 수 있는 점을 고려하면, 영업비밀의 성질은 상표보다는 특허에 가깝다고 판단할 수 있다. 따라서 부정경쟁방지 및 영업비밀보호에 관한 법률 제14조의2 제3항에 의한 추정의 효력은 상표법 제67조 제3항이 아니라 특허법 제128조 제3항에 준하여 해석하는 것이 타당하다.

---

46) 송재섭, 인터넷법률신문, 2007. 1. 8. 제3520호, 영업비밀보호에 관한 법률 제14조의2 제3항의 성격.

47) 송영식 외, 「지적소유권법 상」, 육법사, 2008, 469면.

48) 대법원 2004. 7. 22. 선고 2003다62910 판결.

이상의 논의를 기초로 하면 부정경쟁방지 및 영업비밀보호에 관한 법률 제14조의2 제3항은 특허법 제128조 제3항과 마찬가지로 단순한 손해액에 관한 추정규정이 아니라 손해의 발생은 물론 침해행위와 손해 사이의 인과관계까지 추정함으로써, '영업비밀 보유자가 영업비밀의 사용에 대해서 통상 받을 수 있는 금액'을 최저배상액으로 의제하는 성격의 규정이라고 해석하여야 한다. 따라서 영업비밀 보유자로서는 영업비밀이 침해되었다는 사실만 입증하게 되면 위 규정에 따라 손해의 발생과 인과관계 및 손해액까지도 추정받을 수 있게 된다.

이에 관하여 우리나라 법원은 '구 부정경쟁방지법 제14조의2 제1항(현재의 같은 법률 제14조의2 제2항과 같다)의 규정은 부정경쟁행위 또는 영업비밀 침해행위로 인하여 입은 영업상의 손해의 배상을 청구하는 경우에 그 손해의 액을 입증하는 것이 곤란한 점을 감안하여 권리를 침해한 자가 그 침해행위에 의하여 이익을 받은 때에는 그 이익의 액을 권리자가 입은 손해의 액으로 추정하는 것일 뿐이고, 침해가 있는 경우에 그로 인한 손해의 발생까지를 추정하는 취지라고 볼 수 없으므로, 권리자가 위 규정의 적용을 받기 위하여는 침해행위에 의하여 실제로 영업상의 손해를 입은 것을 주장·입증할 필요가 있으나, 위 규정의 취지에 비추어 보면, 위와 같은 손해의 발생에 관한 주장·입증의 정도에 있어서는 손해 발생의 염려 내지 개연성의 존재를 주장·입증하는 것으로 족하다고 보아야 하고, 따라서 권리자가 침해자와 동종의 업을 하고 있는 것을 증명한 경우라면 특별한 사정이 없는 한 그러한 침해에 의하여 영업상의 손해를 입었음이 사실상 추정된다고 할 것인데(대법원 1997. 9. 12. 선고 96다43119 판결 등 참조), 위 기초 사실에서 본 바와 같이 비록 피고가 원고가 영위하는 냉연강판 등 철강제품의 제조, 판매업과 동일, 유사한 열연강판, 후판, 냉연강판 등 철강제품의 제조, 판매업을 영위하고 있는 사실은 인정되나, 한편 위에서 본 원·피고의 회사 규모, 생산제품의 종류와 수량, 거래의 상대방, 영업지역 이외에 원고의 전체 영업 중 피고의 영업과 중첩되는 제품의 비율 등에 비추어 보면, 원·피고의 영업이 동종영업으로서 경쟁관계에 있다고까지는 보여지지 아니하므로 손해 발생의 염려 내지 개연성이 있다고 보기는 어렵다고 할 것이다'[49]라고 판시하고 있다.

(2) 손해배상청구의 당사자

청구권자는 '고의 또는 과실에 의한 영업비밀 침해행위로 영업상 이익이 침해되어 손해를 입은 자(영업비밀 보유자)'이고, 그 상대방은 '고의 또는 과실로 영업비밀 보유자의 영업상 이익을 침해하여 손해를 가한 자'이다.

여기서 손해배상청구권을 갖는 영업비밀 보유자가 침해자의 침해행위 당시에 '고의 또는 과실에 의한 영업비밀 침해로 영업상의 이익을 침해받아 손해를 입었다'는 요건을 구비했음이 인정되는 경우, 사후에 영업비밀의 공개로 비공지성을 상실하는 등 당해 영업비밀에 대한 보호요건이 구비되지 않게 되었더라도 손해배상청구권을 상실하지 않는다. 왜냐하면 민법의 일반적인 불법행위에 대한 손해배상청구권과 마찬가지로, 침해행위 당시에 상기 요건이 구비되었음으로 하여 그 시점에서 손해배상청구권이 발생되었음이 인정되므로, 사후적인 사실의 변화로 인하여 일단 발생한 손해배상청구권이 상실되지는 않기 때문이다. 이 점은 영업비밀에 대한 다른 구제 수단인 금지청구권과 근본적으로 다른 점이며, 이는 금지청구권은 침해 상태에 대한 배제청구권이므로 청구 시까지 침해 상태, 즉 보호요건이 존속되어야 하지만 손해배상청구권은 침해 사실의 존재로 발생하는 금전청구권이라는 양 청구권의 본질적인 성격의 차이에 기인한다.

또 손해배상청구권은 금전청구권이므로 민법상의 일반적인 금전청구권과 마찬가지로 이전성을 가지고 있으며 상속 등에 의한 일반승계인과 매매, 양도 등에 의한 특정승계인도 청구할 수 있다.

(3) 영업과 영업상의 이익

'영업'이라는 개념은 각 법률에 따라 통상 다의적으로 사용되고 있으며 부정경쟁방지 및 영업비밀보호에 관한 법률이 이에 대한 정의 규정을 가지고 있

---

49) 서울고법 2002. 5. 1. 선고 2001나14377 판결.

지 않으므로 그 정의는 동 법의 목적에 비추어 판단해야 한다. 앞에서 살펴본 바와 같이 부정경쟁방지 및 영업비밀보호에 관한 법률은 경제활동에 있어서의 공정, 자유경쟁의 확보를 목적으로 하고 있으므로, 경제활동에 있어서 자유경쟁에 참가하는 자의 활동을 넓게 지칭한다고 볼 수 있다. 따라서 직접 영리를 목적으로 하는 기업은 물론이고 직접 영리를 목적으로 하지는 아니하더라도 시장경제에 참가하고 있으며 경쟁이 발생할 수 있는 전문 직종의 자유업, 교육사업과 공익을 목적으로 하는 사업활동도 여기서 말하는 영업의 개념에 포함된다.

따라서 '영업상의 이익'이란 이와 같은 경제활동에 의해 행위자가 향유하는 경제적인 이익을 폭넓게 말하며, 이는 금전 그 자체의 이익이 아니라 하더라도 금전으로 환산될 수 있는 이익이면 영업상의 이익에 포함된다고 볼 수 있다.

(4) 손해배상의 범위

손해배상청구의 목적은 영업비밀 침해행위에 의해 생긴 손실을 금전에 의해 배상하는 것이므로, 그 범위는 영업비밀 침해행위와 상당인과관계가 있는 일체의 손해를 포함한다고 해석된다. 구체적으로는 민법 제750조에 관한 해석과 마찬가지로 적극적 손해, 소극적 손해, 정신적 손해를 말한다.

이 점에 관하여 우리나라 법원도 '일반적으로 타인의 불법행위 등에 의하여 재산권이 침해된 경우에는 그 재산적 손해의 배상에 의하여 정신적 고통도 회복된다고 보아야 할 것이므로, 영업비밀 침해행위로 인하여 영업매출액이 감소한 결과 입게 된 정신적 고통을 위자할 의무가 있다고 하기 위해서는 재산적 손해의 배상에 의하여 회복할 수 없는 정신적 손해가 발생하였다는 특별한 사정이 있고, 영업비밀 침해자가 그러한 사정을 알았거나 알 수 있었어야 한다'[50]고 판시하여, 영업비밀 침해행위를 불법행위의 일종으로 보아 재산적 손해 뿐만 아니라 정신적 손해에 대한 배상도 필요하다고 보고 있다.

부정경쟁방지 및 영업비밀보호에 관한 법률 제14조의2는 손해배상청구의

50) 대법원 1996. 11. 26. 96다31574 판결.

청구액 산정방법으로 ① 순수한 일실이익액에 의한 산정방법, ② 일실이익액 추정에 의한 산정방법, ③ 통상의 일실이익액에 의한 산정방법, ④ 손해상당액 추정에 의한 산정방법, 을 규정하고 있다.

먼저 본 규정의 제1항에서는 영업비밀의 침해로 인한 일실이익의 통상적인 산정방법으로 ① 순수한 일실이익액에 의한 산정방법, 즉 판매수량을 기준으로 하는 방법을 규정하고 있다.

② 일실이익의 추정과 관련해서는 부정경쟁방지법 제14조의2 제2항에서 영업비밀을 침해한 자가 얻은 이익을 모두 영업비밀 보유자의 손해로 추정하고 있다. 이는 침해자의 얻은 이익을 모두 반환하게 하려는 제재적인 성질을 가진 규정은 아니며, 단지 손해액에 관한 입증의 어려움을 완화하는 취지에 지나지 않는다. 따라서 추정의 대상은 '침해자의 얻은 이익'을 '침해행위와 인과관계가 있는 영업비밀 보유자의 손해액'으로 제한적으로 보아야 한다.

또한 우리나라 법원은 '손해배상의 액수에 관하여 살피건대, 부정경쟁방지법 제14조의2 제2항에 의하면, 부정경쟁행위로 인한 손해배상을 청구하는 경우에는 영업상의 이익을 침해한 자가 그 침해행위에 의하여 이익을 받은 것이 있는 때에는 그 이익액을 손해액으로 추정한다고 규정하고 있고, 이 경우 침해자가 받은 이익액은 침해제품의 총판매액에 그 순이익률을 곱하는 등의 방법으로 산출함이 원칙이지만 침해자의 판매액에 청구권자의 순이익률을 곱하는 방식에 의한 손해산정도 적법하다 할 것인바(대법원 1997. 9. 12. 선고 96다43119 판결), 갑 제19호증의 1 내지 제4호증의 각 기재 및 이 법원의 거창세무서장에 대한 사실조회결과 및 문서송부촉탁 결과에 변론의 전취지를 종합하면, 피고의 2002. 7. 1.부터 2002. 12. 31.까지의 매출액이 201,523,355원이고, 원고의 2002. 1. 1.부터 2002. 12. 31.까지의 매출액 대비 영업이익률은 30.48% 정도인 사실을 인정할 수 있으므로, 위 인정 사실에 의하면 피고가 위의 부정경쟁행위로 인하여 위의 기간 동안 얻는 이익액은 금 61,424,318원(원 미만 버림, 201,523,355원의 30.48%) 정도 된다고 봄이 상당하다'[51]라고 판시하고 있으

51) 수원지법 2003. 4. 18. 선고 2002가합9304 판결.

며, 침해자가 받은 이익액을 산정하는 경우 침해자의 판매액에 청구권자의 순이익률을 곱하는 방식에 의한 손해산정을 허용하고 있다.

③ 통상의 일실이익에 의한 산정방법으로서 본 규정의 제3항에서는 '영업비밀의 침해행위의 대상이 된 영업비밀의 사용에 대하여 통상 받을 수 있는 금액', 즉 통상실시료에 상당하는 금액을 청구할 수 있음을, 제4항에서는 통상실시료를 초과하는 손해의 액에 대한 청구를 허용하는 동시에 침해자의 유책성에 따라 배상액이 달라질 수 있음을 규정하고 있다. 여기서 제3항이 말하는 '통상 받을 수 있는 금액', 즉 실시료 상당액이란, 영업비밀의 사용을 허용하는 실시계약을 체결하는 경우를 상정하여 합리적으로 행동하는 통상의 당사자라면 합의하였을 것으로 추정되는 손해배상액을 말하며, 영업비밀의 내용과 우수성・영업비밀 보유자의 이용 정도와 그 효과・영업비밀 보유자와 침해자의 영업적 관계・침해행위의 태양・영업비밀의 사용에 따른 경제적 이익 등의 요소를 고려하여, '상당한' 내지 '정당한' 사용료를 손해배상액으로 산정하여야 할 것으로 본다.[52)]

이에 관해 우리나라 법원은 '영업비밀은 그 속성상 공연히 알려지지 아니하여야 그 가치를 가지는 것이라 할 것이므로, 그것이 실제로 사용되든 또는 사용되지 아니하든 상관없이 영업비밀 보유자 이외의 타인에게 공개되는 것만으로 재산적 가치가 감소되는 것인바, 부정하게 영업비밀을 취득하고 이를 공개하였다면 특별한 사정이 없는 한 그것만으로도 영업비밀 보유자는 침해행위자에게 영업비밀보호법 제14조의2 제3항에 따라 '영업비밀의 사용에 대하여 통상 받을 수 있는 금액에 상당하는 액'을 손해배상으로서 구할 수 있다고 보아야 한다'[53)]라고 판시하고 있다.

이는 대개 통상적인 실시계약에 따른 실제 실시료와 크게 다르지 않으며, 본 규정 제1항의 일실이익에 의한 배상액보다 높지 않은 경우가 일반적이다.

제5항에서는 ④ 손해상당액 추정에 의한 산정방법에 관해서는 손해상당

52) 송재섭, 전게 평석.

53) 서울고법 2006. 11. 14. 선고 2005나90379 판결.

액을 명문화하고 있는데, 이는 일실이익액의 증명이나 확립된 실시료가 없는 경우에도 영업비밀 보유자가 영업비밀을 사용하는 것에 대하여 합리적 실시료(reasonable royalty)를 최저한의 보상으로 인정하는 취지이다. 단, 동 조항이 인정하는 법원의 재량에 의한 손해배상액 산정은 영업비밀 침해행위의 존재 및 그 성질, 다른 증거조사의 결과, 변론에 현출된 당사자의 주장 등의 객관적인 근거를 바탕으로 하여야 한다.

동 조항의 적용에 관하여 우리나라 법원은 '피고들이 이 사건 영업비밀 침해행위를 통하여 생산, 판매한 니트테이프 또는 관련 기계의 수량 또는 피고들이 위 니트테이프 및 관련 기계의 생산, 판매로 얻은 이익액을 파악할 수 있는 자료가 없고(피고들이 보유하고 있는 자료로서 원고가 이를 구하기도 곤란하다), 이 사건 영업비밀의 가치 또는 이 사건 영업비밀에 투여된 비용 등의 산정 곤란으로 인하여 원고의 니트테이프 또는 관련 기계의 단위수량당 이익액을 산정하기도 곤란할 뿐만 아니라, 특히 피고들의 영업비밀 침해행위로 인하여 원고는 그 거래처를 상실하거나, 원고가 교섭 중이던 계약이 파기되는 등의 잠재적 손해도 입었으므로 그 손해액도 산정하여야 할 것인데 이를 산정하는 것이 수학적으로 극히 곤란할 것으로 보이는 점, 이 사건 영업비밀의 통상 사용료가 책정된 적도 없어 보이는 점 등에 비추어 볼 때, 부정경쟁방지법 제14조의2 제1 내지 3항의 각 적용은 곤란하다 할 것인바, 결국 같은 조 제5항에 따라, 변론 전체의 취지와 증거조사의 결과에 기초하여 상당한 손해액을 인정할 수밖에 없다 할 것인데… 부정경쟁방지법 제11조는 '고의 또는 과실에 의한 영업비밀 침해행위로 영업비밀 보유자의 영업상 이익을 침해하여 손해를 가한 자는 그 손해를 배상할 책임을 진다'고 규정하고 있는데, 영업비밀 또는 그 침해행위의 속성상 영업비밀 침해행위로 인한 손해액의 산정이 곤란한 경우가 많이 있어, 이를 대비해 부정경쟁방지법 제14조의2에서 손해액의 추정 등에 관한 구체적인 기준을 마련하여 놓았는바, 본 사안의 경우를 '영업비밀 침해행위에 관한 소송에 있어서 손해가 발생된 것은 인정되나 그 손해액을 입증하기 위하여 필요한 사실을 입증하는 것이 해당 사실의 성질상 극히 곤란한 경우'라고 보고, 부정경쟁방지법 제14조의2 제5항에 따라 변론 전체의 취지와 증거조사의 결과에 기초하여 법원이 상당하다고 인정한 손해액의 배상을 명하였다는 데에 이 판결의 의의가 있다'[54]라고 판시하고 있다.

(5) 자료의 제출

법원은 부정경쟁행위로 인한 영업상 이익의 침해에 관한 소송에서 당사자의 신청에 의하여 상대방 당사자에 대하여 침해로 인한 손해액을 산정하는 데 필요한 자료의 제출을 명할 수 있다. 다만 그 자료의 소지자가 제출을 거절할 정당한 이유가 있으면 그러하지 아니하다(제14조의3).

(6) 시 효

부정경쟁방지 및 영업비밀보호에 관한 법률에는 손해배상청구권의 행사기간(소멸시효)이 규정되어 있지 않으나 손해배상청구권은 통상의 금전채권이므로 민법 제766조의 규정에 의하여 영업비밀 침해행위가 있은 사실 및 행위자를 안 날로부터 3년 또는 그 행위가 시작된 날로부터 10년간 이를 행사하지 않으면 시효로 인하여 소멸한다.

4. 영업비밀 보유자의 신용회복 청구권

(1) 의 의

> 제12조(영업비밀 보유자의 신용회복) 법원은 고의 또는 과실에 의한 영업비밀 침해행위로 영업비밀 보유자의 영업상의 신용을 실추시킨 자에게는 영업비밀 보유자의 청구에 의하여 제11조에 따른 손해배상을 갈음하거나 손해배상과 함께 영업상의 신용을 회복하는 데에 필요한 조치를 명할 수 있다.

앞에서 살펴본 바와 같이 영업비밀 침해행위는 영업비밀 보유자가 영업비밀을 비밀로 유지하며 사용함으로써 시장에 있어서 경쟁상 우위를 차지할 수

---

54) 부산지법 2007. 1. 24. 선고 2005가합19920 판결.

있는 이익을 침해하는 불법행위의 일종으로서, 민법의 손해배상과 마찬가지로 금전배상이 원칙이다(민법 제763조). 그러나 영업비밀 침해행위는 영업비밀 보유자의 특정한 상태를 침해하는 행위로서, 침해상태가 지속되면 보유자의 법적이익에 대한 침해가 지속될 뿐만 아니라, 침해상태가 중지된다 하더라도 영업비밀이 침해되기 이전의 상태로 저절로 회복되는 것은 아니다. 특히 침해자는 영업비밀 보유자가 노력해서 쌓아올린 기술적 또는 영업적 성과에 편승하여 마치 침해자가 보유하는 정보처럼 사용함으로써 보유자의 신용 및 명성을 해치는 경우가 자주 발생할 수 있다. 따라서 부정경쟁방지 및 영업비밀보호에 관한 법률은 제12조에서 손해배상에 갈음하거나 손해배상과 병행하여 신용회복에 필요한 조치를 할 수 있도록 규정하고 있다.

본 규정에 의하면 고의 또는 과실에 의한 영업비밀 침해행위로 영업비밀 보유자의 영업상의 신용을 실추한 자에 대하여 금전배상과 선택적으로 또는 금전배상과 같이 신용회복의 조치를 취할 수 있다.

기술상의 영업비밀에 대한 침해행위에 의하여 영업비밀 보유자의 영업상의 신용이 실추되는 경우의 예로써, 제조 노하우를 사용하여 만든 상품이 조악품이며, 그 조악품의 생산자가 영업비밀 보유자의 제조 노하우를 사용하여 만든 것처럼 선전하고 있는 경우 또는 조악품의 외관·형상 등이 진정품의 외관·형상 등과 같아서 혼동을 일으키는 경우 등 조악품과 진정품과의 혼동 때문에 영업상의 신용이 실추되는 경우가 있다.

경영상의 영업비밀에 대한 침해행위에 의하여 영업비밀 보유자의 영업상의 신용이 실추되는 경우의 예로써, 타사의 고객명부를 사용하여 상업성 메일 등을 송부하는 행위, 타사의 영업 매뉴얼을 사용하여 통신판매 등 타사의 영업활동과 같은 형태로 조악품을 판매하는 경우 등 타사의 영업활동과 혼동되게 하여 당해 기업의 영업상의 신용이 실추되는 경우가 있다.

(2) 신용회복청구의 당사자

청구권자는 '영업비밀 침해행위로 영업상 신용이 실추된 영업비밀 보유자'이고, 그 상대방은 '영업비밀 침해행위로 영업비밀 보유자의 영업상의 신용을 실추하게 한 자'이다.

(3) 청구권의 요건

신용회복청구권의 요건은 기본적으로 손해배상청구권과 동일하나, 손해배상청구권의 손해의 발생 및 그 인과관계의 입증이 금전배상을 기준으로 하는 데 반하여, 신용회복청구권의 경우는 침해행위로 인한 영업상 신용의 실추와 영업비밀 침해행위의 상당인과관계의 존재가 문제가 된다. 또한 영업비밀 침해행위가 인정된다고 하여 반드시 업무상 신용이 실추되었다고 단정할 수는 없으므로 청구권자는 신용실추에 대한 구체적 사실을 별도로 입증하여야 하며, 금전배상 외 별도의 신용회복조치가 필요한 이유의 입증도 요구된다.

(4) 청구권의 내용

신용회복청구권의 내용으로는 침해자의 비용으로 패소 또는 유죄 판결을 받은 사실이 있다는 내용의 해명광고, 판결문 또는 정정문을 게재하는 방법 등이 있다. 신용회복의 방법으로 일반적으로 사죄광고가 사용되었으나, 1991년 4월 사죄광고가 위헌이라는 헌법재판소의 판결에 따라 이러한 광고를 할 수 없게 되었다. 즉, 헌법재판소는 '사죄광고제도란 타인의 명예를 훼손하여 비행을 저질렀다고 믿지 않는 자에게 본심에 반하여 깊이 '사과한다' 하면서 죄악을 자인하는 의미의 사죄의 의사표시를 강요하는 것이므로, 국가가 재판이라는 권력 작용을 통해 자기의 신념에 반하여 자기의 행위가 비행이며 죄가 된다는 윤리적 판단을 형성, 강요하여 외부에 표시하기를 명하는 한편 의사·감정과 맞지 않는 사과라는 도의적 의사까지 광포시키는 것이다. 따라서 사죄광고의 강제는 양심도 아닌 것이 양심인 것처럼 표현할 것의 강제로 인간양심의 왜곡·굴절이고 겉과 속이 다른 이중인격형성의 강요인 것으로서 침묵의 자유의 파생인 양심에 반하는 행위의 강제금지에 저촉되는 것이며 따라서 우리 헌법이 보호하고자 하는 정신적 기본권의 하나인 양심의 자유의 제약(법인의 경우라면 그 대표자에게 양심표명의 강제를 요구하는 결과가 된다)이라고 보지 않을 수 없다. 더구나 사죄광고란 양심의 자유에 반하는 굴욕적인 의사표시를 자기의 이름으로 신문·잡지 등 대중매체에 게재하여 일반 세인에게 널리 광포하는 것이다. 이러한 굴욕적인 내용을 온 세상에 광포하면서도 그것이 소송의 성질상 형식적 형성의 소에 준하는 것임에 비추어 그 구체적 내용이 국가기관에 의하여 결정되는 것이며 그럼에도 불구하고 마치 본인의 자발적 의사형성인 것 같이 되는 것이 사죄광고이며 또 본인의 의사와는 무관한 데도 본인의 이름으로 이를 대외적으로 표명되게 되는 것이 그 제도의 특질이다. 따라서 사죄광고 과정에서는 자연인이든 법인이든 인격의 자유로운 발현을 위해 보호받아야 할 인격권이 무시되고 국가에 의한 인격의 외형적 변형이 초래되어 인격형성에 분열이 필연적으로 수반되게 된다. 이러한 의미에서 사죄광고제도는 헌법에서 보장된 인격의 존엄과 가치 및 그를 바탕으로 하는 인격권에 큰 위해도 된다고 볼 것이다'[55]고 판시하였다.

반면, 사죄광고와 달리 관계 당사자들에게 사실을 통보하는 것은 어디까지나 사실의 통보에 지나지 않으므로 양심의 자유의 제약에 해당되지 않으며, 우리나라 법원은 '피고는 이 사건 판결 확정일부터 3개월 내에 조선일보·동아일보·매일경제신문의 경제면 광고란에 별지 기재 해명서를 가로 13cm, 세로 18cm 규격으로, 제목을 32급 신명조체 활자, 원고 및 피고의 명칭을 20급 고딕체 활자, 본문을 14급 신명조체 활자로 하여 각 1회씩 게재하라'고 하여, '[별지 해명서] 표백제를 제조·판매하고 있는 당사가 그동안 사용한 표백제의 용기는 국내에 널리 인식된 원고 회사 옥시의 표백제 '옥시크린(OXYCLEAN)'의 용기와 유사한 것으로서 당사가 위와 같은 용기를 사용하는 것은 '부정경쟁행위'에 해당한다고 하여, 원고 회사가 당사를 상대로 제기한 부정경쟁행위 금지소송에서 1999. 9. 10. 원고 회사가 승소판결을 받은 사실이 있습니다. (피고 회사 대표 이사)'[56]라는 내용의 게재 명령을 인정하고 있다.

55) 헌법재판소 1991. 4. 1. 선고 89헌마160.
56) 서울지법 1999. 9. 10. 선고 98가합109742 판결.

5. 선의자에 관한 특례

(1) 의 의

> 第13조(선의자에 관한 특례) ① 거래에 의하여 영업비밀을 정당하게 취득한 자가 그 거래에 의하여 허용된 범위에서 그 영업비밀을 사용하거나 공개하는 행위에 대하여는 제10조부터 제12조까지의 규정을 적용하지 아니한다.
>
> ② 제1항에서 "영업비밀을 정당하게 취득한 자"란 제2조제3호다목 또는 바목에서 영업비밀을 취득할 당시에 그 영업비밀이 부정하게 공개된 사실 또는 영업비밀의 부정취득행위나 부정공개행위가 개입된 사실을 중대한 과실 없이 알지 못하고 그 영업비밀을 취득한 자를 말한다.

부정경쟁방지 및 영업비밀보호에 관한 법률 제13조는 영업비밀 선의취득자에 대한 특례를 규정하고 있다. 동 규정은 영업비밀 취득시점에는 고의 또는 중과실이 없었지만 나중에 피해자인 영업비밀 보유자로부터 경고장 등을 받음으로써 그 후부터 영업비밀 침해행위의 존재에 대하여 알게 된 자를 구제하기 위하여 마련한 특칙으로서, 정상적인 거래에 의하여 영업비밀을 취득한 자의 사용·공개행위에 대하여 영업비밀 침해로 인정할 경우 정상적인 기술거래가 위축되는 것을 방지하는 취지이다.

(2) 보호 주체

부정경쟁방지 및 영업비밀보호에 관한 법률 제13조에 의하여 보호받을 수 있는 자는 '거래에 의하여 영업비밀을 정당하게 취득한 자'이다.

여기서 '거래'란 매매 기타의 양도계약, 라이센스 계약, 증여계약 등을 모두 포함하여 법률상의 전형적인 거래뿐만 아니라 비전형적인 사실상의 거래행위를 포함한다.

또한 '영업비밀을 정당하게 취득한 자'란 동법 제2조 제3호 (다)목 및 (바)목의 규정에서 영업비밀을 취득할 당시에 영업비밀이 부정하게 공개된 사실 또는 영업비밀의 부정취득행위나 부정공개행위가 개입된 사실을 중대한 과실

없이 알지 못하고 영업비밀을 취득한 자, 즉 영업비밀의 취득자가 영업비밀을 취득할 당시 선의이며 중대한 과실이 없었던 자를 말한다. 따라서 취득 후에 영업비밀 보유자로부터 경고나 통지를 받아 악의자가 되어도 취득 당시의 선의인 이상 거래행위로 허용된 범위 안에서는 그 영업비밀을 사용하거나 공개할 수 있다. 이때 거래는 통상 각종 계약의 형식으로 이루어지며, 사용·공개의 기간, 목적, 방법, 이행 조건 등을 담고 있는 경우가 많으므로, 계약의 내용으로부터 거래행위로 허용된 범위를 판단할 수 있게 된다.

이때 '중대한 과실'이란 거래에 있어서 평균적으로 요구되는 통상의 주의의무를 다하면 쉽게 부정행위의 개입이 판명되는 데도 불구하고 그 의무를 현저하게 태만히 함으로써 판명하지 못한 경우 등을 말한다. 예를 들면 경쟁업체가 개발 중에 있다는 기술정보와 관련된 데이터가 신규거래의 기업 등이 저렴한 가격에 매도하겠다는 의사를 타진해 오는 경우, 당해 기업의 정체에 대해 파악하고 정보의 입수경로를 확인해보아야 하는 것이 평균적으로 요구되는 통상의 주의의무이며, 이를 아무런 주의도 조사도 하지 않고 취득하는 것은 중대한 과실로 인정될 수 있다.

(3) 보호 범위

거래에 의해 정당하게 영업비밀을 취득한 자는 '그 거래에 의하여 허용된 범위 내에서' 보호된다. 즉, 거래의 내용에 따라 정당하게 취득한 권리의 범위 내에서만 보호되는 것이며, 허용된 범위를 넘어서 부당하게 이익을 꾀하거나 영업비밀 보유자에게 손해를 끼칠 의도를 가지고 사용 또는 공개하는 행위는 본 규정의 적용대상이 되지 아니하고 침해행위로 인정된다.

제2절 형사적 구제

1. 부정경쟁방지법

(1) 의 의

> 제18조(벌칙) ① 부정한 이익을 얻거나 기업에 손해를 입힐 목적으로 그 기업에 유용한 영업비밀을 외국에서 사용하거나 외국에서 사용될 것임을 알면서 제3자에게 누설한 자는 10년 이하의 징역 또는 그 재산상 이득액의 2배 이상 10배 이하에 상당하는 벌금에 처한다.
> ② 부정한 이익을 얻거나 기업에 손해를 입힐 목적으로 그 기업에 유용한 영업비밀을 취득·사용하거나 제3자에게 누설한 자는 5년 이하의 징역 또는 그 재산상 이득액의 2배 이상 10배 이하에 상당하는 벌금에 처한다.
> ④ 제1항과 제2항의 징역과 벌금은 병과할 수 있다.
> 제18조의2(미수) 제18조세1항 및 제2항의 미수범은 처벌한다.
> 제18조의3(예비·음모) ① 제18조제1항의 죄를 범할 목적으로 예비 또는 음모한 자는 3년 이하의 징역 또는 2천만원 이하의 벌금에 처한다.
> ② 제18조제2항의 죄를 범할 목적으로 예비 또는 음모한 자는 2년 이하의 징역 또는 1천만원 이하의 벌금에 처한다.
> 제19조(양벌규정) 법인의 대표자나 법인 또는 개인의 대리인, 사용인, 그 밖의 종업원이 그 법인 또는 개인의 업무에 관하여 제18조제1항부터 제3항까지의 어느 하나에 해당하는 위반행위를 하면 그 행위자를 벌하는 외에 그 법인 또는 개인에게도 해당 조문의 벌금형을 과(科)한다. 다만, 법인 또는 개인이 그 위반행위를 방지하기 위하여 해당 업무에 관하여 상당한 주의와 감독을 게을리하지 아니한 경우에는 그러하지 아니하다.

부정경쟁방지 및 영업비밀보호에 관한 법률은 영업비밀 침해행위에 대한 형사적 처벌로서 누구든지 부정한 이익을 얻거나 기업에 손해를 가할 목적으로 그 기업에 유용한 영업비밀을 외국에서 사용하거나 외국에서 사용될 것임을 알고 제3자에게 누설한 자는 7년 이하의 징역 또는 그 재산상 이득액의 2배 이상 10배 이하에 상당하는 벌금에 처한다고 규정하고 있다(제18조 제1항). 또한, 누구든지 부정한 이익을 얻거나 기업에 손해를 가할 목적으로 그 기업에 유용한 영업비밀을 취득 · 사용하거나 제3자에게 누설한 자는 5년 이하의 징역 또는 그 재산상 이득액의 2배 이상 10배 이하에 상당하는 벌금에 처하며(제18조 제2항), 미수 · 예비 · 음모한 자도 처벌된다(제18조의2,3).

(2) 행위 주체

위 형사처벌의 대상이 되는 영업비밀 침해행위자는 '누구든지', 즉 기업의 내부자뿐만 아니라 기업의 외부자, 제3자, 개인, 법인 등이 모두 포함된다.

종래에는 기업의 내부자인 전 · 현직 임직원이 아닌 일반인에 의한 부정취득행위 등은 그 유형에 따라 절도죄, 주거침입죄 등 형법규정에 의하여 처벌할 수 있도록 여러 해석들이 시도되던 것이, 본 규정에 의하여 직접 처벌할 수 있게 되었다.

이 점에 대하여 우리나라 법원은 '피고인들이 근무하던 회사에서 개발한 제품의 제조설비 및 생산공정에 관한 기술자료 등을 복사한 CD를 가지고 있다가 퇴사하면서 위 CD를 가지고 나와 새로운 회사의 설립에 사용한 경우, 이는 절도에 해당할 뿐만 아니라 구 부정경쟁방지 및 영업비밀보호에 관한 법률(2004. 1. 20. 법률 제7095호로 개정되기 전의 것)에 정한 기술상의 영업비밀 침해행위에 해당한다'[57]고 판시하여, 형법과 본 규정에 의한 처벌이 동시에 이루어질 수 있음을 인정하고 있다.

(3) 침해의 태양

본 규정의 '취득'이란 정당한 사유 없이 물리적인 영업비밀 자료를 입수하는 것 또는 그 내용을 지득하는 것을 말한다. 형법상의 횡령죄와 달리 침해행위자 자신이 당해 자료를 점유하고 있었거나 관리하고 있었다는 사실은 필요

57) 인천지법 2005. 2. 4. 선고 2001고단709 판결.

로 하지 않는다.

따라서 기업의 내부자, 즉 임·직원은 재직 중에 회사 내의 영업비밀 자료를 회사 밖으로 가지고 나가는 것만으로도 본 죄가 성립할 수 있다. 또한 자신이 개발한 소프트웨어나 문서라 하더라도, 직무상 작성한 자료는 회사에 소유권이 귀속되는 것이 원칙이므로, 이를 회사 밖으로 가지고 나가는 행위도 마찬가지이다.

이 점에 대하여 우리나라 법원은 '부정경쟁방지 및 영업비밀보호에 관한 법률 제18조 제2항은, 부정한 이익을 얻거나 기업에 손해를 가할 목적으로 그 기업에 유용한 영업비밀을 취득·사용하거나 제3자에게 누설한 자를 처벌하고 있는데, 여기서 영업비밀의 취득이란 사회 통념상 영업비밀을 자신의 것으로 만들어 이를 사용할 수 있는 상태에 이른 경우를 말하는바(대법원 1998. 6. 9. 선고 98다1928 판결 참조), 기업의 직원으로서 영업비밀을 인지하여 이를 사용할 수 있는 자는 이미 당해 영업비밀을 취득하였다고 보아야 하므로 그러한 자가 당해 영업비밀을 단순히 기업의 외부로 무단 반출한 행위는 업무상 배임죄에 해당할 수 있음은 별론으로 하고, 위 조항 소정의 영업비밀의 취득에는 해당하지 않는다고 봄이 상당하다'[58]고 판시하고 있다.

다음으로 '사용'란 영업비밀을 그 용도에 맞게 활용하는 것을 말한다. 예를 들어 소프트웨어로 된 영업비밀의 경우에는 해당 소스프로그램을 그대로 활용하거나 일부분을 수정하여 활용하는 경우가 사용이라 말할 수 있다. 하드웨어 자체를 유출한 경우에 하드웨어를 구동하여 영업비밀을 알아내고 이를 이용하여 경쟁제품의 제조에 이르렀을 때 비로소 사용이라고 본다.

'제3자에게 누설'한 것이라 함은 영업비밀을 정당한 권한이 없는 자에게 전달하는 것을 말한다. 영업비밀 보유자의 직원 등이 경쟁회사에 전직하는 것만으로는 이에 해당되지 않으며, 영업비밀을 구체적으로 제품 개발 등에 사용하였을 경우를 누설이라고 볼 수 있다.

여기서 우리나라 법원은 '변호인은 영업비밀보호법 제18조 제2항이 처벌

58) 대법원 2008. 4. 10. 선고 2008도679 판결.

하는 행위는 같은 법 제2조 제3호 가목이 규정한 절취, 사기, 협박 기타 부정한 수단으로 영업비밀을 취득하는 영업비밀 부정취득행위를 의미한다고 주장하나, 같은 법 제18조 제2항은 '부정한 이익을 얻거나 기업에 손해를 가할 목적으로 그 기업에 유용한 영업비밀을 취득, 사용하거나 제3자에게 누설하는 행위'를 처벌하는 것으로 그 취득의 방법에는 제한이 없어 반드시 같은 법 제2조 제3호 가목이 정한 부정한 취득일 것을 요하는 것은 아니므로, 피고인의 행위가 부정취득이 아님을 주장하는 변호인의 주장은 이유가 없다',[59] '영업비밀보호법 제18조 제2항의 영업비밀의 취득이란 기억 혹은 기억매체 등을 매개로 하거나 직접 유체물의 점유를 확보하는 등으로 자신이 영업비밀을 사용할 수 있는 상태에 이른 경우를 뜻한다 할 것인바, 여기서는 매개 등이 절취, 기망, 협박, 그 밖의 부정한 수단에 의한 것인지, 계약관계 등에 따라 영업비밀을 취급할 수 있는 자가 업무상 계기에 의한 것인지를 가리지 않는다 할 것이다'[60]고 하여, 영업비밀을 '취득'하는 과정에서는 부정한 수단이 개입되지 않았다 하더라도 그 '사용' 또는 '공개'행위만으로도 처벌 대상이 된다고 보고 있다.

(4) 처벌 형량

국내에서 이루어진 영업비밀의 침해행위는 '5년 이하의 징역 또는 그 재산상 이득액의 2배 이상 10배 이하의 벌금', 국외에서 이루어진 영업비밀의 침해행위는 '10년 이하의 징역 또는 그 재산상 이득액의 2배 이상 10배 이하의 벌금'에 처하고, 징역형과 벌금형은 병과할 수 있다.

부정경쟁방지 및 영업비밀보호에 관한 법률은 제정 이후로 수차례의 개정을 거쳐 형사처벌규정을 도입하고 그 형량을 강화해 왔다. 가장 최근의 2007년 개정에서는 국외에서 이루어진 영업비밀의 침해행위의 경우 7년 이하의 징역에서 10년 이하의 징역으로 형사처벌을 강화하였다. 또한 법인의 대표자

---

59) 서울지법 2006. 11. 28. 선고 2006노617 판결.

60) 서울고법 2008. 10. 2. 선고 2008노1298 판결.

또는 법인이나 개인의 대리인·사용인 그 밖의 종업원이 법인 또는 개인의 업무에 관하여 제18조 제1항 및 제2항 규정을 위반한 때에는 행위자를 벌하는 외에 법인 또는 개인에 대하여도 같은 조 각 해당 항의 규정에 의한 벌금형을 과할 수 있다는 양벌규정을 두어, 기업이 대리인, 사용인 그 밖의 종업원이 타사의 영업비밀을 침해하지 않도록 주의해야 하는 의무를 부과하고 있다고 할 수 있다.

(5) 영업비밀 침해의 미수·예비·음모

부정경쟁방지 및 영업비밀보호에 관한 법률 제18조 제1항이 규정하는 영업비밀의 국외유출죄를 범할 목적으로 예비 또는 음모한 자는 3년 이하의 징역 또는 2천만원 이하의 벌금에 처한다. 또한 동 2항의 영업비밀의 국내유출을 범할 목적으로 예비 또는 음모한 자는 2년 이하의 징역 또는 1천만원 이하의 벌금에 처하도록 하고 있다.

영업비밀 침해의 속성상 일단 침해가 발생하면 회복이 용이하지 않다는 점에서 침해 이전에 적발하는 것이 다른 어느 범죄에서보다 중요하게 요청되는 점을 감안하여 형사정책적으로 영업비밀 누출 직전 단계에서의 비밀보호 강화를 위해 미수와 예비·음모죄를 신설하여 영업비밀 침해행위를 실행하다 미수에 그친 자와 예비·음모자도 처벌할 수 있도록 한 것이다.

미수가 성립되는 시점 즉 부정경쟁방지 및 영업비밀보호에 관한 법률 제18조 제2항의 영업비밀 부정사용죄의 실행의 착수시기에 관하여 우리나라 법원은 '영업비밀 부정사용죄에 있어서는 행위자가 당해 영업비밀과 관계된 영업활동에 이용 혹은 활용할 의사 아래 영업활동에 근접한 시기에 영업비밀을 열람하는 행위(영업비밀이 전자파일의 형태인 경우에는 저장의 단계를 넘어서 해당 전자파일을 실행하는 행위)를 하였다면 그 실행의 착수가 있다'라고 판시하고 있다.

또한 '피고인2 등이 3회에 걸쳐 B주식회사를 방문하고 한국에서도 B주식회사측과 1회 접촉하며 이메일을 보내는 등 B주식회사로의 전직을 통하여 이 사건 영업비밀을 간접적으로 사용하고자 하는 구체적인 노력을 경주한 점, 특히 피고인2 등은 2004. 8. 워크샵을 통하여 B주식회사에서 각자 맡게 될 역할을 충분히 숙지하였고 각자 그에 따른 준비에 착수한 점, 그 준비의 일환으로 위 피고인들은 순차 A주식회사를 퇴직하였고 영어회화 강좌를 수강하면서 피고인3의 처를 통하여 대만 현지의 주거여건을 파악하기도 한 점 등을 고려하면, 피고인2 등의 이 사건 범죄사실 기재행위는 외국에서의 영업비밀 사용의 실행의 착수에 해당한다고 봄이 상당하다'[61]고 판시하여, 종합적인 상황을 고려하고 있다.

61) 서울지법 2007. 2. 8. 선고 2004고단7664 판결.

제 2 부

trade secret

실무편

제 1 장

준비 및 현상 파악

제1절 영업비밀 보호관리의 의의

1. 지식자산경영에 의한 경쟁력 향상

지식집약형 경제의 급속한 발전과 함께 기업의 경쟁력 유지 또는 강화를 위해 기술과 노하우 등 지식자산의 창출, 관리, 활용을 중시한 경영이 점점 중시되고 있다. 경영자는 이와 같은 지식자산의 중요성을 인지하고, 자사의 강점과 가치 창출의 원천이 되는 지식자산을 파악하여 이를 최대한으로 활용한 경영(이하, '지식자산경영')을 실천할 필요가 있다.

영업비밀은 특허와 더불어 이와 같은 지식자산의 중요한 부분을 차지하고 있으며, 영업비밀의 보호관리는 지식자산경영의 핵심이라고 할 수 있다.

나아가 심화해가는 국제경쟁에서 기업이 살아남기 위해서는, 자사의 기술과 노하우뿐만 아니라 외부의 지식자산도 활용하여 새로운 비즈니스 모델의 창조를 실현해 나갈 필요가 있다. 이때 기업 간에 영업비밀을 포함한 지식자산을 공유할 필요성이 생기며, 공유한 지식자산을 적절하게 활용하기 위한 전제로서 영업비밀의 철저한 관리가 중요하다.

2. 비밀관리에 임하는 자세

지식자산의 관리 방법은 다양하다. 그 중에서도 특허권 등의 권리취득에 적절하지 않은 중요한 지식자산에 대해서는, 기업 내부에서 영업비밀로 관리하고 활용하는 것이 효과적이다. 특허권 등의 권리취득이 가능한 경우에도 출원공개를 통해 정보 내용이 공공연하게 드러나게 될 것을 고려하여 영업비밀로 활용하는 것을 선택하는 경우도 있다.

또한 특허권으로 보호받을 수 있는 지식자산을 영업비밀로 활용하는 것을 선택한 경우에도, 발명을 실시 또는 실시할 준비를 하고 있다면 그 후 타사가 특허권을 취득했더라도 무상의 통상실시권을 얻을 수 있는 제도, 이른바 선사용권제도(특허법 제103조)가 마련되어 있으므로 해당제도를 활용하여 기업은 지속적으로 사업을 수행할 수 있다.

한편, 어떤 지식자산을 영업비밀로서 관리할 때에는, 부정경쟁방지 및 영업비밀보호에 관한 법률(이하 '영업비밀보호법')에 의한 영업비밀보호의 요건인 '비밀관리성'이 중요한 요소가 된다. 아무리 중요한 정보라고 하더라도 그 정보가 비밀로 적절하게 관리되지 않는다면, 영업비밀로서 법적 보호를 받을 수 없다. 따라서 기업은 비밀정보가 유출된 경우에 사후 법적 보호를 받을 수 있는 실효성 있는 관리를 해야 할 필요가 있다.

특히, 영업비밀로 관리되는 지식자산의 대부분은 현장노동자 및 근로자의 오랜 기간의 노력과 기업의 고액 투자의 결집체로, 기업의 수익을 창출해내는 원천으로서 그 가치를 가지며(근원성), 한번 침해받으면 순식간에 침해상태가 확산되어 그 회수 및 회복이 매우 어렵다(불가역성 · 회복곤란성). 또한 인적 · 조직적 관리에 기댈 수밖에 없다는 점에서 침해행위 예방에는 한계가 있다(예방곤란성).

따라서 영업비밀의 보호관리에 있어서 경영자는 영업비밀의 이러한 특성을 잘 숙지하고 지속적인 이익을 창출하기 위한 전략적인 경영자원의 투자를 해야 한다.

단, 기업이 보유하고 있는 많은 지식자산을 적절하게 관리하는 것이 중요하다고 해서 대량의 지식자산을 닥치는 대로 영업비밀로 관리하는 것은, 관리비용이 높아질 뿐 아니라 관리 효율성과 업무효율을 저하시키게 되어 결과적으로 비밀관리성마저 인정받지 못할 위험이 있다.

따라서 기업은 자사의 경영·사업전략에 비추어 영업비밀로 관리해야 할 정보를 엄선한 후에, 유출위험·관리비용·업무효율 등의 균형을 고려하여 합리적인 관리를 하는 것이 중요하다.

3. 컴플라이언스와 인적 관리

영업비밀을 침해하는 행위를 막고 영업비밀을 보호하는 법적 시스템이 정비·강화된 결과, 영업비밀 침해죄를 범한 자뿐만 아니라 그 자가 소속된 기업 역시 형사적 책임을 질 가능성이 생겼다(영업비밀보호법 제19조).

따라서 기업은 자사의 정보를 보호하는 것뿐만 아니라 타사로부터 공개된 영업비밀도 자사의 영업비밀과 마찬가지로 보호해야 하며, 타사 영업비밀을 부정하게 취득하지 않도록 유의해야 한다. 즉, 자사 종업원이 타사의 영업비밀을 침해하지 않도록 하기 위한 관리·노력의 필요성이 자사 영업비밀의 유출방지 필요성과 함께 증대되고 있는 것이다.

이러한 관점에서 비밀관리를 효율적으로 하기 위해서는, 정보나 매체 자체를 물리적으로 관리하는 것 외에도, 영업비밀을 다루는 인적 자원을 관리하는 것이 중요하다고 할 수 있다.

그러나 벌칙으로 위협하여 모든 사원의 동향을 엄격하게 관리하는 것은, 종업원을 위축시키고 정보 공유에 따른 생산성 향상이나 원활한 사업 활동의 촉진을 방해할 가능성이 높다. 따라서 이러한 사태를 방지하며 관리 효율성을 향상시키기 위해서는, 어떤 정보에 어떤 종업원이 접근 권한을 갖고 있는가를 정확히 파악하고 이를 적절하게 관리하는 것이 중요하다.

또한 물리적·기술적 관리를 아무리 엄격하게 실시한다고 하여도, 사적인 욕망과 주위에 대한 불만 등이 계기가 되어 부정행위가 이루어질 가능성도 높다. 이러한 부정행위를 예방하기 위하여 평소 자사 내에서 상사와 선배, 동료와의 커뮤니케이션이 원활하게 이루어지고 있는가를 고려한 인적 자원의 관리를 실시하는 것이 중요하다.

이와 같이 경영자와 종업원이 협력해 나가면서 영업비밀의 중요성과 그 관리에 대한 공통된 의식을 갖고, 자사 영업비밀 유출이나 타사 영업비밀 침해를 일으키지 않도록 조직적으로 대처해 나가도록 해야 할 것이다.

제2절 영업비밀 보호관리체제 담당자 결정

1. 담당자의 결정

영업비밀이 부정경쟁방지법에 의해 보호받기 위해서는, 기업 내에서 '상당한 노력에 의하여 비밀로 유지'했다는 사실이 입증될 필요가 있다('비밀관리성', 영업비밀보호법 제2조 2항). 따라서 영업비밀 보호관리체제의 1차적 목표는 이 '비밀관리성'의 요건을 충족시키는 것이라 할 수 있다.

영업비밀 보호관리체제의 자문기관(이하 '자문기관')은 기업을 대상으로 이 '비밀관리성'의 요건 충족을 위한 시스템을 구축해 지속적으로 관리하여 주는 것을 주된 업무내용으로 하게 되며, 각 기업의 실정에 따른 시스템 구축을 위해 기업 내에 담당자를 배정받아 업무를 진행하는 것이 바람직하다.

그러나 기업의 규모가 작은 경우, 보호해야 할 영업비밀의 양이 적은 경우 등 영업비밀 보호관리체제만을 전담하는 담당자를 두는 것은 큰 부담이 될 수 있는 경우에는, 회사의 전체 상황과 사업의 흐름에 대해 정통한 임원이 다른 업무와 함께 겸임하는 것도 생각해 볼 수 있다. 단, 담당자가 1명일 경우 담당자의 전직 등에 의해 기업의 모든 비밀이 유출될 위험이 있으므로, 되도록 2명 이상을 담당자로 하여 1명이 영업비밀을 유출하는 사태가 발생하더라도 부분적 피해에 그치도록 배려해야 한다.

자문기관은 기본적으로 기업 내의 담당자와의 인터뷰 및 문진을 통해 관리체제의 구축을 진행하므로, 기업 내의 담당자는 기업의 실정에 정통해야 하며, 영업비밀 보호관리의 목적 및 필요성, 방법론 등에 대해서 숙지하고 이를 기업 내에 실현하려는 의욕을 가진 자가 적절하다. 따라서 자문기관으로서는 기본적인 자문업무에 그치지 않고 담당자의 영업비밀에 대한 이해와 지식향상에 힘써야 할 것이다.

2. 담당자의 업무

사내 담당자가 수행하게 되는 업무는 개략적으로 다음과 같다.

① 회사 내에 어떤 영업비밀이 있는지를 선별하여 영업비밀로서 지정한다.

② 선별한 영업비밀 중 특허법에 의해 보호받을 것, 영업비밀보호법에 의해 보호받을 것을 구분한다.

③ '비밀관리성'을 충족시킬 만한 레벨의 비밀보호 관리체제를 설정한다. 각 영업비밀마다 비밀보호를 위한 제도적 장치, 인적 관리, 물리적 조치를 규정한다.

④ 사원에 대해 영업비밀의 중요성을 인식시키기 위하여, 팜플렛 등의 자체 교육자료 작성, 정기적인 사내 교육 등을 실시한다.

⑤ 영업비밀의 사용 상황에 관한 정기적인 점검을 실시하고, 영업비밀의 범위에 관해서도 정기적으로 재고한다.

⑥ 영업비밀을 자산으로서 운용할 경우(라이선스 계약 등), 사내 기준이나 계약 내용을 결정한다.

⑦ 영업비밀을 제3자에게 공개할 경우, 당해 제3자에게 영업비밀보호의무를 부과하기 위한 표준적인 계약서식을 작성한다.

⑧ 영업비밀에 접근하는 사원의 모니터링이나 사원의 퇴직 및 전직 후의 영업비밀 유출상황에 관하여 정보를 수집한다.

⑨ 사원에 의해 영업비밀이 유출되었을 경우, 당해 사원과 유출처(경쟁 회사 등)에 대한 민사적 또는 형사적 구제조치를 취한다.

⑩ 회사의 중요한 영업비밀은 거래처나 경쟁회사의 표적이 될 수 있으며, 이를 손에 넣기 위해 경영을 압박하는 등의 수단을 동원하여 인수합병

을 제안해 오는 경우도 있다. 이와 같은 정보에 민감하게 반응하여 최고경영자에게 알리는 등 사전 예방에 힘쓴다.

자문기관은 ③④⑤⑥⑦⑨의 업무의 대부분을 사내 담당자 대신 수행하게 되며, ①②에 대해서도 주도적인 역할을 수행하게 된다. ⑧⑩에 관해서도 정기적인 업계 소식을 전하는 등의 수단을 통해서 자문기관이 일정한 기여를 할 수 있다.

3. 실무적 제안

담당자가 결정되면 영업비밀 보호관리체제 구축 의뢰서(별지 제1호 서식)를 작성시키도록 한다.

또한 자문기관은 신뢰도를 높이고 스스로 영업비밀의 중요성을 인식하고 그 보호를 실천하고 있는 자세를 보이기 위하여, 자문기관 및 자문담당자의 영업비밀보호 서약서(별지 제2호 서식)를 작성하는 것이 바람직하다.

제3절 현재 보호관리체제의 수준 및 현황 분석

1. 목표하는 영업비밀의 관리 수준

영업비밀에 관해 구체적인 관리체제를 구축·실시하는 경우, 기업의 규모와 도입할 관리 방법에 따라 지식자산과 취급자의 파악, 체제 정비, 구체적인 관리방법의 도입, 실시 등을 위한 비용(돈, 인력, 시간)이 필요하게 된다.

또한 영업비밀에 관해 영업비밀보호법상의 보호를 받을 수 있는 것을 목표로 할 것인지, 이를 넘어서 현실적으로 영업비밀의 유출 위험을 거의 방지할 수 있는 이상적인 관리체제를 구축하는 것을 목표로 할 것인지에 따라, 필요한 관리의 정도, 수준이 달라지는 것은 물론이다. 따라서 기업은 자사의 지식자산을 관리하는 데에 있어 어느 정도의 보호, 어떠한 성과를 추구할 것인가를 고려한 후에, 목표로 하는 관리체제의 수준을 결정하는 것이 바람직하다.

본서에서는 영업비밀보호법상의 영업비밀에 관한 보호를 받을 수 있는 수준, 즉 영업비밀 침해자에게 민사상의 조치를 취하고 형사상의 제재를 할 수 있는 적절하고도 합리적인 관리수준을 표준단계(2단계)로 설정하고 있다.

단, 사업규모, 업종, 경쟁환경, 현재의 비밀관리수준, 지식자산의 성질・중요성에 비추어 해당 지식자산에 대하여 영업비밀보호법상의 보호를 받을 수 있는 관리수준에 도달하는 것뿐만 아니라 보다 높은 수준의 관리체제를 정비하고자 하는 기업은 고도의 관리방법(3단계)을 설정할 수 있도록 이에 대한 기술을 덧붙이고 있다.

2. 현황 분석

본서는 **별지 제13호 서식**의 사규에 규정된 내용을 표준적인 영업비밀 보호관리체제(2단계)로 설정하여 현상과의 갭을 메워가는 방식을 설정하고 있다. 여기서 표준적인 영업비밀 보호관리체제는 이론편에서 인용한 각종 판례를 종합하여 판례상 영업비밀보호법상의 '비밀관리성'을 인정받을 수 있는 수준의 것을 그 내용으로 하고 있다.

따라서 목표로 하는 영업비밀 보호관리체제뿐만 아니라 그 전제로서 현재의 보호관리체제를 파악하는 것이 중요하며, 담당자와 함께 또는 담당자에 대한 인터뷰를 통해 영업비밀 보호관리체제 평가표(별지 제3호 서식)를 작성하도록 한다.

이때 기업의 규모가 작은 경우 담당자와 인터뷰를 하며 작성하는 것이 가능하나, 기업의 규모가 크고 조직이 분화되어 있을 경우에는 담당자가 사내에서 협의를 거쳐 영업비밀 보호관리체제 평가표를 작성해 오도록 하는 것이 바람직하다. 이와 같은 평가표의 작성 시기는 관리체제 구축의 초기단계이므로 담당자가 기본적으로 영업비밀에 대해 지식이 전무하다는 것을 전제로 다양한 예시와 체계적인 설명을 통해 담당자의 이해 향상에 특히 노력할 필요가 있다.

제 2 장

영업비밀의 범위 설정

제1절 서 론

1. 중요한 지식자산의 파악

모든 정보를 영업비밀로 지정하면 관리 및 유지 비용이 과다하게 소요되고 업무 효율을 저하시킬 수 있으므로, 일정한 기준에 따라 영업비밀로 보호할 대상을 한정하는 것이 좋다.

범위 한정의 방법으로는 ① 자사의 강점인 지식자산을 파악한 뒤 그 지식자산 중에서 영업비밀로 관리하는 대상이 될 지식자산을 특정하는 방법과, ② 자사의 지식자산 전반에 대해 위험 분석을 행한 뒤 위험이 큰 지식자산부터 위험을 감소시키기 위해 필요한 조치를 강구하는 방법이 있다.

지금까지 의식적으로 영업비밀을 포함한 중요한 지식자산의 보호에 주의를 기울여오지 않았던 기업은 경쟁 우위를 실현시키고 있는 요소에 주목한 ①의 방법이 비교적 용이할 수 있다. 구체적으로는 업무 프로세스마다 자사의 이익 획득에 공헌한 요소(예를 들어 신규사업계획, 고객 수요 정보, 구매 가격, 소재 정보, 제조 노하우 등)를 타사와의 비교 우위성·독자성의 유무라는 관점에서 분석하고 파악하여, 이와 같은 '자사의 강점이 되는 지식자산'을 특허권 등 배타적 권리를 취득하기 위해 출원·공개할 것인가, 자사의 기업평가를 향상시키기 위해 홍보를 통해 공개할 것인가, 자사의 우위성을 지속시키기 위해 비밀로 관리할 것인가 등을 판단하여, 영업비밀로 관리해야 하는 지식자산을 특정하게 된다. 이때 기업이 지식자산에 대해 구체적인 이미지를 가지고 있지 않을 경우, 다음 절의 표와 같은 지식자산 카테고리(개괄적인 분류·구분)마다 자사의 지식자산 유무·수량·존재형태 등을 빠짐없이 조사하여, 자사의 경쟁력에 기여하는 정도를 파악하는 방법도 유용하다.

①의 방법에 따라서 어떤 정보를 영업비밀로서 보호할 것인가에 대해서는 기본적으로 기업의 자율적인 판단에 맡기되, 법적으로 또는 유형적으로 중요성이 인정되는 정보, 제3자의 입장에서 영업비밀로서 보호하는 것이 바람직하다고 판단되는 정보에 관해서는 자문기관은 그 중요성을 기업에 설명하고 반드시 영업비밀의 대상에 포함시키도록 해야 한다.

먼저 법적으로 중요성이 인정되는 정보의 예로서, 법령상 보호를 요구받는 것(예를 들어 개인정보 보호에 관한 법률로 지정된 개인정보)이나, 사외로 유출된 경우에 자사에 재산 또는 신용에 큰 손해를 입힐 수 있는 것(예를 들어 타사로부터 비밀 유지계약에 기초하여 공개 받은 정보) 등이 있다.

다음으로 특히 유형적으로 중요성이 인정되는 정보란, 기업이 생산하는 제품 중 타사와 비교하여 특별한 개성을 지니고 있거나 시장에서 비교우위에 있는 제품을 생성하는 데 중요한 역할을 하는 정보를 말한다.

예를 들어, 기업의 주력제품이 시장에서 비교우위에 있는 이유가 그 제품의 기술 수준이 높기 때문이라면, 먼저 그 기술 자체의 중요성이 인정되며, 그 높은 기술 수준을 뒷받침하는 설계 정보, 제품라인 정보, 인재육성 프로그램, 보상체제 정보 등도 중요성이 인정된다.

중요성의 판단에 있어서는 자사 상품의 경쟁력과 관계가 있는 정보인가, 경쟁사가 원할 만한 정보인가, 개발이나 편집을 위해 많은 비용과 노력이 필요한가, 경쟁사에게 알려지지 않게 할 필요가 있는가 등이 기준이 될 수 있다.

한편, ②의 방법은 영업비밀 관리에 관한 위험(예를 들어 컴퓨터 바이러스, 부정 접근 등 외부 요인이나 대책의 미흡, 소프트웨어 고장, 인위적 실수 등 내부 요인)을 철저하게 조사한 뒤에, 위험이 드러난 경우에 자사에 끼칠 영향의 정도, 위험이 실제 문제로까지 발전할 가능성·빈도의 정도라는 관점에서 위험에 우선순위를 판단하고, 우선순위가 높은 위험을 조절하기 위한 실시계획을 책정하는 방법으로 진행된다. 이는 영업비밀의 존재뿐만 아니라 각 영업비밀별로 발생 가능성이 있는 위험의 존재를 빠짐없이 파악하는 작업을 전제로 하므로, 많은 비용과 노력을 필요로 한다. 따라서 어느 정도 규모가 크고 그동안 영업비밀을 관리해 온 회사에 유용한 방법으로, 국제규격(ISMS, ISO27001 등)은 이 방법을 택하고 있다. 이 방법은 위험이 발생할 경우 거대한 피해가 발생할 우려가 있는 업종, 모든 지식자산이 전산화되어 한 번의 위험 발생으로도 큰 파급력이 예상되는 기업 등에 적절하다.

또한 ①의 방법을 중심으로 실행하고 보조적으로 ②의 방법을 이용하는 것도 고려해 볼 수 있다(3.1 참조).

본서는 ①의 방법을 중심으로 기술하고 있으며, ②의 방법을 보조적으로 병용하고 있다.

2. 영업비밀과 특허

자사의 중요한 지식자산은 영업비밀로서 영업비밀보호법에 의해 보호하는 방법뿐만 아니라 특허로서 특허법에 의해 보호하는 방법이 있다.

먼저 영업비밀은 비밀성과 유용성이 있는 기술정보로 상당한 노력에 의해 비밀로서 관리되고 있으므로 허가를 받지 않으면 접근할 수 없는 것을 말한다. 따라서 해당 기술이 이미 알려진 제품을 보다 경쟁적이고 효율적으로 만드는 공법이나 소프트웨어 프로그램 코드 등의 경우에는 생산설비나 제품을 분석하여도 해당 기술을 쉽게 알 수 없는 경우가 많으므로 영업비밀로서 보호하는 것이 유리하다.

한편, 특허는 특허권자나 정당한 권원이 있는 자만 사용할 수 있는 독점적인 배타권이므로 허가를 받지 않고 실시하면 권리침해가 된다. 따라서 의약품이나 제조품처럼 해당기술의 내용이 신제품과 일치하고 제품을 분석하면 기술내용을 알 수 있는 기술을 보호하기 위해서는 특허를 이용하는 것이 유리하다.

단, 어떤 정보를 영업비밀로 보호할 것인가 특허로 보호할 것인가는 기업의 경영 판단이므로, 자문업체로서는 우선 회사가 선정하는 정보를 영업비밀로서 보호하는 체제를 구축하고, 그중 특허로 특별히 보호할 필요성이 있는 정보에 관해서는 별도 특허 취득 등의 절차를 밟도록 하는 것이 좋다.

이때, 다음의 내용을 참조·설명하여 담당자가 별도 특허 취득이 필요한 경우가 있음을 인식하게 한다.

■ **영업비밀과 특허의 법적 차이**

구분	영업비밀	특　허
법적 성격	· 비밀로 유지 관리되고 있는 사실상태 보호	· 공개대가로 부여되는 독점권
보호 대상	· 생산방법, 판매방법 기타 영업활동에 유용한 기술상 또는 경영상의 정보	· 자연법칙을 이용한 고도한 기술적 사상(신기술)
절차/기간	· 등록 불필요 · 비밀이 알려질 때까지	· 등록 필요 · 출원일로부터 20년
독점성	· 동일 영업비밀 병존 가능 · 권리 행사에 제한 없음	· 동일특허권 병존 불가 · 권리행사에 제한 있음(강제, 법정실시권 등)
침해 행위	· 절취, 기망 등 부정 취득 행위 · 부정 취득한 영업비밀의 사용, 공개하는 행위 · 비밀보호의무가 있는 자가 영업비밀보유자에게 손해를 줄 목적으로 사용, 공개하는 행위	· 정당한 권원 없이 특허권을 영업으로서 실시하는 행위
관련법	· 부정경쟁방지 및 영업비밀보호에 관한 법률	· 특허법

■ 영업비밀과 특허의 장 · 단점

구분	영업비밀	특　허
장점	· 비밀로 유지되는 한 영구적으로 유효 · 특허출원 절차의 번거로움 및 권리화에 추가비용 없음 · 기술내용 미공개로 인해 기술경쟁우위의 유지가 가능	· 법에 의한 배타적 독점권 보장 · 기술가치 상승
단점	· 기업의 비밀보호노력 등 관리능력에 의해 효력이 좌우됨 · 독점성이 없음	· 권리화에 추가비용 발생 · 기술이 공개됨 · 등록국가에서만 유효 · 유효기간이 제한됨

■ 영업비밀과 특허의 판단기준

영업비밀로 보호	특허로 보호
· '타사의 독자개발이 곤란한 기술'이나 '특허권의 침해발견이 곤란한 기술'에 대해서는 영업비밀로 보호하는 것이 바람직함 · 다만, 타사에 제조현장을 보여줄 필요가 있는 기업, 인재의 유동성이 높은 기업 등 영업비밀로서 계속 관리하는 것이 곤란한 경우 또는 해외 추진사업의 경우에는 비밀관리의 곤란성이나 해당 국가의 법, 제도 등을 충분히 고려하여 신중한 선택이 요구됨 · 영업비밀로 보호하기로 한 경우에는 사업의 자유도를 확보하기 위하여 특허법상 인정되는 선사용권의 증거확보 필요 · 역설계(Reverse Engineering)로 발견할 수 없는 기술, 예를 들어 계측방법, 계측장치, 제어알고리즘 등과 같이 역설계를 해도 타사의 침해를 발견할 수 없는 기술은 영업비밀로 보호	· 대상기술이 장래 표준으로 될 가능성이 있는 기술이나, 대상기술과 제품의 관계를 고려하여 제품에 가까운 기술일수록 특허로 보호할 필요가 있음 · 자사의 기술수준이 경쟁회사에 비해 많은 차이가 나지 않아서 대상기술에 쉽게 도달할 수 있는 경우 또는 대상기술의 예상수명이 특허권 취득에 필요한 기간보다 길다고 판단되는 경우 특허 취득을 통한 보호가 바람직함

3. 실무적 주의점

영업비밀 보호관리체제를 처음 도입하는 기업의 담당자는 영업비밀에 대해 상세한 지식을 가지고 있는 경우가 거의 없으므로, 전문 자문기관과의 인터뷰나 문진, 분류 항목, 예시 등을 통해 기업 및 담당자가 미처 깨닫지 못했던 영업비밀을 인식할 가능성이 있다. 또한 사내의 정보가 영업비밀이 될 수 있는 가능성을 인식하는 일은 사내의 정보의 데이터베이스화나 체계적인 관리의 중요성을 자각시키고, 향후 기업의 지식재산에 관한 자세를 적극적으로 변화시킬 수 있은 중요한 사항이다.

따라서 되도록 상세한 분류와 예시가 포함된 체크시트를 제공하는 것이 좋으며, 담당자에게 풍부한 예시와 자세한 설명을 제시하여 충분히 내용을 숙지시키도록 한다.

영업비밀의 분류에 관하여 판례와 이론서는 영업비밀을 기술상의 영업비밀과 경영상의 영업비밀로 나누는 경우가 많으나, 실무자의 입장에서는 제품 생산과정에 맞추어 영업비밀을 체크하는 것이 더 알기 쉬울 수 있다. 따라서 제4절에서는 제품 생산과정에 따라 분류항목을 나누고 있다.

이상을 바탕으로 영업비밀 일람서(별지 제9호, 제10호 서식)를 작성하는 것이 통상의 절차가 된다. 단, 영업비밀의 대상을 지정하는 일은 영업비밀 보호관리의 대전제로서 매우 중요하며, 앞서 살펴본 대로 영업비밀 개념의 정확한 인식은 기업의 지식재산 경영방침에 영향을 줄 수 있는 중요한 부분이므로, 일람서를 영업비밀관리 담당자가 작성한 후에 각 부서의 적용자가 체크하고, 최고경영자의 결재를 얻도록 한다.

제2절 기술상의 정보

기술상의 정보는 공업기술에 사용되는 모든 기술을 말하는 것으로, 그 정보가 유형(모형, 도면 등)인가 무형인가(방수방법, 혼합방법, 처리방법, 취급방법, 노하우 등)를 불문한다. 대표적인 예로서는 설계방법, 설계도면, 제조방법, 제조기술, 제조공정, 청사진, 성분원료와 배합비, 강도계산의 운용방법, 기계의 사양, 공장의 배치도 등이 있다. 그 밖에는 연구개발에 관한 정보, 즉 연구개발 전략 및 방법, 연구개발 계획, 연구개발 보고서, 연구개발 일지, 실험데이터, 실험성과 및 분석자료, 신제품에 대한 아이디어나 디자인, 소프트웨어 프로그램도 기술상의 정보라고 할 수 있다.

■ **기술상의 정보**

대 상	설 명	비 고
시설 및 제품의 설계도	중요 공장의 설계도면, 기계장치의 배치도, 제품 생산 라인의 설계도, 공정 설계도	그 회사만의 독자적이며, 미공개된 정보나 자료
물건의 생산 및 제조방법	제품의 생산, 가공, 조립 또는 제조 방법으로 비법이거나 미공개된 것	
물질의 배합방법	물질을 생성하는 반응순서, 원료의 배합순서, 배합비율, 시차 등으로서도 미공개 되고, 역설계(Reverse Engineering)로 알아낼 수 없는 것	식품이나 음식의 제조비법, 의약품이나 화공약품의 제조생산 방법 등
연구개발 보고서 및 데이터	연구개발 과정, 결과 보고서 및 연구에 사용된 데이터	연구에 실패한 자료도 영업비밀로 보호 가능
실험 데이터	개발 중인 시제품 또는 시제품의 성능 실험, 의약품의 효능 시험, 기계장치의 시운전 데이터 등	
시설, 기계설비, 장비	기업이나 개인이 독자적으로 개발하여 보유하고 있는 시설, 특수 장비와 설비 등	시설과 지역을 통제구역으로 지정하고 접근을 제한하여 비밀로 관리

제3절 경영상의 정보

경영상의 정보의 대표적인 예로서는 고객명부, 고객의 관리방법, 대리점명부, 재료나 상품의 구입처, 거래선 루트, 판매가격표, 원가계산표, 판매계획, 판매지침서, 판매마진율, 판매매뉴얼, 시장조사정보, 수입 또는 수출 루트, 재산목록, 고객관리기법, 경영관리기법, 광고나 홍보계획, 선전광고 방법, 미발표의 대차대조표, 제품의 할인시스템, 인사나 조직 및 재무관리기법, 비공개 사업계획 등이 있다.

이 중 고객명부의 경우, 기업에게 고객은 단순히 제품 판매의 대상으로서의 의미를 가질 뿐만 아니라, 기업으로서는 고객명부를 보유함으로써 마케팅의 전략 수립이 용이해지며, 확보된 시장을 근거로 새로운 시장의 개척에 활용하는 등, 마케팅 비용을 절감할 수 있다. 따라서 한 기업이 시간과 비용을 들여 축적한 고객명부는 시장에서 경쟁자와 경쟁을 함에 있어 그 정보를 보유한 자에게 우월한 지위를 갖게 하므로 영업비밀로 인정된다.

또한 화학공장의 원료 화학 물질의 공급원, 그 공급의 질, 가격 및 그와 관련된 정보도 해당 정보를 보유한 자에게 우월한 지위를 갖게 하므로 영업비밀로 인정된다. 그러나 여러 공급자의 상대적인 가격과 각자 공급하는 제품의 품질에 관한 정보는 공급자의 신원이 잘 알려져 있고 제품이 규격화된 것이라면 타사도 용이하게 해당 정보를 입수할 수 있으므로 영업비밀로 보호받기 어렵다.

■ **경영상의 정보**

대 상	설 명	비 고
각종 주요계획	경영전략, 신규 투자계획, 신제품 개발/생산계획, 마케팅/판매계획, 인력수급계획 등	공개되면 경쟁업체의 대응이 있을 수 있는 계획은 영업비밀로 지정
고객명부	지역별 고객리스트, 연령별 또는 직업별 분류표 및 대리점/영업점의 제반 영업자료 등	고객정보의 유출은 개인 정보보호 차원에서 사회적 물의를 일으킬 수 있음
관리정보	원가분석, 마진율, 거래처 정보, 인사/재무관리 및 경영분석 정보 등	공개되면 자사의 피해가 우려되거나 경쟁회사에 유리한 정보
매뉴얼 등 중요자료	· 그 기업의 기술과 경험을 바탕으로 한 방법 기술 서류 · 그 회사만의 독특한 방법이나 기법을 담고 있는 모든 매뉴얼 등	· 원료 투입순서, 화합물의 반응방법, 합성 방법 등 · 판매기법, 고객 접근 및 설득방법, 시장 조사방법, 원가 산정방법 등

제4절 기타 분류법

1. 기타 분류법

제1절에서 설명한 ① 자사의 강점인 지식자산을 파악한 뒤 그 지식자산 중에 영업비밀로 관리해야 하는 대상이 되는 지식자산을 특정하여 관리방법을 결정하는 경우, 기업의 정보는 기술상의 정보 또는 경영상의 정보가 아닌, 제품 생산 과정에 따라 다음과 같이 분류하여 파악하는 것이 이해가 쉬울 수 있다.

이 분류는 일본 경영법우회가 발간한 「영업비밀관리 가이드북」에 실려 있는 것으로, 영업비밀 유출 시 발생하는 문제를 제품 생산 과정별로 인식시킬 수 있는 점에 있어서 유용하나, 너무 자세한 나머지 담당자의 부담이 될 수 있다. 이와 같은 경우에는 기술상의 정보・경영상의 정보의 분류에 따른 예시를 제공하는 것이 바람직할 수 있다.

■ 기타 분류법

생산 방법 등	연구개발, 설계, 기술, 제조
판매 방법	영업
기타 기업 활동	경영, 재무, 인사, 정보시스템, 기타

〈생산방법 등〉

① 연구개발・설계・기술

No.	정보의 내용	구체적 예	유출・공개 시 발생하는 문제
1	신제품이나 연구개발 계획(신제품의 개발 목표, 연구 테마, 연구개발의 대상)	신제품 개발 계획서, 연구개발 계획서, 신제품 개발 스케줄표	타사의 신제품 개발동향 등을 알고, 자사의 금후의 연구 활동을 유리한 방향으로 전개할 수 있음
2	신제품의 개발 체제, 조직(신제품 개발을 위한 조직, 개인의 분담, 역할, 기술자의 배치)	담당자를 상세하게 파악할 수 있는 조직도	조직도 등으로부터 타사의 개발내용을 이해하여 자사의 개발을 경쟁 우위에 있도록 할 수 있음. 개인명이 판명되면, 헤드헌팅의 대상이 될 수 있음

No.	정보의 내용	구체적 예	유출 · 공개 시 발생하는 문제
3	실험 데이터, 분석 데이터(자기 또는 제3자에게 위탁해서 실시한 실험의 결과, 물성 등의 분석)	실험 데이터 파일, 분석 데이터 파일	타사의 데이터를 이용하여, 자사의 신제품 개발 및 개량에 우위를 획득할 수 있음. 또한 실패 데이터를 이용하여 좀더 실현 가능성이 높은 목표를 설정하거나 비용을 절감하는 일이 가능함
4	연구 재료, 연구 시료(물성, 약리활성 등의 분석대상이 되는 물질, DNA 등)	화합물, DNA칩, 생물조직, 실험동물, 생산균	타사의 연구대상을 입수하여 자사의 신제품 개발에 우위를 획득할 수 있음
5	연구 개발의 성과(독자적 또는 제3자와 공동으로 연구 개발하여 얻어진 기술 정보, 기술적 지견)	연구 보고서, 미발표의 연구논문, 기술회의 의사록, 기술 데이터, 기술성과 확인서, 프로그램(소스 · 코드)	타사가 발표하지 않은 연구개발의 성과를 이용하여 자사 제품의 개량 또는 신제품의 신속한 시장투입이 가능해짐
6	발명 · 고안의 내용(발명이나 고안에 관련해 작성된 자료, 실험 데이터)	특허 신청서, 저촉조사 보고서, 발명 · 고안기록	타사의 특허공개 전의 정보나 출원에 관한 노하우를 이용하여 자사의 제품의 개발 및 개량을 실시하고 시장경쟁을 유리하게 전개할 수 있음
7	신제품의 사양 · 설계 내용(신제품의 디자인 · 사양, 공개 전의 의장, 신제품의 유효성 · 안전성에 관한 정보)	시작품(샘플), 시작도면, 신제품 사양 · 규격서, 시험성적표, 시험 결과 보고서, 독성시험 데이터, 설계도, 설계의 전자 데이터, 사진	타사의 신제품 사양에 관한 정보를 이용하여 자사의 대항제품을 신속하게 개발할 수 있다. CAD데이터가 있으면 특별한 설계 비용이나 시간을 들이지 않고 동일한 제품을 제조해 경쟁을 유리하게 이끌 수 있음
8	블랙박스화한 제품의 사양(발매한 제품도 포함)	내용을 해명할 수 있는 제품 사양서 · 설계도	타사의 제품사양을 아는 것으로 쉽게 경쟁제품을 제조할 수 있음

② 제 조

No.	정보의 내용	구체적 예	유출 · 공개 시 발생하는 문제
1	설비 투자 계획, 설비 능력(기존 분야, 신분야)	설비 투자 계획서, 설비 사양서	타사의 설비 투자 계획 등을 알고 자사의 설비 투자 내용을 유리한 방향으로 결정할 수 있음
2	각종 제품의 생산 계획, 생산 능력(제품별 생산량 또는 생산능력에 관한 정보)	생산 계획서, 설비 사양서	타사의 생산 계획이나 생산 능력을 알고 자사 제품의 가격 설정이나 공급량 조정에 유리한 결정을 할 수 있음
3	각종 제조설비의 배치(제품 등을 제조하기 위한 최적 또는 특수한 배치)	설비 배치도, 공장 레이아웃, 사진	타사의 설비 배치를 알면 그 제품의 제조방법, 공정, 시스템을 분석할 수 있으며, 동등 제품이나 경쟁 제품의 제조에 도움이 됨
4	제조설비 · 공구 · 금형의 설계 내용	사양서, 설계도, 설계의 전자 데이터, 사진, 모형, 부품도	타사의 설계도나 CAD데이터 등을 이용하여 특별한 설계 비용이나 시간을 들이지 않고 동일한 제품의 설비 등을 쉽게 제조할 수 있다. 또 타사의 독자적인 사양의 설비 내용을 알고 설비에 포함되어 있는 제조 노하우를 이해하여 쉽게 경쟁 제품을 제조할 수 있음
5	독자적 제조 공정 · 제조 프로세스 · 제조 설비의 조작 방법	제조 매뉴얼, 공정 매뉴얼, 관리 프로그램, 소프트웨어	타사의 제조공정을 알고 제품의 제조 노하우를 취득해서 품질이나 비용 면에서 경쟁 제품을 쉽게 제조하거나 생산 비용을 절감할 수 있음
6	제품 · 원료 · 촉매 · 중간체의 규격 및 검사방법, 사용재료 및 재료의 배합비율, 처리방법(제품 등을 제조하기 위해 어떤 재료를 어떤 비율로 사용하는가에 대한 정보)	원료 등의 규격서, 검사 매뉴얼, 배합비율표	타사의 정보를 알고 쉽게 경쟁 제품을 제조할 수 있음
7	각종 제품 등의 품질 관리 방법(양질 또는 균질의 제품 제조를 위한 독자적 수법)	품질 관리 매뉴얼	타사의 품질 관리 방법을 알고 양질 또는 균질한 제품을 쉽게 생산 · 출하하여, 경쟁력을 향상시킬 수 있음

No.	정보의 내용	구체적 예	유출・공개 시 발생하는 문제
8	각종 제품 등의 원가 정보(제품, 상품 등의 생산에 필요한 외주비 등의 비용 구성에 관한 정보)	원가 계산서, 원가 구성 자료	타사 제품의 원가를 알고 자사 제품의 가격 결정 등의 마케팅 전략을 유리하게 전개할 수 있음
9	시장 부적합이나 품질 클레임 대응 및 관리의 방법 (기업이 독자적으로 확립한 처리방법)	시장 부적합・클레임 대응 매뉴얼, 처리 보고서, 품질 관리 기록	타사의 정보를 알고 정확하며 신속한 대응이 가능하게 되며, 경쟁력이 향상됨
10	구입처나 위탁처에 관한 정보	구입처 리스트, 위탁처 리스트	타사의 구입처를 알고 비용, 품질, 개발, 안정 공급 등의 측면에서 보다 유리한 구입처를 개척할 수 있음

〈판매방법〉

No.	정보의 내용	구체적 예	유출・공개 시 발생하는 문제
1	단기・중장기의 판매계획(취급 상품별로 매상, 판매촉진 시책의 취사선택, 판매 강화 지역, 중점 판매 상품의 선택)	판매 계획서 및 각종 자료	타사의 계획을 알고 대항 수단을 검토하여 자사의 판매계획이나 판매촉진방법을 유리하게 결정할 수 있음
2	판매 전략에 관한 정보(타사와의 판매 제휴, 판로의 결정・변경, 대리점 정책 등에 관한 정보)	기획서, 계약서, 교섭 상대와의 연락이나 협의 기록	타사의 판매 정책을 알고 자사가 경쟁우위에 설 수 있는 판매 체제 등의 판매 전략을 기획할 수 있음
3	시장(마케팅) 정보(제품・기술에 관해 조사・분석해서 얻은 시장 동향・고객 수요 동향・타사동향 등의 정보)	조사 보고서, 통계표, 설문조사 분석 리포트 데이터	타사의 시장 조사 정보를 이용하여 자사의 제품과 타사의 제품을 차별화하고, 경쟁 우위에 설 수 있음
4	개인 고객, 단골 기업에 관한 정보(개인 정보에는 취향이나 추정 구매력 등이 포함되며, 기업 정보에는 생산 능력, 신제품 개발 상황 등이 포함된다)	고객 명부, 고객 데이터, 애용자 카드, 고객 카드, 단골 기업 파일, 방문 기록	타사의 영업활동의 성과를 축적한 것으로 구입자를 구체적으로 파악할 수 있다. 이 정보를 이용하여 타사의 고객을 획득하는 것도 가능함

No.	정보의 내용	구체적 예	유출·공개 시 발생하는 문제
5	고객에 대한 여신 한도 설정의 기준이나 개개의 구체적인 여신 한도(여신 한도 설정 방법, 담보 설정 기준·평가 방법, 블랙리스트 등)	기준서, 여신 업무 매뉴얼, 블랙리스트	우량판매처를 확보하고 불량채권을 보유하지 않도록 하는 것은 건전한 경영을 위한 필수조건이 된다. 타사의 이와 같은 정보를 이용하여 자사의 재무 체질 개선 등에 도움이 된다. 또 고객 평가 정보의 유출은 자사의 신용을 크게 떨어뜨리는 요인이 됨
6	제품·서비스의 가격에 관한 정보(원가, 판매가격, 구입가격, 희망소비자가격, 할인 한도액 등의 설정 방법·기준 등)	원가 계산 자료, 가격표, 판매 수수료 일람표, 견적서, 발주서, 청구서	타사의 원가 등의 구성을 알고 자사의 최적의 대항책을 준비하여 시장에서 경쟁할 수 있음
7	신제품에 관한 정보(신규로 시장에 투입하는 제품의 외관사양, 네이밍, 출원 전의 상표, 판매 시기 등)	신제품 사양서, 판매 계획서, 상표등록 준비 자료	타사의 정보를 알면 대항책을 기획하여 경쟁을 유리하게 전개할 수 있음
8	발표 전의 광고·선전 정보(상품·서비스의 선전을 효과적으로 하기 위한 아이디어, 방법, 내용 등)	기획서, 발표용 자료	타사의 신제품 판매에 관한 구체적인 광고·선전 방법을 알고 자사의 경쟁 상품의 광고·선전을 유리하게 기획할 수 있음
9	공공사업 등의 입찰 가격	견적 자료	타사의 정보를 알고 입찰을 유리하게 전개할 수 있다. 타사와 이와 같은 정보를 교환하면 담합이 됨
10	반품·클레임 처리에 관한 정보(취급 제품의 반품 품목, 수량, 반품 원인, 고객으로부터의 각종 클레임 등의 정보 및 그 처리에 관한 정보)	클레임 처리 등을 위한 사내 문서, 원인 분석 데이터, 클레임 처리 보고서	이와 같은 정보를 이용하여 자사의 상품 개발을 보다 효율적으로 행하고 자사가 경쟁 우위에 서기 위한 판매 전략 작성이 가능하게 됨
11	프랜차이즈 시스템의 경영 노하우	시스템 매뉴얼, 상품 진열 매뉴얼, 상품 리스트	이와 같은 정보를 이용하여 라이선스 비즈니스를 보다 효율적으로 할 수 있음
12	출하에 관한 정보	출하 실적 일람, 포장 방법 매뉴얼	타사의 판매전략·노하우를 알고 대항수단을 검토하여 비용 절감이나 자사의 판매 전략에 활용할 수 있음

〈기타 사업 활동〉

① 경 영

No.	정보의 내용	구체적 예	유출 · 공개 시 발생하는 문제
1	경영 계획(사업의 집중과 선택 등의 경영 전략, 중장기 경영 계획, 단기 경영 계획)	중장기 경영계획서, 단기 경영계획서, 신규 사업 계획서, 신제품 계획서	타사의 종업원이나 자금의 배치 · 배분, 중점 논의사항을 알고 자사가 경쟁 우위에 설 수 있는 경영 전략을 계획할 수 있음
2	공표전의 중요한 경영에 관한 정보(M&A, 합병, 회사분할, 주식교환, 사업 이전, 업무 제휴, 해산, 자회사 설립 등)	임원회, 경영 회의 등에 사용된 계획서 등의 자료, 의사록, 계약서 등	

② 재 무

No.	정보의 내용	구체적 예	유출 · 공개 시 발생하는 문제
1	결산에 관한 정보, 각 항목별 수지정보, 자금계획	재무제표(대차대조표, 손익계산서, 자본변동계획서 등), 제품별 수지표, 자금 계획서	타사의 공표전의 재무 구조나 자금 상황을 알고 자사의 경쟁 전략을 유리하게 계획할 수 있음

③ 인 사

No.	정보의 내용	구체적 예	유출 · 공개 시 발생하는 문제
1	사원 개인에 관한 정보(급여 수준, 보유기술, 경력 등)	사원명부, 급여 명세표, 인사고과표	유능한 사원에 관한 인사정보는 헤드헌팅의 기초 데이터가 될 수 있음

④ 정보시스템

No.	정보의 내용	구체적 예	유출 · 공개 시 발생하는 문제
1	정보 시스템 계획	정보 시스템 전체 계획서, 개발 계획서, 운용 계획서, 설비 계획서, 이행 계획서, 인사배치 계획서, 교육 계획서	타사의 경영전략의 일부인 정보화 전략과 그 구체적 계획을 알고 단기간에 이보다 우수한 계획을 세울 수 있음
2	정보 시스템	시스템 설계서, 내부 설계서, 외부 설계서, 소스 코드, 오브젝트 코드, 시스템 구성도, 네트워크 구성도, 운용 매뉴얼, 백업 매뉴얼	타사의 기존 시스템의 구조를 파악하고 이와 동등하거나 그 이상의 기능을 가진 시스템을 단기간에 구축할 수 있음

No.	정보의 내용	구체적 예	유출·공개 시 발생하는 문제
3	정보 시스템에 접근하기 위한 ID와 PW	계정 리스트, 패스워드 파일	타사의 정보 보안 관리의 대상이 되고 있는 정보를 쉽게 입수하여 경쟁 우위에 서는 전략을 세울 수 있음

⑤ 기 타

No.	정보의 내용	구체적 예	유용성의 예시
1	소송 및 기타 분쟁 안건의 유무 및 내용	소송 관계 서류 및 자료	소송중의 타사에게는 소송 전략입안을 위한 유용한 자료가 된다. 소송 관계 자료로부터 기업의 업적 등을 알고 대항 작전을 계획할 수 있음
2	임원·간부의 스케줄(신규 고객, 신규 제휴, 중요한 설비 투자 등에 관계하는 스케줄)	스케줄 표	타사의 임원·간부의 동향으로부터 경영 전략이나 기업의 활동 방침을 추측하고 자사의 방침이 우위에 서도록 내용을 개선할 수 있음
3	보안 관리의 기초 정보(보안, 경비에 관한 정보, 방화벽에 관한 정보)	보안 매뉴얼, 보안에 관한 도면	타사가 입수하면 외부자의 침입이나 정보 보안의 위협에 노출 될 수 있음

2. 영업비밀의 자산 유형

회사가 현재 각각의 영업비밀을 어떤 유형으로 보유하고 있는지를 파악하는 것은 물리적 조치의 구체적 입안에 도움이 된다.

■ **영업비밀의 자산 유형**

자산 유형	설 명
데이터	전산화된 정보 (예: 문서파일, 데이터파일, 데이터베이스내의 데이터 등)
문서	종이로 된 정보 (예: 보고서, 계약서, 매뉴얼, 각종 대장 등)
소프트웨어	(예: 패키지 소프트웨어, 시스템 소프트웨어, 응용 프로그램 등)
서버	공용 지원을 갖고 여러 사용자에게 서비스를 제공하는 컴퓨터 시스템

자산 유형	설 명
PC	공용 지원을 갖지 않고 단일 사용자 기반으로 사용되는 PC 등의 컴퓨터 시스템
네트워크	네트워크 장비, 통신 회선 등
시설	건물, 사무실, 데이터 센터 등의 물리적 시설
지원서비스	전력 공급, 환기 시설, 방재 시설 등 정보시스템 운영을 지원하기 위한 시설
인력	소유자, 관리자, 사용자, 운영자, 개발자 등 정보시스템 관련 인력
매체	전산화된 정보를 저장하는 장치로서 이동 가능한 디스켓, 테이프, 디스크, USB메모리 등

제5절 영업비밀의 위험 분석 및 평가

본서는 앞에서 설명한 ① 자사의 강점인 지식자산을 파악한 뒤 그 지식자산 중에 영업비밀로 관리해야 하는 대상이 되는 지식자산을 특정하여 관리방법을 결정하는 것을 기본으로 하고 있으나, 이 방법에 의해 설정한 영업비밀의 양이 방대하여 범위를 보다 한정할 필요가 있을 경우, 영업비밀로 포함할지 판단이 어려운 경우에는 각 영업비밀에 관하여 다음과 같은 위험 분석 및 평가를 실시하여 보호의 필요성을 판단하는 방법(②의 방법)을 병용할 수 있다.

이때 모든 영업비밀에 대하여 위험 분석을 하는 것은 많은 시간을 필요로 하는 점에 주의해야 하나, 장래에 국제규격의 인증 등을 예정하고 있는 기업의 경우, 동 인증이 채택하는 ②의 방법이 추후 인증 시 비용절감의 효과를 거둘 수 있다.

■ 영업비밀의 위험 분석 및 평가

항 목	검토 내용	위험도
자산의 중요도	· 공개 시 사업 진행에 미치는 영향	
	· 변경 시 사업 진행에 미치는 영향	
	· 이용 중단 시 사업 진행에 미치는 영향	
	· 침해 시 복구에 걸리는 시간	
	· 침해 시 발생하는 경제적 손실	
위 협	· 인간에 의한 침해 발생의 가능성	
	· 자연에 의한 침해 발생의 가능성	
	· 원격 접근의 가능성	
	· 직접 접근의 가능성	
	· 영업비밀의 공개, 변경, 방해, 파괴 등의 가능성	
취약점	· 현재 관리체제하에서 취약점이 발견됨	

제 3 장

영업비밀 보호관리체제 레벨 설정

본서는 **별지 제13호 서식**의 사규의 내용을 표준레벨(2단계)로 설정하고 있으나, 기업의 규모가 작을 경우, 영업비밀 관리체제에 많은 비용을 들일 수 없을 경우, 현재의 관리체제가 너무나 취약하여 단계적으로 관리레벨을 높여가는 것이 바람직할 경우에는 1단계로 수준을 낮추는 것도 검토해야 한다. 표준레벨은 일단 구축해 놓으면 상당기간에 걸쳐 기업이 설정한 영업비밀이 법적 보호를 받을 수 있는 것 즉 비밀관리성을 만족시킬 수 있는 것을 목표로 한 단계이며, 이 레벨에 도달하지 않는다고 해서 비밀관리성이 부정되는 것은 아니다. 특히 중소기업의 경우 보유하는 영업비밀 자체의 양이 적고 인력이나 비용이 부족한 상황이므로 너무 높은 레벨 설정은 업무의 효율성을 크게 떨어뜨릴 위험이 크다. 따라서 초기 도입단계에는 1단계를 목표로 하고, 이후 반년 또는 1년 후의 정기적인 점검에서 자문기관이 다음 단계로의 레벨 업을 권유하는 방법이 바람직할 수 있다.

반면, 기업의 규모가 클 경우, 영업비밀 관리의 필요성이 높은 경우(최첨단 기술 분야, 이직 전직이 잦은 업계, 정보 경쟁이 기업의 사활에 큰 영향을 미치는 분야 등)에는 고도의 관리(3단계)를 실시하는 것도 가능하다. 특히 고도의 기술 집적적인 사업에서 영업비밀을 전자 기록으로 보유하는 경우, 개인용 컴퓨터나 저장

매체, 인터넷 등을 이용한 영업비밀의 유출은 기업의 사활을 일순간에 좌우하는 타격을 가져올 수 있다. 따라서 이러한 분야에 사업을 전개하는 기업은 컴퓨터 관리에 심혈을 기울이는 등 자사가 보유한 영업비밀의 일반적인 형태에 따라 일부 항목을 3단계로 올려서 철저하게 보호하도록 해야 한다.

■ **영업비밀 보호관리의 표준레벨**

분류	항목	조항*	1단계	2단계	3단계
제도적 장치	관리 책임 체제	4.1.1	영업비밀담당자 지정	영업비밀담당자 2인 이상, 각 부서별로 담당자 지정	영업비밀보호관리 전담 조직 구성, 위원회 설치
		4.4.4	영업비밀보호관리 규정 제정	영업비밀보호관리규정, 세부 지침, 절차까지 제정	정기적으로 영업비밀보호관리 규정, 세부지침, 절차를 제・개정
	구분 및 표시	4.1.2		회사 핵심 정보를 별도 관리	관리 기준에 따라 영업비밀의 등급을 분류하여 관리하고 접근권한자를 지정
	취급	4.1.3	영업비밀의 사용 및 양도, 폐기 등에 관한 절차를 사내 규칙 등에 의하여 규정	영업비밀의 등급에 따른 사용 및 양도, 폐기 등에 관한 절차를 사내 규칙 등에 의하여 규정	영업비밀의 등급에 따른 사용 및 양도, 폐기 등에 관한 절차를 사내 규칙 등에 의하여 규정하고 각종 대장을 활용하여 실시 상황을 기록
	생성과 취득	4.1.4	영업비밀을 창출했을 경우 권리의 귀속 및 보상에 관하여 사내 규칙 등에 의하여 규정	영업비밀을 창출했을 경우 권리의 귀속 및 보상, 신고에 관하여 사내 규칙 등에 의하여 규정	영업비밀을 창출했을 경우 권리의 귀속 및 보상, 신고에 관하여 사내 규칙 등에 의하여 규정하고 정기적으로 새로운 영업비밀이 창출되었는지를 점검
	교육 및 훈련	5.2	사원에 대해 영업비밀보호관리에 관한 주지 및 교육을 실시	사원에 대해 정기적으로 영업비밀보호관리에 관한 주지 및 교육을 실시	사원에 대해 정기적으로 영업비밀보호관리에 관한 주지 및 교육을 실시하고 담당자에게 사외교육의 기회 제공
	사후 관리	6.1	주요항목에 대한 점검, 위규자에 대한 지도 및 경고를 실시	정기적인 점검 또는 점검을 실시. 위규자에 대한 지도 및 경고, 징계 조치	정기 점검, 불시 점검을 실시. 위규자에 대한 징계
			영업비밀침해사건 발생시 징계 등에 관하여 사내 규칙 등으로 규정	영업비밀침해사건 발생시 대처방안 및 징계 등에 관하여 사내 규칙 등으로 규정	영업비밀침해사건 발생시 대처방안 및 징계, 사후 평가 및 피드백 등에 관하여 사내 규칙 등으로 규정

분류	항목		조항*	1단계	2단계	3단계
인적 관리	내부자	입사시	4.2.1		신규채용자에 대해 영업비밀보호 서약서를 징구	
		재직시			재직자에 대해 신규 프로젝트 참가시 등 중요한 시기에 영업비밀보호 서약서를 징구하고, 사내에서 정기적인 영업비밀보호관리교육 실시	
					제3자의 영업비밀을 사용하는 경우 정당한 권한의 취득 및 법적 책임을 명확히 사내 규칙 등에 의하여 규정	
		퇴사시		퇴직자에 대해 경쟁업체 취업금지 서약서를 징구하고 업무관련 자료를 반납하도록 조치	퇴직자에 대해 경쟁업체 취업금지 서약서를 징구하고, 전직 시에는 전직업체에 통지서 송부, 업무관련 자료를 반납하도록 조치	퇴직자에 대해 경쟁업체 취업금지 서약서를 징구하고 퇴직 인터뷰를 통해 퇴직 후 진로에 대해 확인 및 일정기간 감시, 전직 시 전직업체에 통지서 송부, 업무관련 자료를 반납하도록 조치
	외부자	거래처	4.2.2		거래처 등과 계약 체결 시 영업비밀보호관리 조항을 삽입한 계약서 사용	거래처 등과 계약 체결시 사전 점검, 교섭 단계, 계약서 작성 단계로 구분하여 영업비밀보호 노력 추진
		협력업체			협력업체 등 외부인력에 대해 영업비밀보호 서약서 징구	협력업체 등 외부인력에 대해 영업비밀보호서약서를 징구하고, 필요 시 영업비밀보호관리 교육 실시
물리적 조치	통제구역 설정		4.3.1	회사 내 시설을 중요도에 따라 구분하여 관리	회사 내 시설을 중요도에 따라 구분하여 구역을 설정하고 CCTV 등의 통제 시스템을 활용	회사 내 시설을 중요도에 따라 구분하여 구역을 설정하고 CCTV 등의 통제 시스템을 활용. 자연 재해 및 기술 유출 등의 비상상황 발생 시에 대한 보호대책 마련
				외부인의 회사 내 출입절차를 마련하여 출입내역 관리	외부인의 회사 출입대장 등을 작성하여 출입내역을 관리하고 내부인력이 안내, 물품 등의 사내 반입 통제	

분류	항목	조항*	1단계	2단계	3단계
	컴퓨터 관리	4.3.2		개인 컴퓨터, 휴대용 컴퓨터 등의 보안을 위해 ID및 PW설정	
				회사 내 모든 컴퓨터에 불법소프트웨어 사용 금지 및 백신 프로그램, 보안 솔루션을 설치	
			인가되지 않은 NOTE PC의 사용을 금지	인가되지 않은 NOTE PC의 사용을 금지하고 인가 시에는 영업비밀 보호서약서 징구	인가되지 않은 NOTE PC의 사용을 금지하고 인가 시에는 영업비밀보호서약서 징구, NOTE PC반출 시에는 저장 내용 확인
				USB 등 보조기억매체 관리기준 규정	USB 등 보조기억매체 관리기준을 규정하고 반출 시 저장 내용 확인
	통신 보안	4.3.3		사내 통신망의 운영 절차를 규정하고 외부로부터의 접속 통제.	네트워크 보안용 소프트웨어를 설치하고 정보시스템에 대한 유지 보수 실시.
				외부로의 파일 문서 송수신 금지, 담당자의 승인 절차 규정	외부 및 내부 인력 상호간의 파일 문서 송수신 금지, 담당자의 승인 절차 규정, 문서보안용 소프트웨어 설치
	서류 등 기록매체 관리	4.3.4		영업비밀이 기록된 서류 등의 기록매체를 일반 기록매체와 분리하여 관리	시건장치가 달린 전용 보관고 등을 이용하여 영업비밀이 기록된 서류 등을 별도 보관
	일반적 관리	4.3.5		중요서류를 방치하지 않도록 사원의 주의를 환기	사무실 책상 위, 쓰레기통 등에 중요서류를 방치하지 않도록 사원의 주의를 환기

* 각 조항은 자문기관 내부의 매뉴얼 번호 등을 기입하도록 한다.

제 4 장

영업비밀 보호관리계획 수립

제1절 제도적 장치

1. 관리책임체제

자사의 영업비밀을 적절하게 관리하면서 타사의 영업비밀을 침해하지 않는 적절한 관리를 위해서는 다음의 (1)에서 열거한 사항에 입각하여 관리방침의 책정(Plan), 실시(Do), 관리상황 점검(Check), 개선(Act)이라는 매니지먼트 사이클(PDCA 사이클)을 확립하는 것이 중요하다. 이에 대한 구체적인 내용은 일본 경제산업성이 발행한 '영업비밀관리지침'(2010)을 참고할 만하다.

(1) 관리방침(기본방침, 기준, 규정 등)의 책정 〈Plan〉

먼저, 영업비밀 보호관리의 기본방침을 문서화하고 이를 실시하기 위한 구체적인 실시계획을 책정하는 것이 바람직하다.

여기서 기본방침이란 영업비밀 관리에 관한 조직의 의사를 명시하는 것으로, 그 조직의 경영에 관한 기본방침의 일부분으로서 간결하고도 이해하기 쉬운 내용으로 문서화하여 전 종업원에게 주지시킬 필요가 있다.

구체적으로는 '영업비밀 보호관리에 관한 선언', '영업비밀 보호관리의 목적', '대상 범위', '용어 정의', '기본 원칙','법령 준수', '벌칙' 등의 사항을 포함해야 한다.

기본방침을 문서화한 후에는 이를 기초로 영업비밀 보호관리 목적과 목표를 정하고, 목적 및 목표달성을 위한 구체적인 실시계획을 책정하여 실행해야 한다. 이때 관리 목적은 가능한 한 명확하게 정하고, 관리 목표는 되도록 객관적으로 파악할 수 있도록 수치를 이용하여 정한다. 구체적으로는 '목적 및 목표를 달성하기 위한 책임 소재의 명시', '목적 및 목표를 달성하기 위한 수단과 스케줄' 등의 사항을 포함해야 한다.

단, 회사의 자원에는 한계가 있기 때문에, 실시계획은 중요하고도 긴급한 과제에 먼저 대응하도록 하면서, 점진적으로 영업비밀 관리에 관한 위험 전체를 경감시켜나가는 방향으로 진행한다. 문서화 정도도 조직의 규모, 활동 내용, 비즈니스 프로세스 및 그 상호 관계의 복잡함, 관계 요원의 역량 등에 따라 달라진다.

따라서 기본적으로는 영업비밀 보호관리의 기본방침, 영업비밀 보호관리의 목적 및 목표, 책임자 및 스케줄을 문서화하는 것으로 충분하다.

(2) 실시 〈Do〉

가. 책임자의 존재와 권한의 명확화

(1)에서 설정한 관리방침에 준하여 구체적인 물리적 조치・인적 관리를 수행하기 위한 관리책임자가 존재하고, 그 존재 및 권한이 조직 내에서 주지될 필요가 있다.

자회사・관련회사에 대하여 각 사내에서의 감독이 충분히 제 역할을 하지 못할 경우에는 모회사의 책임자가 이를 방치하지 말고 해당 회사와 협의하여 필요한 대책을 강구하고, 필요에 따라 모회사로서 합리적인 지원을 해야 한다.

나. 책임의 성실한 실시

물리적 조치 및 인적 관리 등을 각 임무를 맡은 자가 성실하게 실시하고,

책임자가 각 수준에서 상황을 관리한다. 실시의 실효성을 높이기 위해 사내 교육을 실시하고 기록을 남기는 것이 좋다. 각종 정보에 대한 엄격한 관리를 위해, 사내의 영업비밀이나 개인정보 등을 일원적으로 관리하는 전문 부문을 설치하여 이를 독립시키는 방법도 좋다.

또한 타사 정보에 대해서는 해당 종업원의 일상적인 정보수집활동 등 자신의 행위가 법령에 저촉되는지 아닌지를 사전에 상담할 수 있는 체제(예를 들어 상담창구 설치 등)를 사내에 정비하는 것도 유용하다. 일상적인 업무활동 가운데 각 수준의 책임자가 부자연스러운 기술개발진전이나 고객의 증대 등, 영업비밀의 부정취득이 의심되는 단서가 있는 경우에는 책임자가 정보의 출처를 확인하는 방법도 바람직하다.

다. 철저한 주지, 교육

종업원의 적절한 임무 수행을 기대하기 위해서는, 어떻게 행동해야 할 것인지에 대한 구체적인 내용의 교육・연수를 실시하여 각종 관리방법이나 절차를 종업원에게 철저하게 주지시키는 것이 중요하다.

단 교육・연수는 전 종업원을 대상으로 한 교육 외에도 사업장과 업무별로 위험・책임에 따른 맞춤 교육을 하는 것이 바람직하다. 또한 기업 측에서 본 영업비밀보호라는 관점뿐만 아니라 종업원보호라는 관점에서, 종업원이 영업비밀침해죄로 추궁받지 않기 위한 방어수단에 대해서도 예방 입증을 포함하여 교육・연수를 하는 것이 바람직하다.

교육・연수는 종업원의 유형에 따라 다음과 같은 내용이 예상된다.

(a) 일반 종업원에 대한 철저한 주지, 교육

- 인트라넷 등을 통해 법률, 기본방침 및 행동계획, 타사 영업비밀의 취급방법 등을 주지시키고 연수를 실시한다.
- 전직자의 보호 수단으로서, 전직자와 그 예비군에게 처벌받지 않기 위한 예방 입증에 대해 연수를 실시한다.
- 종업원에게 매우 불리한 경업금지계약은 무효라는 것 등, 종업원의 보

호에 도움이 되는 내용에 대해서도 연수를 실시한다.

(b) 영업비밀을 접할 가능성이 높은 자와 담당 관리직에 대한 교육

- 공동개발 종사자, 대학연구기관 파견자, 정보수집 담당자, 담당 관리직 등에 대해서는 그 입장에 맞추어 교육·연수활동을 실시한다.

(c) 담당 중역임원 등 정보 취급책임자에 대한 교육

- 담당 임원 등 정보 취급책임자에게 교육 전문가의 도움을 받아 법률 및 정보관리방법에 관한 지식과 함께, 그 필요성과 달성 목표에 대하여 최고책임자를 비롯한 경영 간부의 이해를 넓힌다.

라. 드러난 위험에 대한 대응

실제로 영업비밀의 유출, 영업비밀의 취득을 바탕으로 한 협박, 데이터베이스의 파괴 등, 타사의 영업비밀 침해 우려, 정보 보안에 관한 사건·사고 및 장해 등이 발생한 경우에는 바로 상황을 파악하여 신속하고 적절한 대응을 취한다.

대응책에 관해서는 기본적으로 각 기업이 종래부터 실시해오던 위험 대비 체제를 따르는 것이 좋으나, 다음과 같은 내용을 포함할 필요가 있다.

- 미리 정해둔 연락망을 통해 바로 보고한다.
- 경영책임자의 지시 하에 사전에 정한 방침과 규칙에 따라 사건사고 및 장애에 신속하게 대응하여, 손해를 최소화하는 데 주력한다.
- 외부에 공개할 필요가 있는 것은 신속하게 한다.
- 피해기업에 대한 사죄·보상 등의 조치를 마련한다.
- 위험 발생 원인을 조사하여 그 결과를 체제 개선에 반영한다.
- 관계자를 처분하여 그 결과를 내부에서 사례로 삼아 공유하고, 재발 방지에 힘쓴다. 보안에 관한 벌칙규정에 해당하는 경우는 그 처분을 실시한다.

- 시정조치와 재발방지조치를 마련하여 기록한다.
- 보고 절차, 대응 절차를 개선한 경우는 이를 문서화한다.
- 교육에 반영시킨다.

(3) 관리상황 체크(점검, 모니터링)〈Check〉

가. 일상적인 모니터링 실시

총괄책임자는 각 책임자의 임무 실시상황을 체크하고, 사내에서 상담한 안건, 위험이 발생한 케이스의 상황 및 원인 정리, 분석과 조직적 대응책을 정리한다.

나. 내부점검 실시

관리 실효성을 확인하기 위해 일상적인 모니터링과 더불어 가능한 한 정기적으로 내부점검(제1자 점검)을 실시한다. 점검을 실시할 때에는 미리 점검책임자를 설정하여 조직 내 점검 책임을 분명히 해야 하며, 점검책임자로는 점검받는 부문으로부터 독립된 입장에 있는 자를 선정하여 점검의 독립성을 확보하고, 동시에 감시책임자가 비밀정보 관리에 관한 점검을 정기적으로 실시할 권한을 갖는다는 뜻을 조직 내부에 철저하게 주지시킬 필요가 있다.

또한 업무의 성질상 영업비밀의 유출, 침해 발생가능성이 높은 직장에 대해서는 점검 대상이 되는 부서 범위를 확대하고, 점검절차 레벨과 점검 빈도를 높이는 등 대응을 실시한다.

내부 부서로부터의 보고를 통해 잠재적인 문제를 발견한 경우, 경험에 입각하여 점검항목과 점검대상 등을 재검토하고 점검 제도를 지속적으로 개선한다. 점검 결과, 개선이 필요하다고 판단될 경우 점검책임자는 점검을 받은 부문에 대해 '시정조치' 또는 '예방조치'를 실시하도록 통지하여 개선을 촉구하는 것이 중요하다.

다. 외부점검 실시

점검에 특별히 투명성 확보가 필요한 경우 등 내부점검만으로는 적절하게 대응하기 어려운 케이스에는 외부점검을 실시하는 방법도 있는데, 기업의 규모에 따라 도입하기 어려운 경우도 있으므로 필요에 따라 상황을 보고 도입하는 것이 중요하다.

외부점검에는 제2자 점검과 제3자 점검이 있다. 제2자 점검은 그 조직의 이해관계자(고객 등) 또는 대리인에 의해 이루어지는 점검, 예를 들어 공개를 하는 기업이 공개를 받는 기업에게 점검을 하는 것이며, 제3자 점검은 인증 등과 같이 해당기업과 이해관계가 없는 제3자의 독립된 기관의 전문가가 객관적이고 전문적으로 점검을 하는 것이다.

라. 점검 결과 기록

점검 결과를 기록하여 일정기간 보존하여 이를 통한 시정조치나 예방조치 체크를 다음 점검에 할 수 있도록 하여, 더욱 철저한 비밀관리를 할 수 있도록 하는 것이 바람직하다.

(4) 개선 〈Act〉

가능한 한 정기적으로 관리방침을 점검하여, 그 결과를 바탕으로 수단이나 계획, 목표 등을 개선한다.

가. 모니터링, 점검결과의 활용, 분석

모니터링이나 점검 결과를 정확하게 분석하여 개선이 필요하다고 판단되는 경우에는, 그 문제점이 관리방침 자체에 있는지, 아니면 관리방침의 운용에 있는지를 판단한다.

만약 관리방침 자체에 문제가 있다고 판단될 경우에는 재검토를 통해 적절히 개선하도록 한다.

관리방침의 운용에 문제가 있다고 판단될 경우에는, 담당자 및 종업원에 대한 교육 등의 강화를 통해 문제를 해결하도록 한다.

나. 관리방침 개선

점검 결과를 바탕으로, 단순히 엄격하게 하는 것이 아니라 종업원의 부담 경감, 조직의 관리비용 절감이라는 관점을 포함하여 실효성을 높이는 방침을 취하기 위해, 관리방침을 유연하게 재검토하고 개선하는 것이 중요하다. 개선 내용은 조직의 경영층이 실시하거나 승인하는 것이 바람직하다.

2. 영업비밀의 구분 및 표시

(1) 정보의 구분 및 비밀지정

앞에서 서술한 바와 같이 기업의 모든 지식자산을 영업비밀로서 관리하는 것은 비효율적이다. 따라서 영업비밀 보호관리체제의 도입에 있어서 가장 선행되어야 할 단계는, 우선 영업비밀로 관리할 정보와 그 외의 정보를 구분하는 것이라고 할 수 있다. 이때 영업비밀로 구분된 정보에 대해서는 비밀이라는 것과 관리방법을 지정・주지시키는 것이 중요하며, 거래처로부터 비밀정보를 제공받을 경우에는 그 비밀정보가 자사의 영업비밀에 섞이지 않도록 주의할 필요가 있다.

만일 영업비밀로 관리해야 하는 지식자산이 대량이고, 각 지식자산의 비밀성(기밀성) 수준에 맞추어 각기 다른 수준으로 관리체제를 구축・실시하는 것이 가능한 경우에는, 자사의 지식자산을 정보의 비밀성 수준에 맞추어 구분하여 관리수준과 방법을 각기 설정하는 것이 좋다. 영업비밀을 일괄적으로 관리하는 체제는 중요한 영업비밀의 관리는 허술한 반면 덜 중요한 영업비밀의 관리가 과다하여 업무 효율을 저해할 위험이 있기 때문이다.

구체적으로는 경영에 있어 매우 중요하고 극히 한정된 관계자만이 볼 수 있는 정보를 '극비'로, '극비'만큼 중요하진 않지만 한정된 관계자만이 볼 수 있는 정보에 대해서는 '비밀'로 분류하는 것이 가능하다.

이때 지나치게 많은 정보를 이런 식으로 지정하여 엄격하게 관리하려 한다면, 관리 비용이 증대하거나 관리 실효성 확보가 어려워지고, '극비' '비밀' 정보의 상대적 가치가 떨어지게 되기 때문에, 비밀의 지정은 신중하게 이루어져야 한다.

구체적으로는 기본적으로 영업비밀로 범위가 설정된 정보는 '비밀'로 설정하고, 그중 특히 중요한 일부분의 정보만 '극비'로 설정하도록 한다. 자주 내용을 변경하거나, 사원 모두에게 공개할 필요성이 있는 사규나 내부 지침, 매뉴얼 등은 '사외비'로 설정하는 방식으로 진행한다. 이때 '극비', '비밀', '사외비'가 인쇄된 스티커, 스탬프 등을 이용하여 표시 업무에 효율을 높일 수 있다.

또한 거래처 등 타사로부터 공개받은 정보는 그것이 기록된 매체에 해당 타사의 기준에 맞추어 구분이 되어 있을 것이다. 그 매체를 반환할 의무가 없는 경우나 복제품 작성이 허락된 경우에는 타사와의 계약 취지에 입각하여 자사에 맞추어 다시 구분하고, 그것이 타사의 정보라는 것을 알 수 있도록 하는 것이 바람직하다.

그리고 정보의 구분·비밀정보 지정 시에는 비밀정보였던 것이 나중에 공지정보가 될 수도 있으므로, 정기적으로 혹은 필요에 따라 정보의 구분·비밀정보 지정을 재검토하는 것이 좋다.

본서가 설정한 표준단계(2단계)에 있어서, 영업비밀의 지정은 영업비밀 관리규정 등의 문서를 통해 영업비밀로 관리해야 하는 정보를 지정하여, 비밀성의 수준에 따라 구분하여 관리 수준 및 관리 방법을 설정하고 종업원에게 주지시키는 것을 그 내용으로 하게 된다. 이와 동시에 타사의 비밀정보도 그것을 객관적으로 알 수 있도록 관리해야 하는 정보로 지정하여 종업원에게 주지시킨다.

3단계로서는 정보의 비밀성 수준에 따라 구분하여 각각 관리수준과 관리 방법을 설정하는 것이 가능하다.

(2) 접근권한자 지정

영업비밀의 분류 및 지정을 실시한 후에는, 누가 어떤 영업비밀에 접근할 수 있는가, 즉 '접근권한자'를 미리 지정해 두어야 한다. 이 경우 종업원의 이름과 같은 고유명사로 특정하는 것 말고도, 부문과 직책을 설정하는 방법이 추후 해당 종업원이 바뀌었을 경우에도 대응 가능한 점에서 유리하다고 할 수 있다.

필요성 수준에 따라 영업비밀을 구분・지정할 때에는 그 영업비밀을 필요한 자에게만 공개하는 것이 중요하므로, 비밀성 수준에 따라 접근권한자 범위는 달라진다. 즉, 비밀성 수준이 높아질수록 접근권한자의 수는 적어지게 된다.

본서가 설정한 표준단계(2단계)에 있어서, 접근권한자의 지정은 영업비밀에 접근 가능한 자(접근권한자)를 그의 이름으로 문서에서 지정하는 것, 영업비밀에 접근 가능한 자(접근권한자)를 지위와 임무, 특정 부서의 배속자, 특정 사업의 담당자, 부문에서 오랜 허가를 받은 부원 등으로 문서에서 지정하는 것을 그 내용으로 하게 된다.

3단계로서는 비밀성 구분에 따라 접근권한자를 지위와 임무 등으로 범위를 한정하여 지정하는 것, 접근권한자의 지위와 임무 등에 맞추어 비밀성을 구분한 영업비밀에 허가되는 취급방법을 구분하는 방법 등이 있다.

(3) 타사 영업비밀의 구분

타사 영업비밀을 부정취득하지 않았음을 증명하기 위한 조치로서는 페이퍼 트레일(독자적으로 제작한 정보임을 입증하기 위해 연구 궤적을 기록하는 방법)의 실시, 소프트웨어 개발에서 말하는 이른바 '클린 룸' 수법(물리적으로도 장소를 격리시킴으로써 다른 영업비밀에 접근하지 않은 상태에서 개발했음을 증명하는 방법)의 실시 등이 있다.

3. 취 급

영업비밀의 구분에 따라 생성부터 폐기까지 정보의 사용과정 전반에 걸친 취급방법을 내부 지침으로서 규정해 둔다. 그 내용은 대체적으로 **별지 제14호 서식**의 내용을 참조하도록 한다.

4. 생성과 취득

새로 생성된 영업비밀의 귀속을 둘러싸고 분쟁이 일어나는 경우가 많으므로, 영업비밀의 생성과 취득(귀속)에 관한 조항을 두는 것을 잊지 말아야 한다.

기본적으로 생성된 모든 영업비밀은 회사에 귀속하도록 하되, 적절한 보상체제를 도입하여 사원이 영업비밀의 생성을 자진 신고하도록 유도한다. 또한 사원 개인의 역량에 크게 좌우되어 생성된 영업비밀을 정당한 보상 없이 회사에 귀속시키는 것은 관계법령에 위반할 가능성이 있으므로, 보상체제에 관한 세부 지침을 미리 마련해 두는 것이 바람직하다.

제2절 인적 관리

영업비밀의 접근권한자가 비밀관리의 중요성을 이해하지 못하거나 관리방법을 정확하게 인식하지 못한 경우에는 엄중한 물리적 조치를 채용했더라도 효과적인 관리가 이루어질 수 없다. 따라서 접근권한자가 영업비밀로 관리해야 하는 정보를 비밀로서 적절하게 취급한다는 것에 대한 의식을 가지고 실제로 책임을 다할 수 있도록 만드는 것은 매우 중요한 과제이다.

이를 위해 기업은 누가 어떠한 권한·능력을 갖고 있는가를 파악한 뒤에 누구에게 어떤 범위의 영업비밀 접근을 인정할 것인가를 판단함과 동시에, 해당 접근권한자가 지는 책임을 명확하게 해야 한다. 접근권한자 당사자의 입장에서도 책임이 명확하고 이에 관하여 쌍방이 납득할 수 있는 방법으로 내용에 대한 공통된 인식을 형성하는 것이 좋다.

구체적으로는 접근권한자 이외의 사람도 포함하여 해당 기업의 영업비밀 취급에 관한 규칙 등을 명확하게 주지시키기 위하여 일상적으로 교육과 연수를 시키는 것이 중요하다. 이를 통해 기업과 종업원이 같은 방향성을 갖고 협력하면서 기업의 영업비밀을 지켜나갈 수 있게 된다.

또한 일반적으로 영업비밀 유출의 주체가 되기 쉬운 것은 퇴직자인데, 과거에 접근 권한을 가졌던 자의 경우에도 퇴직자가 지는 퇴직 후의 책임에 관하여 쌍방이 납득할 수 있다면 마찬가지로 효과적인 관리를 할 수 있다. 퇴직자 입장에서도 퇴직 후의 비밀보호계약은 책임 범위를 명확하게 하여 그 후 활동에 있어 보다 자유로워질 수 있다.

한편, 접근권한자 이외의 사람도 포함한 모든 종업원이 자사의 비밀보호에 관한 인식을 가지고 영업비밀 침해나 유출을 방지하기 위한 의식을 갖는 것도 효과적인 관리를 위한 중요한 요소이다. 따라서 접근권한자인지 아닌지 관계없이 모든 종업원은 자사의 비밀보호에 관한 인식을 갖고, 영업비밀 침해와 유출을 방지하고자 하는 의식을 갖도록 해야 한다.

1. 내부자

비밀보호계약을 체결하는 시점으로는 ① 입사 시, ② 재직 중(특정 프로젝트 참가 시 등), ③ 퇴사 시 등이 있는데, ① 입사 시의 계약에서는 비밀보호의무 대상의 특정은 어렵지만 ② 재직 중, ③ 퇴사 시에는 구체적인 특정이 점점 용이해진다는 점에 유의하여, 쌍방이 납득할 수 있는 절차에 따라 적절한 시기의 비밀보호계약을 발전시킬 필요가 있다.

(1) 입사 시

가. 신규 채용

(a) 취업규칙 등의 규정

임원·종업원은 일반적으로는 각기 취임시의 취임계약·취직시의 고용계약에 기초하여 또는 이에 부수하여 신의칙상 비밀보호의무를 지는데, 그 내용을 취업규칙과 개별 계약·서약서 등을 통해 명확하게 하는 것이 바람직하다.

단, 취업규칙에 기초한 비밀보호의무는 포괄적·일반적인 의무규정에 머무르고, 종업원에게는 공개된 정보 가운데 어떤 것이 보호 대상인지 불명확한 경우도 있다. 이러한 경우에는 취업규칙 등에서 대상이 되는 영업비밀의 범위는 별도 지정한다는 뜻을 밝히고, 종업원마다 대상 범위를 지정하는 방법을 생각해볼 수 있다.

취업규칙에 의한 비밀보호의무의 법적 구속력에 대해서는 해당 임원·종업원이 퇴직하게 되면 즉시 상실되는 것은 아니지만, 퇴직 후의 비밀보호의무 범위를 명확하게 하는 것이 중요하다고 할 수 있으므로 퇴직 시에 임원·종업원과의 사이에서 비밀보호서약서를 교환하는 것이 좋다.

이와 같이 취업규칙에서 비밀보호 규정을 둘 경우에는 노동관련 법규에 반하지 않도록 유의해야 한다. 예를 들어 취업규칙에서 영업비밀을 부정하게 취득 또는 사용 혹은 공개한 종업원에 대한 제재규정을 새로 제정하거나 그 내용을 변경할 경우에는, 근로기준법 규정에 따라 사용자는 노동조합 또는 노동자의 과반수를 대표하는 자의 의견을 들어 고용노동부장관에게 신고하여야 한다(근로기준법 제94조 제1항, 제93조).

이 때에는 동 법 제95조(제재규정의 제한)의 규정에도 유의해야 한다. 나아가 이들 의무를 취업규칙 등으로 규정할 때에는 비밀보호의무가 필요성과 합리성이라는 점에서 반사회질서의 법률행위(민법 제103조)가 되지 않도록 주의한다.

또한 취업규칙 등에 비밀보호의무 규정을 둔 경우에도, 공익신고자보호법에 기초한 공익신고가 방해받지 않음은 당연하며, 기업은 그 실정에 따라 별도로 그 뜻에 대해 주의 환기시키는 것이 좋다.

구체적인 내용은 **별지 제11호, 제12호 서식**을 참고할 수 있다.

(b) 계약 또는 서약을 통한 비밀보호 요청

현직 임원·종업원에 대해서는 일반적으로는 각각 취임 시의 취임계약, 취직 시의 고용계약에 기초하여, 또는 여기에 부수하여 신의칙상 비밀보호의무를 지게 하는데, 그 내용을 명확하게 한다는 관점에서 개별 계약·서약서를 통해 비밀보호의무를 지게 해야 한다.

현역 임원·종업원 또는 퇴직자와 비밀보호계약을 체결할 때에는 비밀보호의무가 필요성과 합리성이라는 점에서 반사회질서의 법률행위(민법 제103조)가 되지 않도록, 각기 다른 입장을 배려하여 양자가 합의를 볼 수 있도록 하는 것이 중요하다.

비밀보호계약서 또는 서약서에 들어갈 내용은 예를 들어 ① 대상이 되는 정보의 범위, ② 비밀보호의무 및 부수의무, ③ 예외규정, ④ 비밀보호기간, ⑤ 의무 위반 시 조치 등을 들 수 있다. 이를 상세하게 살펴보면 다음과 같다.

① 대상이 되는 정보의 범위

비밀보호계약에서는 의무를 지울 대상이 되는 정보를 특정해야 한다. 정보의 특정 정도는 어떠한 보호를 받는가에 따라 달라지는데, 계약법상 관점에서는 과도하게 광범위한 비밀보호계약은 필요성·합리성 관점에서 공공질서 위반이 되어 보호를 받을 수 없게 될 가능성이 있다. 또한 대상이 되는 정보에 대하여 쌍방의 이해가 일치하지 않으면 객관적 인식 가능성의 문제가 될 수 있다는 관점에서도 비밀관리성 판단에서 대상의 특정성은 중요하다고 할 수 있다.

따라서 대상이 되는 정보의 특정은 계약 당사자 쌍방의 인식을 공유하여 효과적인 비밀관리를 가능하게 한다.

이와 같은 점을 고려하면, 특정은 되도록 구체적인 것이 바람직하나, 계약서를 통한 유출 위험 등을 생각하여 구체화하기 어려울 때에는 포괄적인 개념(예를 들어 '~에 관한 데이터', '~에 대한 절차' 등), 매체(예를 들어 '실험노트 X에 기재된 정보', 'Y사로부터 제공받은 파일 Z 중 ○페이지에 기재된 정보') 등을 이용한 특정 방법도 가능하다. 또한 계약 내용의 공개를 통한 비밀 유출 가능성이 있을 경우에는 대상 정보를 특정하기보다는 계약 내용의 공개에 관한 보호의무를 정하는 대응을 취하는 것이 바람직하다.

② 비밀보호의무 및 부수의무

기본적인 의무로 영업비밀을 목적 외에 사용하는 것, 영업비밀을 접근 권한 없는 자에게 공개하는 것을 금지하는 것(비밀보호의무)을 규정할 필요가 있다.

그 외에 영업비밀을 적절히 관리하기 위해 영업비밀이 기록된 매체의 복제·사외 지참·송신 금지, 영업비밀의 적정한 관리 및 관리 협력 등을 규정하는 것도 고려해볼 수 있다.

③ 예외규정

계약에서 비밀보호의무의 대상으로 특정된 범위 내에 포함되는 정보 중에는 영업비밀에 해당하지 않는 것, 혹은 영업비밀에 해당하지만 입수 방법 등이 영업비밀보호법 위반이 되지 않는 것이 들어갈 수 있다. 계약의 유효성을 높이고 합리적인 범위로 한정하기 위해서는 이러한 정보는 비밀보호의무 예외로 두는 것이 바람직하다.

구체적으로는

- 공개 전부터 이미 공지되었던 정보
- 공개 후 수령자의 책임으로 돌아갈 사유 없이 공지된 정보
- 제3자로부터 보호의무를 부과받지 않고 취득한 정보

등을 들 수 있다.

또한 법률상의 요구를 근거로 행정기관이나 재판소로부터 해당 영업비밀의 공개를 요구받는 등 어쩔 수 없는 경우에도, 해당 공개에 한해 비밀보호의무 예외로 하여 규정할 수도 있다. 이 경우에는 사전 혹은 사후에 공개자에게 신속하게 통지하고, 비밀 공개를 최소한도로 하는 것을 의무로 하는 것(예를 들어 공개할 때는 가능한 한 자사의 지시를 따를 것을 규정하는 등)이 좋다.

④ 비밀보호기간

비밀보호의무의 존속기간은 가능한 한 기한을 설정하는 것이 바람직하지만, 기한을 설정하는 것이 어려울 경우(법령상의 이유 등)도 존재한다.

비밀보호계약에서 기한 설정이 가능한 경우는 그 기한을, 어려운 경우에는 영업비밀성이 상실되기 전까지라고 명기하여 비밀보호의무 존속기간으로 한다.

그리고 정보가 공지되었을 때 발생하는 문제를 사전에 예방하기 위하여, 해당 영업비밀이 비밀보호기간 중에 기밀성을 잃어버린 경우에는 예전 종업자로부터의 문의가 있으면 성실하게 회답하는 등 영업비밀에 관한 인식을 공

유하기 위한 방법에 대한 규정을 두는 방법도 있다.

⑤ 의무위반 조치

영업비밀의 부정 취득 및 부정 취득된 영업비밀의 사용 또는 공개행위에 대해서는 영업비밀보호법상 금지청구권(제10조), 손해배상청구권(제11조), 신용회복조치청구권(제12조)이 규정되어 있다. 따라서 계약에서 그 취지를 다시금 규정하지 않아도 영업비밀보호법상의 권리는 존재한다.

한편 계약법상의 관점에서 보면 계약 위반의 경우 손해배상의무를 규정하는 경우도 있다. 특히 변호사 비용 등은 '손해'에 포함되기 어려운 경우가 있기 때문에, 합리적인 범위 내에서 요구할 수 있는 규정을 두는 것이 좋다.

단 그 경우에도 근로기준법 제20조에 '사용자는 노동계약의 불이행에 대하여 위약금을 정한, 또는 손해배상액을 예정한 계약을 해서는 안 된다'라고 되어 있기 때문에, 위약금을 정하거나 손해배상액을 예정하는 것은 불가능하다는 점에 유의할 필요가 있다.

(c) 보호관리교육 실시

위와 같이 취업규칙 등의 사내 규정, 개별적 서약서나 계약서의 조항을 두더라도, 이를 당사자들이 엄수할 수 있도록 영업비밀의 보호관리에 대한 교육을 실시하는 것이 필요하다.

즉, 영업비밀 관리 규정 또는 지침, 사내·외 발생 유출 사례 등을 중점적으로 교육하여, 영업비밀 보호에 대한 경각심을 제고한다. 이때 영상물을 이용하면 현실감과 이해력을 높일 수 있으며, 관심도 제고 차원에서 외부 전문강사를 초빙하는 것도 효과적이다.

교육 종료 후에는 확인란에 본인서명을 받거나 수료증을 발급함으로써 재직 또는 퇴직 후, 영업비밀 유출로 인한 법적 분쟁 시 해당 영업비밀을 보호하기 위한 회사의 노력을 입증하는 증거로 사용할 수 있다.

나. 경력자 채용

(a) 전입자의 계약관계 확인

채용 예정인 전입자에게 인터뷰 등을 하여 예전 회사로부터 어떠한 의무를 부과받았는지 확인해야 한다.

구체적으로는 전입자의 퇴직 시 계약서 등이 있다면 그 비밀보호의무나 경업금지의무 내용에 대해 확인해야 한다. 퇴직 시 계약내용이 대외적으로 인식 가능하며 합리적이라면 안심하고 전입자를 채용할 수 있다.

단, 전입자가 퇴직 시 낸 서약서 등의 사본을 예전 기업이 전입자에게 교부하지 않거나 계약서 내용을 공개하지 않겠다는 계약을 예전 기업과 체결했기 때문에 어떠한 의무를 부과받았는지 확인 불가능한 경우, 또는 모든 정보를 제삼자에게 공개, 유출해서는 안 된다고 막연하게 계약한 경우에는, 명확한 계약상 비밀보호의무 내용을 알 수 없다. 이 경우에도 전입자의 비밀보호의무 위반에 '악의' 또는'중대한 과실'이 있다면 영업비밀보호법상 기업에게도 책임이 발생하므로 '악의·중과실'이 아니라고 평가되도록 노력해야 한다.

(b) 채용 시 법적 대처방법

정보의 혼입을 피하기 위한 법적 방법으로는 다음과 같은 사항이 기재된 서약서를 전입자로부터 받는 방법이 있다. 이러한 서약서의 취득은 영업비밀보호법상의 '중대한 과실'이 없다고 주장하는 데에 일조할 수 있다.

- 타사 영업비밀을 승낙 없이 자사 내에 공개 혹은 사용하지 않을 것
- 타사에서 완성시킨 직무 발명 등을 자사 명의로 출원하지 않을 것
- 자사에서 취업하는 데에 있어 불합리한 경업금지의무가 없는 것

단, 위와 같은 방법도 반드시 완전하게 위험을 피할 수 있는 것은 아니므로, 부정경쟁행위에 해당하지 않도록 자사에서 최선의 주의를 기울이는 것이 바람직하다. 이들 서약서를 취득해도 위험이 있다고 생각될 경우에는 유출 우려가 없어질 때까지 일정 기간 전 직장과 관계가 거의 없는 업무에 종사시킴으로써 신중한 대응을 검토하는 것이 좋다.

(c) 채용 후 관리

전입자 채용 후에도 해당 전입자의 업무내용을 정기적으로 확인함으로써, 퇴직한 예전 기업과의 사이에 비밀보호의무 위반이 발생하지 않도록 확인해야 한다.

또한 배속 시에도 전입자가 부담하는 경업금지의무나 비밀보호의무에 대해 충분히 유의할 필요가 있다.

경력자는 전직회사의 임직원들과 사적인 친분관계가 있으므로 고의가 아니더라도 정보를 제공할 개연성이 많으며, 위장 취업의 가능성도 배제할 수 없으므로 일정 기간 동안 근무 태도를 주의할 필요가 있다.

(2) 재직 중

가. 핵심 인력 관리

(a) 보안 서약서 징구

기업에게 있어 중요한 프로젝트에 참가하는 경우나 특정 부서로 이동하여 새로운 영업비밀을 알게 된 경우에, 입사 시의 서약서와 별도로 비밀보호계약을 체결하거나 서약서를 징구할 수 있다.

이 경우 프로젝트에 관계되는 범위, 혹은 새로운 부서의 업무에 관계되는 범위에서 비밀보호의무 대상을 한정하는 것은 가능하다.

또한 프로젝트 종료 후에는 더욱 비밀보호의무 대상이 되는 정보를 특정하는 것이 용이해지므로, 종료 후 계약을 체결하거나 참가 시 체결한 계약에 기초하여 대상이 되는 정보의 범위를 종료 시에 확인하는 방법도 있을 수 있다.

그리고 프로젝트 종료 후에는 비밀보호의무 대상이 되는 정보가 기록된 매체를 회사에 반환시킴과 동시에, 종업원이 보유한 컴퓨터나 USB 메모리 등에 비밀보호의무 대상이 되는 정보가 기록되어 있는 경우에는 해당 정보를 소거한 뒤에 해당 소거의 뜻을 회사에 보고하는 등의 대응을 취하는 것도 생각해볼 수 있다.

이러한 재직 중의 계약은 입사 시 계약과 비교하여 대상이 되는 비밀이 특정됨과 함께, 계약을 체결하는 사람도 한정적이기 때문에 필요성·합리성의 관점에서도 계약의 유효성은 높아진다고 볼 수 있으며, 기간이 한정되는 것으로부터 해당 종업원이 비밀보호의무를 지고 있다는 인식 역시 보다 높아지게 된다.

그 외에도 경쟁사에서 탐내는 기술 역시 양산이 가능하여 당장 어느 정도의 매출을 올릴 수 있고, 고객에게 인정받는 기술이며, 이 시기에 인력유출 시도 또한 가장 많이 나타나므로 주의해야 한다. 단, 최근에는 서약서에 서명하지 않으려는 직원이 많으므로 너무 자세한 내용의 서약서나 계약서는 피하도록 한다.

덧붙여 핵심사업·기술개발 참여 직원에 대해서는 인사카드에 동 내용을 기록, 퇴직 시 경업금지서약서 작성 시 참고하게 한다.

(b) 제품개발 단계에 따른 차별화된 보상시스템 설계

기업의 입장에서 핵심 연구 인력에 대한 처우개선은 외부로부터의 영업비밀 유출을 막기 위해 가장 중요한 과제라 할 수 있다. 따라서 정기면담을 실시하여 금전적 문제·근무여건 등 애로사항을 파악, 경쟁업체로의 전직을 사전 차단한다.

또한 보상시스템은 핵심 연구인력 유지에 유용한 제도이나, 한정된 재원을 가지고 우수 인력의 보상욕구를 충족시키기에는 현실적으로 불가능하며, 이의 해결을 위해서는 효율적인 보상재원 배분이 필요하다.

구체적으로는 기술개발, 특허신청, 시제품 출시단계, 양산 등 단계별로 보상을 확대 실시하고, 양산 시점에는 파격적인 보상을 해주는 것을 고려해야 한다.

나. 보호관리교육 실시

영업비밀의 보호관리교육은 자체 관리부서에서 실시하는 것이 좋으나, 직원들의 관심을 끌고 교육효과를 높이기 위해 외부강사를 초빙하는 것도 필요하다.

사내·외 영업비밀 유출 및 자체 점검 시 적발된 보안 위규 사례를 지속적으로 수집·정리하여, 교육 시 활용이 필요하다.

영업비밀 관리규정을 위반하는 경우 징계 등의 조치를 취하여 영업비밀 관리업무를 일상화된 기업문화로 정착시키는 것도 교육적 효과가 기대된다.

다. 점검 실시

교육과 함께 임직원의 의식을 제고하고 경각심을 일깨우는 방법으로 정기·불시 점검을 실시하는 것이 좋다.

영업비밀 관리부서에서는 평상시 관리 요령을 정리·배포하도록 하여 정기점검 시는 이를 잘 이행하고 있는지 여부를 확인하고, 불시점검 시는 가장 문제가 되는 분야를 중점 점검한다. 이때 우수자에 대해서는 포상 등을 통해 격려하고, 규정 미준수 등 위규자에 대해서는 적절한 불이익을 부과함으로써 경각심을 제고하고 유도한다. 한편 불시점검 결과 위규자 적발 시에는 당사자의 책상 위에 경고 문구를 부착, 주의환기 및 경각심을 제고하는 것이 필요하다. 단, 사원의 반발 등에 대비하여 초기에는 지도에 중점을 두고, 징계 시에는 당해 사원에게 변명의 기회를 문서로 부여하도록 한다.

(3) 퇴직 시

가. 주의점

퇴직 시에는 앞으로 어떠한 영업비밀에 접근하는가 예상하기 어려운 입사 시나 재직 시에 비하여 각종 프로젝트 등 실제로 접근한 영업비밀에 대해 특정하는 것이므로, 비밀보호의무의 대상이 되는 정보를 특정하기가 쉽다. 따라서 구체적인 비밀보호의무 범위를 명시하여 계약을 체결하는 것이 가능하다.

그러나 이 시점에서 갑자기 계약 이야기를 들으면 퇴직자는 당혹감을 느낄 가능성이 있다. 그때까지 계약을 체결하지 않은 경우에는 퇴직 시에 비밀보호계약을 체결할 가능성이 있음을 사전에 주지하고, 퇴직 시까지 무언가 계약을 체결한 경우에는 퇴직 시에 보호의무 대상이 되는 정보만 특정하는 방책과 일정 기간마다 계약 내용을 재검토하는 방법도 있다. 구체적으로는 다음과 같은 내용에 주의한다.

- 영업비밀 보유자 등 핵심인력이 경쟁업종 금지 기간 중 경쟁업체로 전직할 경우, 관련법규에 의해 처벌받는다는 사실을 고지하고 퇴직 서약서에 동 내용을 명기한다.
- 퇴직자가 보유한 영업비밀을 고려, 경업금지 업종·분야를 구체적으로 한정해야 향후 영업비밀 유출로 인한 법적 대응 시 유리함에 유의하여야 한다.
- 경업금지 기간은 업종, 제품의 라이프 사이클, 특허출원 상황 등을 통계적으로 정리하여, 합리적으로 결정한다(1년 전후).

나. 퇴직자와의 경업금지계약

비밀보호에 관하여, 퇴직 후 종업원에 대해 경업금지의무를 지울 수 있다. 하지만 경업금지의무의 유효성 요건은 비밀보호의무보다도 엄격하게 판단된다. 비밀보호의무와는 달리 경업금지의무는 보다 직접적으로 '직업선택의 자유'를 제한할 우려가 있기에, 비밀보호계약과는 엄격하게 구별하는 것이 바람직하다(경업금지의무의 유무는 '비밀관리성' 판단과는 별개이다.).

그리고 경업금지의무에 대해서는 판례상 합리적 범위 내의 경업제한이 아니면 그 유효성을 인정받지 못하며, 합리적 범위를 확정하려면 제한 기간, 장소 범위, 제한 대상이 되는 직종 범위, 대체조치의 유무 등에 대하여 채권자의 이익(기업비밀의 보호), 책임자의 불이익(전직, 재취직의 불이익) 및 사회적 이해(독점집중 우려, 그에 동반한 일반 소비자의 이해)라는 세 가지 관점에서 신중하게 검토해야 한다.

또한 퇴직 후 일정기간 내에 경업 타사에 취직한 경우에는 퇴직금의 전부 또는 일부를 감액한다는 규정을 두어, 위반했을 경우에 해당 금액을 지불하지 않는 운용도 이루어지고 있다. 단, 직업 선택의 자유 등을 부당하게 구속하는 것은 인정받지 못하고, 시기 제한 등이 필요하다.

다. 비밀의 반납 등

개인 PC 패스워드 및 ID는 삭제하고, 중요자료 외부유출 방지를 위해 출입증, 디스켓, 연구노트 등 지급 물품은 환수하고 반출 물품을 검색한다.

모든 퇴직자에 대해 퇴직 시 인터뷰(Termination Interview)를 통해 퇴직 후 진로에 대해 조사하여야 하며, 일부 퇴직자에 대해서는 퇴직 후 일정기간 동안 진로 및 동향에 대해 인지하는 것이 바람직하다.

(4) 해외 사업장 근무 현지인 관리

가. 현지인 고용 계약 체결 시

현지인 기술 인력에 의한 첨단기술 유출대비, 현지 국가의 지식재산권 보호제도를 면밀히 파악한 후 실정에 맞도록 비밀 준수 의무 및 손해배상 책임을 명확히 규정해야 한다.

나. 영업비밀 담당자 임명

해외사업장에서는 가급적이면 본사직원이 영업비밀의 관리 책임자가 되고 현지인을 담당자로 임명하는 것이 좋다.

현지인 책임자에 대해 인센티브 제공 등을 통해 퇴사 시 재직 중 지득한 기밀유출 금지 등의 보안 조치를 실시한다. 또한 지속적인 점검 및 교육을 실시하되, 일반적인 사항은 현지인 담당자가 책임 실시토록 위임한다.

다. 현지인 후견제도 활용

면담 등을 통해 취약요인을 사전 발굴하여 제거한다.

라. 현지인 취약 대상자 중점 관리

비서, 기사 등 내국인과 접촉이 많은 자, 경비, 청소원 등 소외분야 종사자를 대상으로 중점 관리한다.

마. 현지인 보직자 특별 관리

특이동향 발견 시 기록관리 유지 및 임직원 인수인계 시 관련 동향 통보를 철저히 한다.

2. 외부자

(1) 거래처와의 관계

가. 계약 전 점검

기본적으로 제휴 상대방은 계약 당시까지의 거래실적을 참고하여 신뢰관계가 있는 기업 중에서 선정하는 것이 바람직하다. 이때 상대방의 사업내용 및 평판, 계약 이행능력 및 기술수준 등을 면밀히 검토해야 한다.

또한 기술계약과 관련한 사항(기술제공, 지식재산권, 라이선스 등)에 대한 법제도의 조사를 실시하여야 하며, 기술계약의 이전단계에서는 기술제공자는 비밀의 보호를 위하여 비밀보호 및 보호에 관련된 계약을 체결해야 한다.

나. 교섭 단계

일반적인 기술계약 단계 중에서 교섭단계가 기술유출이 가장 일어나기 쉬우며, 계약이 결렬될 경우를 미리 가정하여 개발 노하우 등 중요 정보를 제공하는 것을 조심해야 한다.

특히 합의까지 장기간 소요되거나 합의 불성립으로 교섭이 결렬될 가능성이 높다고 하더라도 안이한 타협을 하지 않아야 한다.

교섭 상 유연한 대응은 필요하지만 타협 불가능한 부분을 사전에 명확히 규정해 주고, 최고경영자와 계약교섭 담당자간 상호 인식을 공유하는 것도 바람직하다.

다. 계약서 작성 단계

만약에 발생할지도 모르는 영업비밀 유출에 대비하여 법적 수단을 강구할 수 있도록 목적 외 부당이용 금지, 서브 라이선스 금지, 철저한 영업비밀 관리 등의 주요 사항들을 계약서에 명기해 두어야 한다.

기술의 목적 외 남용을 금지하기 위해서는 핵심기술과 주변기술을 같이 패키지로 이전할 경우 계약서에 용도 외 사용금지 규정을 두어야 하며, 유출을 방지하기 위하여 비공개로 전문가의 판단을 얻을 수 있는 중재조항을 계약서에 삽입해야 한다.

(2) 기타 주의점

가. 자사정보

영업비밀보호법의 영업비밀로 보호를 받기 위해서는 거래처에 공개할 경우에도 비밀관리성을 유지해야 한다. 따라서 항상 영업비밀의 공개에 앞서 보호의무를 포함한 계약을 체결하게 된다. 본 계약 체결 전이더라도 정보 공개가 필요한 경우도 있는데, 예를 들어 영업비밀에 관한 라이선스 계약의 협상 당사자는 상대방의 노하우 가치를 평가시키려는 목적에서 본 계약의 협상 단계에서 비밀보호계약을 체결한 뒤에 해당 노하우를 공개한 예가 있다.

그리고 회사 간 거래를 할 경우에는 거래 내용을 분명히 하여 불필요한 문제를 일으키지 않게 하기 위해, 즉시 거래를 공개할 때 비밀보호계약을 체결하는 것이 좋다. 단 계약상 보호의무의 범위는 당사자가 정하므로 영업비밀보호법으로 보호되는 '영업비밀'에 한정되지 않고, 범위가 넓어지게 된다. 이러한 점에서 '공개된 모든 정보'가 보호의무 대상이 될 경우도 볼 수 있는데, 정보를 수령하는 쪽 입장에서는 그것을 준수하는 것이 사실상 어려운 경우도 있고, 과도하게 광범위해지면 공공질서 위반(민법 제103조)으로 무효화될 여지도 있기 때문에 어디까지 비밀보호 대상이 되는지 명확하게 정해두는 것이 바람직하다.

또한 거래처에 대해서는 계약 중에 비밀보호의무뿐만 아니라 필요에 따라 거래처 기업의 영업비밀의 적정 관리에 대해 규정할 수도 있다. 단 각 기업에 의해 영업비밀 관리 수준에 차가 있다는 것을 고려해야 할 것이다.

나. 거래처의 정보

타사의 정보의 혼입으로 인해 기업이 의도하지 않고 영업비밀을 침해하는 사태를 방지하기 위해서는 다음과 같은 대응이 필요하다.

(a) 계약체결 시 유의사항

거래처로부터의 영업비밀을 취득할 때에는 상대방이 해당 정보를 공개할 정당한 권한을 갖고 있는가에 대해 상당한 주의를 기울일 필요가 있다.

(b) 거래처에 대한 조직적 대응

제조업체에서는 신규 거래처로부터 신기술·제품 구매를 부탁받는 경우가 종종 있는데, 기업 규모가 커지면 사내에 담당 창구가 여럿 있어 담당자 차원에서 개별 대응할 때에는 통일적인 관리가 어려워지게 된다. 이러한 경우는 기술·제품 구매 요청에 대한 창구를 일원화하여 통일된 정보관리를 하는 것이 바람직하지만, 이것이 어렵다면 예를 들어 통일된 취급 규칙을 규정하여 사내 대응을 통일하는 방법도 있다.

(c) 사용목적 등의 제한

타사로부터 정당하게 취득한 영업비밀이라고 하더라도 부정한 이익을 얻거나 기업에 손해를 입힐 목적으로 사용 공개하면 부정경쟁행위로 손해배상이나 금지의 대상이 된다. 또한 계약에 기초하여 취득한 경우는 해당 계약에서 정한 범위를 넘어서면 계약 위반이 된다.

따라서 미연에 문제를 방지하기 위해서는 미리 계약을 체결하고 취득할 영업비밀의 사용목적과 공개할 곳을 명확하게 규정함과 동시에, 사용 또는 공개 범위에 대해 적정한 관리를 하는 것이 중요하다. 또 명시된 계약이 없는 경우더라도 신의칙에 반하는 사용 또는 공개는 부정경쟁행위가 될 수 있다는 점을 유의해야 한다.

나. 기업 간 비밀보호계약의 내용

기본적으로 기업과 종업원·퇴직자 간의 비밀보호계약과 같은 내용을 규정한다.

따라서 비밀보호계약에 들어갈 내용은 ① 대상이 되는 정보의 범위, ② 비밀보호의무 및 부수의무, ③ 예외규정, ④ 비밀보호기간, ⑤ 의무위반 시 조치 등을 예로 들 수 있다.

반면 기업 간 비밀보호계약만이 갖고 있는 특이 사항으로는 다음과 같은 점을 들 수 있다.

(a) 대상이 되는 정보의 범위 변경

일반적으로는 사전에 비밀보호계약을 체결한 뒤 기업 간에 영업비밀을 공개하게 되어 있는데, 사전에 실제로 공개되는 모든 영업비밀의 내용을 특정하기 쉽지 않은 경우가 있다. 예를 들어 공동개발 과정에서 당초 상정한 것을 넘어선 것에 대해 구두로 공개한 정보 중, 영업비밀이 포함된 경우도 있다.

이러한 정보에 비밀보호의무를 지울 경우에는, 미리 구두로 공개한 정보의 취급에 관한 규정을 별도 두어야 한다. 구체적으로는 구두로 공개한 쪽이 정보 공개 후 일정 기간 내에 해당 정보의 내용을 문서화하여 해당 문서를 비밀보호의무 대상으로 삼는 방법을 들 수 있다.

또한 계약의 성립 자체가 영업비밀에 해당하여 비밀보호의무 대상이 되는 경우도 있을 수 있다.

(b) 비밀관리체제의 구축 요청

해당 영업비밀의 비밀관리성 및 비공지성을 유지하기 위해, 영업비밀의 공개를 받는 측에 비밀을 적정하게 보호하는 체제를 구축할 것을 요구할 때가 있다.

그 일환으로 해당 영업비밀을 실제로 다루게 되는 종업원을 특정하여 그 자에게 계약을 통해 퇴직 후에도 비밀보호의무를 지키도록 조치할 것을 요구하는 경우 등을 들 수 있다.

(c) 계약기간과 비밀보호의무의 존속 기간

기업 간의 비밀보호계약에서는 계약기간보다도 비밀보호의무의 존속기간을 길게 설정할 때가 있다. 이는 계약기간은 계약에 규정된 목적을 달성하는 데에 필요한 기간이며 모든 규정을 준수할 것을 요구하는 것에 비해, 비밀보호의무의 존속기간은 계약사항 중에서도 비밀보호의무에 대해서만 보다 장기적인 존속을 요구하는 경우가 있기 때문이다.

다. 기업 간의 비밀보호계약과, 기업과 종업원 · 퇴직자 간의 비밀보호계약 관계

기업이 종업원·퇴직자와의 관계에서 체결하는 비밀보호계약은 기업 간에 체결된 비밀보호계약과 밀접한 관계가 있는 경우가 있다.

예를 들어 라이선스 계약에 기초하여 A사(라이선서)의 영업비밀을 B사(라이선시)에 공개하는 케이스에서는 양사가 비밀보호계약●을 체결하여, 이를 바탕으로 A사는 B사에게 비밀관리 체제 구축을 요청할 수 있다. 이 경우 B사에서 공개를 받은 영업비밀을 실제로 사용하는 것은 B사의 종업원 b1, b2, b3인데, B사가 b3과의 사이에서 비밀보호계약▲를 체결하지 않고 b3이 C사로 회사를 옮긴 경우에는, b3에 의한 A사의 영업비밀 사용 또는 공개를 저지할 수 없게 될 가능성이 생기며, 그 결과 B사는 적절한 비밀관리 체제를 구축하지 못했다고 보고 A사에게 손해배상 책임을 묻는 경우가 생길 수 있다.

다시 말하면 기업 간에 체결된 비밀보호계약●은 공개처 기업이 실제로 영업비밀을 사용하는 자사 종업원과 비밀보호계약▲를 체결하지 않으면, 실효성을 담보할 수 없는 경우가 생길 수 있다는 것이다. 실효성을 담보하기 위해서는 비밀보호계약●에서 B사 내에서 공개하는 종업원에게는 B사에서 비밀보호의무를 부과해야 한다는 뜻을 정하는 등, 양방의 계약(● 및 ▲) 사이에 정합성을 유지하는 것이 필요하다.

(3) 협력업체 등 외부 보안관리

가. 해당 업체장 및 출입인원에 대한 보안서약서 요구

고정출입 인원을 최소한으로 제한하고, 출입지역도 일정 한계를 두어 엄격하게 통제하며, 연 1회 이상 협력업체를 방문, 점검 및 임직원 대상 교육을 실시한다.

특히 협력업체 점검과정에서 신제품모델, 설계도면 등을 무단 복사하여 보관하다 적발된 사례가 다수 있음에 유의하여야 하며, 협력업체와 공동으로 업무 수행 시 업체 간에는 물론 실무자와도 반드시 비밀보호서약서를 징구해야 한다.

서약서에는 비밀보호기간, 생산된 비밀의 귀속문제, 비밀침해의 책임, 비밀의 취급 및 관리 등을 명기한다.

나. 제품 구매자 등에 대한 보안 관리

제품소개 · 구매상담 · 공장견학 등 필요시 견학코스를 지정하고, 기술자료 및 홍보 팜플렛 등에 대한 보안성 검토 등 영업비밀 유출 방지대책을 강구한다.

다. 컨설턴트, 고문변호사, 회계사 등 외부 자문인력 보안 관리

일부 업종은 법으로 비밀보호업무가 명시되어 있으나 별도로 하는 것이 보다 완벽하며, 계약체결 시 비밀보호 의무와 함께 위반 시 손해배상 책임 및 관련 법규에 의한 민 · 형사상 처벌규정을 명확히 기재하여야 한다. 또한 제공자료는 가급적 회수하거나 관리를 철저히 하도록 지속적으로 교육한다.

상기 인력들은 업무 수행상 기업비밀을 지득할 기회가 많음에도 불구하고 회사로부터 구속을 적게 받기 때문에 비밀유출 위험이 항상 존재함에 유의하여야 한다.

라. 관계기관에 대한 관리 요청

각종 정부 기관 및 지자체 등의 관계기관에 연구비 또는 연구프로젝트 획득을 위해 관련자료 제공 시 표지에 적정 등급으로 표시하고 관련기관에도 '사외비'에 준하여 취급하여 줄 것을 요구하여야 한다.

통상 일반문서로 제공하여 관련내용이 유출되는 사례가 다수 있음에 유의하여야 한다.

(3) 유치 과학자 보안 관리

가. 고용 계약서 작성 시 연구 성과물에 대한 소유권 명확화

계약서상에 영업비밀보호 의무 및 위반 시 처벌조항을 명기함은 물론 연구 성과물의 소유권이 회사에 있음을 명확히 규정한다.

나. 계약 기간 중 관리

계약서상에 영업비밀보호 의무 및 위반 시 처벌조항을 명기함은 물론 연구 성과물의 소유권이 회사에 있음을 명확히 규정하는 것이 가장 중요하다. 또한 관리담당자를 임명, 연구 활동 과정에서의 특이언동·동향 등을 상세히 파악, 필요 시 관계기관에 통보한다.

연구목적과 무관한 타 분야 연구실, 실험실, 자료 보관실 등 중요시설의 무단출입과 사진촬영 등을 제한하며, 중요 연구자료, 노트북 등의 외부 무단 반출을 금지한다.

다. 계약 만료 시 보안 조치

연구노트, 성과물 등 각종 연구 자료를 회수하고 개인컴퓨터 패스워드 및 ID 삭제하고, 반출희망 자료에 대해서는 보안성 검토 후 제공하거나 또는 별도로 우송한다.

외국인 과학자 유치 목적이 첨단기술 전수, 공동연구개발, 인력교류 등의 목적으로 이루어지고 있는 점을 감안하여, 자유로운 연구 활동을 위축시키지 않는 범위 내에서 관리대책을 강구, 시행하는 것이 유치성과 확대를 위해 바람직할 것이다.

제3절 물리적 조치

1. 통제구역 설정

(1) 주의점

생산공장·사무실·연구실 등 시설의 위치, 특성, 취급 등을 면밀히 검토하여 통제구역을 설정하고, 시설 자체보다는 그 시설이 가지고 있는 기능을 보호할 수 있는 대책을 강구해야 한다.

또한 취급하는 비밀의 종류, 양, 시설의 중요도에 따라 관리의 강도를 조정한다.

(2) 보호 구역의 설정

가. 설정 및 등급 구분

명칭	내 용	예 시	비 고
공용구역	모든 인력에게 공개된 구역	출입문, 로비, 대기실, 엘리베이터, 주차장 등	• 기밀정보의 유출 및 침해가 발생하는 경우가 극히 드물지만 실질적으로 외부인의 출입통제가 이루어지는 구역 • 외부인의 출입 시 이름, 주소, 주민등록번호, 연락처 등 출입자의 주요 정보를 출입관리대장에 기재하고, 내부인력이 직접 공용구역으로 나와 안내하도록 해야 함 • 외부인의 출입 시 카메라, 비디오 카메라 등의 장비 반입을 원칙적으로 통제하여야 함 • 단, 임직원이나 외래인에게 과도한 불편을 주어 보호행위 자체에 거부감을 주지 않도록 각별히 유의할 필요가 있음 • 출입 통제 시스템(ID카드 등), 반출입관리 시스템(정보유출방지 X-ray, 문형 금속탐지기), 화상감시 시스템(CCTV), 차량 출입 통제 시스템(차량 번호판 인식 시스템, 역방향 진입금지 시스템), 방범 시스템(방탄유리) 등을 이용 가능
일반구역	기업의 비밀 또는 재산의 보호를 위하여 울타리 또는 경비원에 의해 일반인의 감시가 요구되는 지역	사무실, 공장 등 건물내부 전 지역	• 일반구역은 사무실이나 회의실 등 일반인들도 출입승인을 받으면 쉽게 들어갈 수 있기 때문에 주요 정보에 대한 보호수준이 약해지기 쉽고 의외로 유출 및 침해가능성이 높음 • 일반구역에서는 외부인과 내부인의 구별이 중요하며, 원활한 식별을 위해 임직원의 사원증 패용이 필수적임 • 사무실에서 자리 이석 시에는 화면보호기를 설정하고 책상을 정리해야 하며, 주요 문서의 경우 캐비넷 보관 후 반드시 시건장치를 하며, 복사기·팩스 등은 사무실 안쪽에 비치해야 함 • 공용 회의실에서는 회의 종료 후 현장에 관련자료를 남겨 두어서는 안 되며, 보드칠판 등에 적힌 내용은 반드시 지워야 함 • 출입 통제 시스템(ID카드 등), 화상감시 시스템(CCTV) 등을 이용 가능

명칭	내 용	예 시	비 고
제한구역	비밀 또는 주요 시설 · 자재에 대한 비인가자의 접근을 방지하기 위해 출입 시 안내가 요구되는 지역	중역실, 전산실, 교환실, 제조기술 부서, 조립라인, 자재창고 등	• 제한구역에서 직접적인 정보의 유출 및 침해가 발생하지는 않으나 설비들의 훼손, 파괴, 오작동 등으로 유출 및 침해가 발생할 수 있음 • 제한구역의 경우 근무자 및 관련자는 자유롭게 출입할 수 있지만, 일반직원은 필요 시 승인을 받고 출입하며, 외부인의 출입은 통제되어야 함 • 출입 통제 시스템(ID카드 등), 화상감시 시스템(CCTV) 등을 이용
통제구역	비 인가자의 출입이 금지되는 보안상 극히 중요한 지역	전산실, 비밀보관소, 통신실, 연구실, 위험물 창고 등	• 통제구역은 기술에 대한 연구가 이루어지고, 중요정보를 직접 보관하고 있기 때문에 최상위의 보호대책을 강구해야 함 • 통제구역의 경우 근무자 이외는 출입을 금지하고, 관련자와 일반직원은 반드시 승인을 받은 후 출입하며, 외부인의 출입은 절대 금지되어야 함 • 출입인가자라 하더라도 출입자 관리대장에 인적사항, 출입사유 · 시간 등을 기록유지하고 휴대품을 확인하여 필요한 경우 보관해야 함 • 출입 통제 시스템(ID카드, 강철 문, 정맥 인식 시스템 등), 도감청 방지 및 전자파 차폐 시스템(전자파 탐지 장치), 화상감시 시스템(CCTV) 등을 이용 가능

모든 시설을 상기의 등급으로 나눌 필요는 없으나, 회사 전체를 일반 구역으로 설정하고 중요 시설은 통제 구역 또는 제한 구역으로 설정하는 것은 반드시 실시되어야 한다.

나. 보호구역의 표시

시설의 성격에 따라서는 오히려 보호구역으로 지정이 되었어도 보호구역 표시를 하지 않는 것이 보안상 유리할 경우도 있으므로 담당자와 협의 하에 결정한다.

다. 중요 시설 보호

기본적으로 가의 표를 참조하며, 덧붙여 다음과 같은 사항에 주의한다.

• CEO실, 회의실 등 중요시설에 대한 정기적인 도청 확인 및 점검을 한다.

- 외부인 방문 대비 견학·시찰코스를 사전 지정하되 핵심 생산라인 등 중요시설은 대상에서 제외하고 사진촬영을 통제한다.
- 외부투시, 도청, 방화, 파괴물질 투척 등 긴급 상황 발생 시 즉각적인 상황전파 및 상황지원이 가능하도록 적절한 경보시스템을 설치한다.
- 중요시설에는 CCTV, 적외선 감지기, 카드 키, 지문인식 시스템 등 과학 장비를 설치하여 비인가자 등의 무단출입을 통제한다.
- 핵심시설에 대한 비상키(마스터키)는 원칙적으로 용역경비·청소업체 직원에게 위탁관리를 금지하되 부득이한 경우 봉함관리하고 개봉 시 반드시 보안담당자에게 사유를 소명한다.

라. 재해로부터의 보호

제한구역과 통제구역 등 회사 내 중요시설에 재해가 발생했을 때 그 피해 규모는 기업경영에 치명적일 수 있다. 따라서 재해발생에 대비한 보호 장치를 갖추는 것이 바람직하며, 그 장치로는 전기 공급장치, 예비전력 공급장치, 항온 항습 장치, 누수탐지 및 차단장치, 화재경보 및 자동 진화장치, 침입경보장치 등이 있다.

- 필요 시 즉각적인 대응을 위하여 외부 전문기관과의 연계방안을 마련하고 사고 대응 매뉴얼에 관련 내용을 기재하는 것이 바람직하다.

(3) 출입자 통제

기본적으로 가의 표를 참조한다.

가. 임직원 출입

연구실, 공장, 사무실 등 사내지역 출입 시 직원임을 표시하는 명찰패용 또는 유니폼을 착용하여 외부인과 구별한다. 또한 시설별 중요도에 따라 출입 인원을 제한할 필요가 있을 경우 출입증에 전자 칩 내장, 색상구분 등을 통해 출입자격을 제한한다.

나. 외부인 출입

협력업체 직원, 전산실 보수 등 목적으로 정기 출입하는 자는 신원확인에 필요한 서류 및 영업비밀보호 서약서를 요구한다.

정기출입증 색상은 임직원과 구분되도록 하여 정문에서 교부·회수하고, 명부를 비치하여 출입시간을 기록 유지한다.

임시출입자는 대장에 인적 사항, 목적, 방문대상 직원 등을 기재하고 면회실 이용을 원칙으로 하되, 회사내부 출입이 필요한 경우 임시출입증 패용 후 직원안내를 받아 출입하도록 조치한다.

다. 출입 차량 통제

임직원, 협력업체 직원 등 사전 인가된 차량 외에는 사업장내 출입을 엄격히 제한하고, 주차구역을 지정한다.

임시출입 차량에 대해서는 임시출입증을 교부하고 필요 시 차량 내부 및 적재물에 대한 보안검색을 실시하고 탑승자 신원을 확인한다.

라. 신분증 관리

신분증은 직원과 외부인을 구별할 수 있도록 구분하고, 외부인의 경우도 방문자, 시찰·견학자 등으로 구분한다. 신분증에는 전자칩을 내장하여 중요시설 출입시간 등을 자동 체크할 수 있도록 하고, 근무 시 패용을 의무화하는 것이 바람직하다.

또한 신분증 갱신은 사용기간 장기화, 분실건수 증가 등 필요 시 일괄 갱신하되 분실자에 대해서는 사유서 징구 및 징계 실행으로 재발 방지를 유도한다.

2. 컴퓨터 관리

(1) 전산실 및 전산자료 보안 관리

기본적으로 통제구역 설정으로 충분하나 별도로 필요할 경우 다음의 조치를 추가한다.

전산실은 통제구역으로 설정 관리하고, 유지보수 등 목적으로 상시 출입하는 외부 직원에 대해서는 보안 서약서를 요구한다.

화재·폭발 등 사고발생 등에 의한 전산자료 소실대비, 정기적으로 백업하도록 하고 백업자료는 별도의 안전한 건물에 보관한다.

자사 홈페이지에 기술력이나 전문인력확보 등을 광고하기 위해 자사 기술이나 인적 구성을 게재하는 경우가 많은데, 이는 기술유출이나 향후 개발방향을 경쟁사에 알려주는 결과가 되므로, 이를 자제하고 홈페이지를 철저하고도 전문적으로 관리하는 것이 필요하다.

(2) 개인 컴퓨터 보안 관리

전자 기록되어 있는 데이터의 취급에 관한 각종 규칙을 매뉴얼화 혹은 시스템화해 두는 것이 좋으며, 지정된 접근권한자만 접근 가능하도록 조치를 취한다.

영업비밀을 보존하는 컴퓨터나 시스템을 외부 네트워크로부터 차단하는 등 부정 접근에 대한 조치를 강구하고, 영업비밀 데이터를 복원 불가능한 조치를 취하여 소거·폐기한다.

컴퓨터 기기로 관리되는 정보는 반드시 명확한 기록매체를 특정할 수 있는 것은 아니며, 인터넷 등을 통해 한꺼번에 대량 정보가 전세계로 전달된다는 위험을 고려하면 무체물인 정보 자체를 관리한다는 관점을 가져야 한다. 따라서 접근권한자의 특정, 외부로부터의 부정 접근 등에 의한 침입에 대한 방어가 중요한 요소가 된다.

이 외에도 다음과 같은 사항에 주의한다.

- PC 보안용 소프트웨어 설치
- 라이선스 없는 불법 소프트웨어 사용금지
- 개인별 컴퓨터에는 ID 및 패스워드를 설정하고 주기적으로 변경토록 하되 쉽게 유추할 수 있는 패스워드 사용을 지양한다.
- 개인 PC별 화면보호기 및 전용 패스워드를 사용하고 화면보호기 작동시간을 20분 등으로 적절하게 지정한다.

• 컴퓨터 바이러스에 취약한 개인용 PC에 백신 프로그램을 이용하여 일정한 시간을 정하여 점검을 실시하고, 대부분 컴퓨터 바이러스 백신 프로그램이 보유한 자동 업그레이드와 예약점검 기능을 적극 활용한다.
• PC에서 작업한 중요문서는 조회가 불가능하도록 암호화 하여 데이터베이스에 저장한다.

(3) 휴대용 PC 관리

인가되지 않은 개인용 노트북 사용을 금하고, 초기 동작 시 사용자 식별 및 인증절차를 거치도록 조치한다.

노트북의 하드 디스크 내에는 중요정보 저장을 금지하고 업무상 목적으로 저장할 경우 파일별로 패스워드 등 보안조치 후 허가한다.

또한 노트북 외부 반출 시 해당 부서장의 승인을 받고 대장에 기입하고 퇴근·출장 등으로 노트북을 사용하지 않을 경우 견고한 캐비닛 등에 보관한다.

휴대용 PC의 보안 장치를 강화하고 사용자가 고의 및 부주의에 의해 정보를 유출한 경우의 벌칙을 규정하고 개인 서약을 체결한다. 또한, 휴대용 PC를 정기적으로 체크하고, 사내용과 사외용을 구분하여 사외용에는 최소한의 정보만 보존한다. PC에 인증 기능이나 원격조작에 의한 데이터 소거 기능을 부가하는 것도 좋다.

(4) 보조기억매체

보조기억매체에는 크기가 작고 가벼워서 외부 반출이 용이한 반면 내부에 대량의 정보를 저장할 수 있으므로 특별히 주의해서 관리해야 한다.

정부에서 권장하는 보조기억매체의 관리는 국가정보원에서 2007년 4월 제정한 'USB 등 보조기억매체 보안관리지침'이 있으며, 주요 내용을 요약하면 다음과 같다.

구 분	세부내용
보조기억매체	디스켓, 이동형 하드디스크, USB메모리, CD, DVD
도입시 검사	· 사용자 식별 및 인증 · 지정데이터 암호 및 복호화 기증 · 지정된 자료의 임의 복제 방지 기능 · 분실시 저장데이터의 보호를 위한 삭제기능
보조기억매체의 사용	· 보조기억매체 관리대장에 등재하여 부서장의 승인을 얻은 후 사용 · 등록된 보조기억매체만 사용하며, 업무목적 외의 사적인 용도의 사용 금지 · 보조기억매체는 일반용, 비밀용, 공인인증서용으로 구분하여 등록 및 사용
보조기억매체의 불용처리 및 재사용	· 불용 처리시에는 물리적 파기를 원칙으로 함 · 타 부서 이전 및 용도 전환 시에는 자료의 완전 삭제 및 포맷 후 사용 · 비밀용은 데이터의 완전 삭제, 포맷 및 자성 소거 후 재사용
비밀용 보조기억매체의 사용 및 관리	· 비밀용 보조기억매체는 일반용과 마찬가지로 관리번호를 부여하고, 이중 시건장치가 있는 캐비닛 등에 보관하며, 사용시에는 보조기억매체 사용대장에 사용목적 등을 작성한 후에 사용

(5) 사용자 ID 및 패스워드 보안 관리

동일 ID로 동시에 동일 서버에 접속하지 못하도록 설계하고, 패스워드는 최소 6자리 이상이 되도록 설정한다.

패스워드는 동일 문자열이 연속 사용되지 않도록 설계하고(4자리 이상), 사용자 ID와 일치하는 패스워드는 사용을 금지하고, 3회 이상 접속 실패 시 잠금 기능을 적용한다.

또한 기 사용된 패스워드는 12개월 내 재사용 금지하고, 조회가 불가능하도록 암호화하여 데이터베이스에 저장한다.

패스워드 분실 시 사용자 확인절차를 거쳐 해당 관리자에 의해 삭제되어야 하며, 인터넷 망 사용시 ID 및 패스워드가 타인에게 노출되지 않도록 암호화하여 보관하거나 전송한다.

(6) E-mail 보안 관리

E-mail은 업무상 빈번하게 쓰이므로 사용지침을 별도로 문서화하는 것이

바람직하다. 사용지침의 내용은 다음과 같다.

- 외부발송 E-mail 크기를 일정규모 이하로 제한하고, 이를 초과할 경우에는 해당 부서장의 승인을 받도록 조치한다.
- 외부로부터 E-mail을 받았을 때 전송처를 알지 못하거나 스팸 메일로 판단되는 경우에는 삭제하는 것이 좋고, 꼭 열어보고자 하는 경우에는 바이러스 검사를 먼저 실행하여 안전 여부를 확인한 후 열어봐야 한다.
- E-mail을 이용한 내부자료 불법유출 시 관련규정에 의한 처벌내용을 수시 교육하고, 경각심을 확산한다.
- 업무목적 외 사용 금지, 첨부 파일에 패스워드 설정, 암호화 통신 채용 등의 도입을 검토한다.

(7) 기타 주의점

가. 매뉴얼 설정

전자 기록된 데이터를 적절하게 관리하는 것은 기본적으로는 앞에서 서술한 물리적 관리와 마찬가지이나, 인터넷 등 컴퓨터 네트워크에 접속할 때의 규칙 확립, 전자 메일 내용의 암호화, 데이터 복제, 백업할 때의 명확한 절차나 백업 데이터의 암호화 등도 고려해야 한다.

나. 접근 및 그 관리자의 특정 · 제한

영업비밀이 전자 기록으로 보관되어 있는 경우, 다른 부서의 사람은 열람할 수 없도록 기술적 제약을 두는 등, 기밀성 수준에 맞춘 다양한 관리가 가능하다.

또한 컴퓨터나 파일 열람에 관한 패스워드 설정, 패스워드의 유효기한 설정, 동일 또는 유사 패스워드의 재이용 제한, 접근 기록 모니터 등을 통해 기술적으로 보다 높은 수준의 비밀관리성을 유지하는 것이 가능하다.

또한 유저 ID 및 패스워드 관리에 관해서는 정보 보안 관리자가 퇴직한 경우에 가장 주의가 필요하다.

다. 외부로부터의 침입에 대한 방어

영업비밀이 전자 기록으로 보관되어 있는 경우에는 인터넷 등의 외부 네트워크를 통해 제3자가 침입하여 영업비밀을 훔쳐보는 일이 없도록, 영업비밀을 취급하는 컴퓨터를 어떠한 형태로 외부 네트워크로부터 차단해 두는 것이 중요하다.

또한 바이러스 감염으로 인해 네트워크를 통해 정보가 유출되는 것을 방지하기 위하여 바이러스 대책 소프트웨어를 도입하는 등, 대책에 만전을 기울이는 것이 중요하다.

나아가 부주의에 따른 정보 유출을 방지하기 위해 영업비밀을 관리하는 컴퓨터에 파일 교환 소프트웨어나 불필요한 소프트웨어를 인스톨하지 않도록 대책을 강구할 필요가 있다.

라. 데이터의 소거와 폐기

전자 기록된 영업비밀을 사용·보관했던 컴퓨터·서버 등 컴퓨터 기기류를 폐기할 경우, 또는 타자에게 양도할 경우에는 내장된 기억장치(하드디스크 등) 안에 남아 있는 영업비밀을 잘못하여 타자에게 공개하는 일이 없도록 데이터 복원이 불가능하게 조치를 취하여 전자 기록을 소거 또는 폐기해야 한다.

3. 통신보안

(1) 정보관리시스템

가. 일반적인 통신보안

먼저, 외부로부터의 침입을 방지하는 대책(비밀정보를 다루는 컴퓨터를 인터넷으로부터 차단, 방화벽 구축, 조직 내 네트워크의 외부로부터의 접속 차단)이 기본적으로 필요하다.

또한 개인 PC를 중앙 통제형 네트워크 단말기로 교체해 직원들의 모든 작업 파일을 중앙에서 통제하는 방안을 검토하고, 네트워크 단말기의 인증 절차를 강화하며, 직원들의 정보 접근 기록을 관리한다.

일반적인 통신보안은 기본적으로 정비하고, 기업이 현재 도입하고 있는 정보관리시스템과 영업비밀 보호관리에 투여하는 예산 등을 고려하여 다음의 시스템을 활용할 수 있다.

나. DRM 시스템 활용

DRM(Digital Rights Management, 디지털저작권관리) 시스템은 전자문서 유출을 사전에 방지하고 조직원에 의한 불법 사용내역을 자동 리포트해 주는 제반 컴퓨터 솔루션을 의미한다.

DRM은 문서 보안이 중요한 기업들과 관공서에서 인기를 끌고 있다. 기존에는 문서에 암호를 설정하는 방법이 쓰였지만, 일단 암호를 해제하고 나면 무방비 상태에 놓인다는 약점 때문에 완벽한 보안으로 보기 힘들었다. 반면 문서 보안 DRM은 사내 문서 시스템과 연동해 사용자를 제한하는 방법으로 기밀을 유지한다. 문서를 작성한 사람이라도 권한이 없으면 삭제, 복사, 붙여넣기, 스크린샷 등을 사용할 수 없다. 또한 최초 작성자가 누구인지, 수정한 사람이 누구인지 확인할 수 있는 기능도 제공한다. 여기에 디지털 워터마킹(watermarking) 기술을 결합하면 인쇄물이 유출됐을 때 유포자를 추적할 수 있다. 디지털 워터마킹은 DRM의 기반 중 하나로, 디지털 콘텐츠에 저작권자의 고유마크를 삽입해 문서의 위·변조를 막는 기술이다.

이 기술은 주로 증명서 발급이나 온라인 티켓 발급 등에 쓰인다. 예를 들어 디지털 워터마크가 적용된 증명서는 관공서에 직접 방문하지 않고 온라인을 통해서도 발급받을 수 있다. DRM은 현재 불법복제를 막을 수 있는 가장 안전한 기술로 평가받고 있다. 저작권을 지속적으로 보호할 수 있으며 결제 기술, 인쇄 기술 등과 연동해 활용도를 넓힐 수 있다는 게 장점이다. 하지만 사용자의 편의성을 침해하는 복잡한 사용법과 호환성 문제는 향후 보완해야 할 부분이다.

DRM 시스템은 다음 6가지의 주요 기술과 기능을 결합해 구성된다.

① 인증처리 시스템
② 암호화 처리 기술
③ 다양한 사용 권한 관리 기술
④ 크래킹 방지 기술
⑤ 사용자의 다양한 환경 및 응용소프트웨어를 지원할 수 있는 모듈 기술
⑥ 출력자 및 유출자 추적 기술

다. 통합인증권한관리(EAM) 시스템

인트라넷, 엑스트라넷 및 일반 클라이언트/서버 환경에서 자원의 접근 인증과 이를 기반으로 자원에 대한 접근 권한을 부여, 관리하는 통합 인증 관리 솔루션. 하나의 ID와 암호 입력으로 다양한 시스템에 접근할 수 있고 각 ID에 따라 사용 권한을 차등 부여하는 통합 인증과 권한 관리 시스템이다. 일반 기업과 금융권, 포털 등 기업 내 사용자와 일반 사용자에게 적용 가능하며 인터넷 뱅킹, 쇼핑 등 서비스 편의성과 운영비 절감 및 기업 내 보안 효과가 있다.

기업의 보안은 비즈니스의 성공을 위하여 외부로부터의 필요한 접근은 최대한 허용하면서 내부와 외부의 허가받지 않은 불법접근(침입)으로부터 시스템을 보호하도록 해야 한다.

이를 위해 기업들은 외부로부터의 유해한 접근을 차단하기 위한 목적으로 방화벽(Firewall), 침입탐지시스템(IDS, IPS 등) 등 다양한 보안솔루션을 도입하게 되지만 이러한 시스템은 네트워크의 외부와 내부를 구분하여 외부에서의 접근을 차단하는 데 초점을 맞추고 있으며, 통상적으로 내부에서의 접속은 아무런 제약 없이 허용하는 경우가 많다.

EAM(Extranet Access Management) 시스템은 말 그대로 엑스트라넷에 사용자가 접근하는 것을 판단해 인증해 주는 솔루션으로서, 인터넷을 통해 외부에서 협력업체 및 고객들이 한 번의 로그인으로 다양한 시스템에 접속할 수 있는 환경을 제공하면서도 컴퓨터 시스템에 인증된 사용자에 따라 차등을 부여하는 통합인증 및 권한관리 솔루션이라고 할 수 있다.

라. 지식관리시스템(KMS)

지식관리시스템(Knowledge Management System)은 조직 내의 인적자원들이 축적하고 개별적인 지식을 체제화하여 공유함으로써 기업경쟁력을 향상시키기 위한 기업정보시스템을 의미한다.

KMS는 직원들이 입력한 다양한 정보를 체제적으로 정리, 전사원들에게 유통시켜 업무에 활용토록 하는 정보관리 인프라로, 첨단 정보 기술의 조합을 통해 조직 내에 축적되는 각종 지식과 노하우를 효율적으로 관리하고 이를 상호 공유할 수 있도록 하는 것이 그 목표이다.

지식관리시스템을 이용하면 개인이나 조직이 보유한 비정형화된 정보를 일정한 데이터베이스에 보관하였다가 필요한 경우 기업 내 다른 사람들이 언제든지 활용할 수 있다. 따라서 어떤 지식을 보유한 개인이 직장을 옮길 경우에도 기업으로서는 별 문제없이 업무를 이어나갈 수 있다.

이러한 지식관리시스템을 활용하여 기업 내 인적자원이 소유하고 있는 지적 자산을 기업 내에 축적·활용할 수 있어야 하며, 무엇보다 적절한 권한부여를 통해 정보의 무분별한 공유를 막아야 한다.

(2) 백업시스템

내부에서 생성되는 중요 정보에 대해서는 백업하여 관리하는 것이 바람직하다.

천재지변, 화재 등에 대비하여 데이터센터(IDC)를 활용하거나 적어도 중요기밀과 문서는 반드시 USB, CD, 디스켓 등에 주기적으로 백업하여 별도 장소에 보관할 필요가 있다.

(3) 기 타

상기 항목 외에도 다음과 같은 사항을 고려할 수 있다.

- 통신실을 통제구역으로 설정하고 관계자 외 출입을 통제하여, 비인가자에 대해서는 관계자의 안내로 출입 조치한다.
- FAX를 이용하여 경영기획, 마케팅 전략 등 중요 내용 송신을 금지하고

정기적으로 송신목록을 확인한다.

- FAX로 비밀문서 등 중요문서 수신 시 FAX 용지에 극비, 비밀, 사외비 등급을 날인한 후 해당부서에 통보한다.
- 사내에 설치된 모든 전화를 대상으로 도청장비 설치 유무를 정기적으로 점검한다.
- 임직원에 대해서는 보안교육시간 등을 통해 전화, FAX 등 모든 통신수단은 보안성이 없다는 사실을 지속적으로 교육한다.

4. 서류 등 기록매체의 관리

(1) 중요성

제품의 제조비법・연구데이터・시제품・설계도 등 기업의 독자적이고 미공개된 비밀자료는 외부로 유출될 경우 경쟁업체의 견제, 사업 중단 등 기업경영에 막대한 손실을 발생한다. 따라서 기업의 비밀자료에 대해 수록상태 및 보관상황, 보관책임자의 운영상황, 비밀사항의 표시유무, 유출방지 장치의 설치유무 등을 점검하여 수시 확인하는 등 체제적인 관리가 필요하다.

단, 기본적인 내용은 보호관리대책 명세서에 규정된 내용으로 충분하며, 그 이상의 관리가 필요할 경우에는 사내 지침의 내용을 추가하도록 한다.

이외에도 영업비밀 원본증명 서비스, 기술임치제도에 관해서는 별도 검토한다.

(2) 기술자료 보안 관리 대책

제품의 설계도・소스코드 등 제품제조와 관련된 핵심 기술자료는 영업비밀로 분류・관리하여 법적 보호를 받을 수 있도록 하고 암호화하여 저장 또는 입출력 내용을 자동 기록하는 등 보안대책을 강구한다.

또한 중요자료의 외부 제공 및 열람을 엄격히 제한하되 사업 추진상 필요에 의해서 영업비밀 자료를 대외에 제공해야 할 경우, 반드시 보안성 여부에 대한 면밀한 검토가 필요하다.

이때 해당 영업비밀 범위, 핵심기술 여부, 경쟁업체와의 관계 등과 복사・복제 가능여부 및 특허・실용신안 등으로 보호가능 여부 등을 검토하게 된다.

전시회・박람회 및 제품설명회 개최 시 외부인의 사진촬영을 금지하고, 행사종료 후 반드시 관련 자료를 전량 회수한다.

기술이전, 하청계약 체결 시 자료를 제공하는 경우 반드시 비밀보호의무 조항을 포함시키고 이를 위반하였을 경우 책임소재를 명시한다.

(3) 비밀의 생산・분류・보관・파기 등 비밀 관리 방법

가. 비밀표시, 분리보관

먼저 권한을 가지고 접근한 자가 영업비밀이 기재・기록되어 있는 매체임을 객관적으로 인식 가능한 상태로 만드는 것이 중요하다.

구체적으로는 서면에 '비' 마크를 찍거나, 전자 파일을 열어볼 때 필요한 패스워드를 설정하거나, 기록매체를 다른 정보만 기록되어 있는 것과 분리하여 보관하는 방법 등이 있다.

(a) 객관적으로 인식 가능한 표시(영업비밀 및 구분 표시)

영업비밀이 '비밀로 관리'되고 있는 정보라는 것을 객관적으로 인식 가능하도록 하기 위해, 영업비밀이 기재・기록되어 있는 매체에 비밀이라는 것을 나타내는 것이 좋다. 이때 각 정보가 어떤 기밀성 수준에 속하는지를 이해하고, 어떤 수준에서 관리해야 좋을지 이해할 수 있도록 비밀 구분을 표시하는 것이 바람직하다.

예를 들어 종이 매체에 기록되어 있는 정보라면 스탬프를 찍거나 스티커를 붙이는 방법을 생각해볼 수 있다. 이때 영업비밀이 기재되어 있는 부분 구석에 비밀이라는 것을 나타내는 명쾌하고 알기 쉬운 언어・문자・디자인・기호・마크 등을 기재・기록한다.

또한 전자정보인 경우는 종이 매체와 마찬가지로 전자정보를 기록한 USB 메모리 등의 기록매체에 스티커를 붙이는 방법 외에, 전자정보의 성질을 이용하여 영업비밀임을 표시하는 데이터를 전자정보 그 자체 속에 넣거나 파일을 열어볼 때 비밀 수준에 따른 패스워드를 설정하는 방법, 혹은 파일을 암호화하는 방법이 있다.

(b) 매체 분리 보관

영업비밀이 기재·기록되어 있는 매체를 그 외의 정보가 기재·기록되어 있는 매체와 분리하여 보관하는 것이 좋다.

또한 전자정보인 경우는 상기 비밀표시·분리보관 대신(또는 함께) 전자정보를 기록한 파일에 패스워드를 설정하거나 파일을 암호화하는 방법을 생각해볼 수 있다.

그 외 보관실이나 보관고 안에 영업비밀이 기록·기재되어 있는 매체 전용 공간을 두고, 영업비밀이 기재·기록되어 있는 매체 전용 파일 등을 보관하는 방법 등이 있다.

(c) 영업비밀의 표시와 분리보관의 관계

영업비밀의 표시와 분리보관은 함께 해야 효과적이지만, 영업비밀이 기재되어 있는 모든 서면에 비밀표시를 하거나 마찬가지로 기록매체만을 분리하여 보관하는 것은 과대 부담이 되는 경우도 있다.

원래 영업비밀 관리를 위한 구체적 관리방법은 모든 조치를 취하지 않는다고 해서 바로 합리적이지 못한 비밀관리라는 것은 아닌데, 영업비밀의 표시 또는 분리보관에 있어서는 둘 중 한 가지 조치를 취하더라도 비밀로 관리되는 정보라는 것을 객관적으로 인식하기 위해서는 상당히 유효한 조치라고 할 수 있다.

나. 매체의 보관, 외부 지참, 복제 제한, 폐기

(a) 보 관

서류 또는 USB 메모리 등 정보를 기록한 매체(다운로드하여 작성한 것을 포함한다.)는 접근권한자 이외의 사람이 접근 불가능한 장소에 문을 잠그고 보관한다.

그리고 열쇠에도 간단한 것에서부터 보안 수준이 높은 것까지 다양하게 있으므로, 각 비밀 수준에 맞추어 적절한 것으로 택한다.

(b) 외부 지참 · 복제 제한

접근권한자가 매체를 외부로 가지고 나가는 것과 복제를 인정하는 경우에는, 그 점에 관하여 규칙을 설정하여 가능한 한 제한하는 것이 바람직하다. 이는 구체적으로 다음과 같은 내용을 포함한다.

- 매체를 외부로 가지고 나가는 것이나 복사, 복제를 일률 금지한다.
- 접근권한자가 매체를 외부로 가지고 나가는 것을 인정하는 경우에는 책임자의 허가가 필요하게 만든다.
- 접근권한자가 매체를 외부로 가지고 나가는 것을 인정하는 경우에는 지참 기간과 장소에 제한(자택으로 가지고 가는 것 금지 등)을 둔다.
- 접근권한자가 매체를 외부로 가지고 나가는 것을 인정하는 경우에는 열쇠가 달린 가방 등에 넣어 직접 가지고 다니면서 손에서 떨어지지 않도록 한다.
- 복사를 인정하는 경우에는 책임자 허가를 받도록 한다.

정보의 특성상 보다 높은 관리수준이 요구되는 경우에는 다음과 같은 방법이 있다.

- 이동식 기록매체나 노트북을 외부 지참하여 여기에 기록된 영업비밀을 외부로 가지고 나가야 할 경우에는 암호화기능(하드웨어에 실제로 구축하는 것이 바람직하다)이나 생체인증기능(지문인증, 홍채인증, 정맥인증 등) 등을 갖춘 이동식 기록매체나 노트북을 이용한다.
- 원격조작을 통한 데이터 소거기능을 갖춘 노트북을 이용한다.
- 기록매체에 포함된 정보 전체를 암호화하는 소프트웨어를 이용하여 암호화한다.
- 기록매체에 정보를 기록하지 말고, 외부로부터 자사 서버에 직접 접근한다(단, 사내에서의 접근 제한과 마찬가지로 인적 · 물리적 · 기술적 관리가 필요

하다.).

- 서류는 복사 위조방지용(복사 불가능한 것 또는 글씨가 생겨 부정 복사임을 나타내는 것 등이 있다.)을 사용한다.
- 전자정보를 서류에 인쇄 출력할 때에 IC 카드와 복합기를 연동시킴으로써 이용자 제한, 매수관리 등을 실시한다.
- (서버의 데이터를 클라이언트 단말에 보존하는 것을 막기 위해)컴퓨터를 동기화한다.

(c) 회수・폐기

일시적인 설명, 사용 등을 위해 배포한 종이 등은 사용 후 즉시 회수하는 것이 바람직하다.

또한 정보가 기록된 매체를 폐기할 경우는 복제기록과 송신기록 등을 보존한 뒤에 복원 불가능한 형태로 폐기하는 것이 바람직하다.

기본적으로 전문 처리업자에게 의뢰하여 용해 처분하며, 파쇄기로 서류를 폐기처리할 때, 서류에 부가되어 있는 디지털 특수문자 정보를 확인하고 폐기기한이 되었는데 폐기되지 않는 것은 없는지 확인한다.

기록매체는 소거용 소프트웨어, 자기소거 등을 통해 기록된 정보를 소거한 후 물리적으로 파괴한다.

(4) 중요연구 프로젝트 수행 시 보안 관리 요령

먼저 연구 프로젝트 계획 수립 시 참여인원을 최소화하여 연구 활동에 대한 불필요한 인원의 접근을 차단하는 것이 중요하며, 연구 프로젝트 참여자에 대해 보안서약서를 요구하고, 보안관리요령을 교육하는 한편 참여자의 퇴직 및 전직 시에 중요사항 유출방지를 위해 보안조치를 실시한다.

또한 회의 개최 시에는 회의 자료를 비밀로 생산하여 등재・관리하고 무단 복사하지 못하도록 하여야 하며 회의종료 직후 회수한다.

연구 프로젝트에 대한 시제품 제작 시에는 외부 용역업체에 설계도면・실험데이터 등 제공 후 회수 조치하고 연구 성과물 등 핵심 기술 자료는 일반문서와 분리하여 보관한다.

5. 일반적 관리

위에서 서술한 내용 외에도, 기업 내의 전체적 환경에 대하여 다음과 같은 사항을 유의할 필요가 있다. 이러한 사항에 관해서는 체크리스트 등을 작성하여 벽에 부착시키는 등, 종업원의 주의를 환기시킬 수 있는 방법을 취하도록 한다.

- 사무실 출입문·서류함 시건 여부
- 책상 위 중요서류 방치 여부
- 쓰레기통에 중요서류 무단투기 여부 등
- 이석 시 단말기 로그오프
- 프린터, 복사기, 팩스 출력물 방치 금지

제 5 장
구 현

제1절 교육 및 훈련

(1) **종업원에 대한 교육 · 연수 실시**

비밀관리의 중요성과 관리조직의 개요, 구체적인 비밀관리 규칙 등에 대하여 교육 · 연수를 실시한다.

접근권한자가 자신이 취급하는 영업비밀의 가치와 비밀 유지의 중요성에 대하여 잘 이해할 수 있도록 교육하는 것이 중요하다. 또한 영업비밀 관리에 대해 조직적인 체제를 정비하고, 구체적인 관리방법을 사내 규칙으로 지정할 경우에는 접근권한자인지 아닌지를 불문하고 이에 대해 잘 인식할 수 있도록 교육과 연수를 실시하는 것이 바람직하다.

또한 기업이 부담 가능한 인적 비용에 따라 계속적이고도 효과적인 교육 · 연수를 실시하는 것이 이상적이므로, 사전에 교육 · 연수 책임자의 설치, 교육 · 연수 내용을 결정하는 것이 바람직하다.

가. 교육 · 연수 책임자 설치

조직 내의 교육 · 연수 책임자를 사전에 정해두는 것이 좋다. 교육 · 연수 책임자는 조직에 속한 자에게 정기적인 교육을 실시할 책임을 갖고, 이를 명확하게 하기 위하여 영업비밀 관리 규정에서 교육책임을 분명히 해두는 것이 바람직하다. 또한 담당자는 영업비밀 보호관리체제 전체를 총괄하는 중요한 역할을 맡고 있으므로, 자문기관과 같은 외부 전문가에 의한 교육을 정기적으로 받도록 유도한다(연 2회 이상).

나. 교육 · 연수 내용 결정

조직형태나 업종에 따라서는 실제로 교육 · 연수를 하는 자가 꼭 교육 책임자라고는 할 수 없다.

따라서 교육 · 연수 내용을 조직 내에서 균일화하기 위해 사전에 교육 · 연수 내용을 정하고 경우에 따라 내용에 차이가 발생하지 않도록 배려하는 것이 바람직하다.

- 교육에는 다음과 같은 내용을 포함시킨다.

① 영업비밀관리의 중요성

② 당해 기업 내의 영업비밀 관리 체제

③ 당해 기업의 영업비밀 관리 규정 및 사규 해설

④ 구체적인 관리 방법

교육 · 연수 내용을 조직 내에서 균일화하기 위해 '정보관리의 중요성', '영업비밀 관리조직의 개요', '구체적인 관리방법(●●주식회사 영업비밀 관리규정 내용에 대하여)' 등, 교육 도구나 커리큘럼을 작성하는 방법도 고려할 만하다.

다. 교육 · 연수 실시

교육 횟수는 적어도 연 1회 이상, 교육 시기는 신입사원들이 대거 입사하는 3월이나 4월경으로 설정한다. 그 외에도 영업비밀에 접근하는 자에게 가능한 한 정기적으로 교육 · 연수를 실시하는 것이 바람직하며, 계층별 교육(예를 들어 신규채용자에 대한 교육, 관리직에 대한 교육) 등의 기존 정기연수와 같은 기회에 실시하는 것이 합리적인 실시방법의 하나이다.

또한 접근 권한 유무에 관계없이 영업비밀 관리에 관한 일반적인 교육 · 보급 활동을 한다. 구체적으로는 정기적으로 실시하는 조례를 할 때, 수시로 영업비밀 취급에 관한 주의를 환기시키는 방법 등이 있다.

나아가 영업비밀을 취급하는 빈도가 높은 종업원에게는 별도 관련한 법규제의 내용, 구체적인 관리 방법, 사고 발생시 방법 등도 함께 교육·연수하는 것이 바람직하다.

거래처, 협력업체에 대해서도 필요에 따라 영업비밀 관련 교육을 실시하도록 요구하는 것이 바람직하다.

(2) 관련정보 수집·제공 및 사내교육 실시

효과적으로 영업비밀의 유출을 방지하기 위해서는 기술유출방지 기본방침, 관리매뉴얼 등 필요정보를 사내 관계자들에게 제공하는 한편 사내교육을 실시해야 한다. 또한 관계자들로부터 관련정보 및 요구사항을 수시로 수집할 수 있는 장치를 마련해야 할 필요가 있다.

가. 관련정보 수집·제공 및 사내교육 강화 목적

현장 관리자들은 회사의 인재이므로 이들에게 적절한 정보를 제공하고 사내교육을 실시하는 것은 관리 메커니즘의 효율성을 향상시키는 전제조건이라고 할 수 있다. 또한 현장으로부터의 정보 및 요구사항 수집 작업은 종업원의 적극적 참여를 실현함과 동시에 관리자·현장간 커뮤니케이션을 통한 관리기능의 실효성 향상에 기여한다.

나. 관련정보 수집·제공 및 사내교육 강화를 위한 필요사항

예를 들면 아래와 같은 작업수행 후 사내교육 실시 및 향후 대책을 마련할 수 있다. 교육 및 향후대책을 실행하기 위해서는 대상정보를 어디까지 공개할 것인지를 검토해 보아야 한다. 절차적 정보는 가능한 종업원에게 공개하여야 하나 전략적 정보는 영업비밀로 엄격하게 관리해야 하므로 일반 종업원들의 정보에 대한 접근을 최대한 제한해야 한다.

다. 관련정보 수집 · 제공 및 사내교육 강화를 위한 구체적 방법

(a) 홍보활동 및 교육활동의 실시

영업비밀 유출 방지대책 보급을 위해서는 사내 홍보활동과 교육활동을 연동하여 실시하면 더욱 효과적이다.

1) 홍보활동
  - 사보 게재
  - 사내 설명회의 개최
  - 성공사례 · 실패사례집 등의 작성과 보급

2) 교육활동
  - 연수의 실시

(b) 정보수집을 위한 절차 등의 정비

종업원들로부터 영업비밀 유출방지 관련정보, 요구사항을 접수받아 이를 문서화하여 공유하는 한편 구체적 대처방안을 구축하여야 한다. 필요에 따라 절차상 관계자와의 대화를 통해 문제 해결책을 검토하는 기회를 포함하는 것도 좋은 방법이다.

또한 대리점 등의 비즈니스 파트너, 컨설팅사 등 외부로부터 정보를 수집 · 활용하는 방법도 검토해보아야 한다.

제2절 기타 제도

1. 정부 주도의 제도 현황

영업비밀의 보호에 관하여, 정부가 주도하는 다음과 같은 사업을 참고로 할 수 있다.

가. 특허청

- 부정경쟁방지 및 영업비밀보호사업 위탁기간 지정(2010. 1)
- 한국특허정보원의 영업비밀 원본증명 서비스
- 한국지식재산보호협회의 영업비밀보호 기반조성 사업(2011년부터 실시)
  현재 매뉴얼 및 팜플렛 제작단계(2011년 말 완성예정)
  기업대상 무상 교육 실시 중

나. 중소기업청

- 대 · 중소기업 협력재단
  기술자료 임치제도
- 기술보호 상담센터
  보안컨설턴트 양성사업, 보안시스템 구축 지원사업(ISO27001 반영)
- 중소기업연수원
  임직원을 위한 내부정보 유출 방지 교육

다. 저작권위원회

- 프로그램 임치제도

라. 한국인터넷진흥원

- ISO27001 인증기관
- 정보보안 인력양성(인터넷 중심)
- SIS(정보보안 자격증)

마. 한국산업기술보호협회

- 산업보안관리사 자격시험 실시기관(2010년부터 실시)
- 중소기업 정보보안 종합관제센터 구축 사업
  (2011. 6 완성, 9월까지 시범실시)

바. 한국과학종합대학원

- 산업보안전문가 양성과정

2. 민간 주도의 제도 현황

영업비밀의 보호에 관하여, 다음과 같은 민간의 서비스를 이용할 수 있다.

가. 법률사무소, 특허사무소

- 침해사건 소송
- 기업시스템 구축 자문

나. 민간단체

- 한국산업기술 진흥협회

3. 영업비밀 관리와 정보관리에 관한 국제규격(매니지먼트 규격), 개인정보보호 등과의 관계

현재 기업의 조직에서 정보관리를 하기 위한 적절한 방법(정보 시큐리티 매니지먼트 시스템(ISMS))을 구축할 때, 국제규격으로 ISO/IEC27001:2005가 있다.

여기에 기초한 제3자 인증제도로 한국 인터넷 진흥원이 운용하는 정보 보안 인증제도가 사실상 국내 표준으로서 우위를 점하고 있다. 이 제도는 지금까지 서술한 영업비밀을 적절하게 관리하기 위한 구체적인 방법을 동 제도에서 정한 내용에 넣음으로써, 영업비밀의 요건인 비밀관리성이 인정되는 가능성을 매우 높이며, 정보 유출 위험을 상당히 떨어뜨릴 수 있는 것으로 참고할 만하다.

또한 개인정보 보호에 관한 법률에 의해 개인정보취급 기업은, 그 취급 고객정보 등 개인정보에 대하여 엄격하게 관리해야 한다. 영업활동상 유익한 고객 명부는 이러한 엄격한 관리를 통해 비밀관리성을 충족시킴으로써 영업비밀로 인정받을 수 있으므로, 개인정보보호법의 각종 가이드라인과의 정합성을 유지하여 비밀관리를 하는 것이 중요하다.

이렇게 기업이 보유한 정보 관리에 관해서는 유출방지와 취급에 관한 법령 준수 등, 법령상 위치의 차이에 맞춘 목적 등을 바탕으로 각종 가이드라인과 지침이 책정·공표되고 있으므로, 기업은 이에 대한 대응책과 정합성을 갖고 영업비밀을 관리하여, 통일된 관리체제를 구축하도록 한다. 정보 종류별로 새로운 관리체제를 구축하지 않아도 조직적으로 관리할 수 있게 되므로, 결과적으로 관리 비용을 절감할 수 있다.

제6장
사후관리

제1절 점 검

정기 또는 불시 점검 시, 다음과 같은 사항을 확인할 필요가 있다.

가. 정보처리 설비의 운영절차

- 컴퓨터의 가동과 종료절차
- 백업절차
- 유지보수 절차
- 예상치 못한 운영상 또는 기술적 어려움이 발생했을 때 지원연락처
- 비밀정보를 포함한 출력물의 관리 및 폐기 절차
- 시스템 오작동 시 시스템의 재시작 및 복구 절차

나. 네트워크와 서버 및 DB현황에 대한 보안점검사항

(a) 네트워크 보안점검

- 방화벽에 관리자 이외의 계정이 있는지 확인
- 침입탐지시스템(IDS, IPS 등)에 관리자 이외의 계정이 있는지 확인
- 운용기록(log)에 대한 관리 및 유지여부

• 소프트웨어, 하드웨어의 변경사항 관리여부 등

(b) 서버 및 DB현황

• 시스템 로그 분석
• 최근 3개월 전까지의 시스템 로그가 보관되어 있는지 확인
• 로그파일의 백업여부 확인
• 시스템 취약성에 대한 점검이 주기적으로 이루어졌는지 여부 확인
• 패스워드 변경 및 접근권한 확인 등

제2절 위험 발생 시

가. 대응절차

위험 발생 시의 대응 절차는 다음과 같은 내용을 포함한다.

• 비상 시 따라야 할 절차와 관련자의 책임규정
• 유관기관과의 연락체제 구성여부
• 제한된 시간 내에 필수업무 및 지원서비스를 대체장소로 이전하여 운영하기 위한 절차
• 정상적인 사업활동으로 복귀하기 위한 원상복귀 절차
• 위기관리를 포함한 비상절차 및 프로세스에 대한 임직원 교육
• 외부로부터의 불법적인 침입이 의심되거나 탐지되는 경우 아래 기관에 지원을 요청해야 함
• 작은 기업의 경우 전문업체를 활용하여 유지, 보수 및 점검하는 것이 효율적임

나. 영업비밀 침해에 대비한 증거확보에 관한 관리

영업비밀을 관리하는 방법으로 정보 자체의 물리적·기술적 관리, 취급인 관리 등에 대해 제시했는데, 아무리 엄중한 관리방법을 실시한 경우라고 하더

라도 영업비밀이 유출될 위험을 완전히 없앨 수는 없다.

또한 영업비밀이 실제로 유출된 경우는 그 유출 경로를 명확히 밝혀내 침해자에게 책임 추궁을 하기 위한 증거를 확보할 필요가 있다(책임추궁을 재판 절차에서 할 경우에는 그 침해사실을 입증하기 위해 적절한 증거가 필요하다.).

따라서 영업비밀이 실제로 유출될 경우에 대비하여 증거확보를 위한 조치를 강구해야 한다. 또한 이러한 조치를 강구하는 것은 의도적으로 영업비밀을 침해하고자 하는 자에게 부정행위를 단념하게 하는 효과를 기대할 수도 있다.

구체적으로는 다음과 같은 내용이 고려될 수 있다.

• 영업비밀이 기재・기록되어 있는 서면, 기록매체를 열람이나 복제, 외부 지참한 자를 대장에 기록한다.
• 영업비밀을 취급하는 종업원의 컴퓨터 이용 상황과 통신 기록을 보존한다.
• (종업원이 재직 중에 영업비밀을 부정하게 사용・공개한 경우, 영업비밀의 유출이 발각되기까지 시간이 걸릴 경우가 있기 때문에)영업비밀을 취급한 종업원이 퇴직한 경우에는 그가 사용했던 컴퓨터 데이터를 일정기간 보존한다.
• 영업비밀을 관리하는 시설의 입퇴실 기록을 작성한다.
• (부정하게 외부로 가지고 나가는 것을 감시・기록하기 위한)영업비밀을 보관하는 시설에 감시 카메라를 설치하고 기록한다.
• 영업비밀이 기재・기록되어 있는 서면・기록매체 등에 대해 미리 디지털 특수문자 정보(비밀표시, 관리자 정보 등)를 부가한다.

제3절 개 선

조직 최고책임자가 정보수집의 결과, 점검결과 등을 기반으로 점검결과를 기본방침 및 매뉴얼 등에 반영하는 것이 바람직하다.

가. 조직 최고책임자에 의한 수정작업 목적

조직의 최고책임자가 직접 follow up성과를 평가함으로써 follow up결과를 적절하게 기본방침에 피드백할 수 있기 때문에 회사 전체적으로 통일되고 지속적인 의도하지 않은 기술유출 방지대책 강화에 기여할 수 있다.

나. 조직 최고책임자의 수정작업 실시를 위한 필요사항

아래와 같은 작업들을 통해 방침의 수정 및 실행해야 한다.

① 정기점검 결과 등을 조직 최고책임자에게 보고하는 방안 검토

② 리뷰를 통한 문제점 추출방법 검토

③ 리뷰 결과의 기본방침에 대한 반영방법 검토

다. 조직 최고책임자에 의한 수정작업의 구체적 사례

(a) 리뷰

- 정기점검 결과를 기반으로 최고책임자가 리뷰를 실시해야 한다.
- 해당 리뷰에는 다음과 같은 내용들도 포함될 수 있다.
- 리뷰 결과 도출된 문제점에 대한 분석 및 해결방법을 검토한다.
- 기술전략 및 경영전략상 효율성 여부를 검토하고 기술유출 방지대책 전반에 대한 유효성을 평가한다.

(b) 기본방침 등의 수정

- 리뷰 결과를 토대로 조직 최고책임자가 정기적으로 기술유출방지 기본방침, 조직체제 및 관리매뉴얼을 수정한다.

제 7 장

선의자 특례 적용을 위한 수단

앞에서는 주로 기업이 자사의 영업비밀을 보호하기 위하여 취하는 수단 즉 영업비밀을 비밀로 관리하는 수단에 관하여 서술하였다.

한편 기업이 타사의 영업비밀을 구입하려 하거나 기업의 임직원이 전직하려 할 경우, 영업비밀의 침해행위에 해당되지 않도록 자신을 보호하는 수단에 대해서 살펴보면 다음과 같다.

먼저, 영업비밀의 침해행위에 관한 민사적 또는 형사적 처벌은 영업비밀 침해행위 시의 악의 또는 중과실을 요건으로 하므로, 기업이나 임직원은 영업비밀 침해행위 시의 선의 또는 경과실을 입증할 수 있는 준비를 해 두는 것이 좋다.

예를 들어 전직하려고 하는 임직원은 현재의 직장에서 알게 된 지식을 다음 직장에서 사용할 가능성이 있는 경우, ① 그 정보가 자신에게 귀속하는 정보라는 것, ② 당해 정보가 영업비밀의 3요건을 만족시키지 않는 것, ③ 그 사용이 영업비밀 보호의무 위반이나 기업의 이익을 침해하려는 목적이 아니라는 것을 입증할 수 있는 사실을 수집해 두는 것이 좋다.

이와 같은 예방적 입증의 방법 중의 하나가 페이퍼 트레일이나 클린 룸이다. 본래 저작물의 독자적 창작을 미리 입증해 두기 위해서 고안된 방법들이나, 영업비밀에 있어서도 충분히 활용 가능하다.

페이퍼 트레일이란 자신의 행동을 기록한 문서의 연속체를 말하는 것으로, 엔지니어라면 개발노트, 영업사원이라면 영업일지 등이 있으나, 나중에 고쳤다는 오해를 받지 않도록 잉크를 사용하는 필기구를 이용하는 것이 좋다. 핵심이 되는 정보는 공증을 받는 것도 한 방법이나, 최소한 자신에게 등기 우편으로 발송한 후 개봉하지 않는 등, 그 시점에 자신이 소유하고 있었다는 것을 입증하는 수단을 강구하는 것이 좋다.

클린 룸이란 개발 엔지니어 등으로부터 문제가 될 만한 타사의 영업비밀에 접근한 적이 없다는 내용의 서약서를 받은 후 개발에 참가시켜, 개발중에도 그러한 영업비밀에 접근하지 않았다는 것을 위 페이퍼 트레일로 입증하도록 하는 방법을 말한다. 지식집약적인 프로젝트 단위의 사업을 주로 하는 기업에서 널리 활용할 수 있는 방법이다.

제 8 장

관련 서식

[별지 제1호 서식]

영업비밀 보호관리체제 구축 신청서

<table>
<tr><td colspan="3">기 업 명</td><td>(법인, 개인)</td><td>대표자명</td><td></td></tr>
<tr><td colspan="3">사업자등록번호</td><td></td><td rowspan="2">대표자
E-mail</td><td rowspan="2"></td></tr>
<tr><td colspan="3">법인등록번호</td><td></td></tr>
<tr><td rowspan="3">기업
현황</td><td colspan="2">설립일</td><td colspan="3"></td></tr>
<tr><td colspan="2">업 종</td><td></td><td>업 태</td><td></td></tr>
<tr><td colspan="2">주요사업</td><td colspan="3">1.
2.
3.</td></tr>
<tr><td rowspan="4">소
재
지</td><td rowspan="2">본
사</td><td colspan="2" rowspan="2">우(　 -　)</td><td>전 화</td><td></td></tr>
<tr><td>FAX</td><td></td></tr>
<tr><td rowspan="2">공
장</td><td colspan="2" rowspan="2">우(　 -　)</td><td>전 화</td><td></td></tr>
<tr><td>FAX</td><td></td></tr>
<tr><td colspan="2">종 업 원</td><td>총 :　　 명(임원 :　 명)</td><td>구축희망지</td><td colspan="2">□ 본사, □ 공장, □ 기타(　)</td></tr>
<tr><td colspan="2" rowspan="2">담 당 자</td><td>성 명</td><td></td><td>부서/직위</td><td>/</td></tr>
<tr><td>연 락 처</td><td></td><td>E-mail</td><td></td></tr>
<tr><td colspan="3">영업비밀 관련
요청 사항</td><td colspan="3">예) 영업비밀을 관리하는 시스템의 전체상을 파악하지 못하고 있다. 거래처 및 협력업체 등의 외부자가 영업비밀을 누출할 위험을 느낀다.</td></tr>
<tr><td colspan="6">본사는 위와 같이 영업비밀 보호관리체제의 구축을 신청합니다.

20　 년　 월　 일

대표이사　　　　　 (인)

________________귀하</td></tr>
</table>

[별지 제2호 서식]

영업비밀보호 서약서 (자문업체용)

본인은 ______________의 일원으로서 ________주식회사(이하 '귀사')의 영업비밀 보호관리체제의 구축 업무를 수행하게 되었으며 이에 아래와 같은 사항을 준수할 것을 서약합니다.

1. 본인은 귀사의 공연히 알려져 있지 아니하고 독립된 경제적 가치를 가지는 것으로서, 상당한 노력에 의하여 비밀로 유지된 회사의 개발, 생산, 판매방법 및 기타 영업활동에 유용한 기술상 또는 경영상의 정보(이하 '영업비밀') 보호관리 업무를 수행하면서 귀사의 각종 규정을 철저히 준수하며 이에 대해 책임을 지겠습니다.

2. 본인은 귀사의 사전 서면동의가 있거나 영업비밀보호관련 규정에 의해 허용된 경우, 지정된 업무에 사용하는 경우를 제외하고는 어떠한 사유로도 영업비밀을 사적 목적으로 사용하거나 제3자에게 누설 또는 공개하지 않겠습니다.

3. 본인은 제3자가 소유하는 영업비밀을 당해 제3자의 사전 서면동의 없이 업무에 사용하는 등 제3자의 영업비밀과 관련하여 귀사에 민·형사상 책임이 발생할 가능성이 있는 행위를 일절 하지 않겠습니다.

4. 본인은 귀사의 동종 또는 유사업체의 임직원을 겸직하거나 자문하는 등 귀사의 영업비밀이 누설될 수 있는 행위를 하지 않겠으며, 이와 같은 상황이 발생할 경우 귀사와 협의하겠습니다.

5. 본인은 업무 종료 후에도 업무 수행 중 지득한 영업비밀을 귀사의 사전 동의 없이 어떠한 방법으로도 제3자에게 누설하거나 공개하지 않겠습니다.

6. 본인은 업무 수행 중 또는 업무 종료 이후에도 귀사가 본인의 담당업무와 관련한 권리의 법적 조치를 취할 경우 귀사에 적극 협조하겠습니다.

본인은 상기 사항을 성실히 준수할 것이며, 만약 위의 서약 사항을 위반하여 귀사에 손해를 입힌 경우에는 부정경쟁방지 및 영업비밀보호에 관한 법률 및 사규에 따른 조치를 감수할 것은 물론, 회사에 대한 손해배상과 모든 민·형사상의 책임을 질 것을 서약합니다.

20 년 월 일

상기 내용을 확인하고 서명함.

소 속 :
주민등록번호 : -
성 명 : (서명)

__________주식회사 귀중

[별지 제3호 서식]

영업비밀 보호관리체제 평가표

항목		조항	내용	실시여부	실시 중일 경우 구체적인 내용
관리책임체제					
구분 및 표시					
취급					
생성과 취득					
교육 및 훈련					
사후관리					
내부자	입사시				
	재직시				
	퇴사시				
외부자	거래처				
	협력업체				
통제구역설정					
컴퓨터 관리					
통신 보안					
서류 등 기록매체 관리					
일반적 관리					
합 계			기실시항목 건	미실시항목 건	

조사일 : 20 년 월 일

[별지 제4호 서식]

체크리스트 (요약)

회사명:			담당자:	
분 류	**항 목**	**조 항**	**체크리스트**	**체 크**
제도적 장치	관리책임체제			
	구분 및 표시			
	취급			
	생성과 취득			
	교육 및 훈련			
	사후관리			
인적 관리	내부자 입사시			
	내부자 재직시			
	내부자 퇴사시			
	외부자 거래처			
	외부자 협력업체			
물리적 조치	통제구역설정			
	컴퓨터 관리			
	통신 보안			
	서류 등 기록매체 관리			
	일반적 관리			
합 계			필수개선항목 건	권고개선항목 건

[별지 제5호 서식]

영업비밀 보호관리체제 평가 결과

<table>
<tr><th colspan="2">항 목</th><th>조 항</th><th>총배점</th><th>항목배점</th><th>평가점수</th><th>백분율</th></tr>
<tr><td colspan="2">관리책임체제</td><td></td><td rowspan="6"></td><td></td><td></td><td></td></tr>
<tr><td colspan="2">구분 및 표시</td><td></td><td></td><td></td><td></td></tr>
<tr><td colspan="2">취급</td><td></td><td></td><td></td><td></td></tr>
<tr><td colspan="2">생성과 취득</td><td></td><td></td><td></td><td></td></tr>
<tr><td colspan="2">교육 및 훈련</td><td></td><td></td><td></td><td></td></tr>
<tr><td colspan="2">사후관리</td><td></td><td></td><td></td><td></td></tr>
<tr><td colspan="3">소 계</td><td></td><td></td><td></td><td></td></tr>
<tr><td rowspan="3">내부자</td><td>입사시</td><td rowspan="3"></td><td rowspan="5"></td><td></td><td></td><td></td></tr>
<tr><td>재직시</td><td></td><td></td><td></td></tr>
<tr><td>퇴사시</td><td></td><td></td><td></td></tr>
<tr><td rowspan="2">외부자</td><td>거래처</td><td rowspan="2"></td><td></td><td></td><td></td></tr>
<tr><td>협력업체</td><td></td><td></td><td></td></tr>
<tr><td colspan="3">소 계</td><td></td><td></td><td></td><td></td></tr>
<tr><td colspan="2">통제구역설정</td><td></td><td rowspan="5"></td><td></td><td></td><td></td></tr>
<tr><td colspan="2">컴퓨터 관리</td><td></td><td></td><td></td><td></td></tr>
<tr><td colspan="2">통신 보안</td><td></td><td></td><td></td><td></td></tr>
<tr><td colspan="2">서류 등 기록매체 관리</td><td></td><td></td><td></td><td></td></tr>
<tr><td colspan="2">일반적 관리</td><td></td><td></td><td></td><td></td></tr>
<tr><td colspan="3">소 계</td><td></td><td></td><td></td><td></td></tr>
<tr><td colspan="3">합 계</td><td></td><td></td><td></td><td></td></tr>
</table>

[별지 제6호 서식]

영업비밀 보호관리체제 개선사항

개선이 필요한 항목	필수개선항목 건	권고개선항목 건
개선사항요약		

개선항목*	개선 사항	해당부서

* 개선항목 : 필수개선항목, 권고개선항목으로 기재

20 년 월 일

담당자 (인)

[별지 제7호 서식]

개선사항 조치확인서

개선항목	개선 사항	조치 내용	확인결과

작성자	(인)	작성일자	
조치결과확인	확인자 (인)	확인일자	

[별지 제8호 서식]

영업비밀 일람서

No.	분류번호	구분*	영업비밀명	자산유형	위치	소유자	관리자	비고
1								
2								
3								
4								
5								
6								
7								
8								
9								
10								
11								
12								
13								
14								
15								
16								
17								
18								
19								
20								

* 구분 : 극비, 비밀, 사외비로 기재

20 년 월 일

담당자 (인)

[별지 제9호 서식]

업무별 영업비밀 목록

항 목		보유 비밀	보유 형태
생산	연구개발, 설계, 기술		
	제조		
판매 (영업)			
기타 활동 (경영, 재무, 인사, 정보시스템 등)			

조사일 : 20 년 월 일

담당자 (인)

[별지 제10호 서식]

극 비 (極 秘) Strictly Confidential Until: 년 월 일 까지

비 밀 (秘 密) Confidential Until: 년 월 일 까지

사외비 (社外秘) Until: 년 월 일 까지

(1cm ×5cm)

관리 번호	

(1.5cm ×3cm)

[별지 제11호 서식]

취업규칙 삽입 조항

제○조(영업비밀 보호의무) 사원은 회사가 보유 또는 보유할 정보로서 공연히 알려져 있지 아니하고 독립된 경제적 가치를 가지는 것으로, 상당한 노력에 의하여 비밀로 유지된 생산방법·판매방법 기타 영업활동에 유용한 기술상 또는 경영상의 정보 (이하 '영업비밀'이라 한다)를 재직 중 뿐만 아니라 퇴직 후에도 회사의 사전승인 없이 유출·공개 또는 사용할 수 없다.

제○조(경업금지) 사원은 재직 중 및 퇴직 후 1년간은 영업비밀에 관한 동종의 경쟁업체에 취업하거나 동종의 사업체를 창업할 수 없다.

제○조(영업비밀의 창출 및 귀속) 사원이 직무와 관련하여 연구·개발한 영업비밀은 회사에 귀속하며, 회사는 영업비밀의 가치에 따라 정당한 보상을 지급할 수 있다. 다만, 사원이 자신이 일반적 지식, 경험, 기술에 근거하여 창출한 영업비밀에 대해서는 특별한 약정이 있을 경우 그 약정에 따르고, 약정이 없을 경우 당해 사원의 귀속으로 한다.

제○조(구제조치 및 징계) 사원이 제○조에 위반하여 회사의 영업비밀을 사전승인 없이 유출·공개 또는 사용한 경우 회사는 관계법령에 의한 필요한 구제조치를 취하여야 한다. 당해 사원은 구제조치에 의해 부담하는 민·형사 책임과는 별도로 사규에 의한 징계를 받을 수 있다.

[별지 제12호 서식]

취 업 규 칙

제1장 총 칙

제1조(목적) 이 규칙은 근로기준법에 의거하여 주식회사 ___________(이하 '회사'라 한다)에 근무하는 사원의 취업조건과 복무규율을 정하여 직장의 질서를 유지하고 각자의 책임을 완수케 함으로써 업무수행과 능률을 향상하고 사원의 복리증진을 도모함을 목적으로 한다.

제2조(정의) 이 규칙에서 사용되는 용어의 정의는 다음과 같다.

1. '사원'이라 함은 회사에 상시 근무하는 자로서 이 규칙 제2장에 의하여 채용된 자를 말한다.
2. '상사'라 함은 업무수행상 직접 또는 간접으로 자기를 지휘, 감독하는 권한을 가진 자를 말한다.

제3조(적용범위) 사원의 취업조건에 관하여는 다른 규정에 특별히 정한 것이 없으면 이 규칙에 의한다.

제4조(준용) 이 규칙에서 정하지 않은 세부사항은 근로기준법 및 단체협약 또는 회사의 다른 규정이 정하는 바를 준용한다.

제2장 인 사

제1절 채 용

제5조(채용) ① 회사는 사원이 되려고 하는 자를 공개모집을 통하여 선발시험 또는 전형에 합격한 자를 채용한다.

② 회사는 사원이 연령, 학력, 자격 등 주요 인적 사항 및 이력 사항을 허위로 기재 또는 은폐하여 채용되었을 때에는 채용을 취소할 수 있다.

제6조(수습) ① 사원으로 신규 채용한 자에 대하여는 소정의 수습기간을 둘 수 있다.
그러나 경력사원의 경우 수습기간을 단축 또는 면제할 수 있다.
② 수습기간 중 사원으로서 그 성적이 불량하거나 근무수행능력이 없다고 인정된 자에 대하여는 임용을 취소할 수 있다.
③ 수습기간은 근속연수에 산입한다.
④ 수습기간 중 사원의 급여는 별도의 급여규정에 따른다.

제7조(제출서류) 사원으로 채용된 자는 다음 각 호의 서류를 제출하여야 한다.
1. 입사원서(소정양식)
2. 이력서
3. 신상조서(회사에서 지정한 것)
4. 기타 회사에서 요구하는 서류

제 2 절 인사이동

제8조(이동) ① 회사는 업무사정에 따라 사원에 대하여 전직, 전출, 파견근무 등을 명할 수 있다.
② 전항의 전근명령을 받은 사원은 명령을 받은 날로부터 5일 이내에 부임하여야 하며 부득이한 사유가 없는 한 거부할 수 없다.

제 3 절 휴직 및 복직

제9조(휴직) ① 회사는 다음 각 호의 어느 하나에 해당하는 사유로 사원이 휴직원을 제출하는 경우에는 휴직을 승인할 수 있다. 이 경우 제3호의 휴직 외에는 무급을 원칙으로 한다.
1. 업무 외 질병, 부상, 가사 등으로 직무수행이 어렵다고 인정되는 경우 : 필요하다고 인정되는 기간
2. 병역법, 기타 법령에 의해 징집 및 소집되었을 때 : 징집 및 소집기간

3. 연수, 직무 등의 사유로 회사가 휴직이 필요하다고 하는 경우 필요하다고 인정되는 기간

② 휴직자는 휴직기간 중 거주지의 변동 등의 사유가 있을 때에는 회사에 즉시 그 사실을 알려야 한다.

第10조(복직) ① 사원은 휴직사유가 소멸되었을 때에는 지체없이, 휴직기간이 만료된 때에는 그 만료일 7일전까지 복직원을 제출하여야 한다.

② 사원은 부득이한 사유가 있는 경우 승인을 얻어 휴직기간을 연장할 수 있다.

③ 회사는 휴직중인 사원으로부터 복직원을 제출 받은 경우에는 최대한 빠른 시일 내에 휴직 전의 직무에 복직시키도록 노력하되, 부득이한 경우에는 그와 유사한 업무나 동등한 수준의 급여가 지급되는 직무로 복귀시키도록 노력한다.

第11조(근속기간의 계산) 휴직기간은 근속기간에 산입한다. 다만, 병역법에 의한 군복무기간은 퇴직금 산정을 위한 계속 근로연수에서 제외한다.

제4절 퇴직 및 해고

第12조(퇴직 및 퇴직일) ① 회사는 사원이 다음 각 호에 해당할 때에는 사원을 퇴직시킬 수 있다.

1. 본인이 퇴직을 원하는 경우
2. 사망하였을 경우
3. 정년에 도달하였을 경우
4. 근로계약기간이 만료된 경우
5. 해고가 결정된 경우

② 제1항에 의한 퇴직의 퇴직일은 다음 각 호와 같다.

1. 사원이 퇴직일자를 명시한 사직원을 제출하여 수리되었을 경우, 그 날.
2. 사원이 퇴직일자를 명시하지 아니하고 사직원을 제출하였을 경우 이를 수리한 날. 단, 회사는 업무의 인수인계를 위하여 사직원을 제출한 날로부터 30일을 넘지 않는 범위 내에서 퇴직일자를 지정하여 수리할 수 있다.

3. 사망한 날
4. 정년에 도달한 날
5. 근로계약기간이 만료된 날
6. 해고가 결정·통보된 경우 해고일

제13조(해고) 사원이 다음 각 호에 해당할 경우에는 해고할 수 있다.
1. 금치산, 한정치산 선고를 받은 경우
2. 금고 이상의 형이 확정된 경우
3. 신체 또는 정신상 장애로 직무를 감당할 수 없다고 인정되는 경우(의사의 소견이 있는 경우에 한함)
4. 휴직자로서 정당한 사유 없이 휴직기간 만료일 후 7일이 경과할 때까지 복직원을 제출하지 않은 경우
5. 징계위원회에서 해고가 결정된 경우
6. 기타 이에 준하는 경우

제14조(해고의 제한) ① 사원이 업무상 부상 또는 질병의 요양을 위하여 휴업한 기간과 그 후 30일 동안은 해고하지 아니한다. 다만, 근로기준법 제84조에 따라 일시 보상을 하였을 경우에는 해고할 수 있다.
② 산전(産前)·산후(産後)의 여성 사원이 근로기준법에 따라 휴업한 기간과 그 후 30일 동안은 해고하지 아니한다.
③ 제1항 본문 및 제2항에도 불구하고 사업을 계속할 수 없게 된 경우에는 해당사원을 해고할 수 있다.

제15조(해고의 통지) ① 회사는 사원을 해고하는 경우에는 서면으로 그 사유 및 날짜를 기재하여 통지한다.
② 회사는 제1항에 따라 해고를 통지하는 경우 해고일로부터 적어도 30일 전에 해고예고를 하거나, 30일 전에 해고예고를 하지 아니하였을 때에는 30일분의 통상임금을 지급한다.

제16조(예고해고의 예외) 다음 각 호의 사원에게는 해고예고를 하지 아니한다.
1. 일용 사원으로서 3개월을 계속 근무하지 아니한 자
2. 2개월 이내의 기간을 정하여 사용된 자

3. 월급제 사원으로서 6개월이 되지 아니한 자
4. 계절적 업무에 6개월 이내의 기간을 정하여 사용된 자
5. 수습기간 중인 자(3개월 이내)
6. 사원이 고의로 사업에 막대한 지장을 초래하거나 재산상 손해를 끼친 경우로서 노동부령이 정하는 사유에 해당하는 자

第17조(정년) 정년은 ( )세에 도달한 날로 한다.

第18조(퇴직금) 사원으로서 만 1년 이상 근무하고 퇴직하는 자에 대하여는 따로 정하는 급여규정에 따라 퇴직금을 지급한다.

제 3 장 복 무

第19조(복무의무) 사원은 다음 각 호의 사항을 준수하여야 한다.

1. 사원은 맡은 바 직무를 충실히 수행하여야 한다.
2. 사원은 직무상 지득한 비밀을 엄수하고 회사기밀을 누설해서는 아니 된다.
3. 사원은 회사의 제반 규정을 준수하고 상사의 정당한 직무상 지시에 따라야 한다.
4. 사원은 사원으로서 품위를 손상하거나 회사의 명예를 실추시키는 행위를 하여서는 아니 된다.
5. 사원은 그 밖에 위의 각 호에 준하는 행위를 하여서는 아니 된다.

第20조(출근, 결근) ① 사원은 업무시작 시각 전까지 출근하여 업무에 임할 준비를 하여 정상적인 업무수행에 차질이 없도록 하여야 한다.

② 질병이나 그 밖의 부득이한 사유로 결근하고자 하는 경우에는 사전에 소속부서의 장의 승인을 받아야 한다. 다만, 불가피한 사유로 사전에 승인을 받을 수 없는 경우에는 결근 당일에라도 그 사유를 명확히 하여 사후 승인을 받아야 하며 정당한 이유 없이 이러한 절차를 이행하지 아니한 경우 무단결근을 한 것으로 본다.

제21조(지각 · 조퇴 및 외출) ① 사원은 질병 그 밖의 부득이한 사유로 지각하게 되는 경우에는 사전에 부서의 장 또는 직근 상급자에게 알려야 하며, 부득이한 사정으로 사전에 알릴 수 없는 경우에는 사후에라도 지체 없이 이 사실을 알려야 한다.
② 사원은 근로시간 중에 사적으로 근무 장소를 이탈할 수 없다. 다만, 질병이나 그 밖의 부득이한 사유로 인하여 조퇴 또는 외출하고자 할 경우에는 소속부서의 장의 승인을 받아야 한다.
③ 사원이 지각 · 조퇴 및 외출한 시간은 무급으로 처리함을 원칙으로 하며, 사원이 동의할 경우 누계 8시간을 연가 1일을 사용한 것으로 할 수 있다.

제22조(공민권행사) ① 회사는 사원이 근무시간 중 선거권 그 밖의 공민권을 행사하거나 공(公)의 직무를 수행하기 위하여 청구할 경우에는 필요한 시간을 부여한다.
② 회사는 제1항의 권리 행사나 공(公)의 직무를 수행하는데 지장이 없는 범위 내에서 사원이 청구한 시간을 변경할 수 있다.

제23조(출장) ① 회사는 업무수행을 위하여 필요한 경우 사원에게 출장을 명할 수 있다.
② 회사는 행선지별 여비, 숙박비, 현지교통비 등 실비에 충당될 수 있는 비용을 지급한다.

제 4 장 근로조건

제 1 절 근로시간

제24조(근무시간) ① 사원의 통상 근무시간은 1일 8시간(휴게시간 제외)을 원칙으로 하며 1주간의 근무일은 월요일부터 금요일까지 5일로 한다. 다만 계절, 직무내용 기타 업무상의 사정으로 인하여 법정근무시간 한도 내에서 이를 조정할 수 있다.
② 회사는 업무상 필요한 경우에는 사원에게 교대근무를 명할 수 있다.
③ 시업 및 종업시각은 통상근무, 교대근무별로 따로 정한다.

제25조(휴게시간) 휴게시간은 근무시간 중 1시간(단, 토요일은 제외)을 업무사정에 따라 일괄 또는 분할하여 부여한다. 다만, 1회 휴게시간은 10분 이상 이어야 한다.

제26조(휴게시간의 이용) 휴게시간은 회사의 질서와 규율을 문란케 하지 않는 한도 내에서 자유로이 이용할 수 있다.

제27조(출장 기타 사업소외에서의 소정시간외 근무) 출장지 기타 사업소외에서의 소정시간외 근무는 소속장, 출장지의 사업소장 또는 이에 준하는 작업지시자의 별단의 지시가 없는 한 통상근무로 한다.

제28조(연장・야간 및 휴일근로) ① 연장근로는 1주간 12시간을 한도로 사원의 동의하에 실시할 수 있다.

② 연장・야간 및 휴일근로에 대하여는 통상임금의 50%를 가산하여 지급한다.

③ 회사는 사원의 대표와 서면 합의하여 연장・야간 및 휴일근로에 대하여 임금을 지급하는 것을 대신하여 휴가를 줄 수 있다.

제29조(야간 및 휴일근로의 제한) ① 18세 이상의 여성 사원을 오후 10시부터 오전 6시까지 근로하게 하거나 휴일에 근로를 시킬 경우 당해 사원의 동의를 얻어 실시한다.

② 임산부와 18세 미만인 사원에 대하여는 오후 10시부터 오전 6시까지의 시간 및 휴일에 근로를 시키지 않는 것을 원칙으로 한다. 다만, 다음 각 호의 어느 하나에 해당하는 경우에는 그 시행 여부와 방법 등에 관하여 사원의 대표와 성실히 협의한 후 고용노동부장관의 인가를 받아 야간 및 휴일근로를 실시할 수 있다.

1. 18세미만자의 동의가 있는 경우
2. 산후 1년이 지나지 아니한 여성의 동의가 있는 경우
3. 임신 중의 여성이 명시적으로 청구하는 경우

제30조(근로시간 및 휴게・휴일의 적용제외) ① 다음 각 호의 하나에 해당하는 사원에 대하여는 1주 40시간, 1일 8시간을 초과하여 연장근로하거나 근로자의 날을 제외한 휴일에 근로하더라도 연장근로수당 및 휴일근로수당을

지급하지 않는다.

1. 감시·단속적 업무로서 노동부장관의 승인을 받은 경우
2. 관리·감독 업무에 종사하는 경우

② 제1항에 해당하는 사원이 야간에 근로한 경우 야간근로수당을 지급한다.

제2절 휴일 및 휴가

제31조(유급휴일) ① 1주 동안 소정근로일을 개근한 사원에 대하여는 일요일을 유급 주휴일로 부여한다. 다만, 업무의 특수성을 고려하여 부서별로 유급 주휴일을 다른 요일로 조정하여 실시할 수 있다.

② 근로자의 날(5월 1일)은 유급휴일로 한다.

③ 회사는 사원의 동의를 얻어 제1항의 유급휴일을 다른 날로 대체할 수 있다.

제32조(연차휴가) ① 1년간 8할 이상 출근한 사원에게는 15일의 유급휴가를 준다.

② 3년 이상 근속한 사원에 대하여는 제1항 규정에 의한 휴가에 최초 1년을 초과하는 계속 근로연수 매 2년에 대하여 1일을 가산한 유급휴가를 주며, 가산휴가를 포함한 총 휴가일수는 25일을 한도로 한다.

③ 계속근로연수가 1년 미만인 사원에 대하여는 1월간 개근시 1일의 유급휴가를 준다. 다만, 최초 1년이 되었을 때는 그간에 사용한 연차휴가 일수를 15일에서 제외하고 나머지 일수를 준다.

제33조(연차휴가의 사용) ① 사원이 연차유급휴가를 사용하고자 할 경우에는 부득이한 사유가 없는 한 적어도 (　　)일 전에 소속부서의 장에게 승인을 얻어야 한다.

② 회사는 사원의 연차유급휴가 사용으로 인해 업무에 차질이 예상되는 경우 그 시기를 변경할 수 있다.

③ 사원의 연차유급휴가 청구권은 회사의 귀책사유로 휴가를 사용하지 못한 경우를 제외하고는 발생한 날로부터 1년간 행사하지 아니할 경우에는 소멸한다.

④ 회사는 근로기준법 제61조에 따라 연차유급휴가 사용을 촉진할 수 있

다. 회사의 사용촉진조치에도 불구하고 사원이 사용하지 아니한 연차유급휴가에 대하여는 금전으로 보상하지 아니한다.

제34조(연차유급휴가의 대체) ① 회사는 사원의 대표와 서면합의에 의하여 연차유급휴가일에 대신하여 특정한 근로일에 사원을 휴무시킬 수 있다.
② 제1항의 사원의 대표와 서면합의는 적어도 휴무시키고자 하는 날 3일 전에 이루어지도록 노력한다.

제35조(하기휴가) 회사는 근로자의 사기양양을 위하여 하절기에 하기휴가를 실시한다. 이 휴가기간은 연차휴가를 사용한 것으로 한다.

제36조(경조사 휴가) ① 회사는 다음 각 호의 어느 하나에 해당하는 범위에서 사원의 신청에 따라 유급의 경조사휴가를 부여한다.
1. 본인의 결혼 : 5일
2. 배우자의 출산 : 3일
3. 본인·배우자의 부모 또는 배우자의 사망 : 5일
4. 본인·배우자의 조부모 또는 외조부모의 사망 : 2일
5. 자녀 또는 그 자녀의 배우자의 사망 : 2일

② 제1항에 따른 경조사 휴가기간 중 휴일 또는 휴무일이 포함되어 있는 경우에는 이를 포함하여 휴가기간을 계산한다.

제37조(생리휴가) 회사는 여성 사원이 청구하는 경우 월 1일의 무급생리휴가를 부여한다.

제38조(병가) ① 회사는 사원이 업무외 질병·부상 등으로 병가를 신청하는 경우에는 연간 60일을 초과하지 않는 범위 내에서 병가를 허가할 수 있다. 이 경우 병가기간은 무급으로 한다.
② 상해나 질병 등으로 1주 이상 계속 결근 시에는 검진의사의 진단서를 첨부하여야 한다.

제 4 장 상벌(포상 및 징계)

제39조(포상) 다음 각 호에 해당하는 경우 이를 심사하여 포상한다.

1. 품행이 방정하고 업무에 근면하여 타 직원의 모범이 되었을 때
2. 직무에 관하여 자기의 위험을 무릅쓰고 회사의 손실을 모면・감소하였을 때
3. 특히 곤란한 업무를 수행하였을 때
4. 업무상 유익한 발명, 고안, 제안으로 현저한 성과가 있을 때
5. 재해를 미연에 방지하거나 비상사태에 있어서 특히 공로가 있는 경우
6. 각 호 이외에 회사의 이익과 발전에 특히 공헌하였다고 인정될 때

제40조(징계) 다음 각 호에 해당하는 경우 이를 심사하여 징계를 할 수 있다.

1. 학력 또는 중요한 경력을 사칭하거나 부당한 방법으로 입사한 경우
2. 정당한 이유 없이 자주 결근, 지각, 조퇴 등 근무가 불량한 경우
3. 이 규칙을 수차례에 걸쳐 거듭하여 위반한 경우
4. 고의 또는 중대한 과실로 회사에 손해를 입힌 경우
5. 형사상 범법행위를 한 경우
6. 회사의 기밀을 누설하거나 규율질서를 문란케 한 경우
7. 직무상 의무를 위반하거나 또는 직무를 태만히 한 경우
8. 각 호에 준하는 행위를 한 경우

제41조(징계의 종류) 사원에 대한 징계의 종류는 다음과 같다.

1. 견책 : 징계사유 발생 자에 대하여 시말서를 받고 문서로 견책한다.
2. 감봉(감급) : 1회에 평균임금 1일분의 2분의 1, 총액은 월급여금총액의 10분의 1을 초과하지 않는 범위의 금액을 감액한다.
3. 정직 : 중대 징계사유 발생 자에 대하여 3월 이내로 하고, 그 기간 중에 직무에 종사하지 못하며 그 기간동안 임금을 지급하지 아니한다.
4. 해고 : 근로계약을 해지하는 것으로 한다.

제42조(징계절차 및 기타사항) 사원의 징계에 관한 절차 및 세부사항은 별도의 상벌규정에서 정한 바에 의한다.

제5장 임 금

제43조(임금의 구성항목) ① 사원에 대한 임금은 기본급 및 직책수당(이하 '통상임금'이라 한다)과 연장 · 야간 · 휴일근로수당 등 법정수당으로 구성한다.

② 제21조의 근로시간을 초과하여 근로한 경우, 야간에 근로한 경우(22:00~06:00), 휴일에 근로한 경우에는 각각 시간급 통상임금의 50%를 가산하여 지급한다.

③ 제2항의 통상임금에 산입하는 임금의 범위는 법정수당을 제외한 통상급으로 하되, 시간급 통상임금은 월 통상임금을 209시간으로 나누어 계산한다.

제44조(임금의 계산 및 지급방법) ① 임금은 월급제를 원칙으로 하되, 결근일에 대하여는 해당 일분을 감하여 지급한다. 다만, 필요한 경우 일급제, 연봉제를 시행할 수 있다.

② 임금은 매월 초일부터 말일까지를 산정기간으로 하여 해당 월의 ( )일 사원에게 직접 지급하거나 사원이 지정한 사원 명의의 예금계좌에 입금하여 지급한다. 다만, 지급일이 토요일 또는 공휴일인 경우에는 그 전일에 지급한다.

③ 신규채용, 승진, 전보, 퇴직 등의 사유로 임금을 정산하는 경우에는 발령일을 기준으로 그 월액을 일할 계산하여 지급한다.

제45조(비상시 지급) 사원이 다음 각 호의 사유로 청구하는 경우에는 지급기일 전이라도 이미 제공한 근로에 대한 임금을 지급한다.

1. 사원 또는 그의 수입에 의하여 생활을 유지하는 자의 출산, 질병 또는 재해의 비용에 충당하는 경우
2. 사원 또는 그의 수입에 의하여 생활하는 자의 혼인 또는 사망 시 그 비용에 충당하는 경우
3. 사원이 부득이한 사정으로 1주일 이상 귀향하는 경우

제46조(휴업수당) ① 회사의 귀책사유로 휴업하는 경우에는 휴업기간 동안 사원에게 평균임금의 100분 70의 수당을 지급한다. 다만, 평균임금의 100분의 70에 해당하는 금액이 통상임금을 초과하는 경우에는 통상임금으로 지

급한다.

② 부득이한 사유로 사업을 계속하는 것이 불가능한 경우에는 노동위원회의 승인을 받아 제1항에 정한 금액에 못 미치는 휴업수당을 지급할 수 있다.

제47조(상여금지급) ① 회사는 상여금 지급일 현재 재직 중인 사원을 대상으로 월(月) (   )의 (   )%를 설날(구정) 및 추석이 있는 달의 지급일에 균등하게 배분하여 지급한다.

② 상여금 지급기준은 통상임금으로 한다.

제 6 장 영업비밀

제48조(영업비밀 보호의무) 사원은 회사가 보유 또는 보유할 정보로서 공연히 알려져 있지 아니하고 독립된 경제적 가치를 가지는 것으로, 상당한 노력에 의하여 비밀로 유지된 생산방법, 판매방법, 기타 영업활동에 유용한 기술상 또는 경영상의 정보(이하 '영업비밀'이라 한다)를 재직 중뿐만 아니라 퇴직 후에도 회사의 사전승인 없이 유출·공개 또는 사용할 수 없다.

제49조(경업금지) 사원은 재직 중 및 퇴직 후 1년간은 영업비밀에 관한 동종의 경쟁업체에 취업하거나 동종의 사업체를 창업할 수 없다.

제50조(영업비밀의 창출 및 귀속) 사원이 직무와 관련하여 연구·개발한 영업비밀은 회사에 귀속하며, 회사는 영업비밀의 가치에 따라 정당한 보상을 지급할 수 있다. 다만, 사원이 자신이 일반적 지식, 경험, 기술에 근거하여 창출한 영업비밀에 대해서는 특별한 약정이 있을 경우 그 약정에 따르고, 약정이 없을 경우 당해 사원의 귀속으로 한다.

제51조(구제조치 및 징계) 사원이 제48조에 위반하여 회사의 영업비밀을 사전승인 없이 유출·공개 또는 사용한 경우 회사는 관계법령에 의한 필요한 구제조치를 취하여야 한다. 당해 사원은 구제조치에 의해 부담하는 민·형사 책임과는 별도로 사규에 의한 징계를 받을 수 있다.

제 7 장 교육훈련

第52조(교육훈련) ① 회사는 사원으로서 인격을 도야하고 직무지식을 넓히고 기능을 연마케 하기 위하여 필요에 따라 교육훈련을 실시한다.
② 사원은 회사가 실시하는 전항의 교육을 성실하게 습득하여야 하며 정당한 이유 없이 거부하지 못한다. 단, 수강이 임의에 맡겨진 교육은 그러하지 아니하다.
③ 그 밖의 교육에 관하여 필요한 세부사항은 교육훈련규정에 정한 바에 따른다.

제 8 장 복리후생

第53조(복리후생증진) ① 회사는 사원의 복리후생을 유지·증진하기 위하여 노력하여야 한다.
② 복리후생에 관한 세부사항은 복리후생관리규정에서 별도로 정한다.

제 9 장 안전 및 보건

第54조(안전 및 보건의 유지향상) 회사는 사원의 안전 및 보건의 유지향상에 노력하여야 한다.

第55조(안전 보건관리) 사원은 안전 및 보건관리에 관한 법령과 규정을 준수하여야 하며 재해방지 및 보건향상을 위한 안전 및 보건관리관계자의 지시에 따라야 한다.

第56조(건강진단) ① 사원은 회사의 지시에 따라 정기건강진단을 받아야 한다.
② 회사는 사원의 건강진단결과에 따라 보건상 필요한 조치를 취하며 사원은 이에 따라야 한다.
③ 사원의 안전 및 보건에 관한 세부사항은 안전보건관리규정에 의한다.

제10장 재해보상

제57조(재해보상) ① 사원이 업무상 부상 또는 질병에 걸린 경우와 사망하였을 때의 보상은 산업재해보상보험법에 의한다.

② 산업재해보상법의 적용을 받지 않는 업무상 부상 또는 질병에 대하여는 근로기준법이 정하는 바에 따라 회사가 보상한다.

부 칙

제1조(취업규칙의 비치) 회사는 본 규칙을 사업장 내의 사무실·휴게실 등에 비치하여 사원들이 자유롭게 열람할 수 있도록 한다.

제2조(취업규칙의 변경) 이 규칙을 변경할 때에는 사원의 과반수의 의견을 청취하도록 한다.

제3조(시행일) 본 규칙은 20 년 월 일부터 시행한다.

[별지 제13호 서식]

영업비밀 보호관리 규정

제 1 장 총 칙

제1조(목적) 이 규정은 회사의 영업비밀 관리 및 보호에 관한 필요한 사항을 정하여 회사의 발전을 도모함을 목적으로 한다.

제2조(정의) 이 규정에서 사용되는 용어의 정의는 다음과 같다.

1. '영업비밀'이라 함은 회사가 보유 또는 보유할 정보로서 공연히 알려져 있지 아니하고 독립된 경제적 가치를 가지는 것으로, 상당한 노력에 의하여 비밀로 유지된 생산방법·판매방법 기타 영업활동에 유용한 기술상 또는 경영상의 정보를 말한다.
2. '각급기관'이라 함은 회사 규정에 의하여 설치된 각종 하부 및 소속기관(교육, 연수, 연구기관을 포함한다)을 말한다.
3. '사원'이라 함은 회사에 재직하는 임·직원을 말한다.
4. '영업비밀 기록매체'라 함은 영업비밀을 기록한 문서, 도면, 사진, 서적, 자기 테이프, FD, CD, 컴퓨터 서버 등을 말한다.
5. '영업비밀이 화체된 물건 및 물체'라 함은 물건 그 자체가 영업비밀을 화체하고 있는 연구개발 중의 시작품, 금형, 부품, 생산공장의 레이아웃 등을 말한다.

제3조(적용범위) 이 규정은 회사에 신규채용·재직·퇴직하는 모든 사원과 각급기관에 적용한다.

제4조(보호대상) 이 규정은 회사가 보유하고 있는 다음 각 호를 그 보호대상으로 한다.

1. 영업비밀 자체
2. 영업비밀 기록매체

3. 영업비밀이 화체된 물건 및 물체
4. 기타 회사 기밀과 관련된 정보

제 2 장 영업비밀보호관리의 제도적 장치

제5조(영업비밀 관리책임자) ① 회사는 영업비밀의 보호관리를 위하여 영업비밀 관리책임자를 지정하여야 한다.

② 영업비밀 관리책임자는 다음의 직무를 담당한다.

1. 부서별 영업비밀에 관한 계획 수립 및 조정
2. 소관 영업비밀의 등급분류
3. 영업비밀에 관한 교육 실시
4. 영업비밀 보유현황 조사 및 관리 감독
5. 영업비밀유지 계약 및 서약서 등의 집행
6. 기타 영업비밀에 관하여 필요한 사항

③ 영업비밀 관리책임자가 여러 명 있을 경우, 각 영업비밀 관리책임자에게 제2항의 직무를 적절히 배분하여야 한다.

제6조(비밀구분 및 표시) ① 영업비밀은 그 중요성과 가치의 정도에 따라 다음과 같이 구분한다.

1. 극비 : 경쟁사 및 대외로 유출될 경우 회사가 막대한 손해를 입을 수 있는 영업비밀로서 영구보존 및 접근과 취급에 특별제한이 가해지는 정보
2. 비밀 : 경쟁사 및 대외로 유출될 경우 회사에 피해를 줄 수 있으나 '극비'에 해당하지 않는 영업비밀로서 장기적으로 보존해야 할 정보
3. 사외비 : '극비', '비밀'에 해당하지 않는 일반적인 영업비밀
4. 기타 비밀 : 영업비밀로 분류되지는 않으나 자발적으로 공개할 필요가 없는 사항

② 영업비밀은 그 표지에 각 등급에 따라 구분하여 표시하여야 한다.

제 3 장 영업비밀의 취급

제7조(영업비밀의 사용) 회사의 영업비밀은 영업비밀 관리책임자와 관련부서의 승인을 얻어 사용할 수 있다.

제8조(배부) ① 영업비밀을 배부할 때에는 밀폐포장이나 용기 등을 사용하여야 한다.
② 영업비밀을 통신수단에 의하여 이송할 때에는 암호화 등 영업비밀 유출방지를 위한 조치를 취해야 한다.
③ 영업비밀을 주고받을 때에는 이를 대장에 기입하고 수령증을 교부 받아야 한다.

제9조(열람) ① 영업비밀을 열람하고자 하는 자는 관리책임자의 승인을 받은 후 열람할 수 있다.
② 영업비밀을 열람한 자는 열람 후 영업비밀 열람 전에 기록하여야 한다.

제10조(복제 및 인쇄) ① 영업비밀은 업무상 중대한 필요성이 있는 경우 관리책임자의 승인을 받은 후 복제 또는 인쇄를 할 수 있다.
② 복제물 또는 인쇄물은 원본과 동등한 영업비밀로서 취급한다.

제11조(반출) ① 영업비밀 기록매체는 업무상 중대한 필요성이 있는 경우 관리책임자의 승인을 받은 후 반출할 수 있다.
② 영업비밀 기록매체를 반출한 본인만이 기록매체를 소지하도록 하며 유출 및 분실에 책임을 지도록 한다.

제12조(보관) 영업비밀 기록매체는 다른 문서와 구별하여 보관해야 한다.

제13조(폐기) 더 이상 활용가치가 없는 영업비밀은 일정한 절차에 의해 폐기할 수 있으며, 폐기 후에도 필요한 경우에는 계속하여 보호・관리한다.

제 4 장 영업비밀의 생성 및 취득

제14조(영업비밀의 창출 및 귀속) 사원이 직무와 관련하여 연구·개발한 영업비밀은 회사에 귀속한다. 다만, 사원이 자신의 일반적 지식, 경험, 기술에 근거하여 창출한 영업비밀에 대해서는 특별한 약정이 있을 경우 그 약정에 따르고, 약정이 없을 경우 당해 사원의 귀속으로 한다.

제15조(영업비밀 신고) ① 사원이 재직 중 영업비밀을 창출한 경우에는 관련부서의 장에게 신고하여야 한다.
② 사원이 본 규정의 적용을 받지 아니하는 타인과 공동으로 회사의 업무와 관련된 영업비밀을 창출한 경우에도 제1항의 규정에 따라 신고하여야 한다.

제16조(보상) 사원이 창출한 영업비밀 중 상당한 가치가 있는 영업비밀에 대해서는 보상금을 지급하여야 한다.

제17조(취득) 사원이 영업비밀을 외부로부터 취득하였을 경우, 영업비밀 관리책임자에게 신고하고, 영업비밀 관리책임자는 이를 관리대장에 기재하여 사원이 창출한 영업비밀과 같은 방법으로 관리한다.

제 5 장 교육 및 점검

제18조(교육) ① 영업비밀 취급인가자는 영업비밀에 관한 교육을 정기적으로 이수하여야 한다.
② 신규 및 재직 사원에 대해서도 정기적으로 영업비밀에 관한 보안 교육을 실시하여야 한다.

제19조(정기점검) ① 영업비밀 관리책임자는 영업비밀을 취급하는 각 부서에 대하여 정기적으로 보안점검을 실시하여야 한다.
② 제1항의 보안점검 실시에 관한 사항은 별도 규정한다.

제20조(복구) 영업비밀 관리책임자는 영업비밀이 훼손된 것을 알았을 때에는 이를 지체 없이 관련부서에 보고하고 즉시 필요한 조치를 취하여야 한다.

제 6 장 사원의 영업비밀 보호의무

제21조(채용 시) 신규로 채용하는 사원에 대해서는 영업비밀서약서를 작성하여 제출하게 해야 한다.

제22조(재직 중 영업비밀유출 금지) ① 사원은 재직 시 취득한 영업비밀에 대하여는 이 규정에 따라 취급·관리해야 하며 회사의 사전승인 없이 이를 유출·공개 또는 사용할 수 없다.
② 연구개발 결과, 신제품 등을 발표하거나 전람회 등에 출품하여 부득이하게 영업비밀을 공개하게 되는 경우에는 회사의 사전승인을 얻어야 한다.

제23조(퇴직 시) ① 회사의 사원이었던 자는 회사의 사전승인 없이 재직 시 취득한 영업비밀을 유출·공개 또는 사용할 수 없다.
② 사원이 퇴직할 경우 그 사원이 보유하고 있는 모든 영업비밀을 반납 받고 영업비밀서약서를 작성하여 제출하게 해야 한다.
③ 퇴직한 사원이 동종의 경쟁업체에 취업한 경우 당해 사원의 영업비밀보호의무에 관한 통지서를 당해 경쟁업체에 송부한다.

제24조(타인의 영업비밀의 취급) ① 사원은 업무상 제3자가 보유하는 영업비밀을 사용하는 경우 적절한 절차를 밟도록 한다.
② 제3자로부터 정보를 입수하는 경우, 당해 정보가 영업비밀에 해당하는지를 확인해야 한다. 영업비밀에 해당하는 경우에는 당해 제3자가 정당한 권한을 가지고 있는지를 확인해야 한다.
③ 제2항에 의해 입수하는 비밀정보에 대하여 당해 제3자와 사용 및 개시에 관한 제약을 확인하고 이를 준수해야 한다.

제7장 협력업체 등에 대한 비밀관리

제25조(거래처) 거래처에 영업비밀을 제공하는 내용을 포함한 계약을 체결할 경우 당해 거래처 및 담당사원으로 하여금 영업비밀서약서를 작성하여 제출하게 해야 한다.

제26조(협력업체) 협력업체에 영업비밀을 제공할 경우 당해 협력업체 및 담당사원으로 하여금 영업비밀서약서를 작성하여 제출하게 해야 한다.

제8장 물리적 조치

제27조(영업비밀 통제구역 설정) ① 영업비밀의 보호와 중요시설장비 및 자재의 보호를 위하여 필요한 경우 일정한 범위를 통제구역으로 지정한다.
② 제1항의 통제구역에는 '통제구역'임을 표시하고 관계자 이외의 출입을 통제하여야 하며, 출입자 명부를 비치하여 출입자를 기록・보존하여야 하고, 필요할 경우 영업비밀 준수에 관한 각서 또는 서약서를 징구해야 한다.
③ 제1항의 통제구역에는 CCTV와 시건장치 설치 및 기타 출입 시 필요한 기준과 절차 등을 마련할 수 있다.

제28조(관리대장 및 취급인가) ① 영업비밀 관리책임자는 등급별로 영업비밀 관리대장을 비치하고 변동사항 등에 대한 기록을 유지・관리하여야 한다.
② 영업비밀의 취급은 영업비밀 취급인가자에 한하며, 비밀취급인가증을 교부한다.

제29조(컴퓨터 관리) ① 회사 내 모든 컴퓨터 사용자는 불법 소프트웨어를 사용해서는 아니 되며, 불법 소프트웨어 사용으로 인한 모든 책임은 사용자에게 있다.
② 회사 내 모든 컴퓨터 사용자는 바이러스 침입 및 해킹을 방지하기 위한 소프트웨어와 각종 보안솔루션을 설치하고, 정기적으로 백업, 업데이트 관리를 한다.
③ NOTE PC 및 전산매체 등의 반입・반출 시 사용자는 기기사양, 사용

용도, 사용자정보 등을 작성하고 관리책임자는 이를 직접 확인·보관한다.

제30조(통신보안) ① 회사 내에서는 회사 임직원들이 공통으로 사용하는 통신망만을 사용한다.
② 보안관리 부서 및 관리책임자는 회사의 영업비밀 보호를 위해 인터넷 상의 특정 사이트 접속을 통제할 수 있다.
③ 회사 내에서는 회사에서 승인한 이메일만을 사용하도록 한다.
④ 외부로 문서를 발송할 경우에는 부서장 및 관리책임자의 사전허가를 받는다.

제31조(기록매체의 관리) 영업비밀 기록매체는 일반 기록매체와 분리하여 보관함, 금고 등 보안장치를 구비하고 있는 용기에 넣어 특별히 관리해야 한다.

제9장 영업비밀 침해구제

제32조(구제조치) 영업비밀을 침해당했을 때에는 지체 없이 관계법령에 의한 필요한 구제조치를 취하여야 한다.

제33조(영업비밀유출자 등에 대한 징계) ① 영업비밀유출자에 대해서는 제32조의 규정에 의한 조치를 취함과 동시에 별도로 사규에 따라 징계할 수 있다.
② 영업비밀 유출을 부주의나 과실로 알지 못하였거나 막지 못한 관계자에 대해서도 사규에 의해 징계할 수 있다.

제34조(협조의무) 보안사고 발생시 업무 담당자와 보안 담당자 등은 사건 조사 및 해결에 성실히 협조해야 한다.

제10장 보 칙

제35조(벌칙) 사원이 본 규정을 위반했을 때는 관계법령에 의한 민·형사 책임과는 별도로 사규에 의한 징계를 받을 수 있다.

부 칙

1. 이 규정은 년 월 일부터 시행한다.
2. 이 규정 시행 전부터 보유하고 있는 영업비밀 중 주요 영업비밀에 대해서는 규정시행 후 1개월 이내에 등급분류(재분류)를 하여 등급을 지정(재지정)한다.
3. 이 규정 시행 당시 영업비밀 취급자는 이 규정 시행일로부터 1주일 이내에 새로이 영업비밀취급인가를 받아야 하며, 위 기간 내에 인가를 받지 못할 경우 그때부터 당해 영업비밀을 취급할 수 없다.

[별지 제14호 서식]

영업비밀 관리기준

1. '극비'를 기록한 문서, 도면, 사진, 서적, 자기 테이프, FD, CD, 컴퓨터 서버 등(이하 '기록매체')의 취급은 다음과 같다.

(1) 배 부

- 기록매체의 배부 시에는 일련번호를 매기고 번호 및 배부처를 기록한다.
- 기록매체의 송부 시에는 밀봉을 하고 우편배송 시에는 각종 증명 서비스를 활용한다.
- FAX 송신은 이용할 수 없다.
- Email 송신을 이용할 시에는 암호화, PW설정 등의 적절한 조치를 취한다.

(2) 열 람

- 관리책임자의 허가 없이 기록매체를 열람할 수 없다.
- 당해 정보에 접근이 허락되지 않은 자는 기록매체를 열람할 수 없다.
- 전자화된 정보의 화면 표시는 입실이 제한되고 당해 정보의 보유자가 실재하는 장소에서 타인에게 보이지 않도록 각별한 주의를 기울이며 실시되어야 한다.
- 관리책임자는 열람자명, 일시 등을 기록한다.

(3) 복 제

- 관리책임자의 허가 없이 기록매체를 복제할 수 없다.
- 전자화된 정보의 복제는 관리책임자만이 실시할 수 있다.

(4) 인 쇄

- 인쇄는 입실이 제한되고 당해 정보의 보유자가 실재하는 장소에서 타인에게 보이지 않도록 각별한 주의를 기울이며 실시되어야 한다.

(5) 반 출

· 관리책임자의 허가 없이 기록매체를 반출할 수 없다.
· 관리책임자의 허가가 있을 경우에도 허가를 받은 본인만이 기록매체를 소지하도록 하며 유출 및 분실에 책임을 지도록 한다.

(6) 보 관

· 기록매체는 다른 문서와 구별하여 시건장치가 있는 보관함에 엄중히 보관해야 한다. 이때 열쇠 등은 관리책임자가 보관한다.
· 전자화된 정보를 정보시스템 기기에 보관하는 경우 암호화 등의 적절한 조치를 취하고 당해 정보시스템 기기를 통제 구역 내에 설치한다.
· 전자화된 정보를 외부기록매체에 보관하는 경우 암호화 등의 적절한 조치를 취하고 당해 외부기록매체를 시건장치가 있는 보관함 등에 엄중히 보관해야 한다. 이때 열쇠 등은 관리책임자가 보관한다.

(7) 폐 기

· 기록매체는 사용 후 기록매체를 배부받은 자의 책임 하에 재단, 소각, 용해 등의 적절한 방법에 의해 폐기하도록 한다.
· 전자화된 정보는 관리책임자의 승인을 얻어 제3자가 잔류정보를 해독할 수 없도록 필요한 조치를 취한 후에 폐기하도록 한다.

2. '비밀' 기록매체의 취급은 다음과 같다.

(1) 배 부

· 기록매체의 배부 시에는 배부처를 기록한다.
· 기록매체의 송부 시에는 밀봉을 하고 우편배송 시에는 각종 증명 서비스를 활용한다.
· FAX 송신 시에는 미리 송신처에 대기할 것을 요청한다.
· Email 송신을 이용할 시에는 암호화, PW설정 등의 적절한 조치를 취한다.

(2) 열 람

· 기록매체는 중대한 필요성이 인정되는 경우 기록매체 소지자의 책임하에서 관계자에게 열람시킬 수 있다.

· 전자화된 정보의 화면 표시는 타인에게 보이지 않도록 주의를 기울이며 실시되어야 한다.

(3) 복 제

· 기록매체는 중대한 필요성이 인정되는 경우 기록매체 소지자의 책임하에서 복제하는 것이 가능하다. 단, 복제물은 원본과 동등하게 '비밀'로서 취급해야 한다.
· 전자화된 정보의 복제는 관리책임자의 승인을 얻어 기록매체를 배부받은 자의 책임 하에 실시할 수 있다.

(4) 인 쇄

· 인쇄는 입실이 제한되는 장소에서 타인에게 보이지 않도록 주의를 기울이며 실시되어야 한다.
· 공용장소에서 인쇄하는 경우 기록매체의 소지자의 책임하에 인쇄물을 즉시 회수하도록 한다.

(5) 반 출

· 업무상 필요성이 인정되는 경우에만 기록매체를 반출할 수 있다.
· 이 경우 기록매체를 반출한 본인만이 기록매체를 소지하도록 하며 유출 및 분실에 책임을 지도록 한다.

(6) 보 관

· 기록매체는 다른 문서와 구별하여 시건장치가 있는 보관함에 엄중히 보관해야 한다. 이때 열쇠 등은 관리책임자가 보관한다.
· 전자화된 정보를 정보시스템 기기에 보관하는 경우 암호화 등의 적절한 조치를 취하고 당해 정보시스템 기기를 통제 구역 내에 설치한다.
· 전자화된 정보를 외부기록매체에 보관하는 경우 암호화 등의 적절한 조치를 취하고 당해 외부기록매체를 시건장치가 있는 보관함 등에 엄중히 보관해야 한다. 이때 열쇠 등은 관리책임자가 보관한다.

(7) 폐 기

· 기록매체는 사용 후 기록매체를 배부받은 자의 책임 하에 재단, 소각, 용

해 등의 적절한 방법에 의해 폐기하도록 한다.

- 전자화된 정보는 제3자가 잔류정보를 해독할 수 없도록 필요한 조치를 취한 후에 폐기하도록 한다.

3. '사외비' 기록매체의 취급은 다음과 같다.

(1) 배 부

- 기록매체의 배부 시에는 영업비밀이 유출되지 않도록 주의한다.
- Email 송신을 이용할 시에는 암호화, PW설정 등의 적절한 조치를 취한다.

(2) 열 람

- 전자화된 정보의 화면 표시는 타인에게 보이지 않도록 주의를 기울이며 실시되어야 한다.

(3) 복 제

- 기록매체는 중대한 필요성이 인정되는 경우 기록매체 소지자의 책임하에서 복제하는 것이 가능하다.
- 전자화된 정보의 복제는 중대한 필요성이 인정되는 경우에만 기록매체를 배부받은 자의 책임 하에 실시할 수 있다.

(4) 인 쇄

- 인쇄 후 기록매체의 소지자의 책임하에 인쇄물을 즉시 회수하도록 한다.

(5) 반 출

- 기록매체를 반출한 본인만이 기록매체를 소지하도록 하며 유출 및 분실에 책임을 지도록 한다.

(6) 보 관

- 기록매체는 다른 문서와 구별하여 보관해야 한다.
- 전자화된 정보를 정보시스템 기기에 보관하는 경우 암호화 등의 적절한 조치를 취한다.
- 전자화된 정보를 외부기록매체에 보관하는 경우 암호화 등의 적절한 조

치를 취하고 당해 외부기록매체를 시건장치가 있는 보관함 등에 엄중히 보관해야 한다. 이때 열쇠 등은 관리책임자가 보관한다.

(7) 폐 기

- 기록매체는 사용 후 기록매체를 배부받은 자의 책임 하에 재단, 소각, 용해 등의 적절한 방법에 의해 폐기하도록 한다.
- 전자화된 정보는 제3자가 잔류정보를 해독할 수 없도록 필요한 조치를 취한 후에 폐기하도록 한다.

[별지 제15호 서식]

영업비밀보호 서약서 (입사자용)

본인은 __________주식회사(이하 '회사')에 재직하면서(휴직기간 포함) 회사의 영업비밀 등의 보호와 관련하여 다음과 같이 서약합니다.

1. 본인은 재직 중 회사의 공연히 알려져 있지 아니하고 독립된 경제적 가치를 가지는 것으로서, 상당한 노력에 의하여 비밀로 유지된 회사의 개발, 생산, 판매방법 및 기타 영업활동에 유용한 기술상 또는 경영상의 정보(이하 '영업비밀') 보호와 관련된 회사의 각종 규정을 철저히 준수하며 이에 대해 책임을 지겠습니다.

2. 본인은 회사의 사전 서면동의가 있거나 영업비밀보호관련 규정에 의해 허용된 경우, 지정된 업무에 사용하는 경우를 제외하고는 어떠한 사유로도 사적 목적으로 사용하거나 회사 내외의 제3자에게 유출 또는 공개하지 않겠습니다.

3. 본인은 재직 중 업무와 관련하여 독자적으로 또는 다른 사람과 공동으로 작성, 개발, 설계, 고안한 기술과 정보 및 이에 준하는 산출물에 관한 소유권이 회사에 있음을 인정합니다.

4. 본인은 제3자가 소유하는 영업비밀을 당해 제3자의 사전 서면동의 없이 업무에 사용하는 등 제3자의 영업비밀과 관련하여 회사에 민·형사상 책임이 발생할 가능성이 있는 행위를 일절 하지 않겠습니다.

5. 본인은 재직 중 회사의 영업비밀이 유출될 수 있는 동종, 유사업체의 임직원을 겸직하거나 자문하는 등 해당 업체에 협력하지 않겠으며, 이와 같은 상황이 발생할 경우 회사와 협의하겠습니다.

6. 본인은 퇴사 이후에도 재직 중 지득한 영업비밀을 회사의 사전 동의 없이 어떠한 방법으로도 제3자에게 유출하거나 공개하지 않겠습니다.

7. 본인은 재직 중 또는 퇴사 이후에도 회사가 본인의 담당업무와 관련한 권리의 법적 조치를 취할 경우 회사에 적극 협조하겠습니다.

본인은 상기 사항을 성실히 준수할 것이며, 만약 위의 서약 사항을 위반하여 회사에 손해를 입힌 경우에는 부정경쟁방지 및 영업비밀보호에 관한 법률 및 사규에 따른 조치를 감수할 것은 물론, 회사에 대한 손해배상과 모든 민·형사상의 책임을 질 것을 서약합니다.

20 년 월 일

상기 내용을 확인하고 서명함.

소 속 :
주민등록번호 : -
성 명 : (서명)

__________주식회사 귀중

[별지 제16호 서식]

NON-DISCLOSURE AGREEMENT(For employees)

I make the following oaths in regard to the protection of ________ company's(hereinafter referred to as 'the company') business secrets during my term of office or after resignation.

1. I shall abide by company regulations in regard to technical or managerial information useful to the development, manufacturing, sales and other business activities (hereinafter referred to as 'business secrets'), which possess independent economic value preserved in secret and not open to the public during my term of office and take the legal responsibility for violating them.

2. I shall not divulge or disclose company's business secrets to a third party and shall not use it for any private purposes except when exited prior written consent made with the company, or permitted by non-disclosure regulation, allowed by the specified work.

3. I shall acknowledge that the company holds the ownership of technology, information and outputs developed (composed, designed and devised) with other people or individually during my term of office.

4. I shall not do anything related to the likelihood of civil or criminal liability about a third party's business secrets such as divulge or disclose them without a third party's prior written consent.

5. I shall not cooperate with competing companies by working for or providing consulting services to them and shall consult with the company

when such occasions arise.

6. I shall not disclose or unveil company's business secrets obtained during my term of office to a third party after resignation.

7. I shall cooperate with the company when legal conflict arises regarding my duties in charge during my term of office or after resignation.

I pledge that I will duly observe the above mentioned agreements and shall bear legal responsibility and compensate for the damages caused to the company for violating them according to the laws and company regulations on prevention of unfair competition and non-disclosure agreement.

Date: . . .

Name of Organization:
Resident Registration No.: -
Name: (Signature)

To ____________ Company

[별지 제17호 서식]

영업비밀보호 서약서 (재직자용/프로젝트 참가 시)

본인은 이번 귀사의 ___________프로젝트에 그 일원으로 참여하게 되었으며 이에 아래와 같은 사항을 준수할 것을 서약합니다.

1. 본 프로젝트 추진의 사실, 그 성과 및 본 프로젝트를 수행하는 과정에서 알 수 있는 귀사의 영업비밀을 유지하고 회사 밖은 물론 귀사의 종업원이라고 하여도 프로젝트에 직접 관여하지 않는 자에 대해서는 이것을 공개 또는 유출하지 않을 것을 서약합니다.

2. 본 프로젝트 추진의 사실 및 그 성과가 귀사에 의하여 적법하게 공개된 경우라고 하여도 미공개 부문에 대해서는 앞에서와 같은 비밀유지의무를 부담할 것을 서약합니다.

3. 본 프로젝트가 완료된 경우 및 프로젝트 진행 중에 어떠한 사유로든 본인이 본 프로젝트를 수행할 수 없게 된 경우, 그 시점에서 본인이 보유하고 있는 모든 영업비밀을 포함한 관련 자료를 즉시 귀사에 반납하며 앞에서와 같은 비밀유지의무를 부담할 것을 서약합니다.

4. 본인은 제3자가 소유하는 영업비밀을 당해 제3자의 사전 서면동의 없이 업무에 사용하는 등 제3자의 영업비밀과 관련하여 회사에 민·형사상 책임이 발생할 가능성이 있는 행위를 일절 하지 않겠습니다.

5. 본 프로젝트 추진의 사실, 그 성과 및 본 프로젝트를 수행하는 과정에서 알 수 있었던 귀사의 영업비밀을 재직 중은 물론 퇴직 후에도 ○년간 자신을 위해 또는 귀사와 경업하는 사업자 그 외 제3자를 위해 사용하지 않을 것을 서약합니다.

본인은 상기 사항을 성실히 준수할 것이며, 만약 위의 서약 사항을 위반하여 회사에 손해를 입힌 경우에는 부정경쟁방지 및 영업비밀보호에 관한 법률 및 사규에 따른 조치를 감수할 것은 물론, 회사에 대한 손해배상과 모든 민·형사상의 책임을 질 것을 서약합니다.

20 년 월 일

상기 내용을 확인하고 서명함.

소 속 :
주민등록번호 : -
성 명 : (서명)

__________주식회사 귀중

[별지 제18호 서식]

영업비밀보호 서약서 (재직자용/NOTE PC사용 시)

본인은 ________주식회사 (이하 '회사')내에서 NOTE PC를 사용하게 되었으며 이에 아래와 같은 사항을 준수할 것을 서약합니다.

1. 본인은 회사의 영업비밀 보호와 관련된 회사의 각종 규정을 철저히 준수하며, 이에 대해 책임을 지겠습니다.

2. 본인은 회사의 영업비밀에 대해서 지정된 업무수행을 제외하고는 어떠한 사유로도 사용하거나 회사 내외의 제3자에게 유출 또는 공개하지 않겠습니다.

3. 본인은 NOTE PC를 사용, 휴대, 보관하는 등 전반적인 관리에 만전을 기하겠으며, 사용 중 발생되는 사항에 대해 모든 책임을 지겠습니다.

4. 회사로부터 할당된 전산 ID 및 패스워드는 본인만 알고 사용할 것이며, 절대 타인에게 유출하거나 공개하지 않겠습니다.

5. NOTE PC는 회사의 사전 서면 동의 없이는 절대 타인에게 양도하거나 대여하지 않겠으며, 이에 따른 보안상의 문제가 발생할 경우 모든 사항에 대해 책임을 지겠습니다.

6. NOTE PC를 사외로 반출할 경우에는 반출관련 정보 이외의 모든 정보를 삭제하겠습니다.

7. 본인은 NOTE PC 사용 중 입수한 본인 또는 타인의 개발, 설계, 고안한 기술과 정보 및 이에 준하는 산출물에 관한 소유권이 회사에 있음을 인정합니다.

본인은 상기 사항을 성실히 준수할 것이며, 만일 위의 서약 사항을 위반하여 당사에 손해를 입힌 경우에는 당사에 대한 손해배상과 모든 민·형사상의 책임을 질 것을 서약합니다.

20 년 월 일

상기 내용을 확인하고 서명함.

NOTE PC 사양 :
모 델 명 :
일련번호 :
사용용도 :

소 속 :
주민등록번호 : -
성 명 : (서명)

__________주식회사 귀중

[별지 제19호 서식]

영업비밀보호 서약서 (재직자용/전산매체 사용 시)

본인은 __________주식회사 (이하 '회사')내에서 전산매체 등을 사용하게 되었으며 이에 아래와 같은 사항을 준수할 것을 서약합니다.

1. 본인은 회사의 영업비밀 보호와 관련된 회사의 각종 규정을 철저히 준수하며, 이에 대해 책임을 지겠습니다.

2. 본인은 회사의 영업비밀에 대해서 지정된 업무수행을 제외하고는 어떠한 사유로도 사용하거나 회사 내외의 제3자에게 유출 또는 공개하지 않겠습니다.

3. 본인은 회사에서 허가한 기기에 대한 사용, 휴대, 보관 등 전반적인 관리에 만전을 기하겠으며, 사용 중 발생되는 사항에 대해 모든 책임을 지겠습니다.

4. 본인은 회사에서 허가한 기기라도 회사의 허가 없이 영업비밀과 관련된 어떠한 형태의 자료도 사외로 절대 반출하지 않겠으며, 이에 관한 어떠한 형태의 사본도 개인적으로 보유하지 않겠습니다.

5. 본인은 기기를 절대 타인에게 양도하거나 대여하지 않겠으며, 이에 따른 보안상의 문제가 발생할 경우 모든 사항에 대해 책임을 지겠습니다.

6. 본인은 기기 사용 중 입수한 본인 또는 타인의 개발, 설계, 고안한 기술과 정보 및 이에 준하는 산출물에 관한 소유권이 회사에 있음을 인정합니다.

본인은 상기 사항을 성실히 준수할 것이며, 만일 위의 서약 사항을 위반하여 당사에 손해를 입힌 경우에는 당사에 대한 손해배상과 모든 민·형사상의 책임을 질 것을 서약합니다.

20 년 월 일

상기 내용을 확인하고 서명함.

사용기기 :
모 델 명 :
일련번호 :
사용용도 :

소 속 :
주민등록번호 : -
성 명 : (서명)

__________주식회사 귀중

[별지 제20호 서식]

영업비밀보호 서약서 (퇴직자용)

본인은 __________주식회사(이하 '회사')를 퇴직하면서 회사의 영업비밀 등의 보호와 관련하여 다음과 같이 서약합니다.

1. 본인은 퇴사 후 회사의 공연히 알려져 있지 아니하고 독립된 경제적 가치를 가지는 것으로서, 상당한 노력에 의하여 비밀로 유지된 회사의 개발, 생산, 판매방법 및 기타 영업활동에 유용한 기술상 또는 경영상의 정보(이하 '영업비밀') 보호와 관련된 회사의 각종 규정을 철저히 준수하며 이에 대해 책임을 지겠습니다.

2. 본인은 퇴사 후 회사의 사전 서면동의가 있거나 영업비밀보호관련 규정에 의해 허용된 경우를 제외하고는 어떠한 사유로도 사적 목적으로 사용하거나 회사 내외의 제3자에게 유출 또는 공개하지 않겠습니다.

3. 본인은 퇴사시 재직 중 본인이 취득하거나 관리하고 있던 영업비밀과 관련된 사항이 들어 있는 일체의 자료를 회사에 반납하고, 이에 관한 어떠한 형태의 사본도 개인적으로 보유하지 않겠습니다.

4. 본인은 퇴사시 회사에 손해를 끼칠 수 있는 기술 및 정보의 유출방지를 위해 회사의 메일통제 및 검열에 대하여 동의합니다.

5. 본인은 재직 중 업무와 관련하여 독자적으로 또는 다른 사람과 공동으로 작성, 개발, 설계, 고안한 기술과 정보 및 이에 준하는 산출물에 관한 소유권이 회사에 있음을 인정합니다.

6. 본인은 퇴직일로부터 적어도 ○년간 회사의 영업비밀이 유출될 수 있는 동종, 유사업체의 창업 또는 취업을 하지 않겠으며, 이와 같은 상황이 발

생할 경우 회사와 협의하겠습니다.

7. 본인은 퇴사 이후에도 회사가 본인의 담당업무와 관련한 권리의 법적 조치를 취할 경우 회사에 적극 협조하겠습니다.

본인은 상기 사항을 성실히 준수할 것이며, 만약 위의 서약 사항을 위반하여 회사에 손해를 입힌 경우에는 부정경쟁방지 및 영업비밀보호에 관한 법률 및 사규에 따른 조치를 감수할 것은 물론, 회사에 대한 손해배상과 모든 민·형사상의 책임을 질 것을 서약합니다.

20 년 월 일

상기 내용을 확인하고 서명함.

소 속 :
주민등록번호 : -
성 명 : (서명)

_______________주식회사 귀중

[별지 제21호 서식]

통 지 서

________________주식회사
대표이사____________귀하

귀사의 무궁한 발전을 기원합니다.

귀사에 취업한 ____________(주민번호: -)은 저희 회사 재직 중 (년 월~ 년 월 간) ______________업무에 종사하였고, 이와 관련한 저희 회사의 영업비밀을 보유하고 있으며, 저희 회사에서는 위의 사람에게 영업비밀유지 서약서를 제출 받은 바 있습니다.

따라서, 귀사에서 위의 사람이 저희 회사에서 하던 업무와 동종의 업무에 종사하게 되면 저희 회사의 영업비밀을 침해할 우려가 있음을 알려드리오니 부디 저희 회사의 영업비밀을 침해하는 일이 없도록 주의하여 주시기를 바랍니다.

20 년 월 일

________________주식회사
대표이사 ________________

[별지 제22호 서식]

경 고 장

__________________주식회사
대표이사______________귀하

귀사의 무궁한 발전을 기원합니다.

저희 회사는 '________________'을 _____년 ___월에 개발하여, 주력 상품의 하나로서 시장에서 판매하고 있습니다. '__________________'는 귀사에 취업한 ___________(주민번호: -)가 저희 회사에 재직 중 개발에 참여하였고, 이에 관련한 저희 회사의 영업비밀을 보유하고 있으며, 저희 회사에서는 위의 사람에게 영업비밀유지 서약서를 제출 받은 바 있습니다.

그러나 최근 귀사에서 판매하고 계신 '__________________'가 저희 회사의 '____________________'와 매우 유사하며, 저희 회사가 독자적으로 개발한 _________ 을 사용하고 있다는 매우 유감스러운 사실을 확인하였습니다.
따라서 귀사의 '________________'판매는 저희 회사의 권리를 침해하는 가능성이 있으므로, 곧바로 판매를 중지해 주실 것을 요청하는 바입니다.

만약, 귀사가 저희 회사의 경고를 무시하고 판매 행위를 계속할 경우, 저희 회사에서는 민사적 구제 및 형사적 구제 수단을 적극적으로 이용하여 법률이 허용하는 범위 내에서 강력하게 대처할 예정이오니 부디 조속한 조치를 취하여 주실 것을 부탁 드립니다.

20 년 월 일

__________________주식회사
대표이사 __________________

[별지 제23호 서식]

영업비밀보호 서약서 (협력업체-기업용)

__________주식회사(이하 '을')은 _________주식회사(이하 '갑')와 상호협력관계를 유지함에 있어서 갑의 영업비밀 등의 보호와 관련하여 다음과 같이 서약합니다.

1. 을 및 그 임직원(이하 '을 등')은 계약기간 중이나 계약기간 종료 후에도 계약기간 중 계약 수행을 위하여 지득한 갑의 정보자산, 보안사항, 영업비밀 및 기타 지식재산권 등(이하 '영업비밀')에 대해서 어떠한 사유로도 사적 목적으로 사용하거나 제3자에게 유출 또는 공개하지 않겠습니다.

2. 을 등은 갑으로부터 사전에 허가 받지 않은 정보나 시설 등에는 절대로 접근하지 않고 갑의 보안규정 및 지침, 정책을 반드시 준수하겠습니다.

3. 갑이 을의 업무 편의를 위해 제공한 전산 ID 및 패스워드, 출입증 등은 을만이 알고 사용하겠으며, 절대 타인에게 공개하거나 대여·양도하지 않겠습니다.

4. 을은 계약 종료 시 갑이 업무 수행을 위하여 제공한 영업비밀과 관련된 사항이 들어 있는 일체의 자료를 갑에게 반납하고, 이에 관한 어떠한 형태의 사본도 보유하지 않겠습니다.

5. 을은 계약기간 중 업무와 관련하여 독자적으로 또는 다른 사람과 공동으로 작성, 개발, 설계, 고안한 기술과 정보 및 이에 준하는 산출물에 관한 소유권이 갑에게 있음을 인정합니다.

6. 을은 제3자가 소유하는 영업비밀을 당해 제3자의 사전 서면동의 없이 업무에 사용하는 등 제3자의 영업비밀과 관련하여 갑에게 민·형사상 책임

이 발생할 가능성이 있는 행위를 일절 하지 않겠습니다

7. 만일 상기 사항을 위반하는 을 등이 있을 경우 이로 인해 갑과의 계약이 해지될 수 있음을 알고 있습니다.

상기 사항을 성실히 준수할 것이며, 만약 위의 서약 사항을 위반하여 갑에 손해를 입힌 경우에는 부정경쟁방지 및 영업비밀보호에 관한 법률 및 관련 법규에 따라 갑에 대한 손해배상과 모든 민·형사상의 책임을 질 것을 서약합니다.

20 년 월 일

상기 내용을 확인하고 서명함.

소 속 :
사업자등록번호 :
대표자주민등록번호:
대표자성명 : (직인)

__________주식회사 귀중

[별지 제24호 서식]

NON-DISCLOSURE AGREEMENT
(For collaborative companies)

____B____ company make the following oaths in regard to the protection of ____A____ company's (hereinafter referred to as 'the company') business secrets while the two companies maintain their collaborative relationship.

1. ____B____ company and the employer and employees of the company shall not use or disclose ____A____ company's information asset, security information, business secrets and other intellectual assets (hereinafter referred to as 'Business Secrets') acquired within a term of a contract or after the contract to a third party.

2. ____B____ company shall not gain access to any information or facility without permission from ____A____ company and shall abide by company regulations, guidelines and policies on confidential information.

3. ____B____ company shall not lend or transfer electronic ID, password, ID card provided from ____A____ company for business convenience to other people and shall abide by ____A____ company's regulations, guidelines and policies on confidential information.

4. ____B____ company shall return all the material which contain business secrets provided for the purpose of carrying out duties to ____A____ company and shall not retain any forms of duplicate.

5. ____B____ company shall acknowledge that ____A____ company holds

the ownership of technology, information and outputs developed (composed, designed and devised) with other people or individually during a term of a contract.

6. ____B____ company shall not do anything related to the likelihood of civil or criminal liability about a third party's business secrets such as divulge or disclose them without a third party's prior written consent.

7. ____B____ company acknowledges that the contract can be cancelled when ____B____ company infringes the above mentioned agreements.

____B____ company pledge that it will duly observe the above mentioned agreements and shall bear legal responsibility and compensate for the damages caused to ____ B______ company for violating it according to the laws and company regulations on prevention of unfair competition and non-disclosure agreement.

Date: . . .

Name of Organization:
Business Registration No.: -
Social Security No. of the representative:
Name of the representative: (Signature)

To ___________ Company

[별지 제25호 서식]

영업비밀보호 서약서 (협력업체-개인용)

본인(이하 '을')은 __________주식회사(이하 '갑')와 상호협력관계를 유지함에 있어서 갑의 영업비밀 등의 보호와 관련하여 다음과 같이 서약합니다.

1. 본인은 계약기간 중이나 계약기간 종료 후에도 계약기간 중 계약 수행을 위하여 지득한 갑의 정보자산, 보안사항, 영업비밀 및 기타 지식재산권 등(이하 '영업비밀')에 대해서 어떠한 사유로도 사적 목적으로 사용하거나 제3자에게 유출 또는 공개하지 않겠습니다.

2. 본인은 갑으로부터 사전에 허가 받지 않은 정보나 시설 등에는 절대로 접근하지 않고 갑의 보안규정 및 지침, 정책을 반드시 준수하겠습니다.

3. 갑이 을의 업무 편의를 위해 제공한 전산 ID 및 패스워드, 출입증 등은 본인만이 알고 사용하겠으며, 절대 타인에게 공개하거나 대여·양도하지 않겠습니다.

4. 본인은 계약 종료 시 갑이 업무 수행을 위하여 제공한 영업비밀과 관련된 사항이 들어 있는 일체의 자료를 갑에게 반납하고, 이에 관한 어떠한 형태의 사본도 보유하지 않겠습니다.

5. 본인은 계약기간 중 업무와 관련하여 독자적으로 또는 다른 사람과 공동으로 작성, 개발, 설계, 고안한 기술과 정보 및 이에 준하는 산출물에 관한 소유권이 갑에게 있음을 인정합니다.

6. 본인은 제3자가 소유하는 영업비밀을 당해 제3자의 사전 서면동의 없이 업무에 사용하는 등 제3자의 영업비밀과 관련하여 갑에게 민·형사상 책임이 발생할 가능성이 있는 행위를 일절 하지 않겠습니다

7. 본인은 만일 상기 사항을 위반할 경우 이로 인해 을과 갑의 계약이 해지 될 수 있음을 알고 있습니다.

본인은 상기 사항을 성실히 준수할 것이며, 만약 위의 서약 사항을 위반하여 갑에 손해를 입힌 경우에는 부정경쟁방지 및 영업비밀보호에 관한 법률 및 관련 법규에 따라 갑에 대한 손해배상과 모든 민·형사상의 책임을 질 것을 서약합니다.

20 년 월 일

상기 내용을 확인하고 서명함.

소 속 :
주민등록번호:
성명 : (서명)

___________주식회사 귀중

[별지 제26호 서식]

기존 계약서 삽입 조항

제○조 (비밀보호의무) 갑・을간의 업무진행 과정에서 본 계약의 일방 당사자가 상대방에게 제공하거나 상대방 혹은 그 직원으로부터 지득 혹은 취득하는 상대방의 일체의 영업 혹은 기술상의 정보 및 이와 같은 영업 혹은 기술상의 정보에 근거하여 자사가 개발하거나 도출하는 일체의 영업 혹은 기술상의 정보(이하 '비밀정보'라 한다)에 관하여, 당사자는 다음에 규정하는 사항을 준수해야 한다.

1. 비밀정보는 관련 계약서에 명시된 본래의 목적에만 사용하여야 한다.
2. 비밀정보의 복제는 불가결한 경우 최소한의 범위에 한정하며, 복제물에 관하여 원본과 동등한 보관 및 관리가 이루어져야 한다.
3. 계약의 수행을 위하여 상대방에 관련된 비밀정보를 제3자에게 제공할 경우, 서면에 의하여 상대 당사자의 사전승낙을 얻어야 한다. 이 경우 당해 제3자와 본 계약과 동등한 의무를 규정하는 비밀유지계약을 별도 체결하여야 한다.

제○조 (비밀보호의무의 면제) 다음에 해당하는 정보임이 객관적인 증거를 통하여 입증되는 경우에는 제○조가 규정하는 비밀보호의무가 면제된다.

1. 비밀정보의 제공 이전부터 제공받은 당사자가 보유하고 있던 정보 또는 공지의 사실이었던 정보.
2. 비밀정보의 제공 이후 제공받은 당사자의 고의 또는 과실에 의하지 않고 공지의 사실로 된 정보 또는 당사자가 적법하게 제3자로부터 제공받은 정보 및 독자적으로 취득・개발한 정보.
3. 비밀정보를 제공한 당사자가 공개를 허락한 정보.
4. 관련법규나 정부당국에 의하여 공개가 요구된 정보. 이 경우 사전에 반드시 상대방에게 그 사실을 서면으로 통지하고, 상대방으로 하여금 적절한 보호 및 대응조치를 할 수 있도록 하여야 한다.

제○조 (손해배상 등) ① 비밀보호의무를 위반한 당사자는 즉시 상대방이 요구하는 조치를 취함과 동시에, 금(   )원을 위약벌로 상대방에게 지불한다.
② 제1항의 위약벌과 별도로 비밀보호의무 위반행위로 인하여 상대방이 입은 모든 손해를 배상한다.

[별지 제27호 서식]

영업비밀보호 계약서

__________주식회사(이하 '갑'이라 한다)와(과) __________주식회사(이하 '을'이라 한다)은(는), 다음과 같이 비밀유지계약(이하 '본 계약'이라 한다)을 체결한다.

제1조(계약의 목적) 본 계약은 갑・을이 상호 자신의 비밀정보를 제공함에 있어 계약 당사자의 관련 비밀정보를 보호하기 위함을 목적으로 한다.

제2조(비밀의 내용) 본 계약상 비밀정보란 갑・을간의 업무진행 과정에서 본 계약의 일방 당사자가 상대방에게 제공하거나 상대방 혹은 그 직원으로부터 지득 혹은 취득하는 상대방의 일체의 영업 혹은 기술상의 정보 및 이와 같은 영업 혹은 기술상의 정보에 근거하여 자사가 개발하거나 도출하는 일체의 영업 혹은 기술상의 정보(이하 '비밀정보'라 한다)를 말한다. 이와 같은 비밀정보는 서면, 구두 혹은 기타 방법으로 제공되는 모든 노하우, 공정, 도면, 설계, 실험결과, 샘플, 스펙, 데이터, 공식, 방법, 프로그램, 가격표, 거래명세서, 생산코스트, 선전상의 아이디어, 사업정보 등을 모두 포함한다.

제3조(비밀의 표시) 갑・을은 상대방에게 서면이나 서류 형태로 비밀정보를 제공하는 경우 서류상에 비밀임을 알리는 문구('비밀')를 명백히 표시해야 하며 서면이나 서류 이외의 형태 즉 구두나 영상 또는 당사자의 시설, 장비 샘플 기타 품목들을 관찰하거나 조사함으로써 비밀정보를 제공할 경우에는 공개 시 상대방에게 본 정보가 비밀에 속한다는 것을 알리고 또한 공개일로부터 (　　)일 이내에 서면으로 비밀임을 알리는 문구를 표시하여 상대방에게 확인시켜야 한다.

제4조(비밀정보의 취급) 본 계약의 당사자는 상대방으로부터 제공받은 비밀정

보에 관하여, 다음에 규정하는 사항을 준수해야 한다.

1. 비밀정보는 관련 계약서에 명시된 본래의 목적에만 사용하여야 한다.
2. 비밀정보의 복제는 불가결한 경우 최소한의 범위에 한정하며, 복제물에 관하여 원본과 동등한 보관 및 관리가 이루어져야 한다.
3. 계약의 수행을 위하여 상대방에 관련된 비밀정보를 제3자에게 제공할 경우, 서면에 의하여 상대 당사자의 사전승낙을 얻어야 한다. 이 경우 당해 제3자와 본 계약과 동등한 의무를 규정하는 비밀유지계약을 별도 체결하여야 한다.

제5조(정보취급자) 본 계약의 당사자는 상대방으로부터 제공받은 비밀정보를 자사 조직 내 목적상 부합하는 직원들에 한하여 이용하도록 조치하여야 하며 직원 각자에게 비밀유지의무를 주지시켜야 한다. 또한 상대방이 요구하는 경우 자사의 관계직원들에 대하여 당해 직원이 본 계약상의 비밀유지의무를 이행하겠다는 내용의 각서를 징구하는 등 상대방이 만족할 수 있는 적절한 조치를 취하여야 한다.

제6조(비밀보호의무의 면제) 본 계약의 당사자는 상대 당사자의 사전승낙 없이는 본 계약의 체결사실이나 내용 및 앞으로 계약 당사자가 추진할 사업내용을 공표하거나 제3자에게 알려서는 아니 된다. 다만, 다음에 해당하는 정보임이 객관적인 증거를 통하여 입증되는 경우는 비밀보호의무가 없다.

1. 비밀정보의 제공 이전부터 제공받은 당사자가 보유하고 있던 정보.
2. 비밀정보의 제공 이전부터 공지의 사실이었던 정보.
3. 비밀정보의 제공 이후 제공받은 당사자의 고의 또는 과실에 의하지 않고 공지의 사실로 된 정보.
4. 비밀정보의 제공 이후 제공받은 당사자가 적법하게 제3자로부터 제공받은 정보.
5. 비밀정보의 제공 이후 제공받은 당사자가 비밀정보와 관계없이 독자적으로 취득 또는 개발한 정보.
6. 비밀정보를 제공한 당사자가 공개를 허락한 정보.
7. 관련법규나 정부당국에 의하여 공개가 요구된 정보. 이 경우 사전에 반드시 상대방에게 그 사실을 서면으로 통지하고, 상대방으로 하여금 적절한 보호 및 대응조치를 할 수 있도록 하여야 한다.

제7조(자료의 반환) 본 계약의 당사자는 상대방의 요청이 있으면 언제든지 상대방의 비밀정보가 기재되어 있거나 이를 포함하고 있는 제반 자료, 장비, 서류, 샘플, 기타 유체물을 즉시 반환하거나, 상대방의 선택에 따라 이를 폐기하고 그 폐기를 증명하는 서류를 상대방에게 제공하여야 한다.

제8조(권리의무의 양도) 본 계약의 권리와 의무는 상대방의 사전 서면동의 없이는 제3자에게 양도될 수 없다.

제9조(권리의 부존재 등) ① 본 계약상 제공되는 비밀정보에 관한 모든 권리는 제공한 당사자에 속하고 본 계약은 어떠한 경우에도, 본 계약상 제공된 비밀정보에 관하여 상대방에게 어떠한 권리나 사용권을 부여하는 것으로 해석되지 않는다.

② 본 계약은 어떠한 경우에도 당사자간에 향후 어떠한 확정적인 계약의 체결, 제조물의 판매나 구입, 실시권의 허여 등을 암시하거나 이를 강제하지 않으며, 기타 본 계약의 당사자가 본 계약상 기술과 관련하여 다른 제3자와 어떠한 거래나 계약관계에 들어가는 것을 금지하거나 제한하지 아니한다.

제10조(내부규정의 준수) 본 계약의 당사자는 본 계약상의 목적을 위하여 상대방의 시설을 방문하거나 이를 이용할 경우, 상대방의 제반 규정을 준수하여야 한다.

제11조(계약의 분리가능성) 본 계약 중 어느 규정이 법원에 의하여 불법, 무효 또는 집행 불가능하다고 선언될 경우, 이는 본 계약의 나머지 규정의 유효성에 영향을 미치지 아니한다.

제12조(계약의 수정) 본 계약의 수정이나 변경은 양 당사자의 정당한 대표자가 서명한 서면합의로만 이루어질 수 있다.

제13조 (손해배상 등) ① 본 계약을 위반한 당사자는 즉시 상대방이 요구하는 조치를 취함과 동시에, 금(   )원을 위약벌로 상대방에게 지불한다.

② 제1항의 위약벌과 별도로 비밀유지의무 위반행위로 인하여 상대방이

입은 모든 손해를 배상한다.

제14조(계약기간) 본 계약은 본 계약 체결일로부터 ( )년간 그 효력을 가진다. 계약 만료 후 ( )개월동안 양 당사자가 상대방에 이의를 제기하지 않는 경우 본 계약은 동일한 조건으로 갱신되어 ( )년간 그 효력을 가진다.

제15조(불가항력) 본 계약의 어느 일방도 본 계약을 이행함에 있어 천재지변 또는 불가항력으로 발생하거나 기타 일방의 고의, 과실 또는 태만에 의하지 아니한 하자로 인하여 발생한 여하한 성격의 손실 또는 손해에 대하여도 그 일방은 상대방에게 책임을 지지 아니한다.

제16조(해석) 본 계약에 명기되지 아니하거나 본 계약상의 해석상 이의가 있는 사항에 대하여는 쌍방의 합의에 의하여 결정한다.

제17조(특약사항)

____

____

____

제18조(분쟁의 해결) 본 계약과 관련하여 분쟁이 발생한 경우 당사자의 상호 협의에 의한 해결을 모색하되, 분쟁에 관한 합의가 이루어지지 아니한 경우에는 ( )법원을 합의관할로 하여 소송을 통해 분쟁을 해결하기로 한다.

본 계약의 체결사실 및 계약내용을 증명하기 위하여 본 계약서를 2통 작성하여 계약 당사자가 각각 서명 또는 날인한 후 각 1통씩 보관한다.

년 월 일

____________________주식회사 (갑)

주 소:

상 호:

성 명: 대표이사 (인)

____________________주식회사 (을)

주 소:

상 호:

성 명: 대표이사 (인)

[별지 제28호 서식]

공동연구개발계약서

__________주식회사(이하 '갑'이라 한다)와(과) __________주식회사(이하 '을'이라 한다)은(는), 본 공동연구개발 과제의 원활한 수행을 위하여 다음과 같이 합의하고 계약을 체결한다.

제1조(계약의 목적) '갑'과 '을'은 본 계약에 따라 공동으로 에 관한 연구개발(이하 '본 공동연구'라 한다)을 함에 있어서 당사자 간의 권리와 의무를 정하는 데 그 목적이 있다.

제2조(비밀의 내용) 본 계약상 비밀정보란 갑·을간의 공동 연구개발 과제의 수행 과정에서 본 계약의 일방 당사자가 상대방에게 제공하거나 상대방 혹은 그 직원으로부터 지득 혹은 취득하는 상대방의 일체의 영업 혹은 기술상의 정보 및 이와 같은 영업 혹은 기술상의 정보에 근거하여 자사가 개발하거나 도출하는 일체의 영업 혹은 기술상의 정보(이하 '비밀정보'라 한다)를 말한다. 이와 같은 비밀정보는 서면, 구두 혹은 기타 방법으로 제공되는 모든 노하우, 공정, 도면, 설계, 실험결과, 샘플, 스펙, 데이터, 공식, 방법, 프로그램, 가격표, 거래명세서, 생산코스트, 선전상의 아이디어, 사업정보 등을 모두 포함한다.

제3조(비밀의 표시) 갑·을은 상대방에게 서면이나 서류 형태로 비밀정보를 제공하는 경우 서류상에 비밀임을 알리는 문구('비밀')를 명백히 표시해야 하며 서면이나 서류 이외의 형태 즉 구두나 영상 또는 당사자의 시설, 장비 샘플 기타 품목들을 관찰하거나 조사함으로써 비밀정보를 제공할 경우에는 공개 시 상대방에게 본 정보가 비밀에 속한다는 것을 알리고 또한 공개일로부터 (　　)일 이내에 서면으로 비밀임을 알리는 문구를 표시하여 상대방에게 확인시켜야 한다.

제4조(비밀정보의 취급) 본 계약의 당사자는 상대방으로부터 제공받은 비밀정보에 관하여, 다음에 규정하는 사항을 준수해야 한다.

1. 비밀정보는 관련 계약서에 명시된 본래의 목적에만 사용하여야 한다.
2. 비밀정보의 복제는 불가결한 경우 최소한의 범위에 한정하며, 복제물에 관하여 원본과 동등한 보관 및 관리가 이루어져야 한다.
3. 계약의 수행을 위하여 상대방에 관련된 비밀정보를 제3자에게 제공할 경우, 서면에 의하여 상대 당사자의 사전승낙을 얻어야 한다. 이 경우 당해 제3자와 본 계약과 동등한 의무를 규정하는 비밀유지계약을 별도 체결하여야 한다.

제5조(정보취급자) 본 계약의 당사자는 상대방으로부터 제공받은 비밀정보를 자사 조직 내 목적상 부합하는 직원들에 한하여 이용하도록 조치하여야 하며 직원 각자에게 비밀유지의무를 주지시켜야 한다. 또한 상대방이 요구하는 경우 자사의 관계직원들에 대하여 당해 직원이 본 계약상의 비밀유지의무를 이행하겠다는 내용의 각서를 징구하는 등 상대방이 만족할 수 있는 적절한 조치를 취하여야 한다.

제6조(비밀보호의무의 면제) 본 계약의 당사자는 상대 당사자의 사전승낙 없이는 본 계약의 체결사실이나 내용 및 앞으로 계약 당사자가 추진할 사업내용을 공표하거나 제3자에게 알려서는 아니 된다. 다만, 다음에 해당하는 정보임이 객관적인 증거를 통하여 입증되는 경우는 비밀보호의무가 없다.

1. 비밀정보의 제공 이전부터 제공받은 당사자가 보유하고 있던 정보.
2. 비밀정보의 제공 이전부터 공지의 사실이었던 정보.
3. 비밀정보의 제공 이후 제공받은 당사자의 고의 또는 과실에 의하지 않고 공지의 사실로 된 정보.
4. 비밀정보의 제공 이후 제공받은 당사자가 적법하게 제3자로부터 제공받은 정보.
5. 비밀정보의 제공 이후 제공받은 당사자가 비밀정보와 관계없이 독자적으로 취득 또는 개발한 정보.
6. 비밀정보를 제공한 당사자가 공개를 허락한 정보.
7. 관련법규나 정부당국에 의하여 공개가 요구된 정보. 이 경우 사전에 반드시 상대방에게 그 사실을 서면으로 통지하고, 상대방으로 하여금

적절한 보호 및 대응조치를 할 수 있도록 하여야 한다.

제7조(공동연구) ① '갑'과 '을'은 본 첨부계획서에 따라 분담된 연구개발 업무를 성실히 수행해야 하며, 본 첨부계획서상의 연구 개발 목표 달성을 위하여 최대한 노력해야 한다.
② '갑'과 '을'은 본 공동연구 수행을 위해 상대방이 관리하는 연구비품 및 공작물 등이 필요한 경우 상대방의 동의를 얻어 무상으로 사용할 수 있다.

제8조(연구비의 부담 및 납입) ① 본 공동연구 수행을 위해 '갑'과 '을'은 각각 ○○만원, ○○만원씩 연구개발비를 부담한다.
② '갑'과 '을'은 각자의 연구개발비를 첨부계획서 상의 부담금 납입 일자에 따라 지정된 은행계좌에 납입하여야 한다.
③ 추가 연구개발비가 필요할 경우 당사자간의 협의에 의하여 부담금을 변경할 수 있다.

제9조(연구 인력 및 책임자) ① '갑'과 '을'의 협의 하에 본 계약 연구를 위한 인력 및 책임자를 정하고 변경 사항이 있을 경우 재협의하여 정한다.
② 연구책임자 등의 변경이 불가피한 경우에는 상대방의 사전 동의를 얻어야 한다.

제10조(공동 연구비의 집행 및 관리) ① 연구책임자는 첨부계획서에 따라 연구비 집행 및 관리를 하고 집행 내역을 매분기별로 서면보고하도록 한다.
② 연구책임자는 제1항의 집행실적에 대한 세부 증빙자료를 제출하여야 하며, '갑'과 '을'은 제출된 자료를 확인하기 위해 실사를 할 수 있다.

제11조(진척사항의 보고) ① '갑'과 '을'은 본 연구기간 중 정기적으로 연구진행 상황 등을 상호 통지하고, 필요한 경우 수시로 점검회의를 개최한다.
② 점검회의의 방법과 절차 및 시기는 '갑'과 '을'의 연구책임자가 협의하여 정한다.

제12조(제3자와의 연구금지) ① '갑'과 '을'은 상대방의 동의 없이 본 연구와 동일 목적의 연구를 본 공동연구기간 동안 제3자와 공동하여 행하거나 또

는 제3자로부터 수탁할 수 없다.

② 제3자를 본 공동연구에 참가시키는 것이 불가피할 경우에는 상대방의 사전 동의를 얻어야 한다.

③ '갑'과 '을'은 제8조에서 정한 자기의 연구분담비 일부 또는 전부를 상대방의 동의를 받은 경우에 한하여 제3자에게 위탁할 수 있다.

제13조(연구 성과물의 귀속) ① 연구 결과 발생한 연구 성과물은 '갑'과 '을'의 연구비 부담비율에 따라 공동 소유한다.

② '갑'과 '을'은 본 계약의 유효기간 중 또는 종료 후 ○○년간 본 연구의 성과와 관련된 산업재산권의 권리 및 당해 권리에 의거하여 취득한 산업재산권의 귀속을 다음과 같이 정한다.

1. '갑'과 '을'의 종업원들이 공동으로 발명한 것에 대한 권리는 연구비 부담비율에 따라 양자의 공동소유로 한다.
2. '갑'과 '을'의 일방의 종업원만이 실시한 발명 등에 대한 권리는 해당 당사자의 단독소유로 한다.

③ 상기 성과물에 대해 '갑' 또는 '을'이 독자적으로 개량, 개선한 결과물은 독자 개발한 일방당사자가 소유권을 가지며 상대방 당사자에게 통상 실시권을 허여한다.

④ 일방당사자가 연구 성과물을 학술회의 또는 간행물 등의 방법으로 그 내용의 일부 또는 전부에 대해 공개할 경우에는 상대방의 사전 허락을 받아야 한다.

제14조(특허출원 등 권리화) ① '갑'과 '을'은 제13조에 따른 공동소유의 연구 성과물을 특허출원 등을 통해 권리화할 수 있다.

② '갑'은 제1항에 의한 권리화 및 권리유지 절차를 진행하며, '을'은 이에 협력한다.

③ 제2항의 권리화 및 권리유지를 위해 사용되는 비용은 소유지분에 따라 공동 부담한다.

④ '갑' 또는 '을'이 규정된 비용을 부담하지 않을 경우 지식재산권에 대한 권리의 지분은 그때부터 소멸하며, 해당지분은 '을' 또는 '갑'에게 양도한다.

⑤ '갑'과 '을'이 공동 소유한 지식재산권을 제3자가 침해할 경우 서로 협

력하여 해결을 도모하고, 이에 소요되는 비용은 상호 협의하여 정한다.

제15조(개량발명 등) ① '갑'과 '을'이 본 계약의 유효기간 종료 후 ○○년 이내에 본 연구의 성과와 관련된 개량발명 또는 고안 등을 하여 특허출원 등을 할 경우에는 그 내용을 상대방에게 문서로 사전에 통지해야 한다.
② 제1항에 따른 통지가 있을 때 '을' 또는 '갑'은 그때마다 협의하여 해당 개량 발명 등의 취급에 대해 결정한다.

제16조(연구 성과물의 실시) ① '갑'과 '을'은 연구 성과물에 대해 독자적으로 실시할 수 있다.
② '갑' 또는 '을'은 상대방의 사전 동의 없이 제3자(각각의 자회사 포함)에게 실시권을 허락할 수 없으며, 실시권을 허락하고자 할 경우에는 미리 쌍방이 협의하여 실시의 가부 및 그 조건 등을 정한다.
③ 제2항의 규정에 의해 제3자에게 실시권이 허락되어 취득한 실시료는 '갑'과 '을'의 소유지분에 따라 배분한다.

제17조(성과의 발표) '갑'과 '을'은 본 계약의 유효기간 중 또는 그 종료 후 본 연구의 성과에 대해 발표하게 될 경우 그 내용과 시기 및 방법 등에 대해 미리 상대방에게 통지하여 승낙을 받도록 한다.

제18조(계약상의 지위 양도의 제한) '갑'과 '을'은 다른 일방의 동의 없이 본 계약상의 권리와 의무를 제3자에게 양도할 수 없다.

제19조(계약의 변경) 본 공동연구개발 계약서의 내용 중 중대한 변경 사항이 있을 경우 '갑'과 '을'은 상호 합의 하에 변경할 수 있다.

제20조(손해 배상책임) ① '갑'과 '을' 중 일방당사자의 귀책사유로 인하여 상대방이 입은 손해를 배상하여야 한다.
② '갑'과 '을'은 제8조 연구비 부담에서 정한 기한 내에 부담금 지급을 이행하지 않을 경우 ○○%의 연체 이자율에 의한 별도 연체 이자를 지급하여야 한다.

제21조(보증 면제) '갑'과 '을'은 본 계약을 체결하고 시행할 법적인 권리가 있음을 보증한다. 단, '갑'과 '을'은 본 공동연구로 어떤 특정한 연구 결과가 달성될 것이라든지 또는 연구 결과의 전부나 일부분이 제3자의 지적 재산권을 침해하지 않는다는 것을 보증하지 않으며, 또한 당사자 일방의 특허, 기술정보, 프로그램, 개량, 기보유 정보 및 기보유 특허를 사용함에 있어서는 어떠한 경우에도 품질, 이익 또는 제조비를 보증하지 않으며, 이러한 사용에 의하여 발생하는 어떠한 손해, 손상 또는 인적 상해에 대하여도 책임을 지지 않는다.

제22조(계약의 해지) ① '갑'과 '을' 중 일방당사자가 본 계약을 위반하여 원활한 연구수행이 곤란하게 되었을 경우, 상대방에게 ○○일간의 기간을 두고 시정사항을 서면으로 통보하였음에도 불구하고 상대방이 이를 불이행하거나 시정할 의사가 없다고 판단되면 계약을 해지할 수 있다.

② 다음에 해당하는 사유가 발생한 경우 본 계약은 별도의 해지통보 없이 즉시 해지된 것으로 본다.

1. 일방당사자가 상대방 당사자의 동의 없이 본 계약서에 의한 권리와 의무 및 성과물을 제3자에게 양도한 경우
2. 일방당사자의 주요 재산이 압류, 강제화의, 회사정리 절차 개시, 폐업, 휴업, 파산 등 중요한 변동이 생겨 본 계약을 이행하는 것이 곤란하다고 판단되는 경우
3. 천재지변, 전쟁, 정부 또는 정부기관의 행위, 법률/규칙/명령의 준수, 화재, 폭풍, 홍수, 지진, 반란, 혁명, 폭동, 파업 또는 공장폐쇄 등 일방이 지배할 수 없는 기타 불가항력적인 사유로 본 계약의 이행이 3개월 이상 지연된 경우

③ 제1항과 제2항 제1호 및 제2호의 경우 계약을 해지하는 당사자는 상대방에게 본 계약의 해제 또는 해지로 발생한 손해의 배상을 청구할 수 있다.

제23조(계약의 해석) 본 계약서 및 첨부계획서에 명기되지 아니하거나 본 계약의 해석상 이의가 있는 사항에 대하여는 쌍방의 합의에 의하여 결정한다.

제24조(신의 성실) 양 당사자는 본 계약에 의해 공동연구를 함에 있어서 신의를 가지고 본 계약서 및 첨부 계획서의 각 조항을 성실히 이행하여야 하며,

상호 긴밀하게 협조하여야 한다.

제25조(계약의 효력 발생일) 본 계약은 계약 체결일로부터 효력이 발생한다.

제26조(계약의 분리가능성) ① 관련 법령이나 판결에 의해 본 계약 내용 중 일부가 무효처리된다 하더라도 나머지 계약내용은 유효하다.
② 본 계약서에 첨부된 별첨 문서는 본 계약의 일부를 구성한다.

제27조(분쟁의 해결) ① 본 계약과 관련한 분쟁이 발생할 경우 당사자의 상호 협의에 의한 해결을 하되, 분쟁에 대한 합의가 이루어지지 않는 경우에는 서울중앙지방법원을 제1심 법원으로 하고, 대한민국의 현행 관계 법령의 적용을 받는 것으로 한다.
② 본 계약과 관련하여 당사자간에 발생하는 모든 분쟁 또는 의견 차이는 관련 국내법과 대한상사중재원의 상사중재규칙에 따라 중재를 통해 해결하도록 한다. 중재인(들)에 의해 내려지는 판정은 최종적인 것으로서 당사자 쌍방에 구속력을 가진다.

제28조(계약기간) ① 본 계약기간은 20○○년 ○○월 ○○일부터 20○○년 ○○월 ○○일까지로 하며, 본 기간은 '갑'과 '을'의 협의에 의하여 변경될 수 있다.
② 제1항의 규정에도 불구하고 제6조는 본 계약 종료 후 ○○년간 유효한 것으로 한다.

본 계약의 체결사실 및 계약내용을 증명하기 위하여 본 계약서를 2통 작성하여 계약 당사자가 각각 서명 또는 날인한 후 각1통씩 보관한다.

년 월 일

____________________주식회사 (갑)

주 소:

상 호:

성 명: 대표이사 (인)

____________________주식회사 (을)

주 소:

상 호:

성 명: 대표이사 (인)

[별지 제29호 서식]

투자유치계약서

________주식회사(이하 '갑'이라 한다)는 ________주식회사(이하 '을'이라 한다)에게 투자유치 및 M&A와 관련하여 다음과 같이 자문을 의뢰하고 계약을 체결한다.

제1조(목적) 본 계약은 '갑'이 분야의 전문기업으로 발전하는 데 필요한 국내외 투자를 원활하게 유치하는 것을 목적으로 한다.

제2조(정의) 본 계약서에서 사용하는 용어의 정의는 다음과 같다.
① '투자자'라 함은 '갑'의 사업계획에 부응하는 개인, 회사 또는 정부기관으로서 일정한 조건 하에 '갑'에게 투자를 행하거나 행할 예정인 자를 포괄적으로 칭한다.
② '투자의 유치'라 함은 '갑'의 사업화를 위하여 자금의 대여, 금전출자, 현물출자 등 모든 형태의 투자를 유치하는 것을 말한다.

제3조(자문의 제공) ① 본 계약의 목적을 달성하기 위하여 '을'은 '갑'에게 제5조제1항의 자문을 제공한다.
② '갑'은 '을'의 동의 없이 제1조의 목적수행과 관련하여 제5조의 '을'의 역할과 중복되거나 '을'이 그 역할을 수행하는 데 지장을 초래할 수 있는 권한을 제3자에게 수여하거나 혹은 투자유치자문 등의 용역을 제3자에게 의뢰하지 아니한다.
③ '갑'은 '을'의 동의 하에 투자자(회사인 경우 그 임직원 또는 주주를 포함)와 직접 접촉하며 모든 의사전달은 '을'을 통하여 행함을 원칙으로 한다.

제4조('갑'의 역할) '갑'은 '을'이 '을'의 역할을 효과적으로 충실히 수행할 수 있도록 사업화와 관련된 내부전략수립, 자금조달방안, 주요단계별 주요의사결정, '갑'이 보유하고 있는 기술적인 정보를 포함한 각종 내·외부 정보

를 '을'에게 신속하게 제공한다.

제5조('을'의 역할) ① 투자유치와 관련하여 '을'은 다음의 사항에 대해 자문을 제공한다.

1. 투자자의 소개 및 관련 정보·자료의 제공 및 이에 대한 분석 지원
2. 투자유치 관련 각종 계약 검토 및 계약 체결 자문
3. M&A에 관한 자문
4. M&A 관련 각종 계약 검토 및 계약 체결 자문
5. 필요 시 외부 전문가 고용
6. 기타 별도로 '갑'과 '을' 사이에 구체적으로 합의하여 정한 사항

② '을'이 제1항 제5호의 업무를 수행할 때에는 '갑'의 동의를 얻는 것을 원칙으로 한다.

제6조(비밀유지 의무) ① 본 계약에 의하여 상호간에 제공되는 모든 정보 및 자료는 '갑'과 '을'이 달리 합의하지 않는 한 사업화와 관련한 투자의 유치를 위한 목적으로만 사용되어져야 하며, '갑'과 '을'은 본 계약의 체결일로부터 ____년간 그에 따른 비밀을 제3자에게 유지하여야 한다.
② 본 계약상의 비밀 준수를 요하는 관련 자료는 '갑'과 '을', 투자자의 명칭, '갑'이 사업화와 관련하여 투자의 유치를 의도하고 있다는 사실을 포함하며, 상호 제공된 문서와 자료, 투자유치와 관련된 각종 계획 및 의사결정에 관한 정보 등을 포함한다.

제7조(면책) ① '갑'은 '을'의 중대한 과실 또는 고의에 의하여 야기되지 않는 한 '을'이 '갑'을 대리하여 수행하는 행위 및 기타 '을'이 '갑'을 위하여 행한 행위로부터 발생하거나 근거되어 청구되는 모든 책임 및 손해로부터 '을'을 면책한다.
② '을'은 '갑'을 위하여 '갑'이 최상의 판단을 내릴 수 있도록 각종 정보와 기타 용역을 제공하며, 투자의 유치 및 사후관리와 관련한 모든 판단은 '갑'의 책임 아래 이루어진다. '갑'의 결정에 근거한 결과에 대한 모든 책임은 모두 '갑'에게 귀속한다.

제8조(수수료) ① '갑'은 '을'에게 금 한글기입 원정(₩________원)의 착수금을

계약체결과 동시에 지급하여야 하고, 본 계약의 성사나 중도해지와 관계없이 반환하지 않는다.

② '을'의 자문에 의하여 '갑'이 투자계약을 체결한 경우 '갑'은 '을'에게 투자유치금액의 _______%에 해당하는 현금을 성공보수금으로 지급한다. 단, '갑'과 '을'의 합의에 의해 성공보수금의 일부 또는 전부를 주식으로 대체할 수 있다.

③ '갑'은 외자유치, M&A용 실사 등 특수한 경우에 한하여 '을'이 제3자를 고용할 때 '을' 및 제3자와 사전협의 하에 비용을 정한다.

④ 제3항의 경우 '갑'은 '을'에게 외부전문가 고용에 대한 보수와 출장비 및 기타 경비를 별도로 지급한다.

⑤ 정부사업, 민군겸용 기술개발사업 등의 경우에도 본 조의 규정을 준용한다. 이 경우 정부 출연금의 총 규모를 투자유치금액으로 본다.

⑥ '을'의 자문에 의하여 '갑'이 M&A계약을 체결한 경우 '갑'은 '을'에게 금 한글기입 원정(₩__________원)의 성공보수금을 지급한다.

⑦ 제2항과 제4항 및 제6항의 금액에 대해 '갑'은 '을'의 청구를 받는 날로부터 ______________일 이내에 지정된 은행계좌로 납입한다.

제9조(계약기간) 본 계약은 체결일로부터 ○○년간 유효하다. 단, '갑' 또는 '을'이 계약기간 만료일 ___개월 전에 반대의 의사표시를 등기우편으로 통지하지 않는 한 같은 조건으로 자동 갱신된다.

제10조(신의성실의 의무) '갑'과 '을'은 신의성실의 원칙에 따라 업무를 수행하며, 본 계약에 따로 정하지 아니한 사항에 대해서는 상호 협의 하에 정한다.

제11조(분쟁의 해결) 본 계약과 관련한 분쟁이 발생할 경우 당사자의 상호 협의에 의한 해결을 하되, 분쟁에 대한 합의가 이루어지지 않는 경우에는 서울중앙지방법원을 제1심 법원으로 하고, 대한민국의 현행 관계 법령의 적용을 받는 것으로 한다.

본 계약의 체결사실 및 계약내용을 증명하기 위하여 본 계약서를 2통 작성하여 계약 당사자가 각각 서명 또는 날인한 후 각 1통씩 보관한다.

년 월 일

______________________주식회사 (갑)

주 소:

상 호:

성 명: 대표이사 (인)

______________________주식회사 (을)

주 소:

상 호:

성 명: 대표이사 (인)

[별지 제30호 서식]

라이선스 계약서

__________주식회사(이하 '실시자'라 한다)와 ________주식회사(이하 '허락자'라 한다)는 '허락자'가 개발한 ○○○○기술을 '실시자'가 실시함에 있어 다음과 같이 합의하고 계약을 체결한다.

제1조(정의) 본 계약서에서 사용하는 용어의 정의는 다음과 같다.

① '계약기술'이란 현재 '과기연'이 특허출원한 '______'(대한민국 특허출원 제___호/___) 중 '______'기술을 말한다. 단, 출원중인 산업재산권이 등록되지 아니하는 경우에도 본 계약은 계속 유효하며, '실시자'는 본 계약상의 이행사항을 성실히 수행하여야 한다.

② '계약제품'이라 함은 '계약기술'을 사용하여 생산되는 제품 및 생산장치를 말하고, 중간체 또는 원료를 생산·판매하는 경우 그 중간체나 원료를 말하며, '계약기술'이 공정(공정개선 또는 공정대체를 포함)을 최종목적으로 하는 경우 그 공정(개선된 공정, 대체된 공정 포함)을 말한다. 단, 1개의 생산제품에 2개 이상의 산업재산권이 관련되는 경우 1개의 계약제품으로 본다.

③ '실시' 또는 '실시권'은 다음의 사항을 말한다.

1. 국내에서 '계약기술'을 사용하는 행위 및 권리
2. 국내에서 '계약기술'을 사용하여 '계약제품'을 생산·판매하는 행위 및 권리
3. '실시자'가 사용 또는 소비하기 위하여 '계약제품'을 생산하는 행위
4. 기타 위의 각 호를 위한 활동

④ '생산개시'라 함은 '실시자'가 '계약기술'을 이용하여 '계약제품'을 최초로 생산한 것을 말하며 그 해당일을 '생산개시일'이라 한다.

⑤ '매출액'이라 함은 기업회계기준 제38조에서 정의된 매출액을 말한다.

⑥ '개량기술'이라 함은 '계약기술'의 개량, 확장, 대체 또는 추가발명에 의한 기술을 말한다.

⑦ '독점적 통상실시권'이란 '허락자'가 '실시자'의 동의 없이는 제3자에게

실시권을 허여할 수 없는 통상실시권을 말한다.

제2조(실시권의 내용) ① '허락자'는 '실시자'가 본 계약의 조건에 따라 대한민국 내에서 '계약기술'을 실시하는 데 동의하여 '실시자'에게 ________실시권을 설정한다. 단, 국외실시의 경우에는 제3조에 따른다.
② '실시자'는 제3자와 '계약기술'의 전부나 일부를 사용하거나 이용할 수 있도록 하는 '계약기술'의 이전이나 증여, 통상 또는 전용실시권 설정 등에 관한 행위를 할 수 없다.
③ '허락자'는 '실시자'가 '계약기술'을 실시하지 아니하는 부분에 대하여는 실시권을 포기한 것으로 간주할 수 있다.

제3조(국외실시) '국외실시'는 대한민국 이외의 지역에 '계약제품'을 판매하거나, '계약기술'을 수출하는 것(동 지역에서 제품을 생산, 판매하는 행위 포함)을 말하며, '실시자'가 '계약기술'을 '국외실시'하고자 하는 경우 사전에 '허락자'와 협의하여 본 계약과는 별도로 '국외실시'에 관한 실시계약을 체결하여야 한다.

제4조(실시기간) ① '실시자'의 '계약기술' 실시기간은 '생산개시일'로부터 기산하여 ○○년이 되는 연말에 만료되는 것으로 하되, '생산개시일'이 해당년도___월 ____일 이후로 확정되는 경우 익년도 1월 1일로부터 실시기간을 기산한다.
② '실시자'는 본 계약체결일로부터 ○○개월 이내에 '생산개시'를 하여야 하며, 생산을 개시한 즉시 '생산개시일'을 서면으로 '허락자'에 통보하여야 한다. 단, '생산개시'에 대하여는 정당한 사유가 있을 경우 사전에 '허락자'의 서면동의를 득한 후 이를 연기하되, '생산개시'의 기한은 계약체결일로부터 총 ____개월을 초과할 수 없다.

제5조(실시대가) '실시자'는 다음과 같이 실시료를 '허락자'에 지급한다. 단, 본 조항은 제2조 제3항에 의거하여 '실시자'가 '계약기술'의 일부를 포기하는 경우에도 계속 유효하다.
①(선급실시료) '실시자'는 본 계약체결시 선급실시료로 금 <u>한글기입</u> 원정(₩ ________원)을 '허락자'에 현금으로 지급한다.

②(경상실시료) '실시자'는 경상실시료로 '생산개시일'로부터 본 계약 만료일까지 매년 본 '계약제품' '매출액'의 ______%를 제6조에 의거 '허락자'에 지급한다.

③(최저 실시료 계산) 제2항 경상실시료의 최저실시료는 금 한글기입 원정(₩ ________원)으로 하며, 연도별 실시자가 지급하여야 하는 경상실시료가 최저실시료 이하인 경우에는 최저실시료를 경상실시료로 간주한다.

제6조(실시료 계산) '실시자'는 본 계약서 제5조 제2항 및 제3항의 실시 대가를 다음과 같이 '허락자'에 지급한다.

①(계산분기) '실시료' 계산은 매년 1월 1일로부터 12월 31일까지를 분기로 하여 당해 실시료를 익년도 3월말까지 '과기연'에 지급한다. 단, '생산개시일'이 생산개시 당해연도의 6월 30일 이후인 경우에는 익년도에 포함하여 계산한다.

②(자료제시) '실시자'는 실시료의 지급시 관련 세무자료 등 공인된 실시료 산출근거를 '허락자'에 제시하여야 한다.

③(지급지연) '실시자'가 제5조 각 항의 실시료 지불을 지연하는 경우 '실시자'는 해당연도 지정된 은행의 당좌대월금리 이자를 일수별로 계산하여 더한 금액을 '허락자'에 지불하여야 한다.

④(확인) '실시자'는 세무적으로 인정할 수 있는 회계원칙에 따라 회계기록을 작성, 보관하여야 한다. 단, 이러한 회계기록, 장부 및 '계약기술'의 실시 유무에 대한 확인을 위하여 '허락자'가 필요하다고 판단하는 경우 직접 또는 대리인으로 하여금 관련 자료를 검사 또는 복사하게 할 수 있고, '실시자'의 사업장에 출입할 수 있으며, 이 경우 '실시자'의 회계상 오류 등으로 인하여 차액이 발생하는 경우 그 차액을 즉시 '허락자'에 지급하여야 한다. 또한, '허락자'에게 기지급한 금액과 비교하여 오류 등으로 발생한 차액이 ○% 이상인 경우 검사를 위한 제반비용은 '실시자'가 별도로 부담한다.

제7조(기술실시) ①(기술실시 협의) '허락자'와 '실시자'는 '계약기술'의 실시 및 '계약제품'의 설계, 제조 등을 지도하기 위하여 기술지도기간, 방법 등의 기술실시에 관한 세부계획이 필요한 경우 이를 별도 협의하여 정한다.

②(비용 부담) '실시자'는 제1항의 협의에 따라 기술실시와 관련하여 발생하는 제반 비용을 별도로 부담한다.

제8조(기술의 개량) ①(산업재산권의 취득) '허락자'가 '계약기술'로써 산업재산권을 취득하는 경우 '실시자'는 본 계약의 내용에 따른 실시권을 가진다. 단, 산업재산권의 출원, 보정, 등록, 유지, 실시권 설정 및 명의이전 등 산업재산권에 소요되는 모든 비용(계약체결이전에 기투입된 비용 포함)은 '실시자'가 별도로 부담한다.

②(실시자의 기술개량) '실시자' 또는 '실시자'의 임원 및 피용자가 '계약기술'을 개량하고자 하거나 이를 근거로 새로운 산업재산권을 취득하고자 하는 경우 '실시자'는 사전에 '허락자'에 통보하여 상호 협의하여 추진하여야 하며 취득된 산업재산권에 대한 비독점실시권을 '허락자'에게 허락한다.

제9조(신의성실의 의무) ①(신의성실) 본 계약이 목적하는 바를 상호 충족시키기에 필요한 제반사항에 대하여 '허락자'는 신의 성실을 다하여 '실시자'에게 적극 협조하여야 하며, '실시자' 또한 계약을 성실히 이행하여야 한다.

②(자료제출) '실시자'는 본 계약체결이후 ____월 이내에 '계약기술'의 상세한 상업화 계획을 '허락자'에 서면으로 제출하고, 그 이후 본 계약만료일까지 매 1년마다 연구, 기술개량, 상업화 진전사항 및 기타사항을 서면으로 '허락자'에 통지하여야 한다.

제10조(계약기술 보증면제) ① '허락자'는 '실시자'가 실시하는 '계약기술'이 제3자의 권리를 침해하지 않는다는 것을 보증하는 것은 아니며, '계약기술'의 실시에 의하여 '실시자'에게 발생한 제3자에 대한 실시료 지불을 포함하는 '실시자'의 어떠한 손실에 대해서도 '허락자'는 책임을 지지 아니한다. 단, '허락자'는 '계약기술'의 특허 출원, 등록 또는 유지를 위하여 최대한 노력한다.

② 제3자가 '계약기술'을 침해하거나, 침해하려고 하는 사실이 있거나 또는 제3자에 의해 소송이 제기된 경우 '허락자'와 '실시자'는 상호간에 그 사실을 통보하며, 상호이익을 위해 협력한다. 단, 법원의 확정판결 등으로 '실시자'가 더 이상 '계약기술'을 사용할 수 없을 경우 본 계약은 해지되며, 제14조 제2항에 따른다.

③ '실시자'가 직접 또는 간접적으로 '계약기술'의 효력을 다툰 경우 '허락자'는 본 계약을 해지할 수 있다.

제11조(비밀 보장) ① '실시자'는 '계약기술'이 타에 제공되거나 유출되지 않도록 보안에 유의하여야 하며, 이 의무는 그 임원 및 피용자나 그 승계인을 통하여 사실상 위반됨이 없도록 하는 의무를 포함한다.
② 본 조항은 본 계약이 해제 또는 해지되었을 경우에도 계속 유효하다.

제12조(계약의 변경) 본 계약의 내용은 '실시자'와 '허락자'의 서면 합의에 의해 변경될 수 있다.

제13조(불가항력) 본 계약의 어느 일방도 본 계약을 이행함에 있어, 천재지변 또는 불가항력으로 발생하거나 기타 일방의 고의, 과실 또는 태만에 의하지 아니한 하자로 인하여 발생한 손실 또는 손해에 대하여도 그 일방은 상대방에게 책임을 지지 아니한다.

제14조(계약의 해지) ① '허락자'는 다음의 경우에 30일의 기한을 두고 '실시자'에 그 이행을 서면으로 최고함으로써 본 계약을 취소할 권리를 유보하며, 이에 따라 해지되었을 경우에도 '허락자'는 기지급 받은 금액(기영수 약속어음 금액 포함)을 환불하지 아니하며, '실시자'는 기술 자료를 '허락자'에 반환하고 본 계약상의 모든 권리를 포기하여야 한다.

1. 통보기한 내에 '생산개시일'을 통보하지 아니하거나, '생산개시일' 전이라도 '실시자'가 생산을 포기한 것으로 인정되는 경우
2. '생산개시일' 이후 '실시자'가 조업중단 등으로 실시를 할 수 없다고 인정될 경우
3. '실시자'가 제5조에 따른 실시료를 정당한 이유 없이 지급치 아니할 경우
4. 기타 본 계약상의 의무를 위반할 경우

② 본 조 제1항 각 호 또는 제10조에 따라 계약이 해지되는 경우 '실시자'는 해지일까지의 실시료를 계산하여 '허락자'에 지급하여야 한다. 단, 계약해지시에 실시료 지불의무가 발생하지 않는 재고품 및 '계약제품'에 대하여는 위의 계약해지일로써 이미 판매를 완료한 것으로 간주하며, '실시자'는 이에 대한 실시료를 해지통보를 받은 날로부터 30일 이내에 현황보고와 함께 '허락자'에게 지급하여야 한다.
③ 본 계약이 해지 또는 해제되었을 경우, '실시자'는 스스로 또는 제3자로

하여금 '계약기술'을 실시토록 하거나, 본 계약제품의 생산을 행하지 아니한다.

제15조(손해 배상) '실시자'는 본 계약을 위반하여 '허락자'에 손해를 끼쳤을 때에는 이를 배상하여야 한다.

제16조(중요사항의 변경) '실시자'가 본 계약체결 후 법인의 주소 등 중요사항을 변경하였을 경우에는 이를 지체 없이 '허락자'에 통보하여야 하며, 이에 대한 불이행으로 인한 '허락자'의 착오는 '실시자'의 항변으로부터 면책된다.

제17조(분쟁의 해결) 본 계약과 관련하여 혹은 쌍방의 의무이행과 관련하여 분쟁이나 이견이 발생하는 경우, '허락자'와 '실시자'는 이를 상호 협의하여 원만히 해결토록 노력하여야 하며 이러한 분쟁이나 이견이 원만히 해결되지 않은 경우에는 사단법인 대한상사중재원 중재규칙에 의하여 해결한다.

제18조(계약의 효력) ① 본 계약의 효력은 쌍방이 서명날인한 날로부터 유효하다.
② 이 계약은 '허락자'와 '실시자'간 기술실시에 관한 기본적인 사항을 규정한 것으로 이전에 '허락자'와 '실시자'간의 모든 문서에 우선한다. 또한 이 계약과 관련 있는 다른 협의나 계약은 이 계약서에 언급되고 서면으로 작성되어 권한 있는 당사자의 서명이 없는 한 그 효력이 없다.

제19조(계약의 해석) 본 계약서에 명기되지 아니하거나 본 계약의 해석상 이의가 있는 사항에 대하여는 쌍방의 합의에 의하여 결정한다.

이상을 증명하기 위하여 각 당사자는 본 계약서 두통을 작성하여 쌍방이 서명 날인한 후 각 한통씩 보관한다.

첨 부 : 1. 법인인감증명서 1부
2. 사업자등록증 사본 1부
3. 사용인감계 1부(해당하는 경우)

년 월 일

________________________주식회사 (갑)
주 소:
상 호:
성 명: 대표이사 (인)

________________________주식회사 (을)
주 소:
상 호:
성 명: 대표이사 (인)

[별지 제31호 서식]

연구개발 위탁 계약서

계약 과제명 :
계약 기간 :
계약 금액 : 금 ______________원정 (₩______________원)

____________주식회사(이하 '갑'이라 한다)와 ____________주식회사(이하 '을'이라 한다)는 위의 연구개발과제 수행을 위하여 다음과 같이 합의하고 계약을 체결한다.

제1조(연구개발목표 및 범위) 본 연구개발의 목표 및 범위는 첨부연구개발계획서와 같다.

제2조(연구개발수행) '을'은 '갑'과 협조하여 본 연구개발을 첨부연구개발계획서에 따라 위 계약금액 한도 내에서 수행하여야 한다.

제3조(연구개발비 지급) '갑'은 '을'에 대해 다음과 같이 연구개발비를 지급한다.

① 선급금 : 계약체결 후 계약금액의 ____% (금 ______________원정 (₩ ____________원))

② 중도금 및 잔금 : 중간연구개발보고서 제출 이후 계약금액의 ____% (금 ____________원정 (₩______________원))

제4조(계약의 변경) ① '을'은 '갑'의 동의 없이 첨부연구개발계획서의 내용 및 계약사항을 변경하지 못한다.

② '을'은 연구개발수행 중 연구개발계획 변경 및 연구개발기간 연장 등의 사유로 계약사항의 변경이 필요한 경우, 계약기간 종료 _____개월 전까지

'갑'에게 요청하고 '갑'의 승인을 얻어야 한다.

제5조(연구개발비의 사용 및 관리) ① '을'은 '갑'이 지급한 연구개발비를 별도 계정을 설정하여 관리하여야 하며, 본 연구개발수행에만 사용하여야 한다.
② '을'은 당초 계획된 연구개발비 중에서 각 비목별 20%(인건비, 연구개발간접경비 제외) 이상 변경하여 사용하고자 할 경우, 그 사유와 내역을 명시하여 연구개발기간 종료 ____개월 전까지 '갑'에게 요청하고 '갑'의 승인을 받아야 한다.

제6조(연구개발비 사용실적 보고) '을'은 잔금 청구 시 당초 예산 또는 계약금액 대비 연구개발비 집행 실적을 세부집행내역을 명기하여 '갑'에게 제출하여야 한다.

제7조(연구개발결과 보고 및 평가) ① '을'은 연구개발결과를 다음과 같이 '갑'에게 제출하여야 한다. 단, 연구개발보고서 양식은 '갑'이 지정하는 바에 의한다.

1. 중간보고서 : 부, 20 년 월 일 까지
2. 최종보고서 : 부, 20 년 월 일 까지

② '을'은 본 연구개발의 연구개발결과에 대한 관련 기술을 '갑'에게 성실히 전수하여야 한다.

제8조(연구개발평가 결과) '갑'은 '을'이 수행한 연구개발내용(중간 및 결과)에 대하여 평가를 실시하며, 평가결과에 따라 다음의 조치를 취할 수 있다.
① 평가결과가 불량 이하일 때 그 정도에 따라 사유서 징구, 과제중단 또는 제한을 할 수 있다.
② 과제중단 또는 제한을 할 경우의 연구개발비 정산은 제10조 제2항에 따른다.

제9조(지식재산권 및 발생품) ① '을'은 본 연구개발수행 중 획득한 모든 자료를 연구개발 종료와 동시에 '갑'에게 제출하여야 하며, 본 연구개발수행 과정에서 발생되는 특허 및 지식재산권 노하우 등에 대한 일체의 권리는 '갑'의 소유로 한다.
② '을'은 본 연구개발수행 중 특허 및 지식재산권 출원을 위하여 최대한

노력하여야 하며, 출원비용은 '갑'이 부담토록 한다.

제10조(계약의 해약) ① '갑'은 다음의 경우 본 계약을 해약할 수 있다.

1. '을'이 '갑'의 사전승인 없이 본 계약에 의한 권리와 의무를 위배하였을 때
2. '을'의 태만으로 소정의 기일 내에 연구개발을 완성하기 어렵다고 인정될 때
3. '을'이 연구개발수행에 최선을 다하였으나 진행이 정지상태가 되어 소정의 성과를 기대하기 어려울 때, 또는 연구개발을 계속 수행할 능력이 없다고 인정될 때
4. '갑'의 특별한 사유로 인해 본 연구개발의 전부 또는 일부를 취소하여야 할 상황이 발생하였을 때

② '갑'이 본 계약을 해약하였을 경우, '을'은 본 계약이 해약된 날로부터 ____일 이내에 기 수령한 금액을 '갑'에게 반환하여야 한다. 단, 전 항의 제3호, 제4호의 사유로 해약할 경우, '을'은 해약된 날로부터 _____일 이내에 정산서 및 연구개발진도보고서를 제출하여야 한다.

제11조(비밀의 보장) '을'은 본 위탁연구개발 수행과정을 통하여 취득한 제반 사항에 대하여 '갑'의 승인 없이 이를 외부에 공개 또는 제공하지 못한다.

제12조(상호협조) '을'은 연구개발수행 중 '갑'의 요청이 있을 경우 수시로 연구개발내용에 관하여 '갑'과 협의하여야 하며, '갑' 또한 필요한 사항에 대하여 '을'에게 적극 협조하여야 한다.

제13조(계약의 해석) 본 계약서에 명기되지 아니하거나 본 계약의 해석상 이의가 있는 사항에 대하여는 쌍방의 합의에 의하여 결정한다.

이상을 증명하기 위하여 각 당사자는 본 계약서 두통을 작성하여 쌍방이 서명 날인한 후 각 한 통씩 보관한다.

첨 부 : 연구개발계획서 1부

년 월 일

____________________주식회사 (갑)

주 소:

상 호:

성 명: 대표이사 (인)

____________________주식회사 (을)

주 소:

상 호:

성 명: 대표이사 (인)

위탁연구개발 계획서

<table>
<tr><td>개발명</td><td colspan="6"></td></tr>
<tr><td rowspan="2">책임자</td><td>성명</td><td></td><td>주민등록번호</td><td></td><td>소속</td><td></td></tr>
<tr><td>부서</td><td></td><td>직위</td><td></td><td>전공</td><td></td></tr>
<tr><td>기간</td><td colspan="6">20 . . ~ 20 . . (년 개월)</td></tr>
<tr><td>목표 및 범위</td><td colspan="6"></td></tr>
<tr><td>세부 내용</td><td colspan="6"></td></tr>
<tr><td>방법 및 추진 전략</td><td colspan="6"></td></tr>
<tr><td rowspan="3">연구개발비</td><td colspan="3" rowspan="3">원</td><td colspan="3">간 접 비 : 원</td></tr>
<tr><td colspan="3">인 건 비 : 원</td></tr>
<tr><td colspan="3">직접경비 : 원</td></tr>
<tr><td colspan="7">본인은 귀사와의 계약사항 및 제반 지시사항, 관계규정을 준수하면서 본 연구개발을 상기 계획에 따라 성실히 수행하겠습니다.
20 년 월 일
연구개발책임자 : (인)</td></tr>
</table>

[별지 제32호 서식]

인수합병계약서

__________주식회사(이하 '갑'이라 한다)와 ________주식회사(이하 '을'이라 한다)는 ________주식회사(이하 '신회사'라 한다)를 설립함에 있어 다음과 같이 합의하고 계약을 체결한다.

제1조(합병과 신회사의 설립) '갑'과 '을' 양사는 합병하여 신회사를 설립하고 각각 해산하는 것으로 한다.

제2조(신회사) 합병에 의해 설립한 신회사의 목적, 상호, 주식발행 총수, 새 주식 인수권 등을 정하고, 액면 주식 한 개당 금액, 발행할 주식의 종류 및 수량과 본점의 소재지는 다음과 같다.

① 목적
1. ______________제조
2. ______________판매
3. 전 항을 대체하는 일련의 사업

② 상호 __________ 주식회사

③ 발행하는 주식의 총수 ________주

④ 액면주식의 한 주당 금액 ________원

⑤ 발행주식의 종류 및 수량
1. 보통주식 ________주
2. 우선주식 ________주(우선주식은 ________의 우선권을 부여한다.)

⑥ 당 회사의 주식을 양도할 때에는 이사회의 승인을 얻어야 한다.

⑦ 본 점의 소재지는 ______________로 한다.

제3조(합병비율) 신회사는 합병에 있어서 액면 주식 _______주를 발행하고 이것을 합병기일 현재의 '갑'과 '을' 양사의 주주에 대해 각각 다음과 같은 비율로 교부하도록 한다.

① '갑' 회사는 주주에 대해 소유하고 있는 액면 ________원의 주식 1주당 1주의 비율
② '을' 회사의 주주에 대해서는 소유하고 있는 액면 ________원의 주식 2주당 1주의 비율

제4조(자본 및 자본준비금) 신회사의 자본금 및 자본 준비금은 다음과 같다.
① 자본액 : 금 ________원
② 자본준비금액 : 금 ________원
③ 이익준비금액 : 금 ________원
④ 임의준비금액 : 금 ________원

제5조(교부금지급) '갑' 회사의 주주에 대해서는 소유하고 있는 주식 1주당 금 __________원의 비율의 교부금을 합병시 지급한다.

제6조(합병기일) 합병기일은 20___년 ___월 ___일로 한다. 단, 이 기일 내에 합병과 관련된 절차를 진행함에 있어서 곤란한 점이 발생할 경우에는 '갑'과 '을' 양사의 대표자 협정에 의해 이를 연장시킬 수 있다.

제7조(자산의 인수) '갑'과 '을' 양사는 20___년 ___월 ___일 현재의 회계장부, 대차대조표 등 동일의 계산을 기초로 해서 이후 합병일까지의 수입과 지출을 기록하고 합병 기일에는 '갑', '을' 양사가 소유하고 있는 자산 및 채무 외의 영업권에 관한 영업의무 일체를 신회사가 인수한다.

제8조(이익금처분) '갑'과 '을' 양사의 20 년 ___월 ___일 현재 마감 결산에 의해 발생하는 이익금 처분과 관련해서는 '갑'과 '을' 양사간의 협의에 의해 종례의 관례에 따라 정한다.

제9조(신주의 배당) 제3조에 의해 발행한 주식에 대한 배당은 20___년 ___월 ___일부터 기산한다.

제10조(종업원인수) '갑'과 '을' 양사의 종업원은 전원 신회사에 인수되며 근속연수를 통산한다.

제11조(주주총회) '갑'과 '을' 양사는 20___년 ____월 ____일 각각 주주총회를 열어 본 계약의 실행에 관하여 필요한 결의를 한다.

제12조(설립위원, 설립총회의 개최시기) ① '갑'과 '을' 양사는 신회사를 설립함에 있어서 정관작성 외에 기타 행위를 위해 각각 _______명의 설립위원을 선임한다.

② '갑'과 '을' 양사는 합병과 관련된 제반 절차를 마치고, 20___년 ____월 ___일에 신회사 창립총회를 개최한다.

제13조(비밀유지의무) ① 양당사자 사이에 M&A의 전략팀을 구성하는 근로자는 M&A 업무 취급 중에 알게 된 양당사자의 중요한 경영 및 기술상의 정보를 제3자에게 유출하지 않을 것을 서약하는 내용의 약정서를 제공하여야 한다.

② 만일 계약당사자가 이를 위반할 경우, 그로 인하여 상대방에게 미친 손해를 배상하기로 한다.

제14조(기타) 본 계약서에서 규정하는 사항 이외의 사항에 있어서도 합병과 관련된 필요한 사항이 있을 때에는 합병조건에 영향을 미치지 않는 범위 내에서 '갑'과 '을' 양사 대표자의 협정으로 집행할 수 있다.

제15조(효력의 발생시기) 본 계약은 제11조에 정한 바와 같이 '갑'과 '을' 양사의 주주총회에서 승인을 얻음과 동시에 그 효력을 발휘한다.

이상을 증명하기 위하여 각 당사자는 본 계약서 두통을 작성하여 쌍방이 서명 날인한 후 각 한 통씩 보관한다.

년 월 일

_______________________주식회사 (갑)

주 소:

상 호:

성 명: 대표이사 (인)

__________________________주식회사 (을)
주 소:
상 호:
성 명: 대표이사 (인)

[별지 제33호 서식]

합작투자계약서

__________주식회사(이하 '갑'이라 한다)와 __________주식회사(이하 '을'이라 한다)는 __________주식회사(이하 '합작투자회사'라 한다)를 설립함에 있어 다음과 같이 합의하고 계약을 체결한다.

제1조(정의) 본 계약서에서 사용하는 용어의 정의는 다음과 같다.
① 일방당사자의 '계열사'라 함은 소유, 계약 또는 기타의 방법으로 그 당사자를 지배하거나 또는 그 당사자의 지배를 받거나 또는 그 당사자와 함께 공동으로 지배를 받는 회사, 단체 및 기타 사업체를 말한다.
② '정부의 승인'이라 함은 본 계약의 체결 및 이행을 위해 필요한 대한민국정부의 모든 승인을 말한다.

제2조(목적) 본 계약의 목적은 당사자들에 의한 한국의 주식회사 형태로서의 합자투자회사의 설립 · 소유 및 운영을 규정함에 있다.

제3조(합작투자회사) ① 당사자들은 본 합작투자를 수행키 위해 필요한 모든 정부의 승인을 받는 즉시, 대한민국 법령에 따라 합작투자회사를 설립하는데 협력한다.
② 합작투자회사의 정관은 합작투자회사의 설립 전에 본 계약 당사자들이 합의하는 바에 의하며, 만일 본 계약과 합작투자회사의 정관 사이에 불일치가 있으며, 당사자들은 한국의 관계법령이 허용하는 한도 내에서 합작투자회사의 정관을 본 계약에 따라 수정한다.

제4조(주식인수) ① 정부의 승인을 받은 후 당사자들은 합작투자회사의 설립을 위해 필요한 모든 절차를 밟는다. 합작투자회사의 설립 시 '갑'은 주당 액면가 ○○○○원인 보통주의 50%를, '을'은 위 보통주의 50%를 각각 인수하기로 약정하며, 그 주식수는 다음과 같다.

1. '갑' : 액면가로 ○○○○주
2. '을' : 액면가로 ○○○○주

본조에 따른 주식인수가 완료된 때의 합작투자회사의 총 수권주식수는 ○○○○주로 한다.

② 본 계약 당사자들이 서면에 의해 달리 합의하지 않는 한, '갑'과 '을' 및 그들의 각 승계인은 합작투자회사가 존속하는 한 합작투자회사의 보통주를 다음과 같은 비율로 보유한다.

1. '갑' : 50%
2. '을' : 50%

③ '갑'과 '을'이 인수한 주식은 주권 발행 전에 합작투자회사에 전액 현금으로 납입되어야 한다. '을'의 납입은 실제 납입일의 환율에 따라 계산된 원화 금액에 상당하는 ○○○○원으로 한다.

④ 합작투자회사가 발행하는 모든 주식은 보통주 일종으로 하며, 기명식 주권으로 발행한다.

⑤ '갑'과 '을'의 사전 서면동의에 의한 경우를 제외하고는, 합작투자회사의 수권주식이나 발행주식은 증가할 수 없다.

제5조(비용) 합작투자회사의 설립과 직접적으로 관련된 모든 비용은 합작투자회사가 부담하거나 인수하는 것이 아닌 한, 본 계약 당사자들이 균등하게 부담한다. 단, 여행비용, 법률비용 등 합작투자회사의 설립과 직접적으로 관련되지 않는 것으로서 각 당사자가 지는 비용은 그 비용을 발생시킨 당사자의 부담으로 한다.

제6조(주식의 양도) ① 본 계약 일방당사자가 합작투자회사의 주식 전부 또는 일부를 매각, 양도 기타 처분하고자 할 때, 그 당사자(매도당사자)는 매도가격 및 내용과 조건을 명시하여 서면으로 먼저 타방당사자(우선매수 당사자)에게 청약하여야 한다. 우선매수 당사자는 일인 이상의 자연인 또는 법인(지명인)을 지명하여 그로 하여금 우선매수 당사자를 대신하여 청약된 주식을 매수하게 할 수 있다.

1. 만일 우선매수 당사자 또는 그 지명인이 통지일로부터 90일(승낙기간)내에 그 청약을 승낙하지 않으면, 그 후 매도당사자는 승낙기간 종료일로부터 3개월(자유매각기간) 이내에 제4항의 조건에 따라 그

청약한 주식 전부를 자유로이 매각할 수 있다.

2. 단, 매도 당사자는 그 주식을 제3자에게 매각함에 있어 매수당사자 또는 그 지명인에게 청약했던 것보다 낮은 가격으로 또는 매수당사자 및 그 지명인에게 청약했던 것보다 더 유리한 조건으로 매각할 수 없다.
3. 만약 청약된 주식이 본 계약에 정해진 조건으로 자유매각기간 내에 전부 제3자에게 매각, 양도 또는 기타 처분되지 않을 경우에는, 잔여 주식은 마치 매매청약이 없었던 것과 마찬가지로, 다시 본 조의 규정에 따라야 한다.

② 본 계약 제1조의 언급한 승낙기간 또는 자유매각기간은 당해 주식의 매매, 양도 및 기타 처분에 필요한 정부의 승인을 받거나 또는 공식적으로 승인 거절이 확정될 때까지 연장된다. 단, 그와 같은 승낙기간 또는 자유매각기간을 연장하고자 하는 당사자는 정부의 승인을 얻기 위해 성실히 노력하여야 한다.

③ 만일 본 계약 일방당사자가 그 주식의 전부 혹은 일부를 제3자(지명인을 포함)에게 매각, 양도 및 기타의 처분을 하는 경우, 그 매도당사자 또는 지명인을 지정한 우선매수 당사자는 그 주식을 취득하는 그 제3자로 하여금 그 취득의 선행조건으로서 본 계약의 모든 규정을 준수하고 매도당사자와 똑같은 범위로 본 계약의 모든 규정에 구속을 받겠다는 데 합의하는 약정서를 타방당사자 및 합작투자회사에 제출하게 하여야 한다.

④ 각 당사자는 승낙기간 만료 후 30일 이내에 본 조에 따라 청약된 주식이 제3자에게 매각, 양도 또는 기타 처분되는 경우 그 자연인 또는 법인(지명인을 포함)의 인적사항을 타방 당사자에게 서면으로 통지하기로 합의한다. 각 당사자는 그 제3자가 다음에 해당하는 경우 그에 대한 합작투자 회사 주식의 매매, 양도 또는 기타의 처분을 거절할 권리를 보유한다.

1. 그 제3자가 자기의 신용으로 합작투자회사가 그 당시 부담하고 있는 보증부채의 할당된 비율을 담보할 수 있는 충분한 자력을 가지지 못한 때
2. 그 제3자가 본 계약상 예정된 합작투자회사의 사업과 경합하거나 혹은 다른 방법으로 악영향을 미칠 사업 또는 영업활동에 종사하고 있는 경우

⑤ 어느 당사자도 타방당사자로부터 입질 및 저당권의 설정, 기타 이용에 대해 서면으로 승낙을 받지 않는 한 합작투자회사의 주식에 질권 또는 저당

권을 설정할 수 없으며, 제3자에게 주식을 강제적으로 이전 또는 양도하게 되는 결과를 초래할 기타 다른 목적에 그 주식을 담보로 사용할 수 없다.

⑥ 본 계약의 다른 규정에도 불구하고 '을'은 그 주식을 한국인에게 매각, 양도 또는 처분하며 한국법률상 합작투자회사나 '갑'이 받을 수 있는 조세혜택을 감소시키는 결과를 가져오는 경우에는 이를 하지 못한다.

⑦ 주식의 매매, 양도 또는 기타 처분이 어떤 이유로든 제4조 제2항에 규정된 당초의 주식 보유 비율의 변경을 초래할 경우에는 당사자들은 성실히 협의하여 본 계약의 관련 조항 및 합작투자회사의 정관을 수정한다.

제7조(신주인수권) 합자투자회사의 주주들은 합작투자회사의 모든 신주발행에 대하여 그 주식소유 비율에 따라 신주인수권을 가진다.

제8조(주주총회 및 결의) ① 주주총회의 소집 · 일시 · 장소 및 의안은 정관과 대한민국의 관계법령의 요건에 따라 이사회가 결정한다.

② 합작투자회사의 정기주주총회는 매 결산기 종료 후 3개월 내에 개최된다.

③ 합작투자회사의 임시주주총회는 이사회의 결의와 대한민국의 관계법령의 요건에 따라 수시로 개최될 수 있다.

④ 모든 주주총회는 공동대표이사 1인이 주재하며, 제9조 제3항에 의하여 지명된 각 당사자의 공동대표이사는 회의마다 교대하여 의장이 된다. 주주총회의 모든 행위와 결의는, 한국의 법률에 의하여 달리 요구되는 경우를 제외하고는, 발행주식 총수의 과반수의 찬성에 의한다.

제9조(이사회) ① '갑'과 '을'은 합작투자회사의 이사회가 최소한 ○○명 또는 당사자들이 합의하는 바의 그 이상의 짝수의 이사로 구성되도록 그 의결권을 행사하고 또 필요한 조치를 취한다. 단, 어느 경우에도 각 당사자가 선임하는 이사의 수는 같아야 한다.

② 합작투자회사의 이사나 감사의 자리가 어떤 이유로든 공석이 된 경우에 당사자들은 공석이 된 당해 이사나 감사를 원래 지명하였던 당사자가 지명하는 자를 이사나 감사로 선임되도록 그들의 의결권을 행사하기로 합의한다.

③ 합작투자회사는 2인의 공동대표이사를 둔다. 그중 한 명은 '갑'측이 지명한 이사 중에서 선출되어 사장이 되고, 다른 한 명은 '을'측이 지명한 이

사 중에서 선출되어 수석부사장이 된다. 2인의 공동대표이사는 공동으로 합작투자회사를 대표한다.

④ 이사회의 정기회의는 매 결산기의 정기주주총회 직후에 개최된다. 임시 이사회는 공동대표이사 중 1인이나 기타 다른 이사 3인의 요구가 있으면, 공동대표이사 1인이 정관과 법률이 정하는 바에 따라 적절한 통지를 하고 소집한다. 모든 이사회 회의는 공동대표이사 1인이 주재하며, 각 당사자가 지명한 공동대표이사는 회의마다 교대하여 의장이 된다.

⑤ 법률이나 정관 또는 본 계약에 달리 규정되어 있지 않는 한, 이사회의 모든 결의는 이사 전원의 과반수의 찬성에 의한다.

⑥ 합작투자회사의 독립공인회계사와 법률고문은 이사회의 결의에 의하여 임명된다.

⑦ 합작투자회사는 이사회의 결의 없이는 다음 각 호의 행위를 할 수 없다.

1. 본 계약의 일방당사자 또는 그 당사자의 계약사와 계약 또는 기타 협정의 체결. 단, 본 계약에서 특히 예정되어 있는 것은 예외로 한다.
2. 특허된 여부와 관계없이 기술상의 노하우에 관한 권리의 취득이나 실시권의 허여를 포함하는 일체의 라이선스 계약 또는 기타 협정의 체결
3. 합작투자회사가 기술적인 훈련·조언 및 기타 지원을 받는 것을 내용으로 하는 자문 또는 기타 용역 계약의 체결
4. 부동산 매입 또는 임대차 계약의 체결
5. ㅇㅇㅇㅇ원을 초과하는 자금의 차입
6. 대부 또는 보증
7. 합작투자회사의 연차 예산의 채택
8. 신주발행
9. 중요 자산의 취득 또는 처분
10. 합작투자회사의 기본 정책을 내포하는 제반 결정

제10조(교착상태의 해결) ① 당사자들은 합작투자회사의 운영과 관리에 관한 분쟁과 이견을 상호협의에 의해 해결하도록 최선을 다해 노력한다.

② 만일 합작투자회사의 이사회나 주주총회가 특정문제에 대해 결론에 이르지 못한 경우에는 당사자 일방은 타방당사자에게 서면에 의해 합작투자가 교착상태에 빠졌음을 통지할 수 있고, 본 통지 후 90일 내에 양당사자가 교착상태가 해결되었음을 서면으로 합의하지 않는 한 일방 당사자는 타

방당사자에 대한 서면 통지로써 본 계약을 해지할 수 있다.

제11조(감사) 주주들은 '갑'측에서 지명한 1인과 '을'측에서 지명한 1인, 총 2인을 감사로 선출하며, 감사는 법률상의 임무를 수행하도록 한다.

제12조(임원과 피용자에 관한 사항) ① 합작투자회사의 이사와 감사는 주주가 승인한 것 이외에는 합작투자회사로부터 어떤 보수도 받을 수 없다.
② 원칙적으로 이사와 감사는 경영진으로 재직하는 경우에만 (임원)보수를 받는다. 단, 비상근 이사와 감사는 그들의 의무를 수행키 위해 필요한 범위의 상당한 여비 기타 비용을 상환받을 수 없다.
③ 합작투자회사의 임원 및 직원에 대한 월급, 상여금, 기타 급여는 매년 합작투자회사 이사회와 협의하여 당사들이 검토하며 그 당시의 한국의 일반 관행을 고려한다.
④ 양당사자 사이에 M&A의 전략팀을 구성하는 근로자는 M&A 업무 취급 중에 알게 된 양 당사자의 중요한 경영 및 기술상의 정보를 제3자에게 유출하지 않을 것을 서약하는 내용의 약정서를 제공하여야 한다.

제13조(회사운영 기본방침) ① 당사자들은 본 조 아래에 규정된 회사 운영방침에 합의한다. 당사자들은 본 계약의 존속 기간동안 그러한 방침이 이행되도록 각자의 의결권을 행사하고 또 각자의 선임이사 기타 대표로 하여금 이를 이행케 하도록 하는 데 합의한다.
② 합작투자회사의 회계장부와 기록은 일반적으로 승인된 국제회계원칙에 따라 유지되며 합작투자회사의 재정 상태를 정확하게 반영하여야 한다.
③ '갑'과 '을'은 본 계약기간 중 매 결산기 말에 제9조 제6항에 따라 선임된 독립된 공인회계사가 합작투자회사의 장부와 기록을 감사하도록 하는데 합의한다(연차감사). 그 회계사는 매년 각 당사자에게 일반적으로 승인된 국제회계원칙에 따라 영어와 한국어로 작성된 회계보고서를 제출해야 한다.
④ 합작투자회사의 결산기는 매년 1월 1일에 시작하여 그 해 12월 31일에 종료한다. 단, 합작투자회사의 첫 결산기는 설립일에 시작하여 같은 해 12월 31일에 종료한다.

제14조(자금조달) ① 합작투자회사는 자기자본을 초과하는 필요한 운용자금을 상업적 차입에 의하여 조달한다. 대부자가 대부조건으로 보증을 요구하는 경우에는 당사자들은 합작투자회사에 갖는 각 지분을 따라 보증을 제공하여야 한다.

② '갑'과 '을'이 필요하다고 인정하는 자금을 합작투자회사가 차입하지 못하는 경우 당사자들은 수시로 상호 합의하는 금액까지 각 지분율에 따라 합작투자회사에 필요 자금을(직접 또는 간접적으로) 대부하기로 합의한다. 다른 약정이 없는 한 어느 일방당사자의 합작투자회사에 대한 대부는 타방당사자가 한 대부와 기간, 이자, 상환, 기타 조건 등에 관하여 동일하여야 한다.

③ 당사자들이 건전하고 신중한 영업 관행에 비추어 제4조에 따라 납입될 자본 외에 추가자본이 필요하다고 합의한 경우에 추가 자본은 '갑'과 '을'은 필요한 정부의 승인을 거쳐 합작투자회사에 갖는 지분율에 따라 납입하여야 한다. 이러한 추가자본은 한국 법률에 따라 현금 또는 현물로 납입될 수 있다.

제15조(사업과 운영) ① 당사자들은 합의하여 합작투자회사의 경영계획을 즉시 수립하도록 협력한다. 이 경영계획에 포함될 내용은 다음과 같다.

② 합작투자회사의 사업범위, 임원, 조직·경영조건, 마케팅계획, 합작투자회사의 운영방식, 기타 양당사자가 합의하는 사항

제16조(정보의 소유권 라이선스 및 기밀유지) ① '갑'과 '을'은 각각 자기의 전속적 기술, 정보 및 자료의 소유권을 보유하며 라이선스 또는 기타 상호합의하는 방법으로 그 기술, 정보 및 자료를 합작투자회사가 이용할 수 있도록 하여야 한다.

② 본 계약 당사자들은 본 합작투자계획을 통하여 합작투자회사로부터 또는 타방 당사자로부터 얻은 기밀적 성질의 기술, 재정 및 마케팅 정보를 본 계약에 명시적으로 허용되어 있거나 또는 타방 당사자나 합작투자회사의 서면 동의 없이 이를 사용하거나 제3자에게 공개하지 못한다. 이를 위해 기밀정보의 모든 기록, 사본, 재생, 복사 및 번역에는 비밀성을 가지는 것으로 명백히 표시하여 허용되지 않은 사용이나 복사를 방지하여야 한다.

③ 각 당사자는 각자의 중요한 경영상·기술상의 정보를 제3자에게 알릴

필요가 있을 시에는(예: 투자 유치, 대외 홍보 등) 사전에 경영회의를 개최하여 공개할 정보의 범위와 내용을 결정하기로 한다.

④ 만일 상대방의 중요한 기술개발 사항 등에 관하여 알고자 할 경우에는 일정한 절차를 거쳐 관할 지식재산권 관리부서에 요청하기로 한다.

제17조(발효일 및 정부의 승인) 본 계약은 당사자들이 서명하거나 기명날인한 날로부터 효력이 발생한다. 단, 정부의 승인을 요하는 본 계약상의 규정들에 대해서는 정부의 승인을 얻은 때부터 집행할 수 있다.

제18조(계약기간 및 해지) ① 본 계약은 발효일로부터 시작하여 본 계약상 조항에 의하여 해지되지 않는 한 계속하여 효력을 가진다.

② 본 계약은 다음 각 호에 해당하는 경우에 서면통지에 의하여 해지될 수 있다.

1. 발효일로부터 6개월 이내에 본 계약에 대한 정부의 승인을 얻지 못한 경우(일방당사자에 의하여)
2. 일방당사자가 본 계약상 어느 의무에 중대한 위반을 하고 그 의무 위반이 그 치유를 요구하는 서면통지를 한 날로부터 60일 이내에 치유되지 않았을 경우(타방당사자에 의하여)
3. 일방당사자가 본 계약 제21조에 정의된 불가항력으로 인하여 본 계약상의 어느 의무를 연속된 90일간 이행하지 못하거나 이행하지 못하게 될 경우(타방당사자에 의하여)
4. 일방당사자 또는 그 채권자 및 기타 자격 있는 자가 그 당사자의 청산, 파산, 회사 정리, 채권자와의 강제화해, 해산 등을 신청한 경우 또는 일방당사자가 변제기에 그의 채무를 변제할 수 없거나 변제기에(선의로 다투는 경우는 제외) 명시적, 묵시적으로 그 채무의 지불을 정지한 경우 또는 일방당사자의 채권자가 그의 경영을 인수하거나 관계금융기관이 어음교환소의 거래를 중지시킨 경우(타방당사자에 의하여)

③ 본 계약의 해지는 서면 포기가 없는 한 해지일 현재 이미 발행한 당사자들의 권리와 의무에 영향을 미치지 아니한다.

④ 어떠한 사유로든 본 계약이 해지되는 경우 일방당사자의 서면에 의한 요청이 있으면 양 당사자들은 합작투자회사의 자산과 주식의 종국적 처분

에 관하여 상호 수락할 수 있는 합의에 이르기 위하여 신의성실에 따라 회합하고 협상한다. 그러나 그러한 합의가 위의 통지로부터 90일 이내에 이루어지지 않을 경우에는 일방당사자는(서면 통지에 의하여) 합작투자회사의 청산절차를 밟는 데 타방당사자가 참여하도록 요구할 수 있다.

제19조(불포기 및 기타 구제) ① 일방당사자가 본 계약상 어느 조항의 엄격한 적시의 이행을 주장하지 아니하는 것은 그 이행을 청구할 수 있는 권리의 포기나 금반언을 구성하는 것은 아니며, 어느 한 경우의 포기나 금반언은 사후의 유사하거나 상이한 성격의 계약위반에 관한 포기나 금반언을 구성하지 아니한다.
② 본 계약의 어느 조항도 일방당사자가 그의 권리를 법에 규정된 모든 유효한 구제수단에 의하여 주장함을 방해하지 아니한다.

제20조(불능조건) 본 계약상의 어느 조항 또는 조건이 어떠한 이유로든 어떤 점에 있어서 불능·불법·무효인 경우 본 계약은 그러한 조항 또는 조건이 처음부터 본 계약 내에 포함되지 않았던 것으로 해석되고 간주된다.

제21조(불가항력) ① 일방당사자가 본 계약상의 어떤 의무를 오로지 천재지변, 정부조치, 폭동, 전쟁, 파업, 운송사고 기타 합리적 통제 범위에 속하지 않는 사유(불가항력)만으로 인해 불이행 또는 지체한 경우, 이는 본 계약의 위반으로 간주되지 아니한다. 단, 위의 당사자는 그 불가항력을 야기시키지 않았어야 하고 그러한 불가항력을 회피하거나 그 효과를 개선하기 위하여 합리적인 노력을 하였어야 하며 계속하여 본 계약의 조건을 가능한 한 충분히 이행하도록 그 능력범위내의 모든 조치를 취하여야 한다.
② 사고의 성질상 불가능한 경우를 제외하고는 불가항력에 빠진 당사자는 그 불가항력이 발생한 후 14일 이내에 서면으로 타방당사자에게 통지하여야 하며, 모든 경우에 있어서 그 상황 하에서 합리적이고 적법한 범위 내에서 가능한 한 신속히 그 원인을 제거 또는 치유하도록 최선의 노력을 다하여야 한다.

제22조(대리관계 부인) 본 계약은 당사자들 사이에 어떠한 대리관계도 창설하지 아니한다. '갑'과 '을'은 다른 일방을 대신하여 또는 타방의 명의로 채무

를 부담하는 행위 및 기타 어떤 계약도 체결하거나 인수 또는 창설할 권한이 없다.

第23조(분쟁의 해결) 본 계약과 관련하여 혹은 쌍방의 의무이행과 관련하여 분쟁이나 이견이 발생하는 경우 당사자들은 이를 상호 협의하여 원만히 해결토록 노력하여야 하며 이러한 분쟁이나 이견이 원만히 해결되지 않은 경우에는 사단법인 대한상사중재원 중재규칙에 의하여 해결한다.

第24조(양도성) 본 계약 및 본 계약하의 어떠한 권리도 본 계약의 어느 당사자에 의하여 제3자에게 직접적으로 또는 간접적으로 양도될 수 없다.

第25조(적용법규) 본 계약은 대한민국 법률에 따라 해석되고 대한민국 법률의 적용을 받는다.

第26조(완전합의) ① 본 계약은 본 계약의 주제에 관해 당사자들간의 이전에 구두 또는 서면으로 한 모든 진술·약정 기타 합의에 우선하며, 본 계약에서 예기되어 있는 각종 합의서 및 기타 서류와 더불어, 당사자들간의 관계의 내용에 대해 완전 합의를 구성한다.

② 본 계약상의 변경·개정 기타 수정은 양당사로부터 수권 받은 대표자의 서명이 있는 서면으로 작성되어야 하며, 대한민국 소관청의 승인이 필요한 경우에는 그 승인을 얻어야 비로소 효력이 있다.

이상을 증명하기 위하여 각 당사자는 본 계약서 두 통을 작성하여 쌍방이 서명 날인한 후 각 한 통씩 보관한다.

년　　월　　일

____________________주식회사 (갑)

주 소:

상 호:

성 명: 대표이사 (인)

____________________주식회사 (을)

주 소:

상 호:

성 명: 대표이사 (인)

[별지 제34호 서식]

구역 구분 일람서

구역 구분	설정 장소	출입자 통제 시스템 내역	
		내부자	외부자
일반 구역			
제한 구역			
통제 구역			

20 년 월 일

담당자 (인)

[별지 제35호 서식]

앞 쪽

<table>
<tr><td colspan="2" align="center">영업비밀취급인가증</td></tr>
<tr><td colspan="2" align="center">사 진
(3cm × 4cm)</td></tr>
<tr><td colspan="2">제 호</td></tr>
<tr><td colspan="2">이 름</td></tr>
<tr><td>회사명</td><td align="right">주식회사</td></tr>
</table>

뒤 쪽

<table>
<tr><td>소 속 :
직 책 :
성 명 :
주민등록번호 :

위 사람에게 _____비밀취급을 인가함.

20 년 월 일
인</td></tr>
</table>

제 3 부

trade secret

부 록

1. 부정경쟁방지 및 영업비밀보호에 관한 법률
2. 부정경쟁방지 및 영업비밀보호에 관한 법률 시행령
3. 산업기술의 유출방지 및 보호에 관한 법률
4. 산업기술의 유출방지 및 보호에 관한 법률 시행령
5. 산업기술의 유출방지 및 보호에 관한 법률 시행규칙

1. 부정경쟁방지 및 영업비밀보호에 관한 법률

[법률 제10810호, 2011. 6. 30. 일부개정]

제1장 총 칙 〈개정 2007. 12. 21〉

제1조(목적) 이 법은 국내에 널리 알려진 타인의 상표·상호(商號) 등을 부정하게 사용하는 등의 부정경쟁행위와 타인의 영업비밀을 침해하는 행위를 방지하여 건전한 거래질서를 유지함을 목적으로 한다.

[전문개정 2007. 12. 21]

제2조(정의) 이 법에서 사용하는 용어의 뜻은 다음과 같다.

1. "부정경쟁행위"란 다음 각 목의 어느 하나에 해당하는 행위를 말한다.

가. 국내에 널리 인식된 타인의 성명, 상호, 상표, 상품의 용기·포장, 그 밖에 타인의 상품임을 표시한 표지(標識)와 동일하거나 유사한 것을 사용하거나 이러한 것을 사용한 상품을 판매·반포(頒布) 또는 수입·수출하여 타인의 상품과 혼동하게 하는 행위

나. 국내에 널리 인식된 타인의 성명, 상호, 표장(標章), 그 밖에 타인의 영업임을 표시하는 표지와 동일하거나 유사한 것을 사용하여 타인의 영업상의 시설 또는 활동과 혼동하게 하는 행위

다. 가목 또는 나목의 혼동하게 하는 행위 외에 비상업적 사용 등 대통령령으로 정하는 정당한 사유 없이 국내에 널리 인식된 타인의 성명, 상호, 상표, 상품의 용기·포장, 그 밖에 타인의 상품 또는 영업임을 표시한 표지와 동일하거나 유사한 것을 사용하거나 이러한 것을 사용한 상품을 판매·반포 또는 수입·수출하여 타인의 표지의 식별력이나 명성을 손상하는 행위

라. 상품이나 그 광고에 의하여 또는 공중이 알 수 있는 방법으로 거래상의 서류 또는 통신에 거짓의 원산지의 표지를 하거나 이러한 표지를 한 상품을 판매·반포 또는 수입·수출하여 원산지를 오인(誤認)하게 하는

행위

마. 상품이나 그 광고에 의하여 또는 공중이 알 수 있는 방법으로 거래상의 서류 또는 통신에 그 상품이 생산·제조 또는 가공된 지역 외의 곳에서 생산 또는 가공된 듯이 오인하게 하는 표지를 하거나 이러한 표지를 한 상품을 판매·반포 또는 수입·수출하는 행위

바. 타인의 상품을 사칭(詐稱)하거나 상품 또는 그 광고에 상품의 품질, 내용, 제조방법, 용도 또는 수량을 오인하게 하는 선전 또는 표지를 하거나 이러한 방법이나 표지로써 상품을 판매·반포 또는 수입·수출하는 행위

사. 다음의 어느 하나의 나라에 등록된 상표 또는 이와 유사한 상표에 관한 권리를 가진 자의 대리인이나 대표자 또는 그 행위를 한 날부터 1년 이전에 대리인이나 대표자이었던 자가 정당한 사유 없이 해당 상표를 그 상표의 지정상품과 동일하거나 유사한 상품에 사용하거나 그 상표를 사용한 상품을 판매·반포 또는 수입·수출하는 행위

(1) 「공업소유권의 보호를 위한 파리협약」(이하 "파리협약"이라 한다) 당사국

(2) 세계무역기구 회원국

(3) 「상표법 조약」의 체약국(締約國)

아. 정당한 권원이 없는 자가 다음의 어느 하나의 목적으로 국내에 널리 인식된 타인의 성명, 상호, 상표, 그 밖의 표지와 동일하거나 유사한 도메인이름을 등록·보유·이전 또는 사용하는 행위

(1) 상표 등 표지에 대하여 정당한 권원이 있는 자 또는 제3자에게 판매하거나 대여할 목적

(2) 정당한 권원이 있는 자의 도메인이름의 등록 및 사용을 방해할 목적

(3) 그 밖에 상업적 이익을 얻을 목적

자. 타인이 제작한 상품의 형태(형상·모양·색채·광택 또는 이들을 결합한 것을 말하며, 시제품 또는 상품소개서상의 형태를 포함한다. 이하 같다)를 모방한 상품을 양도·대여 또는 이를 위한 전시를 하거나 수입·수출하는 행위. 다만, 다음의 어느 하나에 해당하는 행위는 제외한다.

(1) 상품의 시제품 제작 등 상품의 형태가 갖추어진 날부터 3년이 지난 상품의 형태를 모방한 상품을 양도·대여 또는 이를 위한 전시를 하거나 수입·수출하는 행위

(2) 타인이 제작한 상품과 동종의 상품(동종의 상품이 없는 경우에는 그 상품과 기능 및 효용이 동일하거나 유사한 상품을 말한다)이 통상적으로 가지는 형태를 모방한 상품을 양도·대여 또는 이를 위한 전시를 하거나 수입·수출하는 행위

2. "영업비밀"이란 공공연히 알려져 있지 아니하고 독립된 경제적 가치를 가지는 것으로서, 상당한 노력에 의하여 비밀로 유지된 생산방법, 판매방법, 그 밖에 영업활동에 유용한 기술상 또는 경영상의 정보를 말한다.

3. "영업비밀 침해행위"란 다음 각 목의 어느 하나에 해당하는 행위를 말한다.

가. 절취(竊取), 기망(欺罔), 협박, 그 밖의 부정한 수단으로 영업비밀을 취득하는 행위(이하 "부정취득행위"라 한다) 또는 그 취득한 영업비밀을 사용하거나 공개(비밀을 유지하면서 특정인에게 알리는 것을 포함한다. 이하 같다)하는 행위

나. 영업비밀에 대하여 부정취득행위가 개입된 사실을 알거나 중대한 과실로 알지 못하고 그 영업비밀을 취득하는 행위 또는 그 취득한 영업비밀을 사용하거나 공개하는 행위

다. 영업비밀을 취득한 후에 그 영업비밀에 대하여 부정취득행위가 개입된 사실을 알거나 중대한 과실로 알지 못하고 그 영업비밀을 사용하거나 공개하는 행위

라. 계약관계 등에 따라 영업비밀을 비밀로서 유지하여야 할 의무가 있는 자가 부정한 이익을 얻거나 그 영업비밀의 보유자에게 손해를 입힐 목적으로 그 영업비밀을 사용하거나 공개하는 행위

마. 영업비밀이 라목에 따라 공개된 사실 또는 그러한 공개행위가 개입된 사실을 알거나 중대한 과실로 알지 못하고 그 영업비밀을 취득하는 행위 또는 그 취득한 영업비밀을 사용하거나 공개하는 행위

바. 영업비밀을 취득한 후에 그 영업비밀이 라목에 따라 공개된 사실 또는

그러한 공개행위가 개입된 사실을 알거나 중대한 과실로 알지 못하고 그 영업비밀을 사용하거나 공개하는 행위

4. “도메인이름”이란 인터넷상의 숫자로 된 주소에 해당하는 숫자 · 문자 · 기호 또는 이들의 결합을 말한다.

[전문개정 2007. 12. 21]

제2조의2(부정경쟁방지 및 영업비밀보호 사업) 특허청장은 부정경쟁행위의 방지 및 영업비밀보호를 위하여 연구 · 교육 및 홍보, 부정경쟁방지를 위한 정보관리시스템 구축 및 운영, 그 밖에 대통령령으로 정하는 사업을 할 수 있다.

[본조신설 2009. 3. 25]

제 2 장 부정경쟁행위의 금지 등 〈개정 2007. 12. 21〉

제3조(국기 · 국장 등의 사용 금지) ① 파리협약 당사국, 세계무역기구 회원국 또는 「상표법 조약」 체약국의 국기 · 국장(國章), 그 밖의 휘장이나 국제기구의 표지와 동일하거나 유사한 것은 상표로 사용할 수 없다. 다만, 해당 국가 또는 국제기구의 허락을 받은 경우에는 그러하지 아니하다.

② 파리협약 당사국, 세계무역기구 회원국 또는 「상표법 조약」 체약국 정부의 감독용 또는 증명용 표지와 동일하거나 유사한 것은 상표로 사용할 수 없다. 다만, 해당 정부의 허락을 받은 경우에는 그러하지 아니하다.

[전문개정 2007. 12. 21]

제3조의2(자유무역협정에 따라 보호하는 지리적 표시의 사용금지 등) ① 정당한 권원이 없는 자는 대한민국이 외국과 양자간(兩者間) 또는 다자간(多者間)으로 체결하여 발효된 자유무역협정에 따라 보호하는 지리적 표시(이하 이 조에서 “지리적 표시”라 한다)에 대하여는 제2조제1호라목 및 마목의 부정경쟁행위 이외에도 지리적 표시에 나타난 장소를 원산지로 하지 아니하는 상품(지리적 표시를 사용하는 상품과 동일하거나 동일하다고 인식되는 상품으로 한정한다)에 관하여 다음 각 호의 행위를 할 수 없다.

1. 진정한 원산지 표시 이외에 별도로 지리적 표시를 사용하는 행위
2. 지리적 표시를 번역 또는 음역하여 사용하는 행위
3. "종류", "유형", "양식" 또는 "모조품" 등의 표현을 수반하여 지리적 표시를 사용하는 행위

② 정당한 권원이 없는 자는 다음 각 호의 행위를 할 수 없다.

1. 제1항 각 호에 해당하는 방식으로 지리적 표시를 사용한 상품을 양도·인도 또는 이를 위하여 전시하거나 수입·수출하는 행위
2. 제2조제1호라목 또는 마목에 해당하는 방식으로 지리적 표시를 사용한 상품을 인도하거나 이를 위하여 전시하는 행위

③ 제1항 각 호에 해당하는 방식으로 상표를 사용하는 자로서 다음 각 호의 요건을 모두 갖춘 자는 제1항에도 불구하고 해당 상표를 그 사용하는 상품에 계속 사용할 수 있다.

1. 국내에서 지리적 표시의 보호개시일 이전부터 해당 상표를 사용하고 있을 것
2. 제1호에 따라 상표를 사용한 결과 해당 지리적 표시의 보호개시일에 국내 수요자 간에 그 상표가 특정인의 상품을 표시하는 것이라고 인식되어 있을 것

[본조신설 2011. 6. 30] [시행일 2011. 7. 1]

제4조(부정경쟁행위 등의 금지청구권 등 〈개정 2011. 6. 30〉) ① 부정경쟁행위나 제3조의2제1항 또는 제2항을 위반하는 행위로 자신의 영업상의 이익이 침해되거나 침해될 우려가 있는 자는 부정경쟁행위나 제3조의2제1항 또는 제2항을 위반하는 행위를 하거나 하려는 자에 대하여 법원에 그 행위의 금지 또는 예방을 청구할 수 있다.〈개정 2011. 6. 30〉 〈시행일 2011. 7. 1〉

② 제1항에 따른 청구를 할 때에는 다음 각 호의 조치를 함께 청구할 수 있다.〈개정 2011. 6. 30〉 〈시행일 2011. 7. 1〉

1. 부정경쟁행위나 제3조의2제1항 또는 제2항을 위반하는 행위를 조성한 물건의 폐기
2. 부정경쟁행위나 제3조의2제1항 또는 제2항을 위반하는 행위에 제공된 설비의 제거
3. 부정경쟁행위나 제3조의2제1항 또는 제2항을 위반하는 행위의 대상이 된 도

메인이름의 등록말소

4. 그 밖에 부정경쟁행위나 제3조의2제1항 또는 제2항을 위반하는 행위의 금지 또는 예방을 위하여 필요한 조치

[전문개정 2007. 12. 21]

제5조(부정경쟁행위 등에 대한 손해배상책임 〈개정 2011. 6. 30〉) 고의 또는 과실에 의한 부정경쟁행위나 제3조의2제1항 또는 제2항을 위반한 행위(제2조제1호다목의 경우에는 고의에 의한 부정경쟁행만을 말한다)로 타인의 영업상 이익을 침해하여 손해를 입힌 자는 그 손해를 배상할 책임을 진다.〈개정 2011. 6. 30〉〈시행일 2011. 7. 1〉

[전문개정 2007. 12. 21]

제6조(부정경쟁행위 등으로 실추된 신용의 회복 〈개정 2011. 6. 30〉) 법원은 고의 또는 과실에 의한 부정경쟁행위나 제3조의2제1항 또는 제2항을 위반한 행위(제2조제1호다목의 경우에는 고의에 의한 부정경쟁행만을 말한다)로 타인의 영업상의 신용을 실추시킨 자에게는 부정경쟁행위나 제3조의2제1항 또는 제2항을 위반한 행위로 인하여 자신의 영업상의 이익이 침해된 자의 청구에 의하여 제5조에 따른 손해배상을 갈음하거나 손해배상과 함께 영업상의 신용을 회복하는 데에 필요한 조치를 명할 수 있다.〈개정 2011. 6. 30〉〈시행일 2011. 7. 1〉

[전문개정 2007. 12. 21]

제7조(부정경쟁행위 등의 조사 등 〈개정 2011. 6. 30〉) ① 특허청장, 특별시장·광역시장·도지사·특별자치도지사(이하 "시·도지사"라 한다) 또는 시장·군수·구청장(자치구의 구청장을 말한다. 이하 같다)은 제2조제1호가목부터 사목까지의 부정경쟁행위나 제3조, 제3조의2제1항 또는 제2항을 위반한 행위를 확인하기 위하여 필요하다고 인정하면 관계 공무원에게 영업시설 또는 제조시설에 출입하여 관계 서류나 장부·제품 등을 조사하게 하거나 조사에 필요한 최소분량의 제품을 수거하여 검사하게 할 수 있다.〈개정 2011. 6. 30〉

② 특허청장, 시·도지사 또는 시장·군수·구청장이 제1항에 따른 조사를 할 때에는 「행정조사기본법」 제15조에 따라 그 조사가 중복되지 아니하도록 하여야 한다.〈신설 2011. 6. 30〉〈종전 제2항은 제3항으로 이동 2011. 6. 30〉

③ 제1항에 따라 조사 등을 하는 공무원은 그 권한을 표시하는 증표를 지니고 이를 관계인에게 내보여야 한다.〈제2항에서 이동 2011. 6. 30〉

[전문개정 2007. 12. 21]

제8조(위반행위의 시정권고) 특허청장, 시·도지사 또는 시장·군수·구청장은 제2조제1호가목부터 사목까지의 부정경쟁행위나 제3조, 제3조의2제1항 또는 제2항을 위반한 행위가 있다고 인정되면 그 위반행위를 한 자에게 30일 이내의 기간을 정하여 그 행위를 중지하거나 표지를 제거 또는 폐기할 것 등 그 시정에 필요한 권고를 할 수 있다.〈개정 2011. 6. 30〉

[전문개정 2007. 12. 21]

제9조(의견청취) 특허청장, 시·도지사 또는 시장·군수·구청장은 제8조에 따른 시정권고를 하기 위하여 필요하다고 인정하면 대통령령으로 정하는 바에 따라 당사자·이해관계인 또는 참고인의 의견을 들어야 한다.〈개정 2011. 6. 30〉

[전문개정 2007. 12. 21]

제 3 장 영업비밀의 보호 〈개정 2007. 12. 21〉

제10조(영업비밀 침해행위에 대한 금지청구권 등) ① 영업비밀의 보유자는 영업비밀 침해행위를 하거나 하려는 자에 대하여 그 행위에 의하여 영업상의 이익이 침해되거나 침해될 우려가 있는 경우에는 법원에 그 행위의 금지 또는 예방을 청구할 수 있다.

② 영업비밀 보유자가 제1항에 따른 청구를 할 때에는 침해행위를 조성한 물건의 폐기, 침해행위에 제공된 설비의 제거, 그 밖에 침해행위의 금지 또는 예방을 위하여 필요한 조치를 함께 청구할 수 있다.

[전문개정 2007. 12. 21]

제11조(영업비밀 침해에 대한 손해배상책임) 고의 또는 과실에 의한 영업비밀 침해행위로 영업비밀 보유자의 영업상 이익을 침해하여 손해를 입힌 자는 그 손해를 배상할 책임을 진다.

[전문개정 2007. 12. 21]

제12조(영업비밀 보유자의 신용회복) 법원은 고의 또는 과실에 의한 영업비밀 침해행위로 영업비밀 보유자의 영업상의 신용을 실추시킨 자에게는 영업비밀 보유자의 청구에 의하여 제11조에 따른 손해배상을 갈음하거나 손해배상과 함께 영업상의 신용을 회복하는 데에 필요한 조치를 명할 수 있다.

[전문개정 2007. 12. 21]

제13조(선의자에 관한 특례) ① 거래에 의하여 영업비밀을 정당하게 취득한 자가 그 거래에 의하여 허용된 범위에서 그 영업비밀을 사용하거나 공개하는 행위에 대하여는 제10조부터 제12조까지의 규정을 적용하지 아니한다.

② 제1항에서 "영업비밀을 정당하게 취득한 자"란 제2조제3호다목 또는 바목에서 영업비밀을 취득할 당시에 그 영업비밀이 부정하게 공개된 사실 또는 영업비밀의 부정취득행위나 부정공개행위가 개입된 사실을 중대한 과실 없이 알지 못하고 그 영업비밀을 취득한 자를 말한다.

[전문개정 2007. 12. 21]

제14조(시효) 제10조제1항에 따라 영업비밀 침해행위의 금지 또는 예방을 청구할 수 있는 권리는 영업비밀 침해행위가 계속되는 경우에 영업비밀 보유자가 그 침해행위에 의하여 영업상의 이익이 침해되거나 침해될 우려가 있다는 사실 및 침해행위자를 안 날부터 3년간 행사하지 아니하면 시효(時效)로 소멸한다. 그 침해행위가 시작된 날부터 10년이 지난 때에도 또한 같다.

[전문개정 2007. 12. 21]

제4장 보 칙 〈개정 2007. 12. 21〉

제14조의2(손해액의 추정 등) ① 부정경쟁행위, 제3조의2제1항이나 제2항을 위반한 행위 또는 영업비밀 침해행위로 영업상의 이익을 침해당한 자가 제5조 또는 제11조에 따른 손해배상을 청구하는 경우 영업상의 이익을 침해한 자가 부정경쟁행위, 제3조의2제1항이나 제2항을 위반한 행위 또는 영업비밀 침해행위를 하

게 한 물건을 양도하였을 때에는 제1호의 수량에 제2호의 단위수량당 이익액을 곱한 금액을 영업상의 이익을 침해당한 자의 손해액으로 할 수 있다. 이 경우 손해액은 영업상의 이익을 침해당한 자가 생산할 수 있었던 물건의 수량에서 실제 판매한 물건의 수량을 뺀 수량에 단위수량당 이익액을 곱한 금액을 한도로 한다. 다만, 영업상의 이익을 침해당한 자가 부정경쟁행위, 제3조의2제1항이나 제2항을 위반한 행위 또는 영업비밀 침해행위 외의 사유로 판매할 수 없었던 사정이 있는 경우에는 그 부정경쟁행위, 제3조의2제1항이나 제2항을 위반한 행위 또는 영업비밀 침해행위 외의 사유로 판매할 수 없었던 수량에 따른 금액을 빼야 한다.〈개정 2011. 6. 30〉

1. 물건의 양도수량
2. 영업상의 이익을 침해당한 자가 그 부정경쟁행위, 제3조의2제1항이나 제2항을 위반한 행위 또는 영업비밀 침해행위가 없었다면 판매할 수 있었던 물건의 단위수량당 이익액

② 부정경쟁행위, 제3조의2제1항이나 제2항을 위반한 행위 또는 영업비밀 침해행위로 영업상의 이익을 침해당한 자가 제5조 또는 제11조에 따른 손해배상을 청구하는 경우 영업상의 이익을 침해한 자가 그 침해행위에 의하여 이익을 받은 것이 있으면 그 이익액을 영업상의 이익을 침해당한 자의 손해액으로 추정한다.〈개정 2011. 6. 30〉

③ 부정경쟁행위, 제3조의2제1항이나 제2항을 위반한 행위 또는 영업비밀 침해행위로 영업상의 이익을 침해당한 자는 제5조 또는 제11조에 따른 손해배상을 청구하는 경우 부정경쟁행위 또는 제3조의2제1항이나 제2항을 위반한 행위의 대상이 된 상품 등에 사용된 상표 등 표지의 사용 또는 영업비밀 침해행위의 대상이 된 영업비밀의 사용에 대하여 통상 받을 수 있는 금액에 상당하는 금액을 자기의 손해액으로 하여 손해배상을 청구할 수 있다.〈개정 2011. 6. 30〉

④ 부정경쟁행위, 제3조의2제1항이나 제2항을 위반한 행위 또는 영업비밀 침해행위로 인한 손해액이 제3항에 따른 금액을 초과하면 그 초과액에 대하여도 손해배상을 청구할 수 있다. 이 경우 그 영업상의 이익을 침해한 자에게 고의 또는 중대한 과실이 없으면 법원은 손해배상 금액을 산정할 때 이를 고려할 수 있

다.〈개정 2011. 6. 30〉

⑤ 법원은 부정경쟁행위, 제3조의2제1항이나 제2항을 위반한 행위 또는 영업비밀 침해행위에 관한 소송에서 손해가 발생된 것은 인정되나 그 손해액을 입증하기 위하여 필요한 사실을 입증하는 것이 해당 사실의 성질상 극히 곤란한 경우에는 제1항부터 제4항까지의 규정에도 불구하고 변론 전체의 취지와 증거조사의 결과에 기초하여 상당한 손해액을 인정할 수 있다.〈개정 2011.6.30〉

[전문개정 2007. 12. 21]

제14조의3(자료의 제출) 법원은 부정경쟁행위, 제3조의2제1항이나 제2항을 위반한 행위 또는 영업비밀 침해행위로 인한 영업상 이익의 침해에 관한 소송에서 당사자의 신청에 의하여 상대방 당사자에 대하여 해당 침해행위로 인한 손해액을 산정하는 데에 필요한 자료의 제출을 명할 수 있다. 다만, 그 자료의 소지자가 자료의 제출을 거절할 정당한 이유가 있는 경우에는 그러하지 아니하다.〈개정 2011. 6. 30〉

[전문개정 2007. 12. 21]

제15조(다른 법률과의 관계) ① 「특허법」, 「실용신안법」, 「디자인보호법」, 「상표법」, 「농산물품질관리법」 또는 「수산물품질관리법」에 제2조부터 제6조까지 및 제18조제3항과 다른 규정이 있으면 그 법에 따른다.〈개정 2011. 6. 30〉

② 「독점규제 및 공정거래에 관한 법률」, 「표시·광고의 공정화에 관한 법률」 또는 「형법」 중 국기·국장에 관한 규정에 제2조제1호라목부터 바목까지, 제3조부터 제6조까지 및 제18조제3항과 다른 규정이 있으면 그 법에 따른다.

[전문개정 2007. 12. 21]

제16조 삭제〈1998. 12. 31〉

제17조(업무의 위탁 등 〈개정 2011. 6. 30〉) ① 삭제〈2011. 6. 30〉

② 특허청장은 제2조의2에 따른 연구·교육·홍보 및 정보관리시스템의 구축·운영에 관한 업무를 대통령령으로 정하는 산업재산권 보호 또는 부정경쟁방지 업무와 관련된 법인이나 단체(이하 이 조에서 "전문단체"라 한다)에 위탁할 수 있다.〈신설 2009. 3. 25〉

③ 특허청장, 시·도지사 또는 시장·군수·구청장은 제7조나 제8조에 따른

업무를 수행하기 위하여 필요한 경우에 전문단체의 지원을 받을 수 있다.〈신설 2009. 3. 25, 2011. 6. 30〉

④ 제3항에 따른 지원업무에 종사하는 자에 관하여는 제7조제3항을 준용한다. 〈신설 2009. 3. 25, 2011. 6. 30〉

⑤ 특허청장은 예산의 범위에서 제2항에 따른 위탁업무 및 제3항에 따른 지원업무에 사용되는 비용의 전부 또는 일부를 지원할 수 있다.〈신설 2009. 3. 25〉

[전문개정 2007. 12. 21]

제17조의2(벌칙 적용에서의 공무원 의제) 제17조제3항에 따른 지원업무에 종사하는 자는 「형법」 제127조 및 제129조부터 제132조까지의 규정에 따른 벌칙의 적용에서는 공무원으로 본다.

[본조신설 2009. 3. 25]

제18조(벌칙) ① 부정한 이익을 얻거나 기업에 손해를 입힐 목적으로 그 기업에 유용한 영업비밀을 외국에서 사용하거나 외국에서 사용될 것임을 알면서 취득·사용 또는 제3자에게 누설한 자는 10년 이하의 징역 또는 그 재산상 이득액의 2배 이상 10배 이하에 상당하는 벌금에 처한다.〈개정 2009. 12. 30〉

② 부정한 이익을 얻거나 기업에 손해를 입힐 목적으로 그 기업에 유용한 영업비밀을 취득·사용하거나 제3자에게 누설한 자는 5년 이하의 징역 또는 그 재산상 이득액의 2배 이상 10배 이하에 상당하는 벌금에 처한다.

③ 다음 각 호의 어느 하나에 해당하는 자는 3년 이하의 징역 또는 3천만원 이하의 벌금에 처한다.

1. 제2조제1호(아목 및 자목은 제외한다)에 따른 부정경쟁행위를 한 자
2. 제3조를 위반하여 다음 각 목의 어느 하나에 해당하는 휘장 또는 표지와 동일하거나 유사한 것을 상표로 사용한 자
   가. 파리협약 당사국, 세계무역기구 회원국 또는 「상표법 조약」 체약국의 국기·국장, 그 밖의 휘장
   나. 국제기구의 표지
   다. 파리협약 당사국, 세계무역기구 회원국 또는 「상표법 조약」 체약국 정부의 감독용·증명용 표지

④ 제1항과 제2항의 징역과 벌금은 병과(併科)할 수 있다.

[전문개정 2007. 12. 21]

제18조의2(미수) 제18조제1항 및 제2항의 미수범은 처벌한다.

[전문개정 2007. 12. 21]

제18조의3(예비ㆍ음모) ① 제18조제1항의 죄를 범할 목적으로 예비 또는 음모한 자는 3년 이하의 징역 또는 2천만원 이하의 벌금에 처한다.

② 제18조제2항의 죄를 범할 목적으로 예비 또는 음모한 자는 2년 이하의 징역 또는 1천만원 이하의 벌금에 처한다.

[전문개정 2007. 12. 21]

제19조(양벌규정) 법인의 대표자나 법인 또는 개인의 대리인, 사용인, 그 밖의 종업원이 그 법인 또는 개인의 업무에 관하여 제18조제1항부터 제3항까지의 어느 하나에 해당하는 위반행위를 하면 그 행위자를 벌하는 외에 그 법인 또는 개인에게도 해당 조문의 벌금형을 과(科)한다. 다만, 법인 또는 개인이 그 위반행위를 방지하기 위하여 해당 업무에 관하여 상당한 주의와 감독을 게을리하지 아니한 경우에는 그러하지 아니하다.

[전문개정 2008. 12. 26]

제20조(과태료) ① 제7조제1항에 따른 관계 공무원의 조사나 수거를 거부ㆍ방해 또는 기피한 자에게는 2천만원 이하의 과태료를 부과한다.

② 제1항에 따른 과태료는 대통령령으로 정하는 바에 따라 특허청장, 시ㆍ도지사 또는 시장ㆍ군수ㆍ구청장이 부과ㆍ징수한다.〈개정 2011. 6. 30〉

③ 삭제〈2009. 12. 30〉

④ 삭제〈2009. 12. 30〉

⑤ 삭제〈2009. 12. 30〉

[전문개정 2007. 12. 21]

부 칙 〈제3897호, 1986. 12. 31〉

이 법은 1987년 1월 1일부터 시행한다.

부 칙 〈제4478호, 1991. 12. 31〉

①(시행일) 이 법은 공포후 1년을 넘지 아니하는 범위내에서 대통령령이 정하는 날부터 시행한다.

②(이 법 시행전의 영업비밀 침해행위등에 관한 경과조치) 이 법 시행전에 행하여진 영업비밀 침해행위에 대하여는 제10조 내지 제12조 및 제18조제1항제3호의 개정규정은 이를 적용하지 아니한다. 이 법 시행전에 영업비밀을 취득한 자 또는 사용한 자가 그 영업비밀을 이 법 시행후에 사용하는 행위에 대하여도 또한 같다.

부 칙 (정부부처명칭등의변경에따른건축법등의정비에관한법률)
〈제5454호, 1997. 12. 13〉

이 법은 1998년 1월 1일부터 시행한다. 〈단서 생략〉

부 칙 〈제5621호, 1998. 12. 31〉

①(시행일) 이 법은 1999년 1월 1일부터 시행한다.

②(벌칙에 관한 경과조치) 이 법 시행전에 행하여진 영업비밀 침해행위에 대한 벌칙의 적용에 있어서는 종전의 규정에 의한다.

③(소멸시효에 관한 경과조치) 이 법 시행전에 행하여진 영업비밀 침해행위에 대하여 금지 또는 예방을 청구할 수 있는 권리의 소멸시효에 관하여는 제14조의 개정규정에 불구하고 종전의 규정에 의한다.

부 칙 (표시 · 광고의공정화에관한법률) 〈제5814호, 1999. 2. 5〉

제1조(시행일) 이 법은 1999년 7월 1일부터 시행한다.

제2조 및 제3조 생략

제4조(다른 법률의 개정) ① 생략

② 부정경쟁방지법중 다음과 같이 개정한다.

제15조중 "독점규제및공정거래에관한법률"을 "독점규제및공정거래에관한법률, 표시 · 광고의공정화에관한법률"로 한다.

제5조 생략

부 칙 〈제6421호, 2001. 2. 3〉

①(시행일) 이 법은 2001년 7월 1일부터 시행한다.

②(벌칙적용에 관한 특례) 제2조제1호 다목 및 사목의 개정규정에 의한 부정경쟁행위를 한 자에 대하여는 2001년 12월 31일까지는 제18조제3항의 규정에 불구하고 동조동항의 벌칙을 적용하지 아니한다.

부 칙 〈제7095호, 2004. 1. 20〉

①(시행일) 이 법은 공포후 6월이 경과한 날부터 시행한다.

②(경과조치) 이 법 시행전에 종전의 제18조제1항 및 제2항의 규정을 위반한 자에 대하여는 종전의 규정에 의한다.

부 칙 (디자인보호법) 〈제7289호, 2004. 12. 31〉

제1조(시행일) 이 법은 공포후 6월이 경과한 날부터 시행한다.

제2조 내지 제4조 생략

제5조(다른 법률의 개정) ① 내지 ⑦ 생략

⑧ 부정경쟁방지및영업비밀보호에관한법률중 다음과 같이 개정한다.

제15조제1항중 "의장법"을 "디자인보호법"으로 한다.

⑨ 내지 〈17〉 생략

부 칙 〈제8767호, 2007. 12. 21〉

이 법은 공포한 날부터 시행한다.

부 칙 〈제9225호, 2008. 12. 26〉

이 법은 공포한 날부터 시행한다.

부 칙 〈제9537호, 2009. 3. 25〉

이 법은 공포한 날부터 시행한다.

부 칙 〈제9895호, 2009. 12. 30〉

이 법은 공포 후 3개월이 경과한 날부터 시행한다.

부 칙 〈제10810호, 2011. 6. 30〉

이 법은 공포 후 3개월이 경과한 날부터 시행한다. 다만, 제3조의2 및 제4조부터 제6조까지, 제7조제1항 중 “제3조의2제1항 또는 제2항” 부분, 제8조 중 “제3조의2제1항 또는 제2항” 부분, 제14조의2, 제14조의3, 제15조의 개정규정은 「대한민국과 유럽연합 및 그 회원국 간의 자유무역협정」이 발효하는 날부터 시행한다.

2. 부정경쟁방지 및 영업비밀보호에 관한 법률 시행령

[대통령령 제23153호, 2011. 9. 22, 일부개정]

제1조(목적) 이 영은 「부정경쟁방지 및 영업비밀보호에 관한 법률」에서 위임된 사항과 그 시행에 필요한 사항을 규정함을 목적으로 한다.

[전문개정 2009. 8. 18]

제1조의2(정당한 사유) 「부정경쟁방지 및 영업비밀보호에 관한 법률」(이하 "법"이라 한다) 제2조제1호다목에서 "비상업적 사용 등 대통령령으로 정하는 정당한 사유"란 다음 각 호의 어느 하나에 해당하는 경우를 말한다.

1. 비상업적으로 사용하는 경우
2. 뉴스보도 및 뉴스논평에 사용하는 경우
3. 타인의 성명, 상호, 상표, 상품의 용기·포장, 그 밖에 타인의 상품 또는 영업임을 표시한 표지(이하 "표지"라 한다)가 국내에 널리 인식되기 전에 그 표지와 동일하거나 유사한 표지를 사용해온 자(그 승계인을 포함한다)가 이를 부정한 목적 없이 사용하는 경우
4. 그 밖에 해당 표지의 사용이 공정한 상거래 관행에 어긋나지 아니한다고 인정되는 경우

[전문개정 2009. 8. 18]

제1조의3(수거물품의 처리 등) ① 특허청장, 특별시장·광역시장·도지사·특별자치도지사(이하 "시·도지사"라 한다) 또는 시장·군수·구청장(자치구의 구청장을 말한다. 이하 같다)은 법 제7조제1항에 따라 조사에 필요한 최소분량의 제품을 수거할 때에는 그 제품의 소유자나 점유자에게 별지 제1호서식의 수거증을 발급하여야 한다.〈개정 2011. 9. 22〉

② 특허청장, 시·도지사 또는 시장·군수·구청장은 법 제7조제1항에 따라 수거한 제품을 검사한 결과 그 제품이 법 제2조제1호가목부터 사목까지의 부정경쟁행위나 법 제3조, 제3조의2제1항 또는 제2항을 위반한 행위와 관련되지 아니한 경우에는 수거 당시의 소유자나 점유자에게 돌려주어야 한다.〈개정 2011.

9. 22〉

③ 법 제7조제3항에 따른 증표는 별지 제2호서식에 따른다.〈개정 2011. 9. 22〉

[전문개정 2009. 8. 18]

제2조(시정권고의 방법 등) ① 법 제8조에 따른 시정권고는 권고사유와 시정기한을 분명하게 적은 문서로 하여야 한다.

② 특허청장, 시·도지사 또는 시장·군수·구청장은 제1항에 따른 시정권고를 하기 위하여 필요하다고 인정되는 경우 또는 그 시정권고의 이행 여부를 확인하기 위하여 필요하다고 인정되는 경우에는 관계 공무원으로 하여금 현장을 확인하게 할 수 있다.〈개정 2011. 9. 22〉

③ 제2항에 따라 현장을 확인하는 공무원은 그 권한을 표시하는 증표를 지니고 관계인에게 보여야 한다.

[전문개정 2009. 8. 18]

제3조(의견청취의 절차) ① 특허청장, 시·도지사 또는 시장·군수·구청장은 법 제9조에 따라 의견을 들으려는 경우에는 의견청취 예정일 10일 전까지 시정권고의 상대방, 이해관계인, 참고인 또는 그 대리인에게 서면으로 그 뜻을 통지하여 의견을 진술할 기회를 주어야 한다.〈개정 2011. 9. 22〉

② 제1항에 따른 통지를 받은 시정권고의 상대방, 이해관계인, 참고인 또는 그 대리인은 지정된 일시에 지정된 장소로 출석하여 의견을 진술하거나 서면으로 의견을 제출할 수 있다.

③ 제2항에 따라 시정권고의 상대방, 이해관계인, 참고인 또는 그 대리인이 출석하여 의견을 진술하였을 때에는 관계 공무원은 그 요지를 서면으로 작성한 후 의견 진술자에게 그 내용을 확인하고 서명 또는 날인하게 하여야 한다.

④ 제1항에 따른 통지에는 정당한 사유 없이 이에 따르지 아니하면 의견을 진술할 기회를 포기한 것으로 본다는 뜻을 분명히 밝혀야 한다.

[전문개정 2009. 8. 18]

제4조(업무의 위탁 등) ① 삭제〈2011. 9. 22〉

② 삭제〈2011. 9. 22〉

③ 법 제17조제2항에서 "대통령령으로 정하는 산업재산권 보호 또는 부정경쟁

방지 업무와 관련된 법인이나 단체"란 다음 각 호의 법인 또는 단체를 말한다. 〈개정 2011. 9. 22〉

1. 「발명진흥법」에 따라 설립된 한국발명진흥회
2. 법 제2조의2의 업무에 관한 전문성이 있다고 인정되는 법인 또는 단체 중에서 특허청장이 지정하여 고시하는 법인 또는 단체

④ 법 제17조제3항 및 제4항에 따른 지원업무에 종사하는 자에 관하여는 제2조제2항 및 제3항을 준용한다.〈개정 2011. 9. 22〉

⑤ 법 제17조제5항에 따라 비용을 지원받으려는 법인 또는 단체는 별지 제3호 서식의 부정경쟁방지 및 영업비밀보호 업무비용 지원신청서에 다음 각 호의 서류를 첨부하여 특허청장에게 제출하여야 한다. 이 경우 특허청장은 「전자정부법」 제36조제1항에 따른 행정정보의 공동이용을 통하여 법인 등기사항증명서(법인인 경우만 해당한다)를 확인하여야 한다.〈개정 2010. 5. 4, 2011. 9. 22〉

1. 부정경쟁방지 및 영업비밀보호를 위한 업무계획서
2. 정관(법인인 경우만 해당한다)

⑥ 특허청장은 제3항제2호에 따른 법인 또는 단체의 지정기준과 절차를 정하여 고시하여야 한다.〈개정 2011. 9. 22〉

[제목개정 2011. 9. 22]

[전문개정 2009. 8. 18]

제4조의2(공동사무의 운영절차) 법 제7조부터 제9조까지 및 제20조에 따른 업무의 운영절차 및 지도 등에 필요한 세부사항은 특허청장이 정하여 고시한다.

[본조신설 2011. 9. 22]

제5조(교육) 특허청장은 부정경쟁행위방지에 관한 직무에 종사하는 공무원에 대하여 필요하다고 인정하면 직무교육을 할 수 있다.

[전문개정 2009. 8. 18]

제6조(과태료의 부과기준) 법 제20조제1항에 따른 과태료의 부과기준은 별표와 같다.

[전문개정 2009. 8. 18]

부 칙 〈제16065호, 1998. 12. 31〉

이 영은 1999년 1월 1일부터 시행한다.

부 칙 〈제17255호, 2001. 6. 27〉

이 영은 2001년 7월 1일부터 시행한다.

부 칙 〈제21691호, 2009. 8. 18〉

제1조(시행일) 이 영은 공포한 날부터 시행한다.

제2조(경과조치) ① 이 영 시행 전의 위반행위에 대한 과태료의 부과기준은 종전의 규정에 따른다.

② 별표의 개정규정에 따라 위반행위의 횟수에 따른 과태료 부과기준을 적용하는 경우 이 영 시행 후에 최초로 행한 위반행위를 1회 위반행위로 본다.

부 칙 (전자정부법 시행령) 〈제22151호, 2010. 5. 4〉

제1조(시행일) 이 영은 2010년 5월 5일부터 시행한다.

제2조 및 제3조 생략

제4조(다른 법령의 개정) ①부터 〈89〉까지 생략

〈90〉 부정경쟁방지 및 영업비밀보호에 관한 법률 시행령 일부를 다음과 같이 개정한다.

제4조제5항 각 호 외의 부분 후단 중 "「전자정부법」 제21조제1항"을 "「전자정부법」 제36조제1항"으로 한다.

〈91〉부터 〈192〉까지 생략

부 칙 〈제23153호, 2011. 9. 22〉

이 영은 2011년 10월 1일부터 시행한다.

3. 산업기술의 유출방지 및 보호에 관한 법률

[법률 제10962호, 2011. 7. 25, 일부개정]

제1장 총 칙

제1조(목적) 이 법은 산업기술의 부정한 유출을 방지하고 산업기술을 보호함으로써 국내산업의 경쟁력을 강화하고 국가의 안전보장과 국민경제의 발전에 이바지함을 목적으로 한다.

제2조(정의) 이 법에서 사용하는 용어의 정의는 다음과 같다.〈개정 2011. 7. 25〉

1. "산업기술"이라 함은 제품 또는 용역의 개발·생산·보급 및 사용에 필요한 제반 방법 내지 기술상의 정보 중에서 관계 중앙행정기관의 장이 소관 분야의 산업경쟁력 제고 등을 위하여 법률 또는 해당 법률에서 위임한 명령(대통령령·총리령·부령에 한정한다. 이하 이 조에서 같다)에 따라 지정·고시·공고·인증하는 다음 각 목의 어느 하나에 해당하는 기술을 말한다.
   가. 「산업발전법」 제5조에 따른 첨단기술
   나. 「조세특례제한법」 제18조제2항에 따른 고도기술
   다. 「산업기술혁신 촉진법」 제15조의2에 따른 신기술
   라. 「전력기술관리법」 제6조의2에 따른 신기술
   마. 「부품·소재전문기업 등의 육성에 관한 특별조치법」 제19조에 따른 부품·소재기술
   바. 「환경기술 및 환경산업 지원법」 제7조제1항에 따른 신기술
   사. 그 밖의 법률 또는 해당 법률에서 위임한 명령에 따라 지정·고시·공고·인증하는 기술
2. "국가핵심기술"이라 함은 국내외 시장에서 차지하는 기술적·경제적 가치가 높거나 관련 산업의 성장잠재력이 높아 해외로 유출될 경우에 국가의 안전보장 및 국민경제의 발전에 중대한 악영향을 줄 우려가 있는 기술로서 제9조의 규정에 따라 지정된 산업기술을 말한다.

3. "국가연구개발사업"이라 함은 「과학기술기본법」 제11조의 규정에 따라 관계 중앙행정기관의 장이 추진하는 연구개발사업을 말한다.

제3조(국가 등의 책무) ① 국가는 산업기술의 유출방지와 보호에 필요한 종합적인 시책을 수립·추진하여야 한다.

② 국가·기업·연구기관 및 대학 등 산업기술의 개발·보급 및 활용에 관련된 모든 기관은 이 법의 적용에 있어 산업기술의 연구개발자 등 관련 종사자들이 부당한 처우와 선의의 피해를 받지 아니하도록 하고, 산업기술 및 지식의 확산과 활용이 제약되지 아니하도록 노력하여야 한다.

③ 모든 국민은 산업기술의 유출방지에 대한 관심과 인식을 높이고, 각자의 직업윤리의식을 배양하기 위하여 노력하여야 한다.

제4조(다른 법률과의 관계) 산업기술의 유출방지 및 보호에 관하여는 다른 법률에 특별한 규정이 있는 경우를 제외하고는 이 법이 정하는 바에 따른다.

제 2 장 산업기술의 유출방지 및 보호 정책의 수립·추진

제5조(종합계획의 수립·시행 〈개정 2011. 7. 25〉) ① 지식경제부장관은 산업기술의 유출방지 및 보호에 관한 종합계획(이하 "종합계획"이라 한다)을 수립·시행하여야 한다.〈개정 2008. 2. 29, 2011. 7. 25〉

② 지식경제부장관은 종합계획을 수립함에 있어서 미리 관계 중앙행정기관의 장과 협의한 후 제7조의 규정에 따른 산업기술보호위원회의 심의를 거쳐야 한다.〈개정 2008. 2. 29, 2011. 7. 25〉

③ 종합계획에는 다음 각 호의 사항이 포함되어야 한다.〈개정 2011. 7. 25〉

1. 산업기술의 유출방지 및 보호에 관한 기본목표와 추진방향
2. 산업기술의 유출방지 및 보호에 관한 단계별 목표와 추진방안
3. 산업기술의 유출방지 및 보호에 대한 홍보와 교육에 관한 사항
4. 산업기술의 유출방지 및 보호의 기반구축에 관한 사항
5. 산업기술의 유출방지 및 보호를 위한 기술의 연구개발에 관한 사항

6. 산업기술의 유출방지 및 보호에 관한 정보의 수집 · 분석 · 가공과 보급에 관한 사항
7. 산업기술의 유출방지 및 보호를 위한 국제협력에 관한 사항
8. 그 밖에 산업기술의 유출방지 및 보호를 위하여 필요한 사항

④ 지식경제부장관은 종합계획의 수립을 위하여 관계 중앙행정기관의 장 및 산업기술을 보유한 기업 · 연구기관 · 전문기관 · 대학 등(이하 "대상기관"이라 한다)의 장에게 필요한 자료의 제출을 요청할 수 있다. 이 경우 자료제출을 요청받은 기관의 장은 특별한 사유가 없는 한 이에 협조하여야 한다.〈개정 2008. 2. 29, 2011. 7. 25〉

제6조(시행계획의 수립 · 시행) ① 관계 중앙행정기관의 장은 종합계획에 따라 매년 산업기술의 유출방지 및 보호에 관한 시행계획(이하 "시행계획"이라 한다)을 수립 · 시행하여야 한다.〈개정 2011. 7. 25〉

② 시행계획의 수립 · 시행에 관하여 필요한 사항은 대통령령으로 정한다.

제7조(산업기술보호위원회의 설치 등) ① 산업기술의 유출방지 및 보호에 관한 다음 각 호의 사항을 심의하기 위하여 국무총리 소속하에 산업기술보호위원회(이하 "위원회"라 한다)를 둔다.〈개정 2011. 7. 25〉

1. 종합계획의 수립 및 시행에 관한 사항
2. 제9조의 규정에 따른 국가핵심기술의 지정 · 변경 및 해제에 관한 사항
3. 제11조의 규정에 따른 국가핵심기술의 수출 등에 관한 사항
4. 제11조의2에 따른 국가핵심기술을 보유하는 대상기관의 해외인수 · 합병등에 관한 사항
5. 그 밖에 산업기술의 유출방지 및 보호를 위하여 필요한 것으로서 대통령령으로 정하는 사항
6. 삭제〈2011. 7. 25〉

② 위원회는 위원장 1인을 포함한 25인 이내의 위원으로 구성한다. 이 경우 위원 중에는 제3항제3호의 규정에 해당하는 자가 5인 이상 포함되어야 한다.

③ 위원장은 국무총리가 되고, 위원은 다음 각 호의 자가 된다.〈개정 2008. 2. 29〉

1. 관계 중앙행정기관의 장으로서 대통령령으로 정하는 자

2. 산업기술의 유출방지업무를 수행하는 정보수사기관의 장
3. 산업기술의 유출방지 및 보호에 관한 학식과 경험이 풍부한 자로서 위원장이 위촉하는 자

④ 위원회에 간사위원 1인을 두되, 간사위원은 지식경제부장관이 된다.〈개정 2008. 2. 29〉

⑤ 산업기술의 유출방지 및 보호에 관한 다음 각 호의 사항을 심의하기 위하여 위원회에 실무위원회를 두며, 실무위원회 소속으로 안건 심의 등을 지원하기 위하여 분야별 전문위원회를 둔다.〈개정 2011. 7. 25〉

1. 위원회의 심의사항에 대한 사전검토
2. 대통령령으로 정하는 바에 따라 위원회로부터 위임받은 사항
3. 그 밖에 산업기술의 유출방지 및 보호를 위하여 필요한 실무적 사항으로서 대통령령으로 정하는 사항

⑥ 그 밖에 위원회·실무위원회 및 분야별 전문위원회의 구성·운영 등에 관하여 필요한 사항은 대통령령으로 정한다.

제 3 장 산업기술의 유출방지 및 관리

제8조(보호지침의 제정 등) ① 지식경제부장관은 산업기술의 유출을 방지하고 산업기술을 보호하기 위하여 필요한 방법·절차 등에 관한 지침(이하 "보호지침"이라 한다)을 관계 중앙행정기관의 장과 협의하여 제정하고 이를 대상기관이 활용할 수 있도록 하여야 한다.〈개정 2008. 2. 29, 2011. 7. 25〉

② 지식경제부장관은 산업기술의 발전추세 및 국내외 시장환경 등을 감안하여 관계 중앙행정기관의 장과 협의하여 보호지침을 수정 또는 보완할 수 있다.〈개정 2008. 2. 29, 2011. 7. 25〉

제9조(국가핵심기술의 지정·변경 및 해제 등) ① 지식경제부장관은 관계 중앙행정기관의 장으로부터 그 소관의 국가핵심기술로 지정되어야 할 대상기술(이하 이 조에서 "지정대상기술"이라 한다)을 통보받아 위원회의 심의를 거쳐 국가핵심

기술로 지정할 수 있다.〈개정 2008. 2. 29〉

② 관계 중앙행정기관의 장은 지정대상기술을 선정함에 있어서 해당 기술이 국가안보 및 국민경제에 미치는 파급효과, 관련 제품의 국내외 시장점유율, 해당 분야의 연구동향 및 기술 확산과의 조화 등을 종합적으로 고려하여 필요최소한의 범위 안에서 선정하여야 한다.

③ 지식경제부장관은 관계 중앙행정기관의 장으로부터 그 소관의 국가핵심기술의 범위 또는 내용의 변경이나 지정의 해제를 요청받은 경우에는 위원회의 심의를 거쳐 변경 또는 해제할 수 있다.〈개정 2008. 2. 29〉

④ 지식경제부장관은 제1항의 규정에 따라 국가핵심기술을 지정하거나 제3항의 규정에 따라 국가핵심기술의 범위 또는 내용을 변경 또는 지정을 해제한 경우에는 이를 고시하여야 한다.〈개정 2008. 2. 29〉

⑤ 위원회는 제1항 및 제3항의 규정에 따라 국가핵심기술의 지정·변경 또는 해제에 대한 심의를 함에 있어서 지정대상기술을 보유·관리하는 기업 등 이해관계인의 요청이 있는 경우에는 대통령령이 정하는 바에 따라 의견을 진술할기회를 주어야 한다.

⑥ 대상기관은 해당 기관이 보유하고 있는 기술이 국가핵심기술에 해당하는지에 대한 판정을 대통령령으로 정하는 바에 따라 지식경제부장관에게 신청할 수 있다.〈신설 2011. 7. 25〉〈종전 제6항은 제7항으로 이동 2011. 7. 25〉

⑦ 제1항 및 제3항의 규정에 따른 국가핵심기술의 지정·변경 및 해제의 기준·절차 그 밖에 필요한 사항은 대통령령으로 정한다.〈제6항에서 이동 2011. 7. 25〉

제10조(국가핵심기술의 보호조치) ① 국가핵심기술을 보유·관리하고 있는 대상기관의 장은 보호구역의 설정·출입허가 또는 출입시 휴대품 검사 등 국가핵심기술의 유출을 방지하기 위한 기반구축에 필요한 조치를 하여야 한다.

② 제1항의 규정에 따른 조치에 관하여 필요한 사항은 대통령령으로 정한다.

③ 누구든지 정당한 사유 없이 제1항의 보호조치를 거부·방해 또는 기피하여서는 아니 된다.〈신설 2009. 1. 30〉

제11조(국가핵심기술의 수출 등) ① 국가로부터 연구개발비를 지원받아 개발한 국가핵심기술을 보유한 대상기관이 해당 국가핵심기술을 외국기업 등에 매각 또

는 이전 등의 방법으로 수출(이하 "국가핵심기술의 수출"이라 한다)하고자 하는 경우에는 지식경제부장관의 승인을 얻어야 한다.〈개정 2008. 2. 29〉

② 지식경제부장관은 제1항의 규정에 따른 승인신청에 대하여 국가핵심기술의 수출에 따른 국가안보 및 국민경제적 파급효과 등을 검토하여 관계 중앙행정기관의 장과 협의한 후 위원회의 심의를 거쳐 승인할 수 있다.〈개정 2008. 2. 29〉

③ 제1항의 규정에 따라 승인을 얻은 국가핵심기술이 「대외무역법」 제19조제1항의 기술인 경우에는 같은 조 제2항에 따라 허가를 받은 것으로 보며, 「방위사업법」 제30조 및 제34조의 국방과학기술 및 방산물자인 경우에는 같은 법 제57조제2항에 따라 허가를 받은 것으로 본다. 이 경우 지식경제부장관은 사전에 관계 중앙행정기관의 장과 협의를 하여야 한다.〈개정 2008. 2. 29, 2011. 7. 25〉

④ 제1항의 규정에 따른 승인대상 외의 국가핵심기술을 보유·관리하고 있는 대상기관이 국가핵심기술의 수출을 하고자 하는 경우에는 지식경제부장관에게 사전에 신고를 하여야 한다.〈개정 2008. 2. 29〉

⑤ 지식경제부장관은 제4항의 신고대상인 국가핵심기술의 수출이 국가안보에 심각한 영향을 줄 수 있다고 판단하는 경우에는 관계 중앙행정기관의 장과 협의한 후 위원회의 심의를 거쳐 국가핵심기술의 수출중지·수출금지·원상회복 등의 조치를 명할 수 있다.〈개정 2008. 2. 29〉

⑥ 제4항의 신고대상 국가핵심기술의 수출을 하고자 하는 자는 해당 국가핵심기술이 국가안보와 관련되는지 여부에 대하여 지식경제부장관에게 사전검토를 신청할 수 있다.〈개정 2008. 2. 29〉

⑦ 지식경제부장관은 국가핵심기술을 보유한 대상기관이 제1항의 규정에 따른 승인을 얻지 아니하거나 부정한 방법으로 승인을 얻어 국가핵심기술의 수출을 한 경우 또는 제4항의 규정에 따른 신고대상 국가핵심기술을 신고하지 아니하거나 허위로 신고하고 국가핵심기술의 수출을 한 경우에는 정보수사기관의 장에게 조사를 의뢰하고, 조사결과를 위원회에 보고한 후 위원회의 심의를 거쳐 해당 국가핵심기술의 수출중지·수출금지·원상회복 등의 조치를 명령할 수 있다.〈개정 2008. 2. 29〉

⑧ 위원회는 다음 각 호의 어느 하나에 해당하는 경우에는 대상기관의 의견을

청취할 수 있다.

1. 제2항의 규정에 따른 승인신청에 대한 심의
2. 제5항의 규정에 따른 국가안보에 심각한 영향을 주는 국가핵심기술의 수출 중지·수출금지·원상회복 심의
3. 제7항의 규정에 따른 미승인 또는 부정승인 및 미신고 또는 허위신고 등에 대한 국가핵심기술의 수출중지·수출금지·원상회복 심의

⑨ 지식경제부장관은 제1항의 규정에 따른 승인 또는 제4항의 규정에 따른 신고와 관련하여 분야별 전문위원회로 하여금 검토하게 할 수 있으며 관계 중앙행정기관의 장 또는 대상기관의 장에게 자료제출 등의 필요한 협조를 요청할 수 있다. 이 경우 관계 중앙행정기관의 장 및 대상기관의 장은 특별한 사유가 없는 한 이에 협조하여야 한다.〈개정 2008. 2. 29〉

⑩ 제1항의 승인, 제4항의 신고, 제5항 및 제7항의 수출중지·수출금지·원상회복 등의 조치 및 절차 등에 관하여 세부적인 사항은 대통령령으로 정한다.

⑪ 제6항의 규정에 따른 국가핵심기술이 국가안보와 관련되는지 여부에 대한 사전검토의 신청에 관하여 필요한 사항은 대통령령으로 정한다.

제11조의2(국가핵심기술을 보유하는 대상기관의 해외인수·합병등) ① 국가로부터 연구개발비를 지원받아 개발한 국가핵심기술을 보유한 대상기관이 대통령령으로 정하는 해외 인수·합병, 합작투자 등 외국인투자(이하 "해외인수·합병등"이라 한다)를 진행하려는 경우에는 지식경제부장관에게 미리 신고하여야 한다.

② 제1항의 대상기관은 대통령령으로 정하는 외국인에 의하여 해외인수·합병등이 진행되는 것을 알게 된 경우 지체 없이 지식경제부장관에게 신고하여야 한다.

③ 지식경제부장관은 제1항 및 제2항에 따른 국가핵심기술의 유출이 국가안보에 심각한 영향을 줄 수 있다고 판단하는 경우에는 관계 중앙행정기관의 장과 협의한 후 위원회의 심의를 거쳐 해외인수·합병등에 대하여 중지·금지·원상회복 등의 조치를 명할 수 있다.

④ 제1항 및 제2항에 따라 해외인수·합병등을 진행하려는 자는 해당 해외인수·합병등과 관련하여 다음 각 호의 사항에 관하여 의문이 있는 때에는 대통

령령으로 정하는 바에 따라 지식경제부장관에게 미리 검토하여 줄 것을 신청할 수 있다.

1. 해당 국가핵심기술이 국가안보와 관련되는지 여부
2. 해당 해외인수·합병등이 제1항 및 제2항의 신고대상인지 여부
3. 그 밖에 해당 해외인수·합병등과 관련하여 의문이 있는 사항

⑤ 지식경제부장관은 국가핵심기술을 보유한 대상기관이 제1항 및 제2항에 따른 신고를 하지 아니하거나 거짓이나 그 밖의 부정한 방법으로 신고를 하고서 해외인수·합병등을 한 경우에는 정보수사기관의 장에게 조사를 의뢰하고, 조사결과를 위원회에 보고한 후 위원회의 심의를 거쳐 해당 해외인수·합병등에 대하여 중지·금지 등 필요한 조치를 명할 수 있다.

⑥ 위원회는 다음 각 호의 어느 하나에 해당하는 경우에는 대상기관의 의견을 청취할 수 있다.

1. 제1항 및 제2항에 따른 신고에 대한 심의
2. 제3항에 따른 국가안보에 심각한 영향을 주는 해외인수·합병등에 대한 중지·금지·원상회복 등 심의
3. 제3항의 조치에 따른 대상기관의 손해에 대한 심의
4. 제5항에 따른 미신고 또는 거짓신고 등에 대한 해외인수·합병등의 중지·금지·원상회복 등 심의

⑦ 지식경제부장관은 제1항 및 제2항에 따른 신고와 관련하여 분야별 전문위원회로 하여금 검토하게 할 수 있으며 관계 중앙행정기관의 장 또는 대상기관의 장에게 자료제출 등의 필요한 협조를 요청할 수 있다. 이 경우 관계 중앙행정기관의 장 및 대상기관의 장은 특별한 사유가 없는 한 이에 협조하여야 한다.

⑧ 제1항 및 제2항의 신고, 제3항 및 제5항의 중지·금지·원상회복 등의 조치 및 절차 등에 관하여 세부적인 사항은 대통령령으로 정한다.

[본조신설 2011. 7. 25]

제12조(국가연구개발사업의 보호관리) 대상기관의 장은 산업기술과 관련된 국가연구개발사업을 수행하는 과정에서 개발성과물이 외부로 유출되지 아니하도록 필요한 대책을 수립·시행하여야 한다.

제13조(개선권고) ① 지식경제부장관은 제10조의 규정에 따른 국가핵심기술의 보호조치 및 제12조의 규정에 따른 국가연구개발사업의 보호관리와 관련하여 필요하다고 인정되는 경우 대상기관의 장에 대하여 개선을 권고할 수 있다.〈개정 2011. 7. 25〉

② 제1항의 규정에 따라 개선권고를 받은 대상기관의 장은 개선대책을 수립·시행하고 그 결과를 지식경제부장관에게 통보하여야 한다.〈개정 2011. 7. 25〉

③ 지식경제부장관은 제1항에 따라 대상기관의 장에게 개선권고를 한 경우 해당 개선권고의 주요 내용 및 이유, 대상기관의 조치결과 등을 위원회에 보고하여야 한다.〈신설 2011. 7. 25〉〈종전 제3항은 제4항으로 이동 2011. 7. 25〉

④ 제1항 및 제2항에 따른 개선권고 및 개선대책의 수립·시행 및 제3항에 따라 위원회에 보고하기 위하여 필요한 사항은 대통령령으로 정한다.〈개정 2011. 7. 25〉〈제3항에서 이동 2011. 7. 25〉

제14조(산업기술의 유출 및 침해행위 금지) 누구든지 다음 각 호의 어느 하나에 해당하는 행위를 하여서는 아니 된다.〈개정 2008. 2. 29, 2011. 7. 25〉

1. 절취·기망·협박 그 밖의 부정한 방법으로 대상기관의 산업기술을 취득하는 행위 또는 그 취득한 산업기술을 사용하거나 공개(비밀을 유지하면서 특정인에게 알리는 것을 포함한다. 이하 같다)하는 행위
2. 제34조의 규정 또는 대상기관과의 계약 등에 따라 산업기술에 대한 비밀유지의무가 있는 자가 부정한 이익을 얻거나 그 대상기관에게 손해를 가할 목적으로 유출하거나 그 유출한 산업기술을 사용 또는 공개하거나 제3자가 사용하게 하는 행위
3. 제1호 또는 제2호의 규정에 해당하는 행위가 개입된 사실을 알고 그 산업기술을 취득·사용 및 공개하거나 산업기술을 취득한 후에 그 산업기술에 대하여 제1호 또는 제2호의 규정에 해당하는 행위가 개입된 사실을 알고 그 산업기술을 사용하거나 공개하는 행위
4. 제1호 또는 제2호의 규정에 해당하는 행위가 개입된 사실을 중대한 과실로 알지 못하고 그 산업기술을 취득·사용 및 공개하거나 산업기술을 취득한 후에 그 산업기술에 대하여 제1호 또는 제2호의 규정에 해당하는 행위가 개

입된 사실을 중대한 과실로 알지 못하고 그 산업기술을 사용하거나 공개하는 행위
5. 제11조제1항의 규정에 따른 승인을 얻지 아니하거나 부정한 방법으로 승인을 얻어 국가핵심기술을 수출하는 행위
6. 국가핵심기술을 외국에서 사용하거나 사용되게 할 목적으로 제11조의2제1항 및 제2항에 따른 신고를 하지 아니하거나 거짓이나 그 밖의 부정한 방법으로 신고를 하고서 해외인수·합병등을 하는 행위
7. 제11조제5항·제7항 및 제11조의2제3항·제5항에 따른 지식경제부장관의 명령을 이행하지 아니하는 행위

제14조의2(산업기술 침해행위에 대한 금지청구권 등) ① 대상기관은 산업기술 침해행위를 하거나 하려는 자에 대하여 그 행위에 의하여 영업상의 이익이 침해되거나 침해될 우려가 있는 경우에는 법원에 그 행위의 금지 또는 예방을 청구할 수 있다.

② 대상기관이 제1항에 따른 청구를 할 때에는 침해행위를 조성한 물건의 폐기, 침해행위에 제공된 설비의 제거, 그 밖에 침해행위의 금지 또는 예방을 위하여 필요한 조치를 함께 청구할 수 있다.

③ 제1항에 따라 산업기술 침해행위의 금지 또는 예방을 청구할 수 있는 권리는 산업기술 침해행위가 계속되는 경우에 대상기관이 그 침해행위에 의하여 영업상의 이익이 침해되거나 침해될 우려가 있다는 사실 및 침해행위자를 안 날부터 3년간 행사하지 아니하면 시효의 완성으로 소멸한다. 그 침해행위가 시작된 날부터 10년이 지난 때에도 또한 같다.

[본조신설 2011. 7. 25]

제15조(산업기술 침해신고 등) ① 국가핵심기술 및 국가연구개발사업으로 개발한 산업기술을 보유한 대상기관의 장은 제14조 각 호의 어느 하나에 해당하는 행위가 발생할 우려가 있거나 발생한 때에는 즉시 지식경제부장관 및 정보수사기관의 장에게 그 사실을 신고하여야 하고, 필요한 조치를 요청할 수 있다.〈개정 2008. 2. 29〉

② 지식경제부장관 및 정보수사기관의 장은 제1항의 규정에 따른 요청을 받은

경우 또는 제14조에 따른 금지행위를 인지한 경우에는 그 필요한 조치를 하여야 한다.〈개정 2008. 2. 29, 2011. 7. 25〉

제 4 장 산업기술보호의 기반구축 및 산업보안기술의 개발 · 지원 등

제16조(산업기술보호협회의 설립 등) ① 대상기관은 산업기술의 유출방지 및 보호에 관한 시책을 효율적으로 추진하기 위하여 지식경제부장관의 인가를 받아 산업기술보호협회(이하 "협회"라 한다)를 설립할 수 있다.〈개정 2008. 2. 29〉

② 협회는 법인으로 하고, 그 주된 사무소의 소재지에서 설립등기를 함으로써 성립한다.

③ 설립등기 외의 등기를 필요로 하는 사항은 그 등기 후가 아니면 제3자에게 대항하지 못한다.

④ 협회는 다음 각 호의 업무를 행한다.〈개정 2008. 2. 29, 2011. 7. 25〉

1. 산업기술보호를 위한 정책의 개발 및 협력
2. 산업기술의 해외유출 관련 정보 전파
3. 산업기술의 유출방지를 위한 상담 · 홍보 · 교육 · 실태조사
4. 국내외 산업기술보호 관련 자료 수집 · 분석 및 발간
5. 제22조제1항에 따른 산업기술의 보호를 위한 지원업무
6. 제23조의 규정에 따른 산업기술분쟁조정위원회의 업무지원
7. 그 밖에 지식경제부장관이 필요하다고 인정하여 위탁하거나 협회의 정관이 정한 사업

⑤ 정부는 대상기관의 산업기술의 보호를 위하여 필요한 경우에는 예산의 범위 안에서 협회의 사업수행에 필요한 자금을 지원할 수 있다.

⑥ 협회의 사업 및 감독 등에 관하여 필요한 사항은 대통령령으로 정한다.

⑦ 협회에 관하여 이 법에 규정된 사항을 제외하고는 「민법」 중 사단법인에 관한 규정을 준용한다.

제17조(산업기술보호를 위한 실태조사) ① 지식경제부장관은 필요한 경우 대상기관

의 산업기술의 보호 및 관리 현황에 대한 실태조사를 실시할 수 있다.〈개정 2008. 2. 29〉

② 지식경제부장관은 제1항의 규정에 따른 실태조사를 위하여 산업기술을 보유하고 있는 대상기관 및 관련 단체에 대하여 관련 자료의 제출이나 조사업무의 수행에 필요한 협조를 요청할 수 있다. 이 경우 그 요청을 받은 자는 특별한 사유가 없는 한 이에 응하여야 한다.〈개정 2008. 2. 29〉

③ 제2항의 규정에 따른 실태조사의 대상·범위·방법 등에 관하여 필요한 사항은 대통령령으로 정한다.

제18조(국제협력) ① 정부는 산업기술의 보호에 관한 국제협력을 촉진하기 위하여 관련 산업보안기술 및 전문인력의 국제교류, 산업보안기술의 국제표준화 및 국제공동연구개발 등에 관하여 필요한 국제협력사업을 추진할 수 있다.

② 정부는 다음 각 호의 사업을 지원할 수 있다.

1. 산업보안기술 및 보안산업의 국제적 차원의 조사·연구
2. 산업보안기술 및 보안산업에 관한 국제적 차원의 인력·정보의 교류
3. 산업보안기술 및 보안산업에 관한 국제적 전시회·학술회의 등의 개최
4. 그 밖에 국제적 차원의 대책을 수립하고 추진하기 위하여 필요하다고 인정하여 대통령령이 정하는 사업

제19조(산업기술보호교육) ① 지식경제부장관은 산업기술의 유출방지 및 보호를 위하여 대상기관의 임·직원을 대상으로 교육을 실시할 수 있다.〈개정 2008. 2. 29〉

② 제1항의 규정에 따른 교육의 내용·기간·주기 등에 관하여 필요한 사항은 대통령령으로 정한다.

제20조(산업보안기술의 개발지원 등) ① 정부는 산업기술을 보호하기 위하여 산업보안기술의 개발 및 전문인력의 양성에 관한 시책을 수립하여 추진할 수 있다.

② 정부는 산업기술보호에 필요한 기술개발을 효율적으로 추진하기 위하여 대상기관으로 하여금 제1항의 규정에 따른 산업보안기술의 개발 등을 실시하게 할 수 있다.

③ 정부는 제2항의 규정에 따라 산업보안기술 개발사업 등을 실시하는 자에게 그 사업에 소요되는 비용을 출연 또는 보조할 수 있다.

④ 제3항의 규정에 따른 출연금의 지급·사용 및 관리 등에 관하여 필요한 사항은 대통령령으로 정한다.

제21조(산업기술보호 포상 및 보호 등) ① 정부는 산업보안기술의 개발 등 산업기술의 유출방지 및 보호에 기여한 공이 큰 자 또는 이 법의 규정을 위반하여 산업기술을 해외로 유출한 사실을 신고한 자 등에 대하여 예산의 범위 내에서 포상 및 포상금을 지급할 수 있다.〈개정 2009. 1. 30〉

② 정부는 이 법의 규정을 위반하여 산업기술을 해외로 유출한 사실을 신고한 자로부터 요청이 있는 경우 그에 대하여 신변보호 등 필요한 조치를 취하여야 한다.

③ 정부는 산업보안기술의 개발 등 산업기술의 유출방지 및 보호에 기여한 공이 큰 외국인에 대하여 국내정착 및 국적취득을 지원할 수 있다.

④ 제1항 내지 제3항의 규정에 따른 포상·포상금 지급, 신변보호 등의 기준·방법 및 절차에 관하여 필요한 사항은 대통령령으로 정한다.

제22조(산업기술의 보호를 위한 지원 〈개정 2011. 7. 25〉) ① 정부는 산업기술의 보호를 촉진하기 위하여 필요하다고 인정하면 다음 각 호의 사항을 대상기관 등에게 지원할 수 있다.〈개정 2011. 7. 25〉

1. 산업기술 보안에 대한 자문
2. 산업기술의 보안시설을 설치·운영하는 기술지원
3. 산업기술보호를 위한 교육 및 인력양성을 위한 지원
4. 그 밖에 산업기술보호를 위하여 필요한 사항

② 제1항의 규정에 따른 지원에 관하여 필요한 사항은 대통령령으로 정한다.

제5장 보 칙

제23조(산업기술분쟁조정위원회) ① 산업기술의 유출에 대한 분쟁을 신속하게 조정하기 위하여 지식경제부장관 소속하에 산업기술분쟁조정위원회(이하 "조정위원회"라 한다)를 둔다.〈개정 2008. 2. 29〉

② 조정위원회는 위원장 1인을 포함한 15인 이내의 위원으로 구성한다.

③ 조정위원회의 위원은 다음 각 호의 어느 하나에 해당하는 자 중에서 대통령령이 정하는 바에 따라 지식경제부장관이 임명 또는 위촉한다.<개정 2008. 2. 29>

1. 대학이나 공인된 연구기관에서 부교수 이상 또는 이에 상당하는 직에 있거나 있었던 자로서 기술 또는 정보의 보호 관련 분야를 전공한 자
2. 4급 또는 4급 상당 이상의 공무원 또는 이에 상당하는 공공기관의 직에 있거나 있었던 자로서 산업기술유출의 방지업무에 관한 경험이 있는 자
3. 산업기술의 보호사업을 영위하고 있는 기업 또는 산업기술의 보호업무를 수행하는 단체의 임원직에 있는 자
4. 판사·검사 또는 변호사의 자격이 있는 자

④ 위원의 임기는 3년으로 하되, 연임할 수 있다.

⑤ 위원장은 위원 중에서 지식경제부장관이 임명한다.<개정 2008. 2. 29>

제24조(조정부) ① 분쟁의 조정을 효율적으로 수행하기 위하여 조정위원회에 5인 이내의 위원으로 구성되는 조정부를 두되, 그 중 1인은 변호사의 자격이 있는 자로 한다.

② 조정위원회는 필요한 경우 일부 분쟁에 대하여 제1항의 규정에 따른 조정부에 일임하여 조정하게 할 수 있다.

③ 제1항의 규정에 따른 조정부의 구성 및 운영에 관하여 필요한 사항은 대통령령으로 정한다.

제25조(위원의 제척·기피·회피) ① 위원은 다음 각 호의 어느 하나에 해당하는 경우에는 당해 분쟁조정청구사건(이하 "사건"이라 한다)의 심의·의결에서 제척된다.

1. 위원 또는 그 배우자나 배우자이었던 자가 당해 사건의 당사자가 되거나 당해 사건에 관하여 공동권리자 또는 의무자의 관계에 있는 경우
2. 위원이 당해 사건의 당사자와 친족관계에 있거나 있었던 경우
3. 위원이 당해 사건에 관하여 증언이나 감정을 한 경우
4. 위원이 당해 사건에 관하여 당사자의 대리인 또는 임·직원으로서 관여하거나 관여하였던 경우

② 당사자는 위원에게 심의·의결의 공정성을 기대하기 어려운 사정이 있는 경우에는 조정위원회에 기피신청을 할 수 있다. 이 경우 조정위원회는 기피신청이 타당하다고 인정하는 때에는 기피의 결정을 하여야 한다.

③ 위원이 제1항 또는 제2항의 사유에 해당하는 경우에는 스스로 그 사건의 심의·의결을 회피할 수 있다.

第26조(분쟁의 조정) ① 산업기술유출과 관련한 분쟁의 조정을 원하는 자는 신청취지와 원인을 기재한 조정신청서를 조정위원회에 제출하여 분쟁의 조정을 신청할 수 있다.

② 제1항의 규정에 따른 분쟁의 조정신청을 받은 조정위원회는 신청을 받은 날부터 3월 이내에 이를 심사하여 조정안을 작성하여야 한다. 다만, 부득이한 사정이 있는 경우에는 조정위원회의 의결로 1월의 범위 내에서 기간을 연장할 수 있다.

③ 제2항의 규정에 따른 기간이 경과하는 경우에는 조정이 성립되지 아니한 것으로 본다.

第27조(자료요청 등) ① 조정위원회는 분쟁조정을 위하여 필요한 자료를 분쟁당사자에게 요청할 수 있다. 이 경우 해당 분쟁당사자는 정당한 사유가 없는 한 이에 응하여야 한다.

② 조정위원회는 필요하다고 인정하는 경우에는 분쟁당사자 또는 참고인으로 하여금 조정위원회에 출석하게 하여 그 의견을 들을 수 있다.

③ 조정위원회는 제1항의 규정에 따른 자료요구와 제2항의 규정에 따라 의견진술을 청취할 경우 비공개로 하여야 하며, 제출된 자료 및 청취된 의견에 대해서는 비밀을 유지하여야 한다.

第28조(조정의 효력) ① 조정위원회는 제26조제2항의 규정에 따라 조정안을 작성한 때에는 지체 없이 이를 각 당사자에게 제시하여야 한다.

② 제1항의 규정에 따라 조정안을 제시받은 당사자는 그 제시를 받은 날부터 15일 이내에 그 수락 여부를 조정위원회에 통보하여야 한다.

③ 당사자가 조정안을 수락한 때에는 조정위원회는 즉시 조정조서를 작성하여야 하며, 위원장 및 각 당사자는 이에 기명날인하여야 한다.

④ 당사자가 제3항의 규정에 따라 조정안을 수락하고 기명날인한 경우에는 해당 조정조서는 재판상 화해와 동일한 효력을 갖는다.

제29조(조정의 거부 및 중지) ① 조정위원회는 분쟁의 성질상 조정위원회에서 조정하는 것이 적합하지 아니하다고 인정하거나 당사자가 부정한 목적으로 조정을 신청한 것으로 인정되는 경우에는 해당 조정을 거부할 수 있다. 이 경우 그 사유 등을 신청인에게 통보하여야 한다.

② 조정위원회는 신청된 조정사건에 대한 처리절차를 진행 중에 일방 당사자가 법원에 소를 제기한 경우에는 그 조정의 처리를 중지하고 이를 당사자에게 통지하여야 한다.

제30조(조정의 절차 등) 분쟁의 조정방법·조정절차 및 조정업무의 처리 등에 관하여 필요한 사항은 대통령령으로 정한다.

제31조(준용법률) 산업기술유출에 관한 분쟁조정에 관하여 이 법에 규정이 있는 경우를 제외하고는 그 성질에 반하지 않는 한 「민사조정법」의 규정을 준용한다.

제32조(수수료) ① 제26조제1항의 규정에 따라 조정위원회에 산업기술유출과 관련한 분쟁의 조정을 신청하는 자는 대통령령이 정하는 바에 따라 수수료를 납부하여야 한다.

② 제1항의 규정에 따른 수수료의 금액·징수방법·징수절차 등에 관하여 필요한 사항은 지식경제부령으로 정한다〈개정 2008. 2. 29〉

제33조(권한의 위임·위탁) 지식경제부장관은 이 법에 의한 권한의 일부를 대통령령이 정하는 바에 따라 보조기관·소속기관의 장이나 관계 중앙행정기관의 장 또는 관계 전문기관의 장에게 위임 또는 위탁할 수 있다.〈개정 2008. 2. 29〉

제34조(비밀유지의무) 다음 각 호의 어느 하나에 해당하거나 해당하였던 자는 그 직무상 알게 된 비밀을 누설하거나 도용하여서는 아니 된다.〈개정 2008. 2. 29, 2011. 7. 25〉

1. 대상기관의 임·직원(교수·연구원·학생을 포함한다)
2. 제9조의 규정에 따라 국가핵심기술의 지정·변경 및 해제 업무를 수행하는 자
3. 제11조 및 제11조의2에 따라 국가핵심기술의 수출 및 해외인수·합병등에 관한 사항을 검토하거나 사전검토, 조사업무를 수행하는 자

4. 제15조의 규정에 따라 침해행위의 접수 및 방지 등의 업무를 수행하는 자
5. 제16조제4항제3호의 규정에 따라 상담업무 또는 실태조사에 종사하는 자
6. 제17조제1항의 규정에 따라 산업기술의 보호 및 관리 현황에 대한 실태조사 업무를 수행하는 자
7. 제20조제2항의 규정에 따라 산업보안기술 개발사업자에게 고용되어 산업보안기술 연구개발업무를 수행하는 자
8. 제23조의 규정에 따라 산업기술 분쟁조정업무를 수행하는 자
9. 제33조의 규정에 따라 지식경제부장관의 권한의 일부를 위임·위탁받아 업무를 수행하는 자

제35조(벌칙 적용에서의 공무원 의제) 다음 각 호의 업무를 행하는 자는 「형법」 제129조 내지 제132조를 적용함에 있어서는 이를 공무원으로 본다.〈개정 2008. 2. 29, 2011. 7. 25〉

1. 제9조의 규정에 따라 국가핵심기술의 지정·변경 및 해제 업무를 수행하는 자
2. 제11조 및 제11조의2에 따라 국가핵심기술의 수출 및 해외인수·합병등에 관한 사항을 검토하거나 조사업무를 수행하는 자
3. 제15조의 규정에 따라 침해행위의 접수 및 방지 등의 업무를 수행하는 자
4. 제17조의 규정에 따라 산업기술의 보호 및 관리 현황에 대한 실태조사업무를 수행하는 자
5. 제23조의 규정에 따라 산업기술 분쟁조정업무를 수행하는 자
6. 제33조의 규정에 따라 지식경제부장관의 권한의 일부를 위임·위탁받아 업무를 수행하는 자

제6장 벌 칙

제36조(벌칙) ① 산업기술을 외국에서 사용하거나 사용되게 할 목적으로 제14조 각 호(제4호를 제외한다)의 어느 하나에 해당하는 행위를 한 자는 10년 이하의 징역 또는 10억원 이하의 벌금에 처한다.〈개정 2008. 3. 14〉

② 제14조 각 호(제4호 및 제6호는 제외한다)의 어느 하나에 해당하는 행위를 한 자는 5년 이하의 징역 또는 5억원 이하의 벌금에 처한다.<개정 2011. 7. 25>

③ 제14조제4호에 해당하는 행위를 한 자는 3년 이하의 징역 또는 3억원 이하의 벌금에 처한다.

④ 제1항 내지 제3항의 죄를 범한 자가 그 범죄행위로 인하여 얻은 재산은 이를 몰수한다. 다만, 그 전부 또는 일부를 몰수할 수 없는 때에는 그 가액을 추징한다.

⑤ 제34조의 규정을 위반하여 비밀을 누설한 자는 5년 이하의 징역이나 10년 이하의 자격정지 또는 5천만원 이하의 벌금에 처한다.

⑥ 제1항 및 제2항의 미수범은 처벌한다.

⑦ 제1항 내지 제3항의 징역형과 벌금형은 이를 병과할 수 있다.

제37조(예비・음모) ① 제36조제1항의 죄를 범할 목적으로 예비 또는 음모한 자는 3년 이하의 징역 또는 3천만원 이하의 벌금에 처한다.

② 제36조제2항의 죄를 범할 목적으로 예비 또는 음모한 자는 2년 이하의 징역 또는 2천만원 이하의 벌금에 처한다.

제38조(양벌규정) 법인의 대표자나 법인 또는 개인의 대리인, 사용인, 그 밖의 종업원이 그 법인 또는 개인의 업무에 관하여 제36조제1항부터 제3항까지의 어느 하나에 해당하는 위반행위를 하면 그 행위자를 벌하는 외에 그 법인 또는 개인에게도 해당 조문의 벌금형을 과(科)한다. 다만, 법인 또는 개인이 그 위반행위를 방지하기 위하여 해당 업무에 관하여 상당한 주의와 감독을 게을리하지 아니한 경우에는 그러하지 아니하다.

[전문개정 2008. 12. 26]

제39조(과태료) ① 다음 각 호의 어느 하나에 해당하는 자는 1천만원 이하의 과태료에 처한다.<개정 2009. 1. 30>

1. 제10조제3항을 위반하여 국가핵심기술의 보호조치를 거부・방해 또는 기피한 자
2. 제15조제1항의 규정에 따른 산업기술 침해신고를 하지 아니한 자
3. 제17조제2항의 규정을 위반하여 관련 자료를 제출하지 아니하거나 허위로

제출한 자

② 제1항의 규정에 따른 과태료는 대통령령이 정하는 바에 따라 지식경제부장관이 부과·징수한다.〈개정 2008. 2. 29〉

③ 삭제〈2009. 1. 30〉

④ 삭제〈2009. 1. 30〉

⑤ 삭제〈2009. 1. 30〉

부 칙 〈제8062호, 2006. 10. 27〉

이 법은 공포 후 6개월이 경과한 날부터 시행한다.

부 칙 (정부조직법) 〈제8852호, 2008. 2. 29〉

제1조(시행일) 이 법은 공포한 날부터 시행한다. 다만, 제31조제1항의 개정규정 중 "식품산업진흥"에 관한 부분은 2008년 6월 28일부터 시행하고, 부칙 제6조에 따라 개정되는 법률 중 이 법의 시행 전에 공포되었으나 시행일이 도래하지 아니한 법률을 개정한 부분은 각각 해당 법률의 시행일부터 시행한다.

제2조부터 제5조까지 생략

제6조(다른 법률의 개정) ①부터 〈356〉까지 생략

〈357〉 산업기술의 유출방지 및 보호에 관한 법률 일부를 다음과 같이 개정한다.

제5조제1항·제2항·제4항, 제7조제4항, 제8조제1항·제2항, 제9조제1항·제3항·제4항, 제11조제1항부터 제7항까지 및 제9항, 제14조제6호, 제15조제1항·제2항, 제16조제1항·제4항제6호, 제17조제1항·제2항, 제19조제1항, 제23조제1항·제3항·제5항, 제33조, 제34조제9호, 제35조제6호, 제39조제2항·제3항·제4항 중 "산업자원부장관"을 각각 "지식경제부장관"으로 한다.

제7조제3항 중 "부위원장은 과학기술부장관이 되며"를 삭제한다.

제32조제2항 중 "산업자원부령"을 각각 "지식경제부령"으로 한다.

〈358〉부터 〈760〉까지 생략

제7조 생략

부 칙 〈제8900호, 2008. 3. 14〉

이 법은 공포한 날부터 시행한다.

부 칙 〈제9227호, 2008. 12. 26〉

이 법은 공포한 날부터 시행한다.

부 칙 〈제9368호, 2009. 1. 30〉

이 법은 공포 후 3개월이 경과한 날부터 시행한다.

부 칙 〈제10962호, 2011. 7. 25〉

①(시행일) 이 법은 공포 후 6개월이 경과한 날부터 시행한다.

②(종전의 기본계획에 관한 경과조치) 이 법 시행 당시 종전의 규정에 따라 수립된 산업기술의 유출방지 및 보호에 관한 기본계획은 이 법에 따라 수립된 산업기술의 유출방지 및 보호에 관한 종합계획으로 본다.

③(종전의 개선권고에 관한 경과조치) 이 법 시행 당시 종전의 규정에 따라 산업기술보호위원회가 한 개선권고는 이 법에 따라 지식경제부장관이 한 개선권고로 본다.

4. 산업기술의 유출방지 및 보호에 관한 법률 시행령

[대통령령 제22854호, 2011. 4. 5, 일부개정]

제1조(목적) 이 영은 「산업기술의 유출방지 및 보호에 관한 법률」에서 위임된 사항과 그 시행에 관하여 필요한 사항을 정함을 목적으로 한다.

제2조(기본계획의 수립·시행) 지식경제부장관은 「산업기술의 유출방지 및 보호에 관한 법률」(이하 "법"이라 한다) 제5조에 따른 기본계획을 5년마다 수립·시행하여야 한다.〈개정 2008. 2. 29〉

제3조(시행계획의 수립 등) ① 관계 중앙행정기관의 장은 법 제6조제1항에 따라 지난 연도 시행계획의 추진실적을 매년 2월 말까지, 다음 연도의 시행계획을 매년 10월 말까지 지식경제부장관에게 제출하여야 한다.〈개정 2008. 2. 29〉

② 지식경제부장관은 제1항에 따라 제출받은 다음 연도의 시행계획을 법 제7조제1항에 따른 산업기술보호위원회(이하 "위원회"라 한다)의 심의를 거쳐 12월 말까지 확정하여야 한다.〈개정 2008. 2. 29〉

제4조(위원회의 심의 사항) 법 제7조제1항제7호에서 "대통령령으로 정하는 사항"이란 법 제5조제1항에 따른 기본계획과 법 제6조제1항에 따른 시행계획의 중요 내용 변경에 관한 사항을 말한다.

제5조(산업기술보호위원회의 구성과 운영) ① 법 제7조제3항제1호에서 "대통령령으로 정하는 자"란 기획재정부장관, 교육과학기술부장관, 외교통상부장관, 법무부장관, 국방부장관, 농림수산식품부장관, 지식경제부장관, 보건복지부장관, 환경부장관, 국토해양부장관을 말한다.〈개정 2008. 2. 29, 2010. 3. 15〉

② 위원회의 위원장이 부득이한 사유로 그 직무를 수행할 수 없을 때에는 위원장이 미리 지명한 위원의 순서로 그 직무를 대행한다.〈개정 2008. 2. 29〉

③ 위원회의 위원의 임기는 2년으로 한다. 다만, 공무원인 위원의 임기는 그 직위에 재직하는 기간으로 한다.

④ 위원회의 위원장은 위원회의 회의를 소집하고, 그 의장이 된다.

⑤ 위원회의 위원장이 회의를 소집하려면 회의 개최 7일 전까지 회의의 일시,

장소 및 안건을 각 위원에게 서면으로 알려야 한다. 다만, 긴급한 사정이나 그 밖에 부득이한 사유가 있는 경우에는 회의 개최 전날까지 구두로 알릴 수 있다.

⑥ 위원회의 회의는 재적위원 과반수의 출석으로 개의하고, 출석위원 과반수의 찬성으로 의결한다.

⑦ 제1항부터 제6항까지의 규정 외에 위원회의 운영에 필요한 사항은 위원회의 의결을 거쳐 위원회의 위원장이 정한다.

제6조(실무위원회의 구성과 운영) ① 법 제7조제5항에 따른 실무위원회는 위원장 1명을 포함한 30명 이내의 위원으로 구성한다.

② 실무위원회의 위원장은 지식경제부차관이 되고, 실무위원회의 위원은 다음 각 호의 자로 한다.〈개정 2008. 2. 29〉

1. 관계 행정기관의 고위공무원단에 속하는 공무원이나 1급 또는 1급 상당 공무원으로서 소관 행정기관의 장이 추천하는 자 중에서 실무위원회의 위원장이 임명하는 자
2. 산업기술의 유출방지 및 보호에 관한 학식과 경험이 풍부한 자 중에서 실무위원회의 위원장이 위촉하는 자

③ 실무위원회의 위원의 임기는 2년으로 한다. 다만, 공무원인 위원의 임기는 그 직위에 재직하는 기간으로 한다.

④ 실무위원회에 간사위원 1명을 두되, 간사위원은 지식경제부 소속 공무원 중에서 실무위원회의 위원장이 지명하는 자로 한다.〈개정 2008. 2. 29〉

⑤ 실무위원회는 위원회에 상정할 안건을 사전에 검토·조정하고, 위원회가 위임한 사항을 처리한다.

⑥ 실무위원회에 산업기술의 유출방지 및 보호와 관련된 주요 정책과제의 사전 협의와 조정을 위하여 정책협의회를 둔다.

⑦ 제1항부터 제6항까지의 규정 외에 실무위원회 및 정책협의회의 구성과 운영에 필요한 사항은 위원회의 의결을 거쳐 위원회의 위원장이 정한다.

제7조(전문위원회의 구성과 운영) ① 법 제7조제5항에 따른 분야별 전문위원회는 전기전자, 정보통신, 산업기계, 정밀화학, 생명공학 등의 분야로 구분하여 설치한다.

② 각 전문위원회는 위원장 1명을 포함한 10명 이내의 위원으로 구성한다.

③ 각 전문위원회의 위원장은 각 전문위원회의 위원 중에서 위원회의 위원장이 임명하거나 위촉한다.

④ 각 전문위원회의 위원은 다음 각 호의 자로 한다.

1. 관계 행정기관의 4급 또는 4급 상당 공무원으로서 소관 행정기관의 장이 추천하는 자 중에서 전문위원회의 위원장이 임명하는 자
2. 소관 분야별로 산업기술의 유출방지 및 보호에 관한 학식과 경험이 풍부한 자로서 관계 행정기관의 장이 추천하는 자 중에서 전문위원회의 위원장이 위촉하는 자

⑤ 각 전문위원회의 위원의 임기는 2년으로 한다. 다만, 공무원인 위원의 임기는 그 직위에 재직하는 기간으로 한다.

⑥ 각 전문위원회에 간사위원 1명을 각각 두되, 간사위원은 제4항제1호에 따른 위원 중에서 각 전문위원회의 위원장이 지명하는 자로 한다.

⑦ 각 전문위원회는 위원회의 심의와 실무위원회의 사전검토·조정을 위하여 전문적인 검토가 필요하다고 인정하여 위원회가 위임한 사항을 처리한다.

⑧ 제1항부터 제7항까지의 규정 외에 전문위원회의 구성과 운영에 필요한 사항은 위원회의 의결을 거쳐 위원회의 위원장이 정한다.

제8조(회의록의 작성·비치) 위원회, 실무위원회 또는 전문위원회는 회의를 개최한 경우 회의록을 작성하여 갖추어 두어야 한다.

제9조(수당과 여비) 위원회, 실무위원회 또는 전문위원회에 출석한 위원과 관계인에게는 예산의 범위에서 수당과 여비를 지급할 수 있다. 다만, 공무원이 그 소관 업무와 직접적으로 관련되어 출석하는 경우에는 수당과 여비를 지급하지 아니한다.

제10조(보호지침의 제정) 법 제8조에 따른 보호지침에는 다음 각 호에 관한 사항이 포함되도록 하여야 한다.

1. 산업기술의 유출방지 및 보호를 위한 관리와 운영
2. 산업기술의 유출 및 침해에 대한 대응과 복구

제11조(국가핵심기술의 지정대상기술 선정) 관계 중앙행정기관의 장은 법 제9조제1항에 따른 지정대상기술(이하 "지정대상기술"이라 한다)을 선정하면 다음 각 호

의 자료를 지식경제부장관에게 제출하여야 한다.〈개정 2008. 2. 29〉

1. 지정대상기술의 내용
2. 지정대상기술의 선정 이유
3. 법 제5조제4항에 따른 대상기관(이하 "대상기관"이라 한다) 또는 관련 단체의 의견
4. 그 밖에 지정대상기술의 선정에 관한 참고자료

제12조(국가핵심기술의 변경 또는 해제 요청) ① 관계 중앙행정기관의 장은 소관 국가핵심기술이 다음 각 호의 어느 하나에 해당하면 그 타당성을 검토하여 법 제9조제3항에 따라 지식경제부장관에게 국가핵심기술의 범위나 내용의 변경 또는 지정의 해제를 요청할 수 있다.〈개정 2008. 2. 29〉

1. 해당 국가핵심기술을 보유한 기업·연구기관·전문기관·대학 등(이하 이 조에서 "요청기관"이라 한다)으로부터 국가핵심기술을 변경하거나 해제할 것을 요청 받은 경우
2. 국가핵심기술의 유출, 기술 환경의 변화, 동일하거나 진보된 기술의 개발 등으로 인하여 기존의 국가핵심기술을 변경하거나 해제하여야 할 사유가 발생한 경우

② 제1항에 따라 국가핵심기술의 변경 또는 해제를 요청하려면 다음 각 호의 자료를 지식경제부장관에게 제출하여야 한다.〈개정 2008. 2. 29〉

1. 해당 국가핵심기술의 범위와 내용
2. 변경 또는 해제 요청의 이유
3. 요청기관의 의견
4. 그 밖에 국가핵심기술의 변경 또는 해제 요청에 관한 참고자료

제13조(이해관계인의 의견 진술) 위원회는 법 제9조제5항에 따른 이해관계인의 요청이 있으면 위원회에 출석하거나 서면으로 의견을 진술할 기회를 주어야 한다.

제14조(국가핵심기술의 보호조치) 대상기관이 국가핵심기술을 보유·관리하고 있는 경우 그 대상기관의 장은 법 제10조제2항에 따라 다음 각 호의 보호조치를 하여야 한다.

1. 국가핵심기술에 대한 보호 등급의 부여와 보안관리규정의 제정

2. 국가핵심기술 관리책임자와 보호구역의 지정
3. 국가핵심기술 보호구역의 통신시설과 통신수단에 대한 보안
4. 국가핵심기술 관련 정보의 처리 과정과 결과에 관한 자료의 보호
5. 국가핵심기술의 연구개발 인력에 대한 보안교육 실시
6. 국가핵심기술의 유출 사고에 대한 대응체제 구축

제15조(국가핵심기술의 수출승인 신청 등) ① 법 제11조제1항에 따라 국가핵심기술의 수출을 승인받으려는 대상기관은 지식경제부령으로 정하는 국가핵심기술 수출승인신청서에 다음 각 호의 서류를 첨부하여 지식경제부장관에게 제출하여야 한다.〈개정 2008. 2. 29〉

1. 국가핵심기술의 매각 또는 이전 계약서(임시계약서를 포함한다)
2. 국가핵심기술의 매입자 또는 이전받으려는 자에 관한 사항
3. 국가핵심기술의 용도와 성능을 표시하는 기술자료
4. 국가핵심기술의 제공 조건과 방법
5. 국가핵심기술을 사용한 관련 제품의 시장 규모와 경쟁력 수준
6. 국가로부터 지원받은 연구개발비에 관한 자료

② 제1항에 따른 신청을 받은 지식경제부장관은 접수일부터 45일 이내에 관계 중앙행정기관의 장과 협의한 후 위원회의 심의를 거쳐 그 결과를 신청인에게 서면으로 알려야 한다. 다만, 승인을 신청한 국가핵심기술에 대하여 기술심사가 따로 필요한 경우에는 이에 걸리는 일수(日數)는 본문에 따른 기간에 산입(算入)하지 아니한다.〈개정 2008. 2. 29〉

③ 지식경제부장관은 법 제11조제2항에 따라 승인할 때에는 승인의 유효기한 설정, 수출실적의 제출, 입증서류의 제출 등에 관하여 필요한 조건을 붙일 수 있다.〈개정 2008. 2. 29〉

제16조(국가핵심기술의 수출신고) ① 법 제11조제4항에 따라 국가핵심기술의 수출을 사전신고하려는 대상기관은 지식경제부령으로 정하는 국가핵심기술 수출신고서에 다음 각 호의 서류를 첨부하여 지식경제부장관에게 제출하여야 한다.〈개정 2008. 2. 29〉

1. 국가핵심기술의 매각 또는 이전 계약서(임시계약서를 포함한다)

2. 국가핵심기술의 매입자 또는 이전받으려는 자에 관한 사항
3. 국가핵심기술의 용도와 성능을 표시하는 기술자료
4. 국가핵심기술의 제공 조건과 방법
5. 국가핵심기술을 사용한 관련 제품의 시장 규모와 경쟁력 수준

② 제1항에 따른 신고를 받은 지식경제부장관은 접수일부터 15일 이내에 해당 국가핵심기술의 수출이 국가안보에 심각한 영향을 줄 수 있는지를 검토하여 그 결과를 신고인에게 서면으로 알리고, 심각한 영향을 줄 수 있다고 판단되는 경우에는 통보일부터 30일 이내에 관계 중앙행정기관의 장과 협의한 후 위원회의 심의를 거쳐 국가핵심기술의 수출중지·수출금지·원상회복 등의 조치를 해당 신고인에게 명할 수 있다. 다만, 해당 국가핵심기술에 대하여 기술심사가 따로 필요한 경우에는 이에 걸리는 일수는 본문에 따른 기간에 산입하지 아니한다. 〈개정 2008. 2. 29〉

第17조(국가핵심기술의 사전검토) ① 법 제11조제6항에 따라 신고대상 국가핵심기술이 국가안보와 관련되는지에 대하여 사전검토를 신청하려는 대상기관은 지식경제부령으로 정하는 국가핵심기술 사전검토신청서에 다음 각 호의 서류를 첨부하여 지식경제부장관에게 제출하여야 한다.〈개정 2008. 2. 29〉

1. 국가핵심기술의 매입자 또는 이전받으려는 자에 관한 사항
2. 국가핵심기술의 용도와 성능을 표시하는 기술자료
3. 국가핵심기술의 제공 조건과 방법
4. 국가핵심기술을 사용한 관련 제품의 시장 규모와 경쟁력 수준

② 제1항에 따른 신청을 받은 지식경제부장관은 접수일부터 15일 이내에 그 판정결과를 신청인에게 서면으로 알려야 한다. 다만, 사전검토를 신청한 국가핵심기술에 대하여 기술심사가 따로 필요한 경우에는 이에 걸리는 일수는 본문에 따른 기간에 산입하지 아니한다.〈개정 2008. 2. 29〉

③ 제2항에 따른 국가핵심기술의 사전검토 판정의 유효기간은 1년으로 한다.

第18조(국가핵심기술의 수출중지 등의 통보 등) ① 지식경제부장관은 법 제11조제5항 및 제7항에 따라 해당 대상기관에 대하여 국가핵심기술의 수출중지·수출금지·원상회복 등의 명령을 하면 정보수사기관의 장에게 그 사실을 알려야 한

다.<개정 2008. 2. 29>

② 제1항에 따른 명령을 받은 대상기관의 장은 그에 해당하는 조치를 한 후 15일 이내에 지식경제부장관에게 그 결과를 알려야 한다.<개정 2008. 2. 29>

③ 위원회는 법 제11조제8항제2호에 따라 국가핵심기술의 수출중지·수출금지·원상회복 등의 심의와 관련된 대상기관의 의견을 들으려면 회의 개최 5일 전까지 참석 요청사실을 해당 대상기관의 장에게 알려야 한다.

제19조(개선권고의 이행) ① 위원회는 법 제13조제1항에 따라 개선권고를 하려면 개선권고의 내용, 이행기간 등을 기재한 서면으로 하여야 한다.

② 제1항에 따른 개선권고를 받은 관계 중앙행정기관의 장과 대상기관의 장은 불가피한 사유로 그 개선권고를 이행하기 어렵거나 개선권고 이행기간 내에 조치를 완료할 수 없다고 판단되면 위원회에 그 사유를 소명하거나 이행기간의 연장을 요청할 수 있다.

제20조(산업기술 침해신고) ① 법 제15조제1항에 따라 산업기술의 침해신고를 하거나 필요한 조치를 요청하려는 자는 지식경제부령으로 정하는 산업기술침해신고서를 지식경제부장관과 정보수사기관의 장에게 제출하여야 한다. 다만, 긴급히 처리할 필요가 있는 경우에는 구두 또는 정보통신망 등의 방법으로 요청한 후 지체 없이 산업기술침해신고서를 제출하여야 한다.<개정 2008. 2. 29>

② 제1항에 따른 신고를 받은 지식경제부장관은 신고한 내용이 법 제14조 각 호에 해당하는지와 관련하여 정보수사기관의 장과 협의하여야 한다.<개정 2008. 2. 29>

제21조(산업기술보호협회의 설립 등) ① 법 제16조제1항에 따른 산업기술보호협회(이하 "협회"라 한다)를 설립하려는 대상기관은 다음 각 호의 사항이 포함된 정관을 작성하여 지식경제부장관의 인가를 받아야 한다.<개정 2008. 2. 29>

1. 목적과 명칭
2. 주된 사무소의 소재지
3. 업무와 그 집행에 관한 사항
4. 임원에 관한 사항
5. 회원의 자격에 관한 사항

6. 정관의 변경에 관한 사항
7. 그 밖에 협회의 운영에 필요한 사항

② 협회가 제1항에 따른 정관을 변경하려면 그 변경을 결의한 사원총회가 끝난 날부터 7일 이내에 지식경제부장관에게 변경인가를 신청하여야 한다.〈개정 2008. 2. 29〉

③ 지식경제부장관은 법 제16조제6항에 따라 협회의 업무에 대한 지도·감독을 위하여 필요하다고 인정되면 그 업무의 추진상황에 관한 사항의 보고나 필요한 자료의 제출을 요구할 수 있다.〈개정 2008. 2. 29〉

第22조(산업기술보호를 위한 실태조사) ① 지식경제부장관은 법 제17조제1항에 따라 다음 각 호의 사항에 관하여 실태조사를 할 수 있다.〈개정 2008. 2. 29〉

1. 대상기관이 보유하고 있는 산업기술의 보호와 관리 현황
2. 법 제13조제1항에 따른 위원회의 개선권고의 이행 현황

② 제1항에 따른 실태조사는 2년마다 실시할 수 있다. 다만, 위원회에서 산업기술의 보호를 위하여 필요하다고 인정하여 지식경제부장관에게 요청하는 경우에는 따로 실태조사를 실시할 수 있다.〈개정 2008. 2. 29〉

③ 지식경제부장관은 실태조사를 위하여 서면 또는 정보통신망 등의 방법으로 설문조사를 실시하거나 소속 공무원으로 하여금 방문하여 조사하게 할 수 있다.〈개정 2008. 2. 29〉

第23조(국제협력사업) 법 제18조제2항제4호에서 "대통령령이 정하는 사업"란 다음 각 호와 같다.

1. 산업보안기술의 국제표준화와 국제공동연구개발에 관한 사업
2. 산업보안기술의 해외시장 개척

第24조(산업기술보호교육의 실시) 지식경제부장관은 법 제19조제2항에 따라 대상기관의 임직원을 대상으로 다음 각 호의 내용을 포함한 교육을 월 1회 이상 실시하여야 한다.〈개정 2008. 2. 29〉

1. 산업기술의 유출방지 및 보호에 관한 법규와 보호지침
2. 산업기술의 유출방지 및 보호와 관련된 기술유출 현황과 대응방안

第25조(출연금의 지급·사용 및 관리) ① 관계 중앙행정기관의 장과 정보수사기관

의 장은 법 제20조제3항에 따라 산업보안기술 개발사업 등을 실시하는 자(이하 "주관사업기관"이라 한다)에게 출연금을 지급하는 경우에는 산업보안기술 개발사업의 추진상황 등을 고려하여 이를 한꺼번에 지급하거나 분할하여 지급할 수 있다.

② 제1항에 따라 출연금을 지급받은 주관사업기관은 그 출연금에 대하여 따로 계정을 설정하여 관리하여야 한다.

③ 주관사업기관은 제1항에 따른 출연금을 산업보안기술 개발사업에 관한 다음 각 호의 비용에 사용하여야 한다.

1. 내부인건비·외부인건비 등 인건비
2. 연구기자재 및 시설비, 재료비, 시작품 제작비 등 직접비
3. 간접경비, 기술개발준비금, 지식재산권 출원·등록비 등 간접비
4. 위탁연구개발비

④ 관계 중앙행정기관의 장과 정보수사기관의 장은 주관사업기관이 정당한 사유 없이 제3항에 따른 용도 이외의 용도로 제1항의 출연금을 사용한 경우에는 출연금의 전부 또는 일부를 회수할 수 있다.

제26조(산업기술보호 포상) ① 법 제21조제1항에 따른 포상과 포상금 지급대상자는 공고를 통하여 신청한 자나 관련 기관의 추천을 받은 자 중에서 선정한다.

② 제1항에 따라 포상금 지급대상자로 선정된 자에게는 1억원 이내에서 지식경제부령으로 정하는 바에 따라 포상금을 지급한다.〈개정 2008. 2. 29〉

제27조(신변보호 등의 요청) 법 제21조제2항에 따라 신변보호 등을 요청하려는 자는 지식경제부령으로 정하는 신변보호등요청서를 정보수사기관의 장에게 제출하여야 한다. 다만, 긴급히 처리할 필요가 있는 경우에는 구두 또는 정보통신망 등의 방법으로 요청한 후 지체 없이 신변보호등요청서를 제출하여야 한다.〈개정 2008. 2. 29〉

제28조(대상기관 등에 대한 지원) ① 관계 중앙행정기관의 장과 정보수사기관의 장은 법 제22조제1항에 따라 산업기술보호 설비구축 등에 필요한 기술과 경비 등을 지원하는 경우에는 그 지원계획을 수립하여야 한다.

② 법 제22조제1항에 따른 지원을 받으려는 대상기관 등은 매년 9월 말까지 관

계 중앙행정기관의 장과 정보수사기관의 장이 각각 정하여 고시하는 절차에 따라 지원 신청을 하여야 한다.

제29조(산업기술분쟁조정위원회의 구성과 운영) ① 법 제23조제1항에 따른 산업기술분쟁조정위원회(이하 "조정위원회"라 한다)는 민간위원이 5명 이상 포함되어야 한다.

② 조정위원회의 위원장은 조정위원회의 회의를 소집하고, 그 의장이 된다.

③ 조정위원회의 위원장이 회의를 소집하려면 회의 개최 7일 전까지 회의의 일시, 장소 및 안건을 각 위원에게 서면으로 알려야 한다. 다만, 긴급한 사정이나 그 밖에 부득이한 사유가 있는 경우에는 회의 개최 전날까지 구두로 알릴 수 있다.

④ 조정위원회의 회의는 재적위원 과반수의 출석으로 개의하고, 출석위원 과반수의 찬성으로 의결한다.

⑤ 조정위원회의 회의는 공개하지 아니한다. 다만, 법 제27조제2항에 해당하는 경우에는 분쟁당사자나 참고인으로 하여금 방청하게 할 수 있다.

⑥ 조정위원회에 출석한 위원과 관계인에게는 예산의 범위에서 수당과 여비를 지급할 수 있다. 다만, 공무원이 그 소관 업무와 직접적으로 관련되어 출석하는 경우에는 수당과 여비를 지급하지 아니한다.

⑦ 제1항부터 제6항까지의 규정 외에 조정위원회의 운영에 필요한 사항은 조정위원회의 의결을 거쳐 조정위원회의 위원장이 정한다.

제30조(조정부의 구성과 운영) ① 법 제24조제1항에 따른 조정부(이하 "조정부"라 한다)는 조정위원회의 위원 중에서 조정위원회의 위원장이 지명하는 자로 구성한다.

② 조정위원회의 위원장이 조정부의 회의를 개최하려면 회의 개최 7일 전까지 회의의 일시, 장소 및 안건을 각 위원에게 서면으로 알려야 한다. 다만, 긴급한 사정이나 그 밖에 부득이한 사유가 있는 경우에는 회의 개최 전날까지 구두로 알릴 수 있다.

③ 조정부의 회의는 위원 과반수의 출석으로 개의하고, 출석위원 과반수의 찬성으로 의결한다.

④ 조정부는 조정사건을 심사한 후 조정안을 작성하여 조정위원회에 상정하여

야 한다. 다만, 법 제24조제2항에 따라 조정위원회로부터 일임을 받은 경우에는 상정하지 아니한다.

⑤ 조정부의 회의는 공개하지 아니한다.

제31조(분쟁의 조정방법) ① 조정위원회는 법 제26조제1항에 따라 분쟁의 조정을 신청 받으면 당사자에게 서면으로 그 내용을 알리고 조정 전에 합의할 것을 권고할 수 있다.

② 조정위원회는 필요하다고 인정되면 관련되는 조정사건을 분리하거나 병합하여 심의할 수 있다.

③ 조정위원회의 위원장은 제2항에 따라 조정위원회가 조정사건을 분리하거나 병합하여 심의하기로 결정하였을 때에는 당사자에게 서면으로 그 사실을 알려야 한다.

제32조(의견청취의 절차) ① 조정위원회는 법 제27조제2항에 따라 의견을 들으려면 회의 개최 7일 전까지 회의의 일시, 장소 및 요청 사유를 해당 분쟁당사자나 참고인에게 알려야 한다.

② 제1항에 따른 통지를 받은 자가 부득이한 사유로 조정위원회의 회의에 출석할 수 없는 경우에는 서면으로 의견을 제출할 수 있다.

제33조(조정조서) 법 제28조제3항에 따른 조정조서에는 다음 각 호의 사항이 포함되어야 한다.

1. 사건번호 및 사건명
2. 조정신청인의 성명과 주소
3. 조정대상 분쟁의 개요
   가. 당사자의 인적 사항
   나. 유출된 산업기술의 개요
   다. 분쟁의 경위
   라. 조정의 쟁점(당사자의 의견을 기술한다)
4. 조정의 결과(조정의 쟁점별로 기술한다)

제34조(수수료) ① 법 제26조제1항에 따라 산업기술 유출과 관련한 분쟁의 조정을 신청하려는 자는 법 제32조제1항에 따른 수수료를 수입인지 또는 정보통신망을

이용한 전자화폐 · 전자결제 등의 방법으로 내야 한다.〈개정 2011. 4. 5〉

② 제1항에 따른 수수료는 반환하지 아니한다. 다만, 분쟁조정 절차가 시작되기 전에 그 신청을 철회한 경우에는 그 수수료를 반환하여야 한다.

제35조(분쟁조정 세칙) 이 영에서 규정한 것 외에 조정위원회의 운영이나 그 밖에 분쟁조정에 관하여 필요한 사항은 조정위원회의 심의를 거쳐 조정위원회의 위원장이 정한다.

제36조(업무의 위탁) 지식경제부장관은 법 제33조에 따라 다음 각 호의 사항에 관한 업무를 협회의 장에게 위탁한다.〈개정 2008. 2. 29〉

1. 법 제17조에 따른 실태조사
2. 법 제19조에 따른 산업기술보호교육

제37조(과태료의 부과기준) 법 제39조제1항에 따른 과태료의 부과기준은 별표와 같다.

[전문개정 2009. 4. 21]

부　칙〈제20030호, 2007. 4. 27〉

이 영은 2007년 4월 28일부터 시행한다.

부　칙 (지식경제부와 그 소속기관 직제)〈제20678호, 2008. 2. 29〉

제1조(시행일) 이 영은 공포한 날부터 시행한다.〈단서 생략〉

제2조부터 제6조까지 생략

제7조(다른 법령의 개정) ①부터 〈28〉까지 생략

〈29〉 산업기술의 유출방지 및 보호에 관한 법률 시행령 일부를 다음과 같이 개정한다.

제2조, 제3조제1항 · 제2항, 제11조 각 호 외의 부분, 제12조제1항 각 호 외의 부분 · 제2항 각 호 외의 부분, 제15조제1항 각 호 외의 부분 · 제2항 본문 · 제3항, 제16조제1항 각 호 외의 부분 · 제2항 본문, 제17조제1항 각 호 외의 부분 · 제2항 본문, 제18조제1항 · 제2항, 제20조제1항 본문 · 제2항, 제21조제1항 각 호 외의 부분 · 제2항 · 제3항, 제22조제1항 각 호 외의 부분 · 제2항 단서 · 제3

항, 제24조 각 호 외의 부분, 제36조 각 호 외의 부분, 제37조제2항 전단・제3항 중 "산업자원부장관"을 각각 "지식경제부장관"으로 한다.

제5조제1항 중 "재정경제부장관, 교육인적자원부장관, 외교통상부장관, 법무부장관, 국방부장관, 농림부장관, 산업자원부장관, 정보통신부장관, 보건복지부장관, 환경부장관, 건설교통부장관, 해양수산부장관 및 기획예산처장관"을 "기획재정부장관, 교육과학기술부장관, 외교통상부장관, 법무부장관, 국방부장관, 농림수산식품부장관, 지식경제부장관, 보건복지가족부장관, 환경부장관, 국토해양부장관"으로 하고, 같은 조 제2항 중 "위원회의 부위원장, 위원회의 위원장이 미리 지명하는 위원"을 "위원장이 미리 지명한 위원"으로 한다.

제6조제2항 각 호 외의 부분 중 "산업자원부차관"을 "지식경제부차관"으로 하고, 제6조제4항 중 "산업자원부"를 "지식경제부"로 한다.

제15조제1항 각 호 외의 부분, 제16조제1항 각 호 외의 부분, 제17조제1항 각 호 외의 부분, 제20조제1항 본문, 제26조제2항, 제27조 본문, 제37조제4항 중 "산업자원부령"을 각각 "지식경제부령"으로 한다.

〈30〉부터 〈86〉까지 생략

부 칙 〈제21440호, 2009. 4. 21〉

이 영은 2009년 5월 1일부터 시행한다.

부 칙 (보건복지부와 그 소속기관 직제) 〈제22075호, 2010. 3. 15〉

제1조(시행일) 이 영은 2010년 3월 19일부터 시행한다. 〈단서 생략〉

제2조(다른 법령의 개정) ①부터 〈84〉까지 생략

〈85〉 산업기술의 유출방지 및 보호에 관한 법률 시행령 일부를 다음과 같이 개정한다.

제5조제1항 중 "보건복지가족부장관"을 "보건복지부장관"으로 한다.

〈86〉부터 〈187〉까지 생략

부 칙 〈제22854호, 2011. 4. 5〉

제1조(시행일) 이 영은 공포한 날부터 시행한다.

제2조(과태료에 관한 경과조치) ① 이 영 시행 전의 위반행위에 대하여 과태료의 부과기준을 적용할 때에는 별표의 개정규정에도 불구하고 종전의 규정에 따른다.

② 이 영 시행 전의 위반행위로 받은 과태료 부과처분은 별표의 개정규정에 따른 위반행위의 횟수 산정에 포함하지 아니한다.

5. 산업기술의 유출방지 및 보호에 관한 법률 시행규칙

[시행 2008. 3. 3] [지식경제부령 제1호, 2008. 3. 3, 일부개정]

제1조(목적) 이 규칙은 「산업기술의 유출방지 및 보호에 관한 법률」 및 같은 법 시행령에서 위임된 사항과 그 시행에 필요한 사항을 규정함을 목적으로 한다.

제2조(국가핵심기술 수출승인신청서) 「산업기술의 유출방지 및 보호에 관한 법률 시행령」(이하 "영"이라 한다) 제15조제1항에 따른 국가핵심기술 수출승인신청서는 별지 제1호서식에 따른다.

제3조(국가핵심기술 수출신고서) 영 제16조제1항에 따른 국가핵심기술 수출신고서는 별지 제2호서식에 따른다.

제4조(국가핵심기술 사전검토신청서) 영 제17조제1항에 따른 국가핵심기술 사전검토신청서는 별지 제3호서식에 따른다.

제5조(산업기술침해신고서) 영 제20조제1항에 따른 산업기술침해신고서는 별지 제4호서식에 따른다.

제6조(포상금의 지급기준 등) ① 영 제26조제2항에 따른 포상금의 지급기준은 별표와 같다.

② 하나의 사건에 대하여 신고한 자가 2명 이상이면 신고의 선후(先後) 및 구체성, 신고로 인한 공로 등을 고려하여 제1항에 따라 산정한 포상금을 적절하게 배분하여 지급한다. 다만, 포상금을 지급받을 자가 배분 방법에 관하여 미리 합의하여 포상금의 지급을 신청하는 경우에는 그 합의된 방법에 따라 지급한다.

제7조(신변보호등요청서) 영 제27조에 따른 신변보호등요청서는 별지 제5호서식에 따른다.

제8조(조정신청서) 「산업기술의 유출방지 및 보호에 관한 법률」(이하 "법"이라 한다) 제26조제1항에 따른 조정신청서는 별지 제6호서식에 따른다.

제9조(수수료) 법 제32조제2항에 따른 수수료는 1만원으로 한다.

제10조(과태료의 징수절차) 영 제37조제4항에 따른 과태료의 징수절차에 관하여는 「국고금관리법 시행규칙」을 준용한다. 이 경우 납입고지서에는 이의방법 및 이

의기간 등을 함께 적어야 한다.

부칙 〈제396호, 2007. 4. 27〉

이 규칙은 2007년 4월 28일부터 시행한다.

부칙 〈제1호, 2008. 3. 3〉

제1조(시행일) 이 규칙은 공포한 날부터 시행한다.

제2조부터 제4조까지 생략

제5조(다른 법령의 개정) ①부터 〈16〉까지 생략

〈17〉 산업기술의 유출방지 및 보호에 관한 법률 시행규칙 일부를 다음과 같이 개정한다.

별지 제1호서식 앞쪽, 별지 제2호서식, 별지 제3호서식 앞쪽, 별지 제4호서식, 별지 제6호서식 앞쪽 중 "산업자원부장관"을 각각 "지식경제부장관"으로 한다.

별지 제1호서식 뒤쪽, 별지 제3호서식 뒤쪽, 별지 제6호서식 뒤쪽 중 "산업자원부"를 각각 "지식경제부"로 한다.

〈18〉부터 〈64〉까지 생략

〈참고문헌〉

- 김국현, 영업비밀보호법실무, 2010.
- 대한변리사회, 중소기업을 위한 지식재산 관리 매뉴얼, 2006.
- 중소기업청 · 중소기업기술정보진흥원, 중소기업 기술유출 대응매뉴얼, 2007.
- ___________, 중소기업 기술유출 사례 및 대응전략, 2007.
- ___________, 중소기업 산업기밀관리 실태조사 보고서, 2007.
- ___________, 중소기업 정보보안컨설턴트 양성과정, 2010.
- ___________, 해외 산업보안 동향 및 사례분석(일본편), 2010.
- 특허청, 영업비밀보호 가이드, 2009.
- _____, 보안실무책자, 2009.
- _____, 영업비밀 침해 입증부담 완화방안에 관한 연구, 2010.
- 한국 인터넷 진흥원, 정보보호관리체계(ISMS) 인증 심사원 양성교육, 2010.
- 황의창, 황광연, 부정경쟁방지 및 영업비밀보호법, 2009.
- David W. Quinto, Stuart H. Singer, Trade secrets : law and practice, 2009.
- Deborah E. Bouchoux, Protecting your company's intellectual property : a practical guide to trademarks, copyrights, patents & trade secrets, 2001.
- Dennis Unkovic, The trade secrets handbook : strategies and techniques for safeguarding corporate information, 1985.
- Robert C. Dorr, Christopher H. Munch, Protecting trade secrets, patents, copyrights, and trademarks, 1990.
- 일본 경영법우회 법무가이드북 등 작성위원회, 영업비밀관리 가이드북, 2010.
- 일본 경제산업성, 영업비밀 관리지침, 2010.

- ______________, 기술유출방지지침, 2003.
- 일본 동경도 지식재산종합센터, 중소기업경영자를 위한 노하우의 전략적 관리 매뉴얼, 2008.
- 일본 오사나이 켄, 기업비밀보호의 이론과 실무, 2010.
- 일본 정보처리추진기강, 중소기업의 조직적 정보 세큐리티 대책 가이드라인, 2009.
- 일본 주식회사 월드휴먼리소스 정보관리실무 연구회, 영업비밀관리의 실무, 2011.

색 인

저자약력

경북대학교 공대 고분자공학과 졸업
기술고등고시 제19회 합격
상공부(산업자원부) 미주통상과/생활용품과/석유화학과 사무관
특허청 특허심사관/수석심판관/수석심판장
심사조정과/특허심사정책과/유전공학과/약품화학과 과장
화학생명공학심사본부장
충남대학교 대학원 석사·박사과정 졸업
Franklin Law Center 석사과정 졸업(Master of Intellectual Property)
법학박사(충남대학교 대학원), 변리사

논 문: 특허법상 진보성판단에 관한 연구 등 다수
강 의: 서울대학교, 충남대학교 등

2008. 5월~현재 리앤아이피(주)/프렌즈국제특허법률사무소 대표

영업비밀보호법

2012년 1월 5일 초판인쇄
2012년 1월 10일 초판발행

저 자 이 윤 원
발행인 안 종 만
발행처 (주)박영사
서울특별시 종로구 평동 13-31번지
전화 (733)6771 FAX (736)4818
등록 1959. 3. 11. 제300-1959-1호(倫)

저자와 협의하여 인지를 생략함

www.pybook.co.kr e-mail: pys@pybook.co.kr

정 가 28,000원 ISBN 978-89-6454-766-3